GESCHICHTE DER SEEKRIEGE

GESCHICHTE DER SEEKRIEGE

Verfasst von

Iain Dickie, Martin J. Dougherty, Phyllis J. Jestice, Christer Jörgensen, Rob S. Rice

Aus dem Englischen übersetzt von

Karin Schuler

Bibliografische Information der Deutschen Nationalbibliothek
Die Deutsche Nationalbibliothek verzeichnet diese Publikation
in der Deutschen Nationalbibliografie; detaillierte bibliografische
Daten sind im Internet über http://dnb.d-nb.de abrufbar.

Umschlaggestaltung: Stefan Schmid, Stuttgart

Englische Originalausgabe:
Fighting Techniques of Naval Warfare 1190 BC – Present.
Strategy, Weapons, Commanders and Ships.
© 2009 Amber Books Ltd

Deutschsprachige Ausgabe:
© 2010 Konrad Theiss Verlag GmbH, Stuttgart
Alle Rechte vorbehalten
Veröffentlicht in Zusammenarbeit mit Amber Books Ltd
Übersetzung: Karin Schuler, Gräfelfing
Lektorat: Ulrich Mihr, Tübingen
Korrektorat: Karin Haller, Suttgart
Satz: DOPPELPUNKT, Stuttgart

ISBN 978-3-8062-2250-0

Besuchen Sie uns im Internet www.theiss.de

INHALT

KAPITEL 1

DAS ZEIT-ALTER DER GALEEREN

Die Militärgeschichte zeigt, dass Kämpfe oft
entlang von Verkehrswegen ausgetragen werden.
Bis zum großflächigen Einsatz der Dampf-
lokomotive waren Flüsse, Kanäle und das Meer
die bevorzugten Transportwege für Heere,
Nachschub und Baumaterialien. Im Macht-
vakuum nach dem Zerfall des Römischen Reiches
konnten deshalb die Wikinger nach Belieben
Heere auf den europäischen Kontinent bringen.
Aber sie benutzten nicht nur das Meer als
»Autobahn«, sondern segelten auch auf
den Flüssen weit ins Land hinein und belagerten 885 n. Chr. sogar Paris.

DIE SEESCHACHT VON SALAMIS, dargestellt von dem
Maler Wilhelm von Kaulbach (1804–1874). Die griechische
Göttin Athene muss mit ansehen, wie ihre Stadt brennt und
ihr Volk um Rettung fleht, während die griechische Flotte
die Supermacht Persien besiegt. Trotz der fantasievollen Sze-
nerie ist die Kleidung recht genau wiedergegeben.

Im späten 12. Jahrhundert v. Chr. wurde Ägypten von Invasoren bedrängt. Pharao Ramses III. hatte Probleme mit seinem »Harem« unterworfener Städte und fruchtbarer Territorien, die alle Nachbarn erobern wollten. Sobald er seine Aufmerksamkeit einer Ecke des riesigen Reiches zuwandte, versuchten seine Feinde an anderer Stelle, ägyptische Gebiete zu besetzen.

Im Süden saßen die nubischen Kuschiten, wegen ihrer langjährigen Handelsverbindungen wahrscheinlich die vertrautesten Feinde der Ägypter. Der Nil bildete eine breite Verkehrsader zwischen Nubien im Süden und dem Herzen des ägyptischen Reiches. Südlich des zweiten Kataraktes (einer flachen, felsigen Strecke mit turbulenten Stromschnellen) bewässerte der Nil auch das nubische Land und ließ den Reichtum der Kuschiten wachsen, so dass sie sich zu einem starken Konkurrenten der ägyptischen Macht entwickelten. Ramses hatte 15 gut ausgebaute Festungen, jede mit bis zu 300 Soldaten besetzt, im Gebiet um den zweiten Katarakt, dazu eine Flottenbasis am ersten Katarakt, um die von Äthiopien aus vordringenden Nubier abzuwehren. Lange Zeit gelang die Verteidigung des Reiches, doch einige Jahrhunderte

später brachen die Kuschiten hier durch und eroberten Ägypten.

Im Westen Ägyptens lauerten die Libyer mit ihren befremdlichen Bräuchen. Von Zeit zu Zeit begaben sich ganze Heerscharen verschiedener Stämme auf Wanderschaft und suchten fruchtbares Siedlungsland. Pferde oder Metall waren bei ihnen allerdings Mangelware, und so hatte Ägypten sie im 5. Regierungsjahr Ramses' III. in der Schlacht bei Hatscho vor allem durch seine überlegene Technik und Organisation vernichtend schlagen können. Linien von Bogenschützen, unterstützt von Speerwerfern, waren direkt auf die Libyer zumarschiert, während Streitwagen und Männer mit Wurfspießen sie von der Seite her angriffen. Als die Libyer die Flucht ergriffen, verfolgten die Ägypter sie noch über 80 Kilometer weit.

Auch im Norden seines Reiches, westlich des Nildeltas, errichtete Ramses Befestigungen, um sich gegen eine Invasion der Libyer und der mysteriösen Seevölker zu schützen. Hier hatte sein Vorgänger Merenptah vor 50 Jahren ein Bündnis dieser beiden Gegner zurückgeschlagen, und jetzt dienten die Befestigungen als eine Art Frühwarnsystem, um Angriffe der Seevölker vom Mittelmeer her oder entlang der libyschen Küste rechtzeitig abfangen zu können. Im Osten Ägyptens jedoch herrschte das zivilisierte Volk der Hethiter, mit denen man diplomatische Noten und Botschafter austauschen konnte. Doch sie waren schwach und konnten ihre Feinde, vor allem die Seevölker, nicht unter Kontrolle halten.

EIN SCHIFF DER SEEVÖLKER: Dieses Schiff ist kein spezielles Kriegsschiff, sondern diente wohl verschiedenen Zwecken. Es gibt keine Abbildungen von Rudern, Paddeln oder Stakstangen, also war es wohl ein reines Segelschiff. Solche Schiffe konnten leicht von ägyptischen Galeeren gerammt werden.

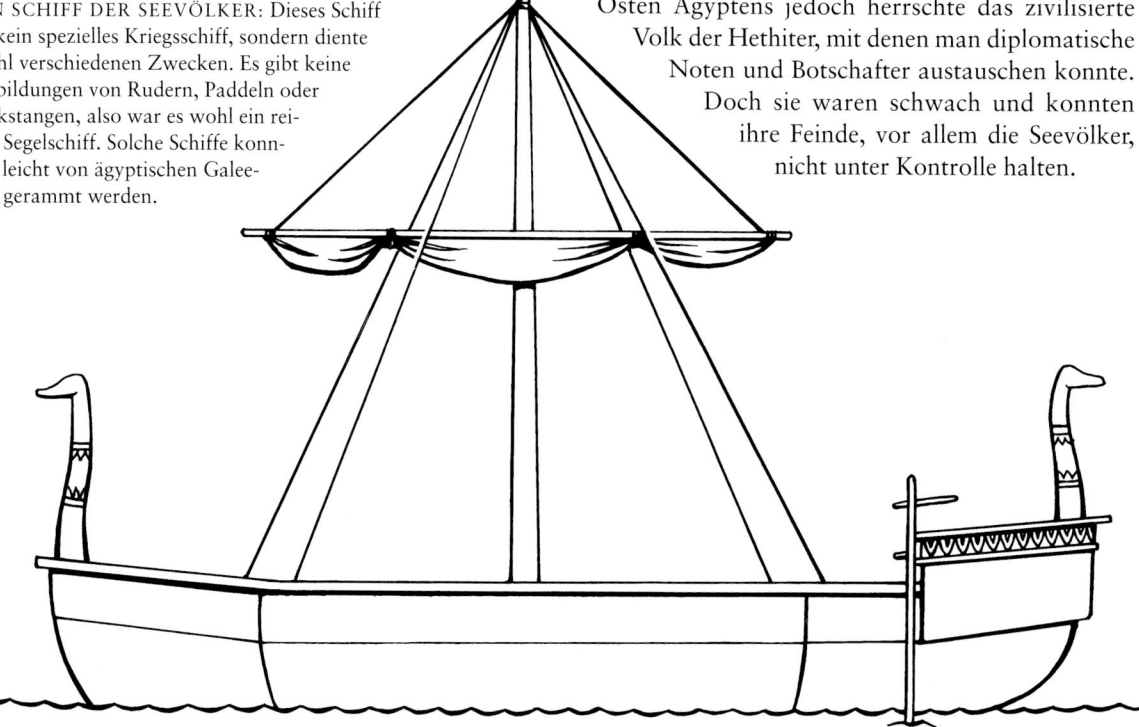

ÄGYPTISCHER SEESOLDAT (1200 V. CHR.)

Der Seesoldat war mit einem Wurfspieß (Reichweite 30 m), einer Keule und einem Schild gerüstet. Die Tunika bestand aus kleinen Metall- oder Lederschuppen, die auf ein Leinenhemd genäht waren und einander überlappten. Den Rock hatten die Ägypter von den Seevölkern übernommen. Die nackten Füße gewährten auf dem Holzdeck besseren Halt als Ledersandalen.

DIESES ÄGYPTISCHE BASRELIEF zeigt die gefürchteten Seevölker, um 1200–1100 v. Chr. Es gehört zur Sammlung des Yidal Alon Museum, Galiläa, Israel.

zwei verschiedene Völker dar. Das eine, von den Ägyptern Scherden genannt, trug Helme mit Hörnern wie die Achäer vor Troja. Und tatsächlich bringt eine Theorie für diese Zeit, in der genaue Datierungen kaum möglich sind, den Beginn der Regierung Ramses' III. mit dem Ende einer Belagerung von Troja zusammen. Die zweite Gruppe wird mit einem Kopfschmuck aus hochstehenden Halmen, vielleicht Federn, dargestellt. Das sind die Peleset, besser bekannt als Philister und Namensgeber Palästinas. Im 12. Jahrhundert v. Chr. überrannten und eroberten die Peleset das einst mächtige Hethiterreich.

Vielleicht hatten sich die Scherden und die Peleset im Süden des zerfallenden Hethiterreichs zusammengeschlossen. Während die Hauptmacht sich Ägypten über die Sinai-Halbinsel näherte, segelten die Schiffe der Seevölker voraus und fuhren ins Nildelta ein. Sie agierten dabei aber weder besonders schnell noch besonders unauffällig, und so hatte Ramses III. genug Zeit, wirksame Gegenmaßnahmen zu planen.

Zwei Heere hatte der Pharao zur Abwehr der Libyer im östlichen Delta stationiert, ein weiteres stand als Reserve im Inneren des Reiches, vielleicht in Theben, und eines hielt im Süden die Nubier in Schach. Sie alle waren zwangsverpflichtet: Jeder zehnte Ägypter wurde zum Wehrdienst eingezogen. Die ägyptische Bevölkerung war in »Generationen« von je 100 000 Mann organisiert, so dass rechnerisch pro Jahr 10 000 Rekruten zur Verfügung standen. Wir wissen nicht genau, wie lange sie Dienst taten, aber

Ramses III. und die Seevölker: Eine Schlacht auf dem Nil

Die Identität dieser Eindringlinge, die ägyptische Inschriften als die »fremden Völker vom Meer« bezeichnen, gibt noch immer Rätsel auf. Wahrscheinlich stammten die Seevölker vom griechischen Festland und den Mittelmeerinseln. Die Ägypter stellen sie als

wir haben detaillierte Informationen über eine Truppe von 8362 Mann, darunter allerdings auch Nichtkombattanten, die Ramses IV. auf einen Feldzug in den Süden schickte. Wenn dies eine Abteilung des Südheeres war und wir annehmen, dass sinnvollerweise zwei Drittel jenes Heeres weiter die Stellung hielten, würde sich daraus eine Heeresstärke von jeweils 25 000 Mann und eine Dienstzeit von 10 Jahren ergeben. Die Infanterie war in Einheiten zu je 250 Mann organisiert, die Streitwagen in Einheiten zu je 50. Militärpolizei begleitete die Truppe.

Auch Ramses' Flotte galt als Teil des Heeres. Außerdem wurden Stammeskrieger von den Rändern

des Reiches als Hilfstruppen angeworben, die wohl auch als Kundschafter und Spione dienten. Sie konnten sich leichter in die Horden der vorrückenden Gegner einschleichen und das eigentliche Ziel der feindlichen Flotte auskundschaften. So muss der Pharao erfahren haben, dass er seine Schiffe im Delta zusammenziehen musste. Für den bevorstehenden Feldzug sammelte Ramses seine Truppen bei Pi-Ramesse und beorderte alle Wasserfahrzeuge vom Nil und den Küstengebieten dorthin.

Seine Kriegsschiffe hatten 10 Riemen pro Seite, einen Mast mit Ausguck, Vorder- und Achterkastell und ein Steuerruder. Am Bug war ein bronzebeschla-

DER ÄGYPTISCHE RAMMSPORN trifft mittschiffs, so dass die Mannschaft den Halt verliert und viele Krieger ins Wasser fallen. Dann setzt der Angreifer zurück. Die gekenterten Schiffe können später geborgen werden und bilden einen Teil der Kriegsbeute.

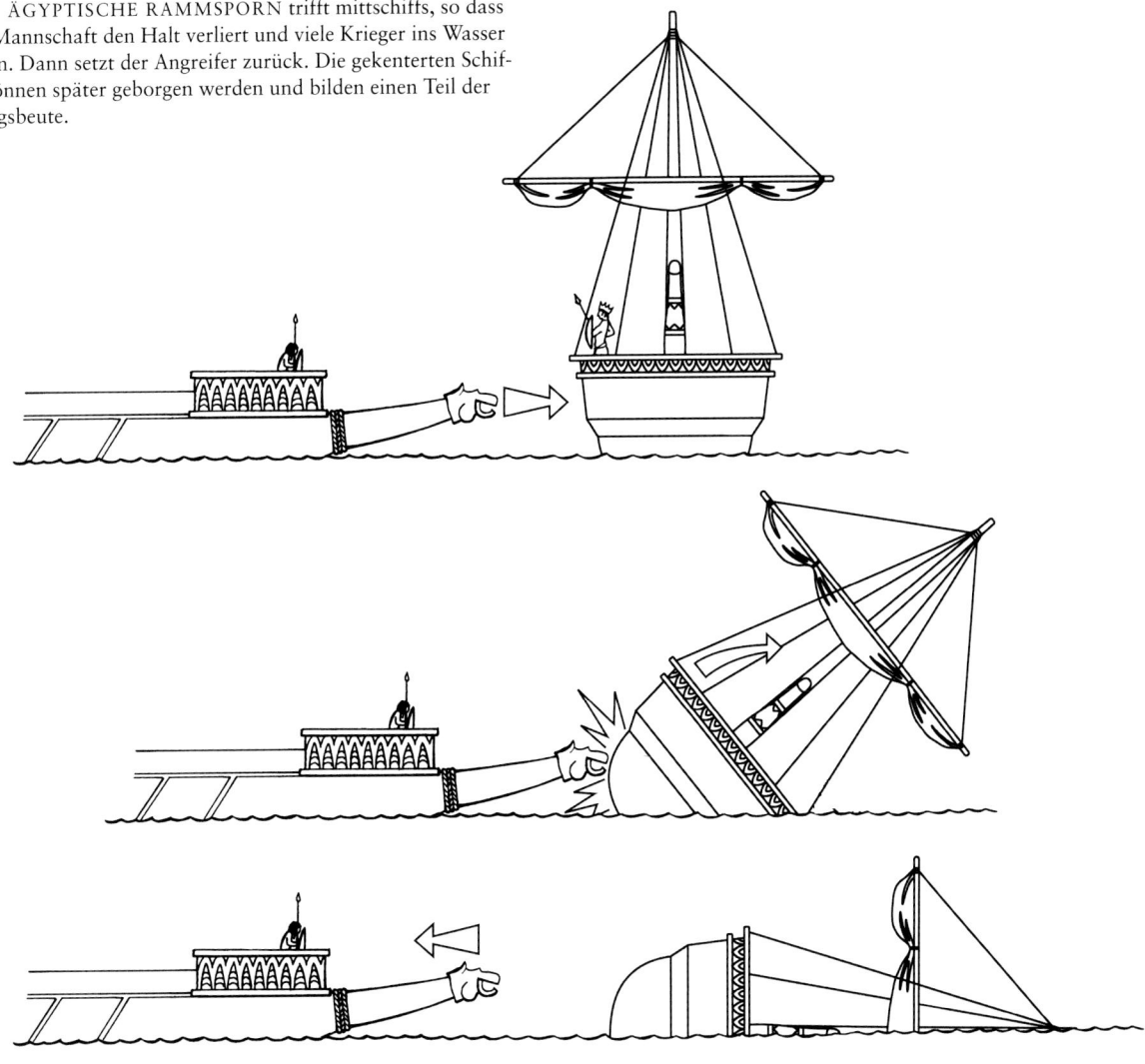

gener Sporn in Form eines Löwenkopfes angebracht. Ein Schleuderer saß im Ausguck, ein Mann mit Enterhaken stand auf dem Bugkastell, und am Bug wurde eine Enterstange geschwungen. Der Rest der kämpfenden Truppe bestand aus Marineinfanteristen, die mit Bogen oder Wurfspießen bewaffnet waren. Sie trugen knielange, mit Lederstreifen verstärkte Leinen-

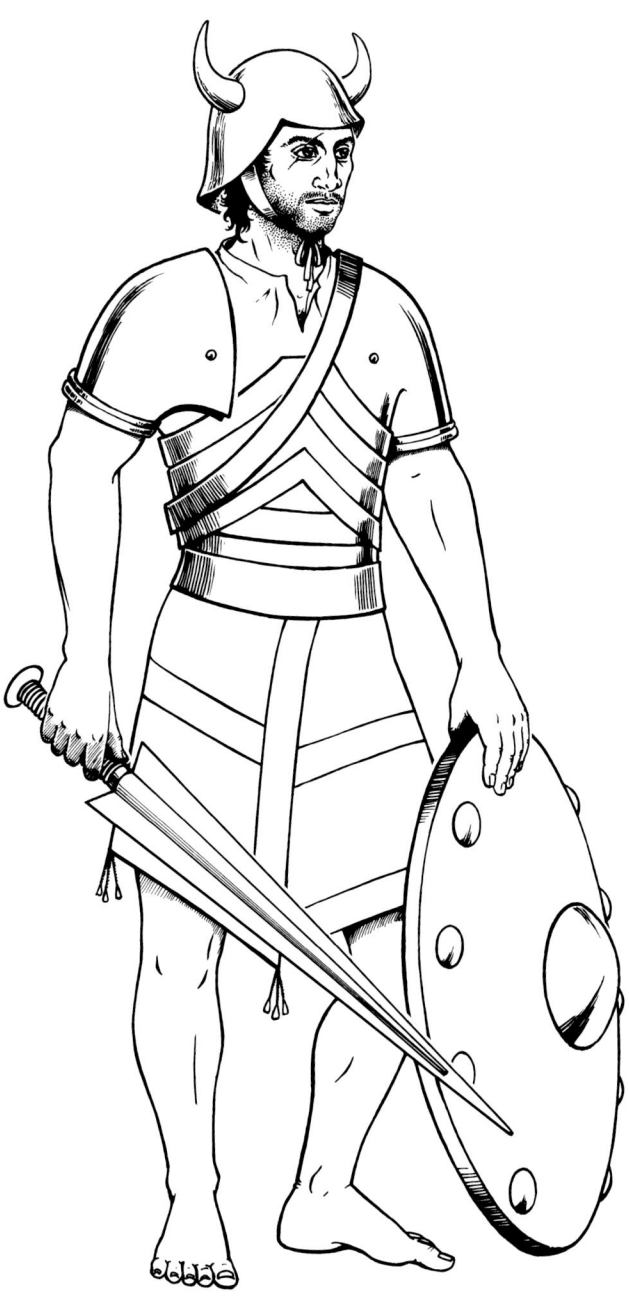

röcke. Den Oberkörper schützten sie mit einer Rüstung aus überlappenden, auf Stoff befestigten Bronzeschuppen. Auch der Helm war aus Metallschuppen zusammengesetzt. Die Besatzung einschließlich der Ruderer, die ebenfalls in den Kampf eingreifen sollten, bestand aus 50 Mann.

Die ägyptischen Schiffsrümpfe hatten einen auffälligen Bauch in der Mitte und waren circa 16 Meter lang und 2 Meter breit. Dadurch waren sie sehr gut zu rudern. Die Borde waren hoch genug, um die Ruderer zu schützen, nur die Köpfe ragten darüber hinaus. Auf dem Ramses-Tempel in Medinet Habu und bei der Barke der Königin Nofretete sieht man, dass Bug und Heck der Boote in einem anmutigen Bogen hoch über der Wasserlinie auslaufen. Die blattförmigen Ruder wurden durch Löcher im Bord geschoben, die Ruderer schauen nach achtern. Die Rumpfplanken waren mit Tauen aus Pflanzenfasern verzurrt. Der Rumpf wurde aus trockenem Holz gezimmert; bei Nässe quoll es auf, schloss die Lücken und spannte die Verzurrung.

Die Schiffe der Seevölker sind auf ägyptischen Monumenten mit ähnlicher Rumpfform dargestellt, also mit Vorder- und Achteraufbau, mit Mastkorb, aber ohne Sporn und Ruder. Vielleicht hatten sie Paddel, die aber nicht abgebildet sind. Vorder- und Achtersteven waren mit Entenköpfen verziert. Ihre Mannschaften waren mit Spießen, aber nicht mit Bogen bewaffnet. Sie trugen ebenfalls knielange Röcke. Den Oberkörper schützten sie mit Leder, entweder mit einem ledernen Muskelharnisch oder mit einander überlappenden Lederstreifen.

Kampf im Nildelta

Die Seevölker näherten sich dem Nildelta auf Schiffen, ihre Familien und ihr Hab und Gut reisten dagegen auf langsamen Ochsenkarren, vermutlich unter dem Schutz einer Militäreskorte. Dieser Konvoi wurde von ägyptischen Streitwagen, Hilfstruppen und Plänklern angegriffen und vernichtet. Wer dabei nicht den Tod fand, wurde versklavt. Offenbar war Ramses sehr gut über alle Pläne und Bewegungen seiner Feinde im Bilde.

EIN SCHERDE MIT HARNISCH aus Leder oder Metall und Lederhelm mit Kuhhörnern oder Eberzähnen. Er trug ein langes Schwert und einen Lederschild mit Bronzeknöpfen.

Seine Schiffe segelten bei Nordwind in die Nilmündung hinein. Doch in den von Schilf gesäumten, mäandernden Kanälen des Deltas saßen sie in der Falle. Ohne Lotsen war es schwer, den richtigen Zugang zu finden, und das Papyrusgras bildete 4 bis 5 Meter hohe Stauden, hinter denen man die Masten lauernder Schiffe kaum ausmachen konnte. Sobald der Wind über der Küste abflaute, hatten die Angreifer Schwierigkeiten mit dem Manövrieren. Und da die Ägypter einerseits die Strömung des Nils, der von Süden kommt, und andererseits den Nordwind nutzen konnten, tauchten ihre Schiffe bald vor und hinter der Flotte der Seevölker auf.

Die Ägypter ließen aus einer Entfernung von 150 Metern einen Pfeilhagel niedergehen und schleuderten, sobald ihre Schiffe in Wurfweite waren, ihre Spieße. Die hoch über der Wasserlinie angebrachten Rammsporne bohrten sich in die feindlichen Schiffe und drückten sie immer weiter auf die Seite. Die Besatzung eines angegriffenen Schiffs, die schon durch die Geschosse abgelenkt war, rutschte über das Deck, was eine starke Schlagseite zur Folge hatte. Oft geriet der Bord auf der anderen Seite unter Wasser und das Schiff kenterte. Der hohe Bug und Vordersteven der Schiffe sorgte jedoch für eine gewisse Stabilität und verhinderte ein Durchkentern. Meist legten sich die Schiffe der Seevölker auf die Seite, wie auf Ramses' Darstellung der Schlacht am Tempel von Medinet Habu zu sehen ist.

Schon der Tod weniger Männer verursachte auf einem so kleinen Schiff ein enormes Durcheinander. Beide Seiten kämpften mit aufgerichtetem Mast und Rahen mit gerefften Segeln. Das machte die Schiffe noch instabiler und verwundbarer. Auf beiden Seiten landeten Männer im Lauf des Kampfes im Wasser, aber die Flotte der Seevölker wurde schließlich besiegt. Einige Besiegte wurden aus dem Wasser gezogen und als Gefangene in die Sklaverei geführt. Die Inschrift Ramses' III. in Medinet Habu berichtet vom Schicksal der Invasionsflotte: »Sie wurden hin- und hergezogen, umgekippt und auf den Strand gelegt; er-

schlagen und aufgehäuft vom Bug bis zum Heck ihrer Schiffe.«

Die Entwicklung der Diere

Trotz dieses Sieges wurden die Schiffe der Ägypter nicht zum Vorbild für spätere Kriegsschiffe. Es waren lediglich die zur Verfügung stehenden Materialien – Holz, Taue und Tuch –, die jene von beiden Seiten benutzten Schiffstypen prägten. Der nächste Entwicklungsschritt, den wir heute noch nachvollziehen können, betraf das Innere des Schiffs. Die Höchstgeschwindigkeit eines Schiffes ist proportional zum Quadrat seiner Länge; je länger ein Schiff ist, desto schneller ist es. Die Schiffsbauer arbeiteten also daran, die Verbindungen der Planken zu ändern, um schnellere Schiffe zu bauen.

Dazu wurde eine Nut in den Rand der Planke geschnitten, die mit einer Nut der Nachbarplanke zusammenpassen musste. Dann wurde eine Holzverbindung in die erste Nut getrieben (sie musste stramm sitzen) und schließlich die nächste Planke auf die entstandene Zunge gehämmert. Beide Enden der Holzverbindung wurden mit Zapfen gesichert, die durch die ganze Planke liefen. Im Wasser quoll das Holz auf und stabilisierte die Verbindung. Glattgehobelt entstand so eine funktionale Form mit minimalem Wasserwiderstand, und da jetzt mehrere Planken aneinandergefügt werden konnten, war die Länge des Schiffes nicht mehr durch den längsten verfügbaren Baum begrenzt. Die Beplankung wurde zusätzlich durch einen inneren Rahmen stabilisiert.

Die Griechen entwickelten Schiffe mit einer Länge von bis zu 30 Metern. Sie wurden von 30 (Triakontere) oder 50 (Pentekontere) Ruderern und durch ein quadratisches Segel am einzigen Mast angetrieben. Ein kleines Bugkastell bot Platz für zwei bis fünf Soldaten, aber die wichtigste Waffe war ein Rammsporn auf Höhe der Wasserlinie, der die Planken des gegnerischen Schiffes durchschlagen und es versenken sollte. Masten und Segel dieser Schiffe wurden übrigens

> »... niemand hatte gewusst, wie er den widerspenstigen Scherden entgegentreten sollte; sie kamen kühn segelnd in ihren Kriegsschiffen vom hohen Meer her, und keiner konnte ihnen widerstehen.«
>
> Inschrift Ramses' II.
> auf einer Stele aus Tanis

SCHLACHT GEGEN DIE SEEVÖLKER 1190 V. CHR.

Die überlegene Organisation des ägyptischen Reiches beendete den Siegeszug der Seevölker. Deren Frauen und Kinder blieben ohne Schutz in offenem Gelände zurück – eine leichte Beute für die marodierende ägyptische Streitwagentruppe und Krieger verbündeter Stämme. Die eindringende Kampftruppe bediente sich überholter Angriffstechniken und konnte weder auf ein Überraschungsmoment noch auf zahlenmäßige Überlegenheit setzen. Sie wurde von ägyptischen Schiffen überrascht, die zwischen den hohen Papyrusstauden des Nildeltas lauerten. Auch die Taktik der Ägypter war überlegen – ihre Schiffe rammten den Gegner und zogen sich dann zurück, um zum nächsten Rammstoß anzusetzen. Die Überlebenden des Seevölkerheeres wurden gefangen genommen und versklavt. Nur sehr wenige entkamen, und die Seevölker waren künftig keine Gefahr mehr für den östlichen Mittelmeerraum.

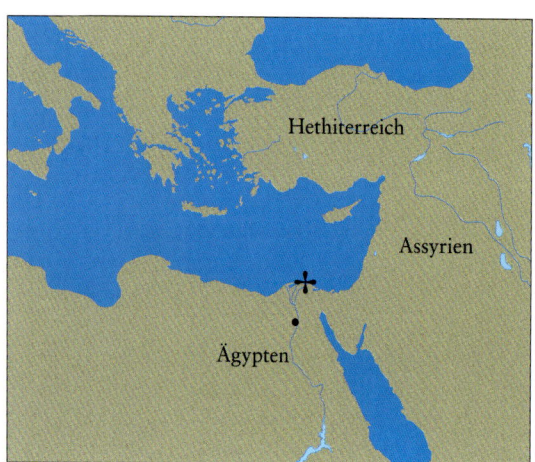

Der Nil ist die Lebensader Ägyptens. Beim Versuch, von Norden her ins Delta vorzudringen, verirrten sich die Seevölker mit ihren Schiffen in den labyrinthischen Flussarmen und Schilfflächen.

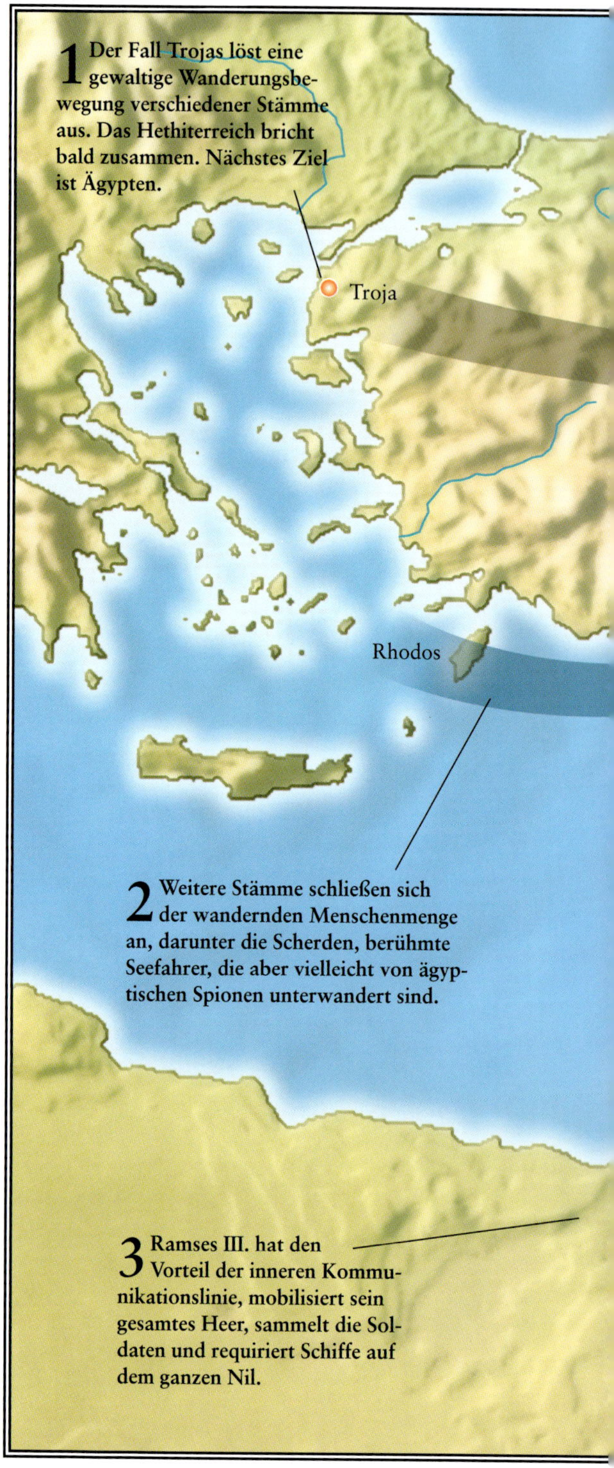

1 Der Fall Trojas löst eine gewaltige Wanderungsbewegung verschiedener Stämme aus. Das Hethiterreich bricht bald zusammen. Nächstes Ziel ist Ägypten.

Troja

Rhodos

2 Weitere Stämme schließen sich der wandernden Menschenmenge an, darunter die Scherden, berühmte Seefahrer, die aber vielleicht von ägyptischen Spionen unterwandert sind.

3 Ramses III. hat den Vorteil der inneren Kommunikationslinie, mobilisiert sein gesamtes Heer, sammelt die Soldaten und requiriert Schiffe auf dem ganzen Nil.

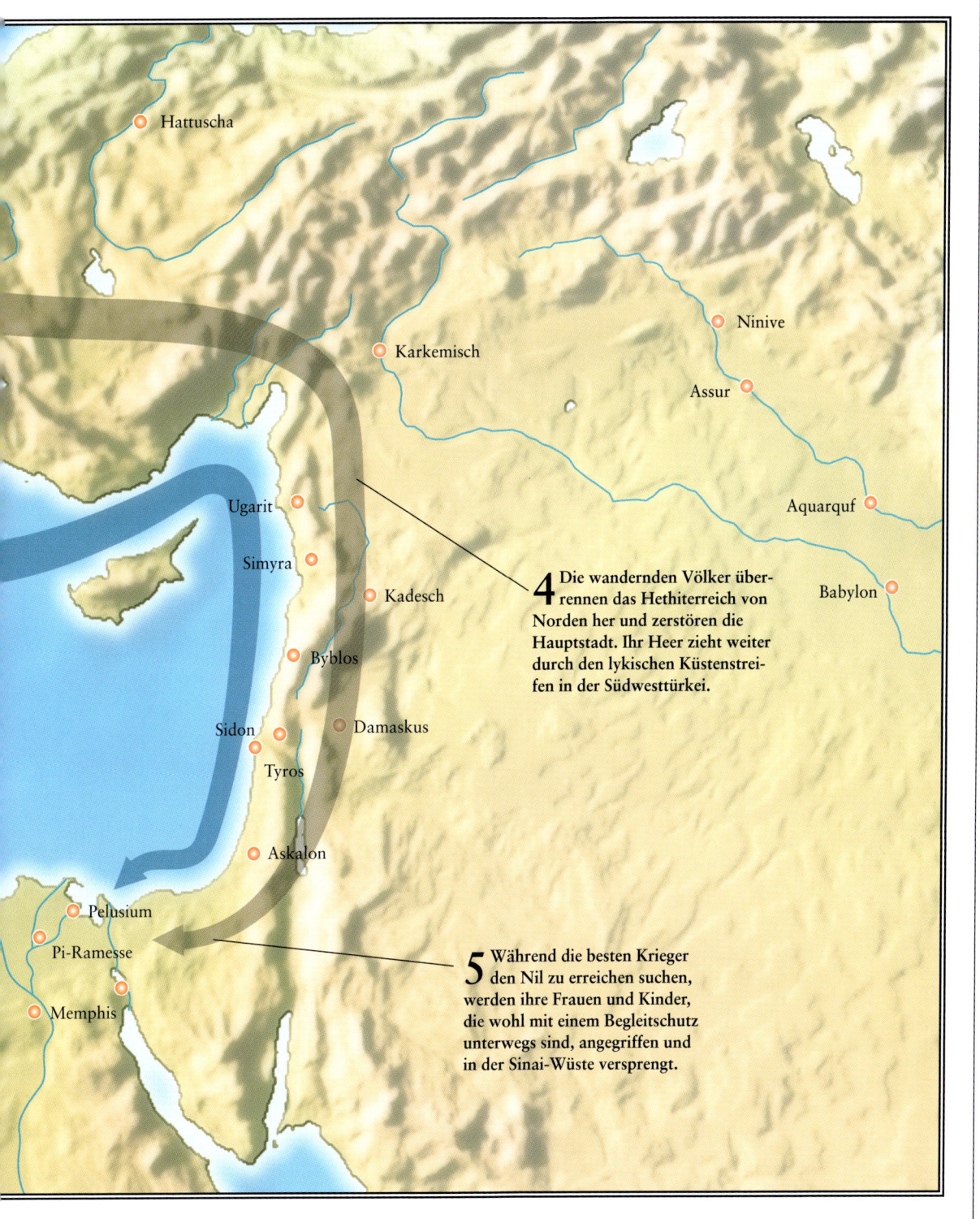

Hattuscha

Karkemisch

Ninive

Assur

Ugarit

Simyra

Kadesch

Aquarquf

Babylon

Byblos

Sidon

Damaskus

Tyros

Askalon

Pelusium

Pi-Ramesse

Memphis

4 Die wandernden Völker über-
rennen das Hethiterreich von
Norden her und zerstören die
Hauptstadt. Ihr Heer zieht weiter
durch den lykischen Küstenstrei-
fen in der Südwesttürkei.

5 Während die besten Krieger
den Nil zu erreichen suchen,
werden ihre Frauen und Kinder,
die wohl mit einem Begleitschutz
unterwegs sind, angegriffen und
in der Sinai-Wüste versprengt.

PERSISCHER SEESOLDAT
(480 V. CHR.)

Ein persischer Seesoldat, der nach medischer
Art Tunika, Hose und eine Kappe, die bis
über die Ohren geht, trägt. Seine wichtigste
Waffe war der Bogen, wie ihn fast jeder
Soldat der persischen Armee trug. Für den
Nahkampf setzte er eine Handaxt ein, jahrhundertelang die bevorzugte Waffe bei En-
termanövern. Sein langer Schild konnte
die fehlende Körperrüstung nicht ausgleichen. In der Schlacht bei
Salamis stützte sich Xerxes
vor allem auf die Kampf-
kraft der Seesoldaten. Jeweils 30 waren auf jedem
Schiff. Entscheidend für
diese Taktik war wohl
die Unfähigkeit der Per-
ser, das Schiff selbst als
Waffe zu begreifen.
Die Seesoldaten wirkten
zwar furchterregend,
schadeten Xerxes' Sache
aber wohl eher. Sie stan-
den auf den Schiffen so dicht, dass
sie nicht wirksam kämpfen konnten,
und ohne Rüstung waren sie den
Griechen nicht ebenbürtig.

vor einer Schlacht an Land abgeladen. Das machte das Schiff leichter, und das Deck war frei für den Kampf.

Der Antrieb eines Schiffes ließ sich kaum verbessern, denn jeder Ruderer musste möglichst nahe am Schiffsrand sitzen, um seinen Riemen mit voller Kraft durchzuziehen. Die Phönizier lösten das Problem, indem sie den Raum zwischen den Ruderern für einen zusätzlichen Riemen benutzten, den ein weiterer Mann, weiter im Schiffsinneren und leicht erhöht sitzend, bediente. Die Löcher, durch die die Ruder ins Wasser ragten, mussten ebenfalls vertikal gestaffelt werden. Jede Ruderstation war jetzt mit zwei Ruderern besetzt, und der Schiffstyp wurde Diere, in römischer Zeit Bireme, genannt.

Eine Variante dieser Entwicklung war die *hemiola* mit anderthalb Ruderbänken. Die Kauffahrer der Zeit fuhren unter Segeln, die Kriegsschiffe kämpften mit Ruderantrieb; dieses Fahrzeug verband die Vorzüge beider Antriebsarten miteinander und wurde durch eine Kombination von Segeln und Ruderkraft so schnell, dass es andere Schiffe jagen und aufbringen, Verfolgern jedoch mühelos entkommen konnte. Es war, kurz gesagt, das ideale Piratenschiff.

Später wurde dann eine dritte Reihe von Riemen und Ruderern hinzugefügt. So entstand die Triere bzw. Trireme. Diese dritte Reihe war nicht im Schiffsrumpf, sondern auf einem Ausleger untergebracht, der seitlich aus dem Schiff vorsprang, so dass der Rumpf weiterhin schlank und schnittig blieb. Ein solches Schiff konnte 14 Seesoldaten auf einem kleinen Bugkastell aufnehmen und wurde von 170 Ruderern angetrieben.

Der Rammsporn besaß genug Wucht, um den Rumpf eines gegnerischen Schiffes zu durchbohren. Damit dieses gerammte Schiff nicht zu weit auf dem Rammsporn entlanggeschoben wurde und womöglich das Bugkastell beschädigte, wurde der Vordersteven jetzt vor den Aufbauten hochgezogen. In der Schlacht schützten seitliche Abschirmungen aus Leder die Ruderer vor feindlichem Beschuss. Ein zusätzlicher Mast am Bug wurde wie ein Bugspriet leicht nach vorn geneigt angebracht. Hauptmast und -segel blieben vor einer Schlacht noch immer an Land, der Bugmast jedoch sollte nach einer Niederlage die Flucht erleichtern. Die Trieren bildeten in der Schlacht bei Salamis im Jahr 480 v. Chr. das Rückgrat der griechischen Flotte.

Salamis, 480 v. Chr.: Die Schlacht in der Meerenge

Die Herrscher Persiens regierten ein gewaltiges Reich, das sich vom Kaspischen Meer bis zu den Grenzen der russischen Steppe im Norden und bis zum breiten Strom des Indus jenseits der Gebirge im Süden erstreckte. Im Osten reichte ihre Herrschaft bis zum Rand der Wüste Gobi und im Westen an den Küsten des Mittelmeeres entlang bis zur Provinz Skudra in der heutigen Türkei. Nur hier regte sich noch Widerstand gegen die Perser, denn an der kleinasiatischen Küste lagen viele aufmüpfige griechische Städte, die nicht nur mit den Persern, sondern auch untereinander und mit den griechischen Stadtstaaten jenseits der Ägäis im Streit lagen.

Im Jahr 500 v. Chr. erhoben sich die griechischen Städte Kleinasiens gegen den Großkönig, und die persischen Truppen mussten diesen »Ionischen Aufstand« mit einem langen Feldzug, der vom wiederholten Verrat von Griechen an ihren Landsleuten geprägt war, niederschlagen. In der entscheidenden Schlacht bei Lade 494 v. Chr. besiegten etwa 600 persische Trieren eine Flotte von 353 Trieren der ionischen Griechen. Die Rebellen waren von Stadtstaaten in Griechenland, vor allem von Athen, unterstützt worden, und so beschloss der persische Großkönig Dareios I., Vergeltung zu üben.

492 v. Chr. plante Dareios ein gemeinsames Vorrücken von Land- und Seestreitkräften, doch seine Flotte sank in einem Sturm vor dem Berg Athos, und das Heer musste sich nach einer Niederlage zurückziehen. Zwei Jahre später brach ein neues Heer auf 600 Trieren und zusätzlichen Lastschiffen von der kleinasiatischen Küste aus auf, um Athen und Eretria zu bestrafen. Die Flotte eroberte einige Inseln und setzte ein Heer an Land, das ganz Eretria eroberte.

Dann brachten die Schiffe die Soldaten in die Bucht von Marathon. Dieser breite Sandstrand lag am Rand einer weiten Ebene, nur zwei Tagesmärsche von Athen entfernt. Das Gelände eignete sich ideal für die Landung und bot einen guten Boden für die Kavallerie – einen Truppenteil, bei dem die persische Armee den Athenern weit überlegen war. Doch die Griechen blieben auf den sicheren Hängen und verweigerten den Kampf gegen ihren beweglicheren Feind. Die Perser konnten ihre 150 000 Soldaten und Ruderer nicht lange mit Nahrung und Wasser versorgen und mussten sich zurückziehen. Sie waren gerade dabei, ihre Truppen wieder einzuschiffen, als die Athener dann doch noch angriffen und gegen einen schon abziehenden Gegner einen Sieg errangen. Die Nachricht von diesem Sieg brachte ein Läufer nach Athen, ein Ereignis, an das der Marathonlauf noch heute erinnert. Die Perser segelten mit dem Rest des Heeres nach Athen, doch die Griechen, die über Land marschiert waren, kamen ihnen zuvor. Damit war auch die Gelegenheit, zu landen und Athen anzugreifen, vertan, und die persische Flotte kehrte nach Kleinasien zurück.

Dareios' Sohn Xerxes unternahm 480 v. Chr. den nächsten Versuch. Xerxes wollte den Plan seines Vaters in noch viel größerem Maßstab wieder aufleben lassen. Er verfügte über eine Flotte von 1207 Kriegsschiffen und 3000 Versorgungsschiffen, die er von allen Küsten seines Reiches zusammengezogen hatte. Schiffe aus Ägypten und Zypern gehörten ebenso da-

GEGENÜBER: Dieser Holzschnitt zeigt Xerxes als reinen Beobachter der Schlacht bei Salamis auf einem Hügel, der seitdem »Xerxes' Thron« heißt. Doch der persische König brauchte die Übersicht über die Meerenge, um Befehle geben zu können.

zu wie Trieren aus den Griechenstädten seines Reiches, die zwanzig Jahre zuvor noch den Aufstand geprobt hatten. Über die Hälfte der Schiffe war mit Griechen bemannt. Die persische Flotte des Jahres 480 v. Chr. war die größte der Geschichte und sollte erst von den Landetruppen am D-Day im Juni 1944 übertroffen werden. Der Historiker Herodot behauptete, dass im persischen Heer über eine Million Soldaten gegen Griechenland marschierten. Glaubwürdiger sind moderne Schätzungen, die von etwa 150 000 Kämpfern ausgehen, aber auch das ist noch eine atemberaubende Zahl. Athen dagegen, einer der größten griechischen Stadtstaaten, konnte nur 30 000 Männer im kampffähigen Alter aufbieten.

DIE PENTEKONTERE war die früheste Form der griechischen Galeere, lang, schmal und flach gebaut, um unter Rudern ein möglichst hohes Tempo für Rammmanöver zu erreichen. Zusätzlichen Antrieb lieferte ein einzelnes quadratisches Segel, das vor einem Kampf mit Mast und Takelage an Land gelassen wurde.

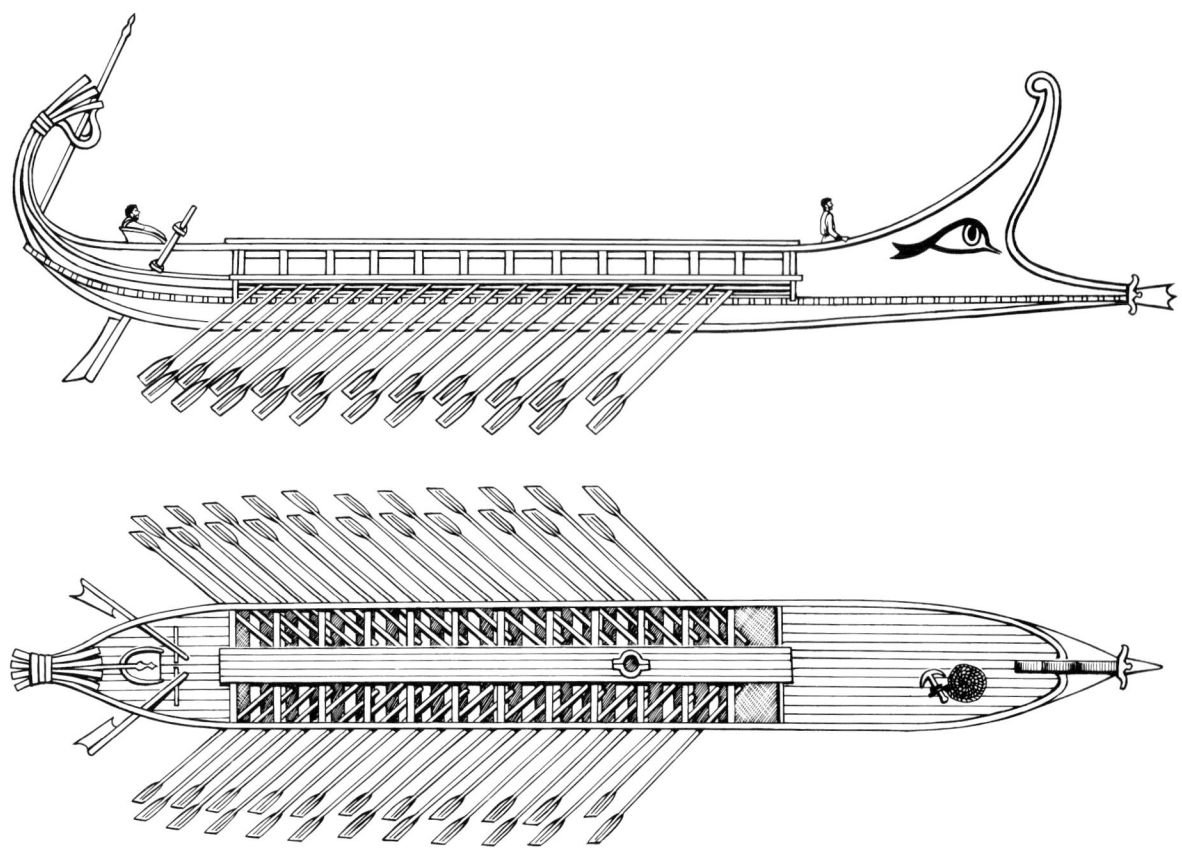

DIE GRIECHISCHE DIERE: Durch die zweite Reihe von Ruderern hatte ein Schiff doppelt so viel Antriebskraft. Der Rumpf
war schwerer, um die zusätzlichen Männer unterzubringen, aber
die Diere konnte über längere Zeit hinweg schneller fahren als
die Pentekontere.

Die Heere rücken vor

Das persische Heer sammelte sich in Sardis, einer
Stadt im asiatischen Teil der heutigen Türkei, die die
Athener im Ionischen Aufstand in Schutt und Asche
gelegt hatten. Jetzt erstrahlte sie in neuem Glanz. Die
Perser fingen drei Spione der Griechen ab, doch statt
sie hinzurichten, befahl Xerxes, ihnen alle Kriegsvor-
bereitungen der Perser zu zeigen und sie dann wieder freizulassen. Sie sollten den Griechen berichten,
welch gewaltige Streitmacht sich dort zum Angriff
sammelte. Während das Heer also zusammenström-
te, wurden auf der Einfallsroute vorgeschobene Vor-
ratsdepots angelegt. Es dauerte vier Jahre, bis alle
Vorbereitungen abgeschlossen waren.

Schließlich setzte sich das Heer – das nach Herodot 1,7 Millionen Menschen einschließlich Tross,
Dienern und Soldaten umfasst haben soll – in Richtung Dardanellen in Marsch. Sie sollten den knapp
zwei Kilometer breiten Hellespont, die schmalste Stelle der Meerenge zwischen Europa und Asien, auf einer Schiffsbrücke überqueren, doch in der starken
Strömung rissen die Trossen, und die Schiffe trieben
ab. Ein griechischer Ingenieur überwachte den Bau
zweier Ersatzbrücken, bei denen 674 Trieren, Pente-
konteren und andere Schiffe der Invasionsflotte zum
Einsatz kamen. Außer stärkeren Trossen waren es
vor allem die großen Anker, die die Brücken am Ort
hielten. Es dauerte angeblich sieben Tage und sieben
Nächte, bis das gewaltige Perserheer mit allen Zug-
tieren die Brücken überquert hatte. Vorgewarnt durch
das Schicksal der Flotte, die 492 v. Chr. vor dem Berg
Athos untergegangen war, hatte Xerxes zudem den
Bau eines Kanals durch die gleichnamige Halbinsel
befohlen, damit seine Flotte die gefährliche Landzun-
ge nicht umfahren musste. Der mit Zwangsarbeitern

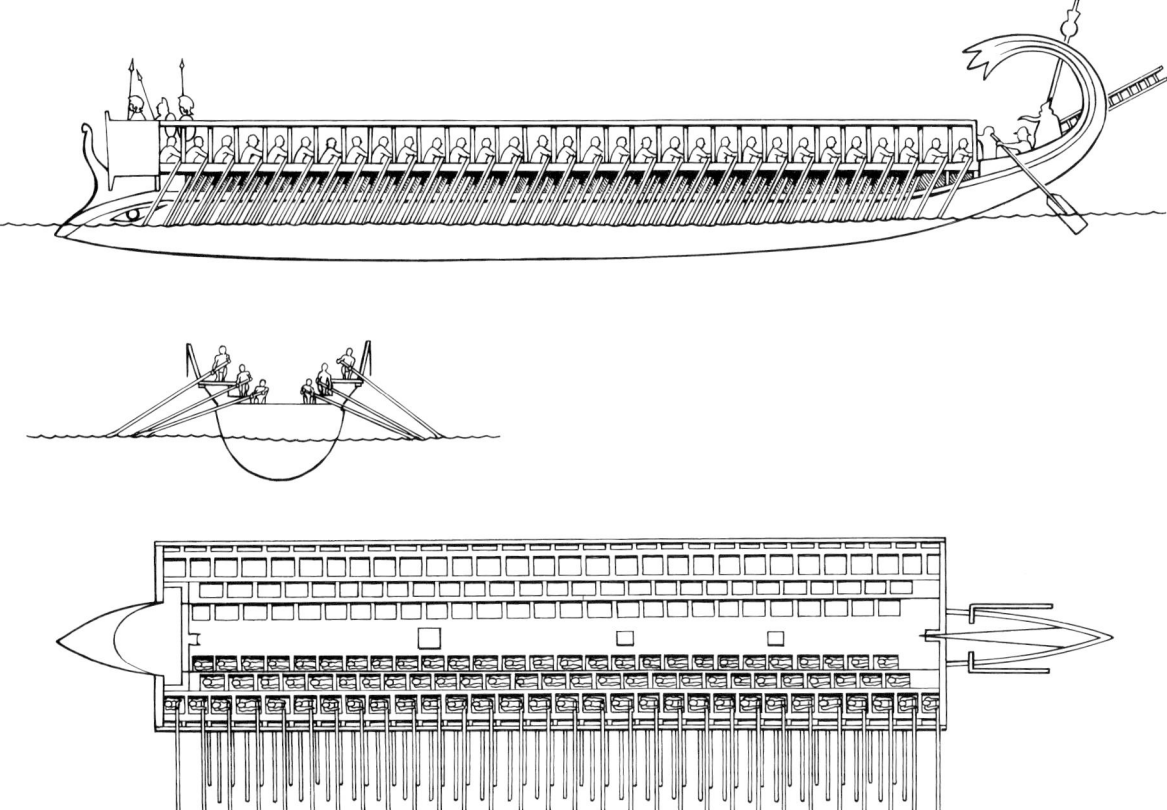

DIE TRIERE: Indem man die Ruderbänke auch über den Rumpf hinaus auf Ausleger verlagerte, konnte man eine dritte Reihe von Ruderern mit noch mehr Antriebskraft unterbringen. Dieses Schiff dient vor allem dem Rammstoß und trägt nur 14 Seesoldaten.

aus der Umgebung ausgehobene Kanal war 1,6 Kilometer lang, 60 Meter breit und 2,5 Meter tief.

Als das Heer vorrückte, kapitulierten die nordgriechischen Städte vor der gewaltigen Streitmacht. Weitere 24 Städte wurden gezwungen, Männer und noch einmal 120 Schiffe zu stellen. Das Heer marschierte in drei Säulen: Eine zog an der Küste in Sichtweite der Flotte entlang, eine andere im Binnenland auf Pfaden und Straßen und die dritte mit Xerxes dazwischen. Offensichtlich wollte der Großkönig nicht nur jene Städte, die die aufständischen Kolonien Ioniens unterstützt hatten, sondern ganz Griechenland erobern. Konferenzen wurden einberufen, Orakel befragt, aber noch immer konnten sich die griechischen Städte nicht auf ein gemeinsames Oberkommando einigen.

Schließlich steckte das völlig verängstigte Athen alle Einnahmen aus den Silberminen in den Bau jener Mauern aus Holz, von denen das Orakel in Delphi gesprochen hatte. Die Schiffszimmerleute hatten erst 127 Schiffe, vor allem Trieren, fertiggestellt, als die Flotte auslaufen musste. Jedes Schiff brauchte eine Besatzung von 170 Ruderern, 20 Matrosen und 14 Seesoldaten. Für die 127 Schiffe mussten also rund 26 000 Mann bereitstehen. Das ging nur, wenn man das Heer stark verringerte und darauf hoffte, dass die Verbündeten einsprangen.

Beide Seiten wussten, dass die griechischen Soldaten besser ausgerüstet, motiviert und ausgebildet waren als die persischen. Bei den Flotten trat dieser Unterschied allerdings weitaus weniger zutage. Die Schiffe waren praktisch gleich, und mindestens die Hälfte der persischen Schiffe war mit griechischen Seeleuten bemannt. Zudem waren die ägyptischen Seesoldaten in Diensten der Perser womöglich noch besser als die Griechen. Die einzige Chance der Griechen war also, die Perser in eine Falle zu locken.

Erste Zusammenstöße

Der schmale Pass an den Thermopylen war der beste Ort, um dem persischen Landheer entgegenzutreten. Für die griechische Flotte wiederum schien der schmale Kanal zwischen der Insel Euböa und dem griechischen Festland nahe dem Kap Artemision der beste Warteraum. Nur 300 Spartaner und 4900 Verbündete aus anderen Städten sammelten sich an den Thermopylen und besserten die Mauer aus, die man bei einem früheren Konflikt zwischen den Phokern und den Thessaliern dort errichtet hatte. Die griechischen Schiffe bezogen inzwischen etwa 60 Kilometer weiter im Westen Stellung bei Artemision. Außer den Athenern versammelten sich dort auch 40 Schiffe aus Korinth, 20 aus Megara, 20 aus Chalkis und 64 aus anderen Stadtstaaten. Ein Spartaner namens Eurybiades wurde zum Befehlshaber erklärt, weil die anderen Kontingente sich weigerten, Befehle von einem Athener entgegenzunehmen. Auf den insgesamt 271 Schiffen waren über 55 000 Seeleute und Seesoldaten im Einsatz. An der Küste wurden Wachen aufgestellt, und ein Kontingent blieb zurück, um einen Bergpfad zu bewachen, der um die Thermopylen-Mauer herumführte. Drei Trieren wurden zur Insel Skiathos, 30 Kilometer im Nordosten, beordert. Auf den Hügeln und Landzungen errichtete man Signalfeuer, und die schnellste Pentekontere sollte die Verbindung zwischen Flotte und Heer aufrechterhalten.

Während die Perser auf die Thermopylen vorrückten, jagten 10 ihrer schnellsten Schiffe die drei griechischen Trieren auf ihrem vorgeschobenen Posten und brachten sie auf. Zudem markierten sie einen

> *»Vorwärts, Söhne der Griechen, befreit das Vaterland, befreit eure Kinder, eure Frauen, die Altäre der Götter eurer Väter und die Gräber eurer Vorfahren: Jetzt geht es im Kampf um alles.«*
>
> Ein Päan, wie ihn griechische Soldaten bei Salamis gesungen haben sollen

gefährlichen, unter der Wasserlinie liegenden Felsen in der Meerenge vor Artemision mit einer großen Steinsäule. Als ihre Hauptflotte ankam, wurden 200 Schiffe abkommandiert, um südlich um Euböa herumzusegeln und die griechische Flotte vom Rücken her anzugreifen. Sofort schickten die Griechen 53 Schiffe an das andere Ende der Meerenge. Inzwischen ankerte das Gros der persischen Flotte vor Aphetai im Norden der Meerenge, als plötzlich von Osten her ein schwerer Sturm aufkam und etwa 400 persische Schiffe zerstörte oder zerstreute, darunter auch das Geschwader, das die Griechen hätte umfassen sollen. Damit blieben den Persern 727 Schiffe, immer noch eine Übermacht von mehr als 3 zu 1. Als der Sturm sich gelegt hatte, griffen die Perser an. Doch die Griechen bildeten zur Verteidigung einen Kreis, und die Perser verloren 30 Schiffe, ohne den Griechen nennenswerte Verluste zufügen zu können.

Am nächsten Tag rührte sich keine der beiden Seiten, vermutlich wurden Schäden ausgebessert. Im Laufe des Tages kehrten die 53 griechischen Schiffe, die vorher den anderen Ausgang der Meerenge bewacht hatten, zurück, und den Persern wurde klar, dass ihre Flankentruppe verloren war. Am dritten Tag allerdings gingen sie wieder in die Offensive, und am Abend waren etwa 100 griechische und über 100 persische Schiffe beschädigt. Solche Geplänkel konnte sich die zahlenmäßig schwächere griechische Flotte nicht leisten. Dazu kam die Nachricht, dass die griechische Truppe an den Thermopylen geschlagen worden sei. Das verzweifelte letzte Aufbäumen des von den Spartanern geführten Heeres hatte wertvolle Zeit gebracht, aber jetzt war die Straße nach Athen frei. Und so mussten die Griechen nach der Schlacht ihre Toten liegen lassen und bei Mondlicht durch die Meerenge zurücksegeln, um das jetzt schutzlose Athen zu verteidigen.

Die mutigen Spartaner und ihre Verbündeten hatten bei den Thermopylen gekämpft und waren gefallen. Unterdessen hatten andere Griechen an ihrer Verteidigung gearbeitet. Die nächste natürliche Ver-

GEGENÜBER: Dieses Bild gibt einen guten Eindruck von einem Nahkampf auf See. Allerdings hatten die Ruderer keine Schilde, die sie zum Schutz an die Seiten hängen konnten, und der Wind bläst auf diesem Bild aus drei verschiedenen Richtungen! Außerdem wurden die Segel vor einem Kampf an Land gelassen. Die Galeeren oben links setzen zum Rammstoß an.

teidigungslinie auf dem Festland war der Isthmus von Korinth, und hier wuchs gerade eine weitere Mauer empor. Aber die großen Städte Athen und Theben lagen auf der falschen Seite der neuen Mauer, und solange die persische Flotte nicht neutralisiert war, konnte das persische Heer landen, wo es wollte, und die Mauer war nutzlos. Die über 600 kampftüchtigen Schiffe der Perser waren eine tödliche Gefahr.

Die Stadt Theben unterwarf sich dem persischen Großkönig, ein furchtbarer Schlag für die Moral der freien Griechen. Städte, die sich nicht unterwerfen wollten, wurden niedergebrannt, ihr Umland verwüstet. Die meisten verbliebenen Bewohner Athens, Männer, Frauen und Kinder, wurden auf die Inseln Salamis und Aigina vor der Küste und nach Troizen auf der anderen Seite des Saronischen Golfes gebracht. Als das Landheer unter Xerxes vor der jetzt fast verlassenen Stadt auftauchte,

> *»Und wenn du heimkehrst, denke daran, dass du das Ziel deines Feldzuges erreicht hast; denn du hast Athen niedergebrannt!«*
>
> Königin Artemisia zu Xerxes nach Salamis (nach Herodot)

hatten sich die Wachen der Akropolis und die letzten Bewohner im Inneren verbarrikadiert. Ein Angriff mit brennenden Geschossen schlug fehl, aber die Perser fanden einen geheimen Zugang zur Stadt, und die Verteidiger wurden niedergemacht.

Inzwischen bezog die jetzt auf bis zu 378 Schiffe verstärkte griechische Flotte zwischen Salamis und der Landspitze des Saronischen Golfes Stellung. Die persische Flotte landete an den Stränden rund um Phaleron und anderen Buchten in der Nähe. Noch immer gab es Streit in den Reihen der Griechen, denn die Kontingente der Gebiete südlich der neuen Mauer wollten nach Hause zurückkehren, um ihre Heimat zu verteidigen.

In diesem entscheidenden Moment griff der athenische Befehlshaber Themistokles zu einem Trick: Er schickte eine geheime Botschaft an die Perser, dass die Griechen die Flucht planten, und die Perser positionierten ihre Flotte in jener Nacht daraufhin so, dass sie beide Ausgänge der Meerenge bei Salamis blockierten und die griechischen Kontingente so an der Flucht hinderten. Die ganze Nacht blieben die Perser auf See. Ihre Besatzungen konnten nur auf den Ruderbänken ausruhen und müssen am nächsten Morgen ziemlich erschöpft gewesen sein.

Die Schlacht beginnt

Den westlichen Ausgang der Meerenge blockierte die noch immer starke ägyptische Flottille mit ihren 150 Schiffen. Dagegen brachten die Griechen rund 80 Schiffe des korinthischen Kontingents in Stellung. In der östlichen Zufahrt zur Meerenge zog der persische Kommandeur westlich der Insel Psyttaleia etwa 300 Schiffe der ionischen Städte zusammen. Östlich von Psyttaleia waren rund 100 Schiffe aus dem ionischen Kontingent stationiert. Psyttaleia selbst war von den Persern besetzt, so dass jedes dort landende Schiff gefährdet war. Inzwischen hatte der Großkönig Xerxes seinen Thron auf einem Hang aufstellen lassen, von dem aus er den Golf überblicken konnte. Mit seiner Leibwache, den »Unsterblichen«, wollte er von dort aus die Schlacht beobachten. Die erhaltenen Schlachtschilderungen sind ziemlich konfus. Offenbar kämpften die ägyptischen und korinthischen Schiffe den ganzen Tag über. Die griechische Hauptflotte stellte sich so auf, als wolle sie durchbrechen, zog sich dann aber allmählich in den engsten Teil der Meerenge (1,8 km) zurück. Diese Position kam den Griechen entgegen, denn ihre Schiffe hielten den äußeren Rand der Formation und konnten dadurch die Vorteile eines Flankenangriffs nutzen. Die Perser schluckten den Köder und verfolgten die Griechen in die schmale Meerenge hinein.

Die Rammsporne konnten Schiffe zwar schwer beschädigen, aber kaum versenken. Da die getroffenen Schiffe kaum Ballast an Bord hatten und weitgehend aus Holz bestanden, schwammen sie weiter und engten den Raum zum Manövrieren immer stärker ein. Nach dem ersten Zusammenstoß entspann sich bei Seeschlachten jener Zeit daher meist ein Nahkampf, die so genannte Mêlée, an Bord der Schiffe, wobei jede Seite ihren Gefährten zu Hilfe kommen wollte. Ähnliches passierte auch vor Salamis. Die persischen Schiffe drängten in die Meerenge hinein und bildeten ein Knäuel, in dem sie ihre Ruder nicht mehr einsetzen konnten, von einem Rammstoß ganz zu schweigen. Damit gewannen die Griechen, die noch

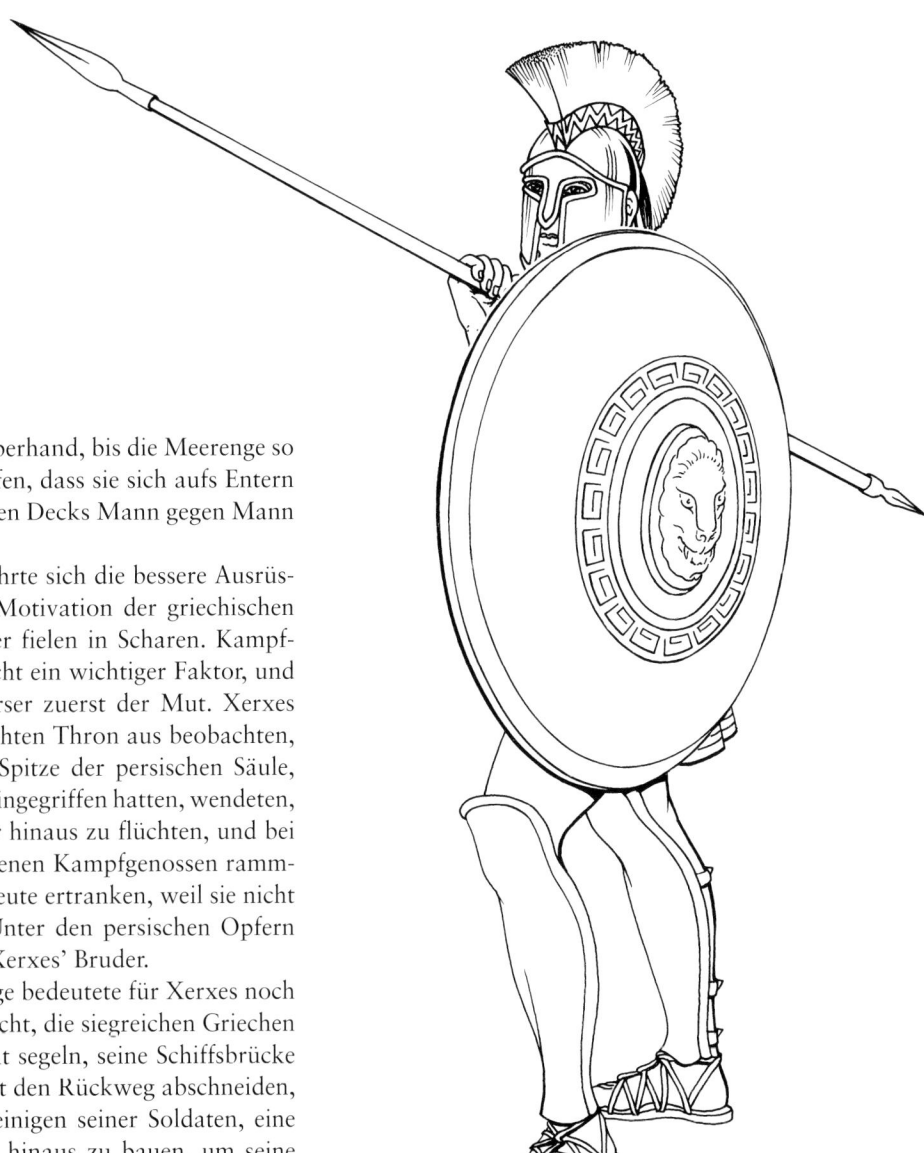

beweglich waren, die Oberhand, bis die Meerenge so verstopft war von Schiffen, dass sie sich aufs Entern verlegten und auf blutigen Decks Mann gegen Mann kämpften.

Im Nahkampf bewährte sich die bessere Ausrüstung, Ausbildung und Motivation der griechischen Hopliten, und die Perser fielen in Scharen. Kampfmoral ist in jeder Schlacht ein wichtiger Faktor, und offenbar verließ die Perser zuerst der Mut. Xerxes musste von seinem erhöhten Thron aus beobachten, wie die Schiffe an der Spitze der persischen Säule, die nicht in den Kampf eingegriffen hatten, wendeten, um auf das offene Meer hinaus zu flüchten, und bei diesem Versuch ihre eigenen Kampfgenossen rammten. Viele persische Seeleute ertranken, weil sie nicht schwimmen konnten. Unter den persischen Opfern der Schlacht war auch Xerxes' Bruder.

Aber diese Niederlage bedeutete für Xerxes noch nicht das Ende. Aus Furcht, die siegreichen Griechen könnten zum Hellespont segeln, seine Schiffsbrücke zerstören und ihm damit den Rückweg abschneiden, befahl der Großkönig einigen seiner Soldaten, eine Mole zur Insel Salamis hinaus zu bauen, um seine weiteren Rückzugsvorbereitungen zu verbergen. Als die Reste der persischen Flotte nach Kleinasien zurücksegelten, ließ Xerxes in den neu eroberten nordgriechischen Provinzen ein Heer zurück, das im nächsten Jahr in der Schlacht von Plataiai eine herbe Niederlage hinnehmen musste. Die persische Flotte wurde im Winterquartier angegriffen und vernichtet. Die griechisch-persische Feindschaft schwelte weiter, bis Alexander der Große im Jahr 334 v. Chr. den Hellespont überquerte und Persien eroberte.

GRIECHISCHE HOPLITEN kämpften Schulter an Schulter und Mann gegen Mann. Wichtigste Waffe war eine schwere, 3,5 Meter lange Lanze aus dem harten Holz der Kornelkirsche mit Erdsporn. Außerdem trug jeder Hoplit ein kurzes Schwert für den Nahkampf sowie Beinschienen, Brust- und Rückenpanzer und Helm aus Bronze.

25

SCHLACHT BEI SALAMIS
480 V. CHR.

Die Land- und Seeschlachten zwischen Griechen und
Persern wurden meist an den damals wichtigen Verkehrswegen ausgefochten. Falls es Xerxes diesmal jedoch gelang, die Seeherrschaft zu erringen, konnte er
die nächste griechische Verteidigungslinie, eine Mauer
bei Korinth, die quer über den Isthmus zwischen der
Peloponnes und dem griechischen Festland gezogen
war, umgehen. Er musste also die griechische Flotte
vernichten, damit sie sein weiteres Vordringen in Griechenland nicht behindern oder seine Rückkehr unmöglich machen konnte. Die Griechen ihrerseits wussten, dass sie die Perser auf See besiegen mussten, um
nicht Vasallen des Großkönigs zu werden. Sie wollten
ihre Unterlegenheit ausgleichen, indem sie die persische Flotte zwangen, in einer schmalen Meerenge zu
kämpfen. Dort besiegten die besser ausgerüsteten
Griechen die ohne Rüstungen angetretenen Perser im
Nahkampf.

Griechische Stadtstaaten

Persisches Reich

Salamis

Direkt vor der Küste der Stadt Athen befindet sich vor der
Insel Salamis eine Meerenge mit zwei schmalen Zufahrten
und genug tiefem Wasser, um die ganze griechische Flotte
aufzunehmen.

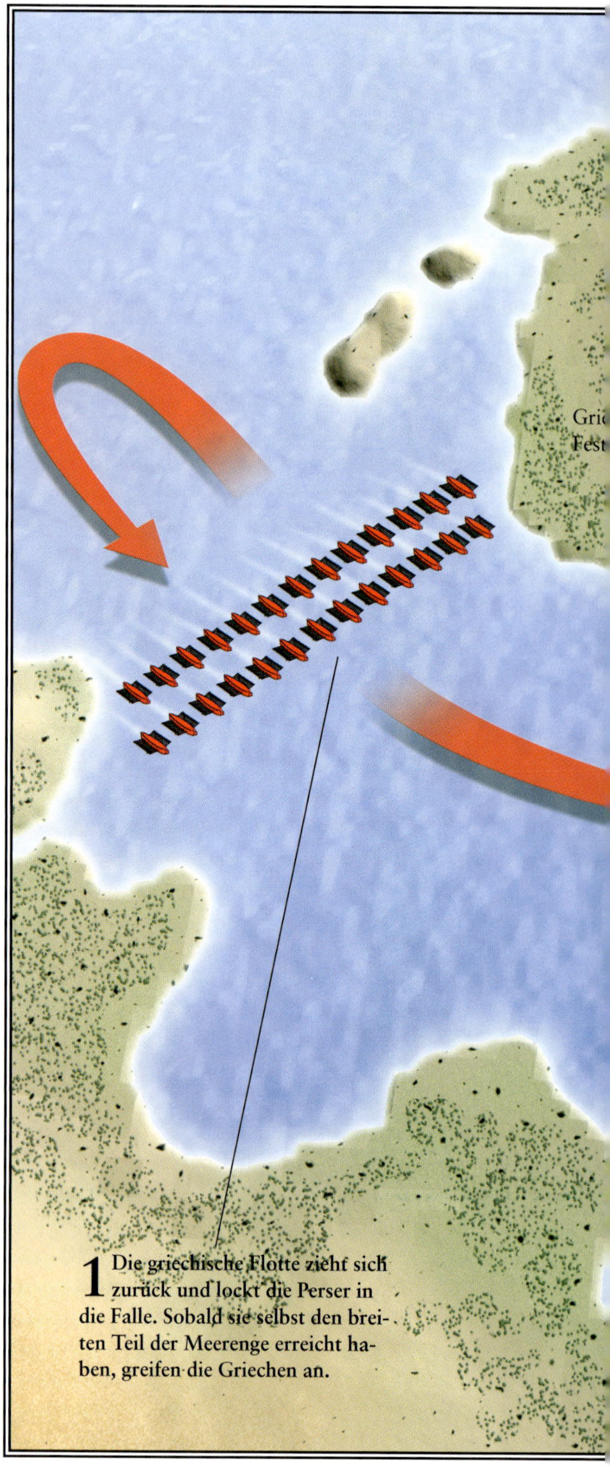

Grie
Fest

1 Die griechische Flotte zieht sich
zurück und lockt die Perser in
die Falle. Sobald sie selbst den breiten Teil der Meerenge erreicht haben, greifen die Griechen an.

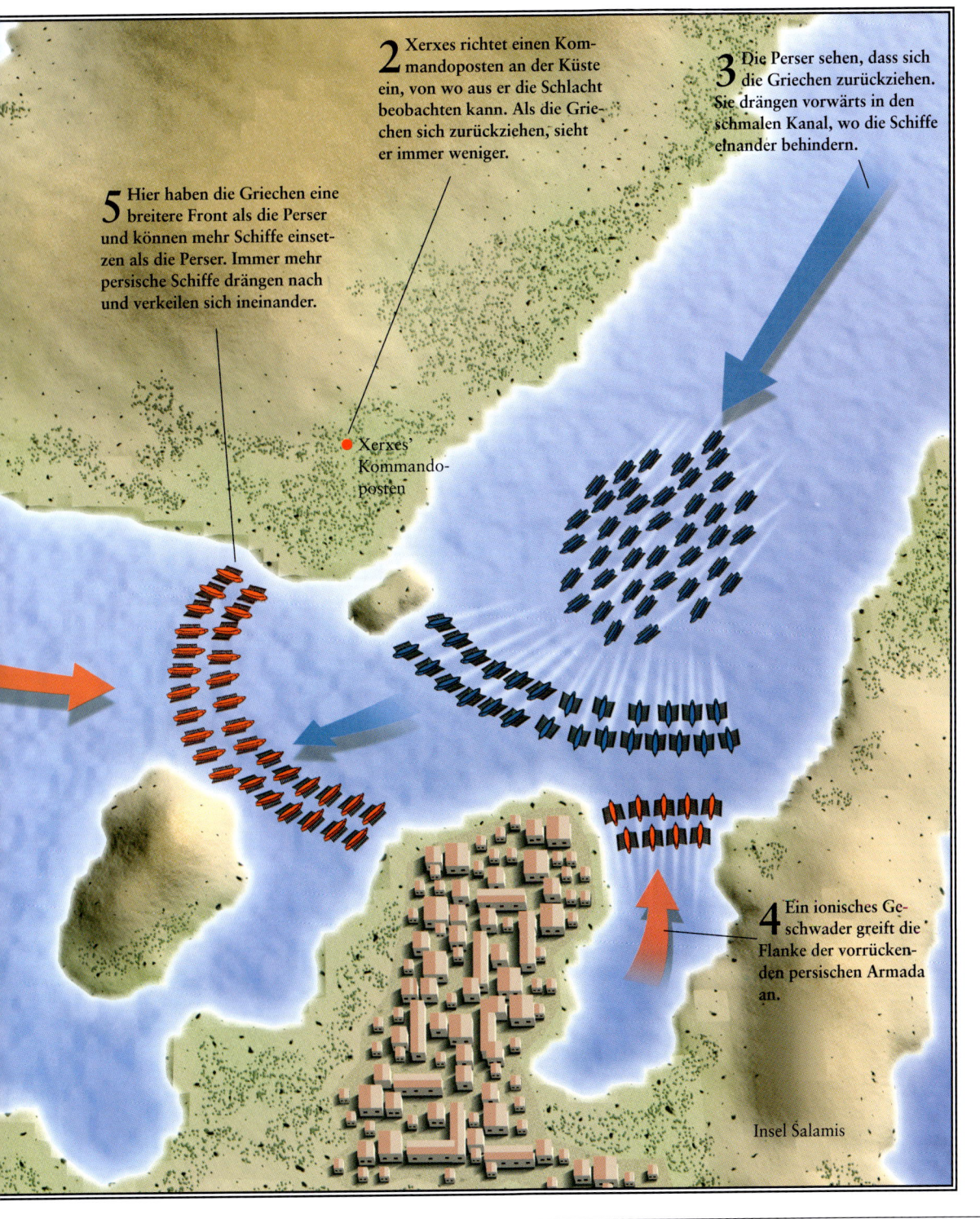

2 Xerxes richtet einen Kommandoposten an der Küste ein, von wo aus er die Schlacht beobachten kann. Als die Griechen sich zurückziehen, sieht er immer weniger.

3 Die Perser sehen, dass sich die Griechen zurückziehen. Sie drängen vorwärts in den schmalen Kanal, wo die Schiffe einander behindern.

5 Hier haben die Griechen eine breitere Front als die Perser und können mehr Schiffe einsetzen als die Perser. Immer mehr persische Schiffe drängen nach und verkeilen sich ineinander.

Xerxes' Kommandoposten

4 Ein ionisches Geschwader greift die Flanke der vorrückenden persischen Armada an.

Insel Salamis

27

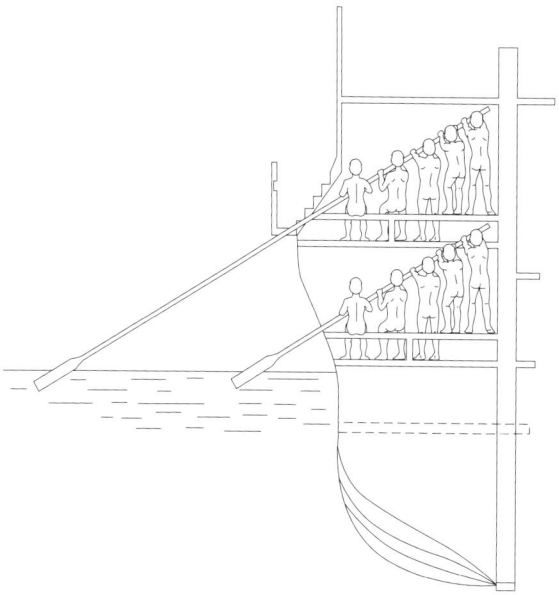

OBEN: Die Ruderanordnung der »Decereme« – an jeder Ruderstation bedienen 10 Mann zusammen zwei Ruder.

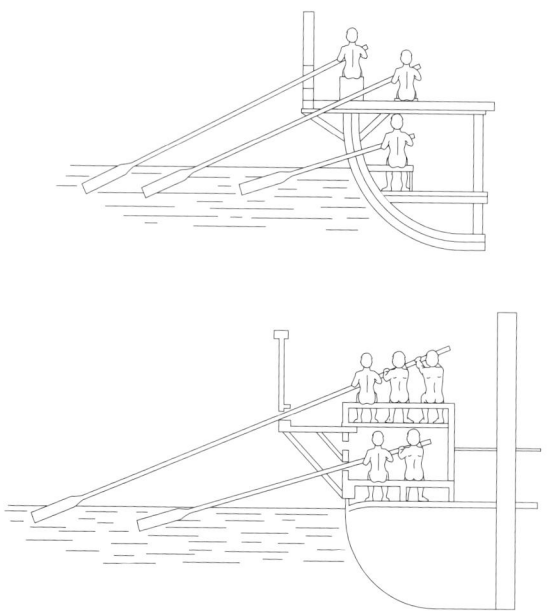

RECHTS OBEN: Die Ruderanordnung der Trireme – drei Mann bedienen drei Ruder. RECHTS UNTEN: Die Ruderanordnung der Quinquereme – fünf Mann bedienen zwei Ruder an jeder Ruderstation.

Kosten, Besatzungen und Vorräte

In der Antike gab es viele Sklaven, doch wurden sie nicht auf Schiffen eingesetzt. Die Funktion des »Ruderers« galt als ehrenwerter Beruf und verlangte durchaus gewisse Fähigkeiten. Zudem wurden die Schiffe meist nachts an den Strand gezogen, damit die Besatzungen an der Küste kochen, essen und schlafen konnten. Sklaven hätten da leicht fliehen können. In einer Schlacht waren freie und leistungsbereite Ruderer eine wichtige Reserve unter Deck, sie konnten die Seesoldaten unterstützen. Die Ruderer wurden wie angelernte Arbeiter bezahlt.

Im Peloponnesischen Krieg zwischen Athen und Sparta verdienten die Ruderer ein halbe Drachme am Tag. Der Kapitän bekam 5000 Drachmen pro Jahr als Gehalt und für die Instandhaltung des Schiffes. Eine Triere mit 300 Ruderern, Seeleuten und Soldaten an Bord kostete, wenn man davon ausgeht, dass jeder zehnte Tag frei war, etwa 55 000 Drachmen pro Jahr. Die Baukosten lagen bei nur 6000 Drachmen. In römischer Zeit hatte die Inflation den Tageslohn für die Besatzung auf 1 Drachme pro Tag steigen lassen.

Wenn man bedenkt, dass etwa 50 Bäume für ein solches Schiff gebraucht wurden, und die Größe der Flotten betrachtet, die in der Antike wieder gebaut wurden, wundert es nicht, dass die Wälder an den Küsten des Mittelmeers bald verschwanden. Um die Schiffe vor der brennenden Sommersonne und dem kalten Winterregen zu schützen, wurden sie an Land in riesigen Schuppen aufbewahrt. Die Schiffsschuppen eines athenischen Hafens fassten 350 Schiffe. Im nordafrikanischen Karthago baute man ein rundes Hafenbecken, das ganz von Schiffsschuppen gesäumt war.

Rammtaktiken

Im antiken Seekrieg gab es vor allem zwei taktische Manöver: den *periplous* und den *diekplous*. Beim *periplous* umfuhr man einfach den Gegner und und rammte ihn in die Seite. Der *diekplus* erforderte mehr Geschicklichkeit: Das angreifende Schiff suchte eine Lücke zwischen zwei feindlichen Schiffen und versuchten dann, mit dem Bug alle Riemen auf einer Seite abzubrechen. Die Wucht des Anpralls führte dazu, dass die Riemen den Brustkorb oder das Rückgrat der Ruderer zerschmetterten. Das Schiff drehte sich hinter dem Angreifer quer zur bisherigen Fahrtrichtung. Man konnte es nun getrost sich selbst überlassen. Der Angreifer konnte dann hinter der feindlichen Linie Tempo aufnehmen und hatte eine ideale Position für einen weiteren *periplus*-Angriff auf ein anderes Schiff der Linie. Der beste Konter gegen diese Taktik war eine zweite Linie, damit ein Schiff bereitstand, um den *diekplus*-Angreifer seitlich zu rammen, wenn er aus der ersten Linie herauskam.

Der korinthische Admiral Machaon, dessen Flotte bei der Schlacht bei Naupaktos im Jahr 429 v. Chr. deutlich in der Unterzahl war, ordnete seine Schiffe in einem Kreis mit dem Bug nach außen an und behielt eine kleine Reserve im Inneren dieses Kreises.

Die angreifende athenische Flotte ruderte immer um diesen Kreis herum wie Indianer um eine Wagenburg. Dann kam Wind auf, riss den Kreis auseinander, und die Athener schlugen zu. Die Korinther erkannten durch diese Niederlage, dass sie einen frontalen Zusammenstoß mit den leichteren athenischen Schiffen wagen konnten, wenn sie den Bug ihrer Schiffe massiv verstärkten. Diese Taktik führte 415 v. Chr. zum Sieg über die athenische Flotte im Hafen von Syrakus und damit zu einem katastrophalen Scheitern des Feldzugs zur Eroberung Siziliens.

EINE DECEREME, das Rückgrat der römischen Flotten. Das Deck war ganz geschlossen und konnte mehrere Katapulte und 400 Marinesoldaten tragen. Die 600 Ruderer durften nicht aus dem Takt kommen.

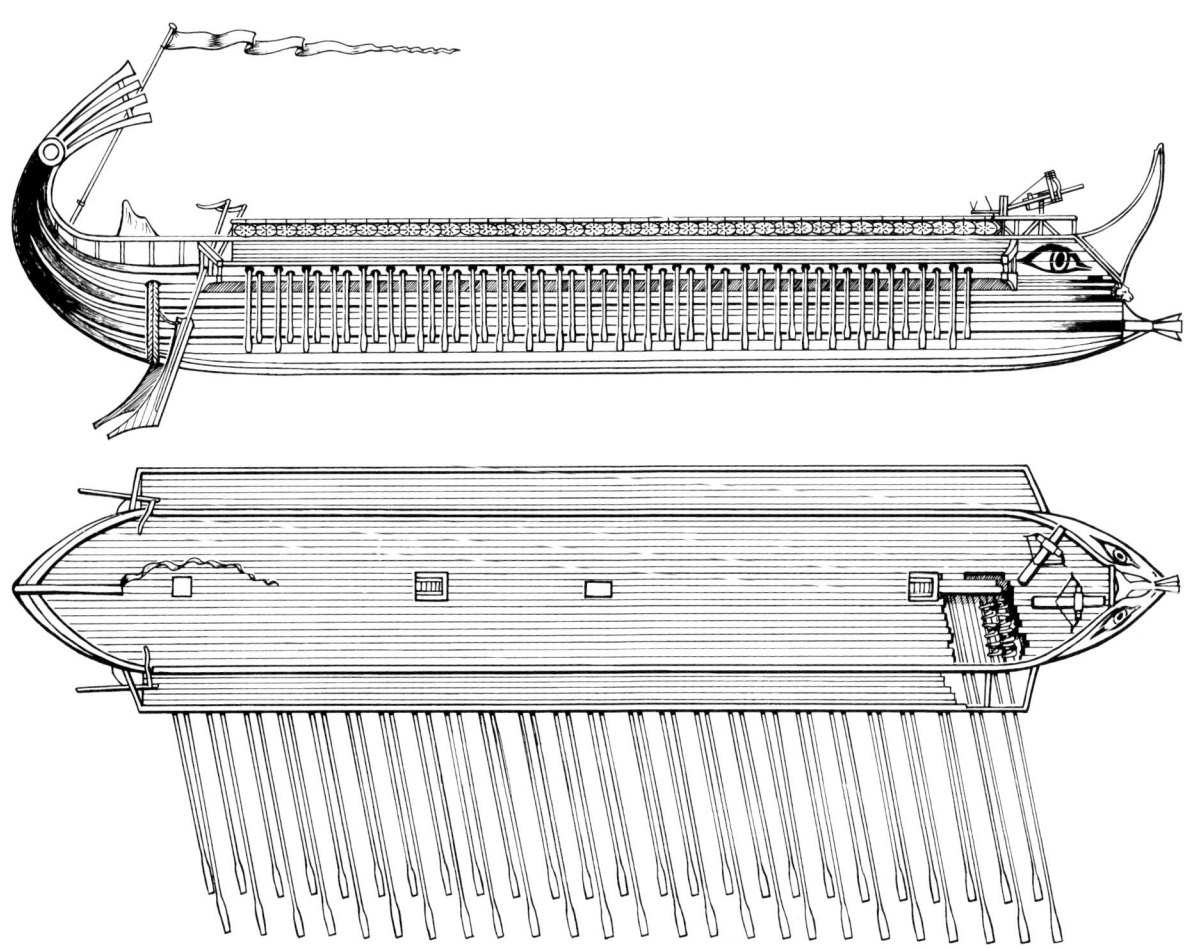

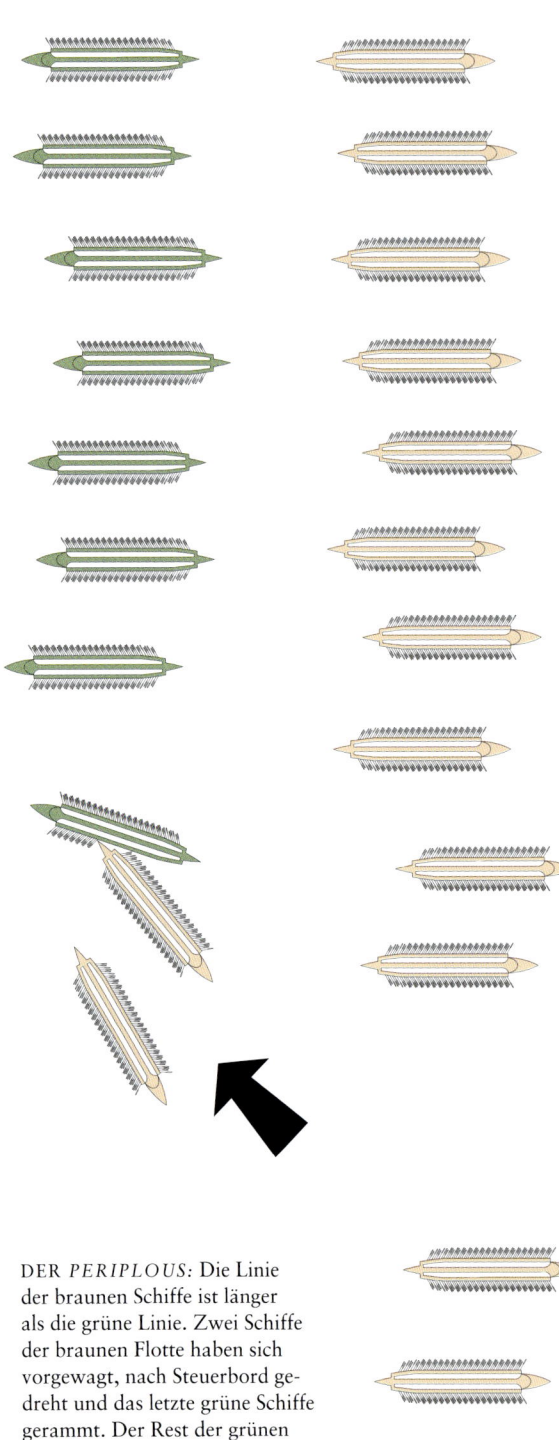

DER *PERIPLOUS:* Die Linie der braunen Schiffe ist länger als die grüne Linie. Zwei Schiffe der braunen Flotte haben sich vorgewagt, nach Steuerbord gedreht und das letzte grüne Schiffe gerammt. Der Rest der grünen Linie wird bald aufgerollt werden wie bei der Seeschlacht vor dem zyprischen Salamis im Jahr 306 v. Chr.

Die athenische Expedition scheiterte zwar, war aber zugleich ein klassisches Beispiel für die Bedeutung einer vorherrschenden Seemacht, denn ohne sie erstarken die Seeräuber. Nach dem Sturz Athens als Vormacht versuchten vier Gruppierungen, die Handelswege zwischen Athen und den Getreidelieferanten auf der Krim zu kontrollieren. In der Schlacht von Kyzikos 410 v. Chr. fuhren die Peloponnesier ihre Schiffe mit dem Heck voran auf den Strand, sobald sie eine überlegene athenische Flotte sichteten. Sie wollten damit einem Rammangriff entgehen. Dennoch gelang es einem athenisches Geschwader, die Schiffe zu rammen. Die Athener brachten Seesoldaten an Land und nahmen das improvisierte Lager ein. Der Admiral auf verlorenem Posten schickte eine Botschaft nach Sparta: »Schiffe verloren. General tot. Männer hungern. Was sollen wir tun?« Leider ist die Antwort nicht überliefert.

Im Jahr 406 v. Chr. war Qualität und Zahl der erfahrenen attischen Seeleute rapide gesunken, und die Polis musste auf schnell rekrutierte Arbeiter und Freigelassene zurückgreifen, um mit einer Flotte von 150 Schiffen die Belagerung von Methymna auf der Insel Lesbos aufzuheben. Den Athenern standen 120 Schiffe der Peloponnesier gegenüber, die mit erfahrenen Ruderern bemannt waren. Um dem *diekplous*-Manöver etwas entgegenzusetzen, bildeten die Athener zwei Linien, die damit viel kürzer waren als die Front der Feinde. Damit ihre Schiffe nicht von den Flanken her angegriffen werden konnten, bezogen sie auf beiden Seiten einer Insel Stellung, so dass ihre Linie etwa so lang war wie die der Gegner. Die Taktik funktionierte. Die Schlacht entwickelte sich zu einem Nahkampf an Deck ohne Flottenmanöver, und hier zahlte sich die Übermacht der Athener aus. Athen verlor 25 Schiffe, die Gegner 69.

Die nächste Entwicklung in der Seekriegstechnik stammte aus der griechischen Kolonie Syrakus auf Sizilien: Dort verbreitete man die Schiffe und setzte zusätzliche Ruderer an jeden Riemen. Der so entstandene Vierruderer (Tetrere/Quadrireme) trug vier Ruderer je Bank, der Fünfruderer (Pentere/Quinquereme) sogar fünf. Nach diesem Durchbruch gab es keine Grenzen mehr, und die Griechen bauten bald auch Hepteren und Okteren mit je sieben oder acht Ruderern pro Bank. Der schmale Gang in der Mitte des Schiffes wurde erweitert und als Deck über die ganze Breite des Schiffes gezogen, so dass die Rude-

DER *DIEKPLOUS:* Das führende gelbe Schiff zielt auf die Ruder des gegnerischen braunen Schiffes, stößt in die Lücke und durchbricht die Linie. Ohne Antrieb auf einer Seite dreht sich das braune Schiff nach links und bietet dem folgenden Feind die rechte Seite. Das erste gelbe Schiff kann hinter der Linie wenden und das nächste braune Schiff der Linie angreifen. Wenn die braunen Schiffe zwei Linien gebildet hätten, wäre diese Taktik der gelben Schiffe vereitelt worden.

rer besser geschützt waren und eine weitaus größere Plattform für die Seesoldaten und sogar für den Einsatz von Katapulten entstand. Dennoch waren diese Schiffe – vor allem die römischen Schiffe zur Zeit der Punischen Kriege – sehr leicht gebaut. So mussten zum Beispiel die Ruder im Wasser das Schiff stabilisieren, wenn man Enterhaken werfen wollte. Bei einer Gelegenheit gelang es einem römischen Schiff sogar, eine Hafenkette zu überwinden, indem sich alle Nicht-Ruderer im Heck versammelten und sich dadurch der Bug so weit hob, dass er über die Kette ragte. Dann ruderte man einige Schläge und schickte die Besatzung zum Bug, um auch das Heck über die Kette zu bekommen.

Die Schlacht bei Salamis auf Zypern, 306 v. Chr.

Nach dem Tod Alexanders des Großen im Jahr 323 v. Chr. eroberten sich seine Nachfolger, die Diadochen, ihre jeweils eigenen Reiche und provozierten zahlreiche Kriege, die über 20 Jahre währten. Antigonos, der »Einäugige«, herrschte über den asiatischen Teil des Alexanderreichs und lag im Krieg mit Ptolemaios I., dem Herrscher Ägyptens. Antigonos' Sohn Demetrios war schon 312 v. Chr. in ägyptisches Territorium eingefallen und von Ptolemaios sechs Jahre

später in der Schlacht von Gaza zurückgedrängt worden. Anfang 306 v. Chr. wollte Demetrios die von den Ägyptern beherrschte Insel Zypern erobern. Er belagerte die Hauptstadt Salamis an der Ostküste. Ptolemaios stellte in Ägypten ein Entsatzheer auf und segelte von der Nilmündung nach Paphos im Westen Zyperns.

Diese Fahrt über 400 Kilometer war in einer Zeit ohne Kompass ein äußerst riskantes Unternehmen. Wenn die Flotte bei Tagesanbruch die Segel setzte, brauchte sie eine Durchschnittsgeschwindigkeit über 7 Knoten, um vor Anbruch der zweiten Nacht vor Zypern anzukommen. Trotz des 122 Meter hohen *pharos* (Leuchtturms) von Alexandria war nach nicht einmal fünfeinhalb Stunden das Land außer Sicht und erst nach 28 Stunden lag Zypern vor den Schiffen. Um die ganze Zeit über einen geraden Kurs zu steuern, brauchte man ebenso viel Nervenstärke wie Können.

Zu Ptolemaios' Flotte gehörte 140 Tetreren und Penteren, dazu 10 000 Soldaten auf 200 nur mit Segeln ausgestatteten Truppentransportern. Im Hafen von Salamis waren weitere 60 ägyptische Schiffe eingeschlossen, vorwiegend Vier- und Fünfruderer. Demetrios hatte nur 108 Schiffe, darunter sieben Hepteren und zehn Hexeren, dazu 30 athenische Tetreren. Aber er hatte die bessere Kommunikation zwischen seinen Streitkräften. Während Ptolemaios nach Süden und Osten um die Insel herumfuhr, begann Demetrios seinen Plan umzusetzen. Zehn Penteren sollen den schmalen Zugang zum Hafen von Salamis bewachen und so die 60 Schiffe, die dort vor Anker lagen, blockieren. Zur Verstärkung der restlichen Flotte zog er seine 53 Transporter heran, die zwar wie Handelsschiffe mehr Tiefgang hatten als Kriegsschiffe, aber ebenfalls mit drei Ruderbänken ausgestattet waren. Sie waren gut bemannt mit Soldaten, die als Marineinfanteristen kämpfen sollten. Auf den Decks seiner Schiffe waren neben den Bogenschützen und Soldaten auch Katapulte stationiert. Und schließlich ließ Demetrios an der Küste noch Kavallerieeinheiten operieren, die alle Feinde, die es schwimmend an Land schafften, abfangen sollten.

Ptolemaios wollte seine Gegner von der Flanke her umfassen und rechnete damit, dass Demetrios auf einer Seite den Schutz der Küste suchen würde. Beide Seiten ordneten ihre Schiffe daher in den traditionellen zwei Linien an, wobei jeweils ein Ende der Linien so nahe wie nur möglich an die Küste heranreichte. Ptolemaios platzierte sein eigenes Schiff etwa 12 Schiffe von der Küste entfernt und stellte vermutlich seine schwersten Schiffe in die Frontlinie. Demetrios' Aufstellung war interessanter. In seinem Küstenflügel befanden sich die Tetreren und Penteren, in der Mitte die Transportschiffe, und zum offenen Meer hin die Hepteren und Hexeren, dahinter weitere Penteren und sein eigenes Schiff. Um seine eigene Linie zu verlängern und sicherzustellen, dass er die ägyptische Linie umfassen konnte, stellte er einen Teil dieses Geschwaders nur eine Linie tief auf.

Es muss ein atemberaubender Anblick gewesen sein: Die Schiffe waren alle bunt bemalt und trugen das traditionelle Auge am Bug. Die Linie zog sich über einen Kilometer weit hin. Die 181 griechischen Schiffe fuhren auf die 140 ägyptischen Schiffe zu, mit

Segel und Rudern schafften sie ein Tempo von etwa 16 Knoten. Die Katapulte hatten eine Reichweite von etwa 350 Meter und eröffneten als Erste den Beschuss; nur sechs oder sieben Minuten danach prallten die Flotten aufeinander. Die Wirkung der Torsionskatapulte, die schwere Bolzen oder Steine warfen, war eher psychologischer Natur. Genaues Zielen war kaum möglich, weil das Schiff im Seegang schlingerte.

Sobald die Schiffe und Rammsporne ineinanderkrachten, sorgte die zweite Linie dafür, dass die Taktik des *diekplous*-Rammens nicht zum Einsatz kam. Die exponierte Flanke der ägyptischen Linie erwies sich allerdings als angreifbar durch die längere griechische Linie. Demetrios' Schiffe griffen die ptolemä-

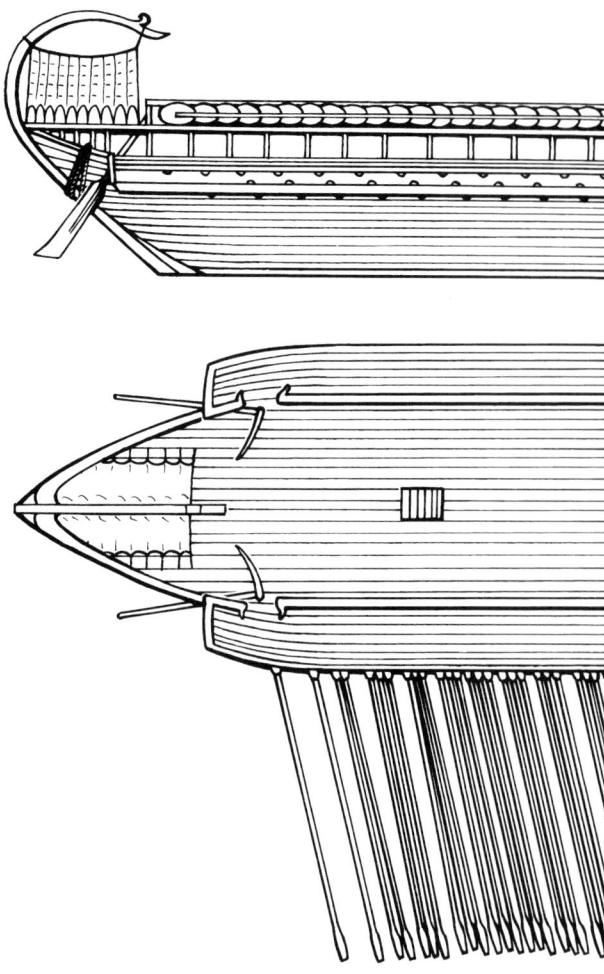

ische Linie an, die aufs offene Meer hinausragte, und rollten sie auf. Der Statthalter von Salamis durchbrach schließlich die griechische Hafenblockade, und Ptolemaios konnte nahe der Küste die griechische Linie durchbrechen, aber die Schlacht war schon verloren. Etwa 8000 Soldaten des Ptolemaios auf 120 Schiffen wurden gefangen genommen. Der Rest, unter ihnen auch Ptolemaios, konnte entkommen. Die Insel ergab sich dem Demetrios, der damit die nächsten 20 Jahre lang über das östliche Mittelmeer herrschte. Antigonos fiel fünf Jahre später in einer Schlacht gegen seine früheren Gefährten im Inneren der Türkei. Ptolemaios lebte bis 283 v. Chr. und gründete jene Dynastie, die erst mit Königin Kleopatra enden sollte.

Die Vernichtung der Piraten, 67–66 v. Chr.

Die Frühzeit der römischen Expansion ist von zahlreichen Kriegen geprägt. Zuerst zog man gegen andere Staaten in Italien, dann gegen Karthago zu Felde. Als Karthago geschlagen war, wandte sich Rom dem Osten zu. Makedonien, Griechenland und schließlich auch Pontos (der asiatische Teil der heutigen Türkei) wurden unterworfen. Doch im Verlauf dieser Kriege wucherte das Piratenunwesen im östlichen Mittelmeer.

Viele Jahre lang hatte Rhodos mit seiner Flotte die Seeräuber niedergehalten, um seine Position als Transithafen im lukrativen Ost-West-Handel zu stärken. Dann jedoch überwarf sich der Inselstaat mit

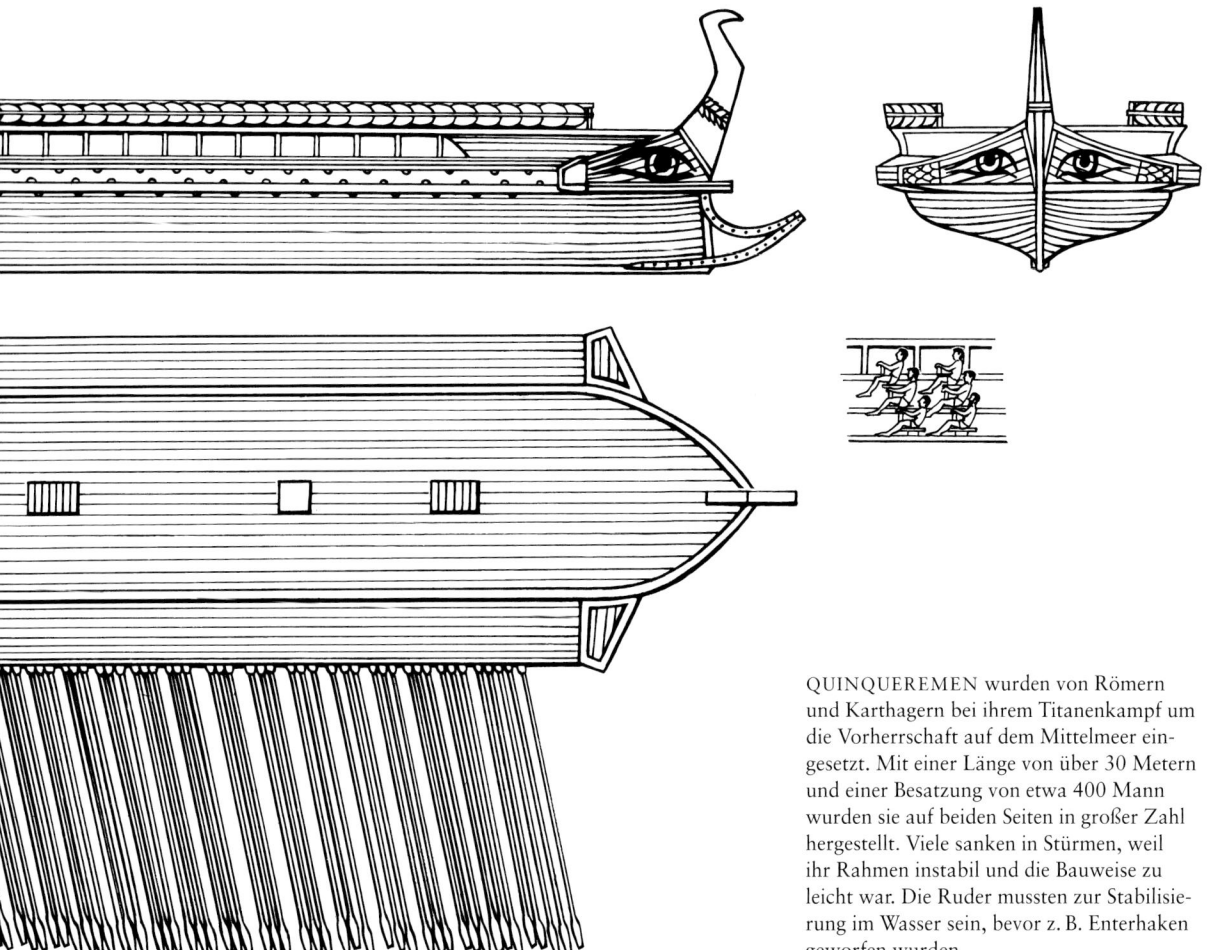

QUINQUEREMEN wurden von Römern und Karthagern bei ihrem Titanenkampf um die Vorherrschaft auf dem Mittelmeer eingesetzt. Mit einer Länge von über 30 Metern und einer Besatzung von etwa 400 Mann wurden sie auf beiden Seiten in großer Zahl hergestellt. Viele sanken in Stürmen, weil ihr Rahmen instabil und die Bauweise zu leicht war. Die Ruder mussten zur Stabilisierung im Wasser sein, bevor z. B. Enterhaken geworfen wurden.

EINE FRÜHE RÖMISCHE QUINQUEREME fliegt über das Meer, angetrieben von den auf drei Stufen angeordneten Ruderern. Sie ist mit einem *corvus* am Bug ausgerüstet, mit dem jedes feindliche Schiff, das sich einem Rammstoß zu entziehen sucht, buchstäblich festgenagelt werden kann.

den Makedonen und appellierte an Rom, das ein Geschwader von Fünfruderern oder Quinqueremen aussandte, um den Verbündeten zu helfen, und die Makedonen mussten um Frieden bitten. Laut Friedensvertrag bekamen die Römer die kleine Insel Delos zugesprochen, die sie unter der Bedingung, dass der Hafen dort frei von Steuern und Abgaben auf ankommende oder ausgehende Güter bleiben sollte, an Makedonien zurückgaben. Für Rhodos war dies ein schwerer Schlag, denn das Steuerparadies vor der Küste minderte die Einkünfte aus dem Handel, und die Insel erlebte einen Niedergang. Rhodos konnte nicht mehr für Ordnung im Mittelmeer sorgen, und so dehnten die Piraten ihre Beutezüge immer weiter aus. Häfen und Küstenstädte wurden geplündert, Heiligtümer entweiht. Fracht, Besatzungen und Schiffe wurden auf dem offenen Meer geraubt und auf Märkten verkauft, und für reiche Gefangene wurde Lösegeld erpresst.

Die Kaufleute der Antike segelten auf Schiffen, die viel einfacher gebaut waren als die Kriegsschiffe. Sie konnten sich keine Ruderer leisten und mussten sich auf einen Hauptmast und ein einziges quadratisches Segel verlassen. Dazu kam eventuell noch ein Bugspriet mit einem zweiten, kleineren Vierecksegel. Später wurde noch ein Dreiecksegel über dem Hauptsegel aufgezogen, um den Wind besser auszunutzen. Die Handelsschiffe waren bis zu 60 Meter lang und hatten dann mehrere Masten. Üblich waren jedoch eher 30 Meter Länge und 8 Meter Breite mit einem Tiefgang von nur 3 Metern und einer Ladekapazität von etwa 100 bis 150 Tonnen. Das Fassungsvermögen war entscheidend, und so liefen diese Schiffe auch bei günstigem Wind nur 5 bis 6 Knoten. Die Mannschaft hielt man möglichst klein, denn mit der Größe der Besatzung sank der Gewinn: 10 bis 15 Mann reichten für ein mittelgroßes Schiff.

Der Kaufmann war also mit seinem Segelschiff vom Wind abhängig. Da ein Kauffahrer mit seinem Vierecksegel am schnellsten vor dem Wind lief, nutzten die Piraten eine denkbar einfache Taktik. Sie kreuzten im Gegenwind, so dass ein Beuteschiff, das ihnen

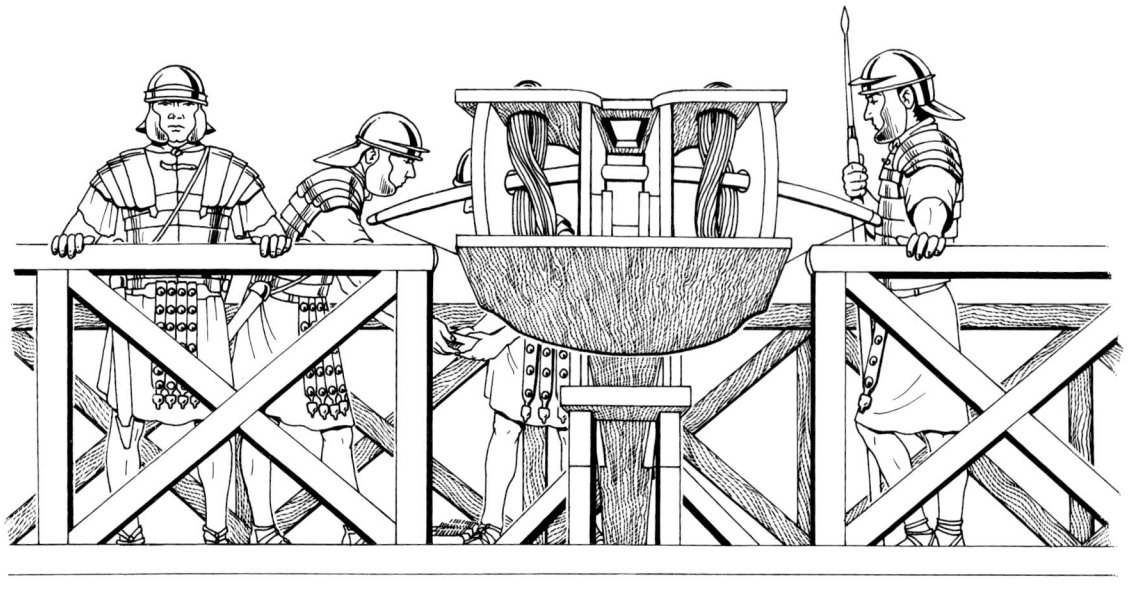

entgegenkam, kaum noch entwischen konnte. Oder sie lauerten hinter Landzungen und Vorgebirgen und fingen mit einem schnellen Vorstoß vorbeifahrende Handelsschiffe ab. Angesichts eines Piratenschiffes, das vor Bewaffneten strotzte, und ohne Fluchtweg kapitulierten die meisten Schiffe. Die Piraten konnten ihren Bug dann an das Heck des Opfers schieben und es gefahrlos entern. Die Besatzung wurde unter Deck gefesselt, und eine Piratenmannschaft segelte die Prise in den Heimathafen.

Die Piraten wurden zu einer gefährlichen Plage. Der Rebellenführer Spartacus verhandelte 72 v. Chr., als er an der Spitze des italienischen Stiefels in der Falle saß, sogar mit den Piraten über eine Evakuierung seines gesamten Sklavenheeres – insgesamt 90 000 Männer, Frauen und Kinder. Doch der römische Politiker Crassus bezahlte den Seeräubern noch mehr Geld dafür, dass sie diesen Vertrag nicht erfüllten. Das Problem verschärfte sich in der Folge noch, einmal wurden sogar zwei römische Prätoren mit ihrem Stab von den Piraten gefangen genommen. Ein anderes Geschwader griff Roms Hafen Ostia an und plünderte Städte an der Küste.

DIE RÖMER experimentierten auf ihren Schiffen mit *ballistae,* um feindliche Schiffe sturmreif zu schießen. Die Wurfarme steckten in gedrehten Strängen aus Tierdärmen, gespannt wurde mit einer Winde.

Der Auftrag des Pompeius

Die Seeräuber hielten den Sklavenpreis niedrig, aber der Handel erlitt hohe Verluste. Deshalb profitierten die reichsten Schichten Roms, die Sklaven für die Bearbeitung ihrer Güter brauchten, während die weniger Reichen und Arbeiter die Verluste trugen. Im Jahr 69 v. Chr. gingen die Piraten dann zu weit und plünderten Delos. Der Konsul Metellus bekam den Auftrag, mit einem Heer die Piratennester auf Kreta auszuheben. Er machte sich an die Arbeit, brachte einige Piratenschiffe auf und belagerte den wichtigsten Piratenstützpunkt auf der Insel.

67 v. Chr. brachte der römische Volkstribun Aulus Gabinius in der Volksversammlung ein Gesetz ein, mit dem Pompeius Magnus beauftragt wurde, die Pi-

raten ein für alle Mal zu vernichten. Das sollte gravierende Folgen haben. Die Preise auf den Märkten in Rom fielen bereits deutlich, als der Gesetzesantrag eingebracht wurde. Die römischen Bürger, die *plebs*, unterstützten die Idee, da eine Säuberung des Mittelmeers vom Seeräuberunwesen das Leben des einfachen Mannes erheblich erleichtern würde. Doch die reichen Senatoren und viele Gutsbesitzer waren fast einmütig gegen den Antrag. Die einzige bemerkenswerte Ausnahme war Iulius Caesar. Als Mann des Volkes unterstützte er die Forderung, und der Antrag kam durch.

Pompeius konnte eine ruhmreiche militärische Laufbahn vorweisen. Schon mit 24 Jahren hatte er zum ersten Mal an der Spitze eines Heeres gestanden und Sulla im Bürgerkrieg unterstützt. Obwohl man ihm »Grausamkeit« vorwarf, erwies er sich auf Feldzügen auf Sizilien und in Afrika als so erfolgreich, dass Sulla ihm den Beinamen »Magnus«, »der Große«, zusprach. Er bat um einen Triumphzug, der ihm eigentlich wegen seiner Jugend und seines untergeordneten Ranges nicht zustand, doch er bekam ihn. Als Sulla starb, drohte abermals der Bürgerkrieg, und Pompeius führte in Spanien ein Heer gegen Sertorius. Metellus unterstützte ihn mit einem zweiten Heer, aber es war Pompeius, der erneut einen Triumph zugesprochen bekam.

Für seine nächste Aufgabe standen jetzt gewaltige Ressourcen bereit: 200 Schiffe mit Ruderern, Segelmannschaft und Seesoldaten – insgesamt über 40 000 Mann. Er sollte 15 Legaten (Unterbefehlshaber) und unbegrenzte Geldmittel zur Verfügung haben, dazu uneingeschränkte Verfügungsgewalt über das gesamte Mittelmeer und einen Küsten-

streifen von 7 Kilometern. Doch dieses Votum wurde noch einen Tag zurückgestellt, und als die endgültige, verbesserte Fassung von der Volksversammlung akzeptiert wurde, war die Truppe sogar noch größer geworden: 500 Schiffe, 120 000 Mann Infanterie und

GNAEUS POMPEIUS MAGNUS (106–47 v. Chr.), römischer Feldherr und Staatsmann. Seinen Aufstieg zu Ruhm und Macht verdankte er frühen militärischen Erfolgen. Aber er unterstützte im Machtkampf mit dem Populisten Iulius Caesar die falsche (aristokratische) Seite.

POMPEIUS GEGEN DIE PIRATEN (67 V. CHR.)

Die Piraten konzentrierten sich auf Überfälle auf schlecht verteidigte Hafenstädte und Gemeinden im Mittelmeerraum, während die römischen Geschwader sie zu stellen suchten. Pompeius teilte das Mittelmeer in verschiedene Gebiete ein und säuberte eines nach dem anderen, angefangen vom äußersten Westen vor der Küste Spaniens. So trieb er die Piraten Stück für Stück auf die türkische Südküste zu. Bei Soli in der heutigen Türkei vernichtete Pompeius die Seeräuber und zerstörte ihre Stützpunkte in diesem Gebiet. Der Sieg wurde zwar als gewaltiger Erfolg des römischen Reiches gefeiert, war aber nur von kurzer Dauer. Schon ein paar Jahre später musste Antonius sich vor Sizilien mit Octavian verbünden, um Pompeius' Sohn, der Seeräuber geworden war, zu schlagen.

3 Jeder Bereich des Mittelmeeres bekommt seine eigenen Truppen und nimmt die dort plündernden Piraten entweder gefangen oder treibt sie nach Osten.

Tarraco

III

II

IV

I

Ka

1 Als das Römische Reich sich über das Mittelmeer ausbreitet, blüht der Handel. Doch weil das Reich in mehreren Bürgerkriegen mit sich selbst beschäftigt ist, blüht auch das Seeräuberunwesen.

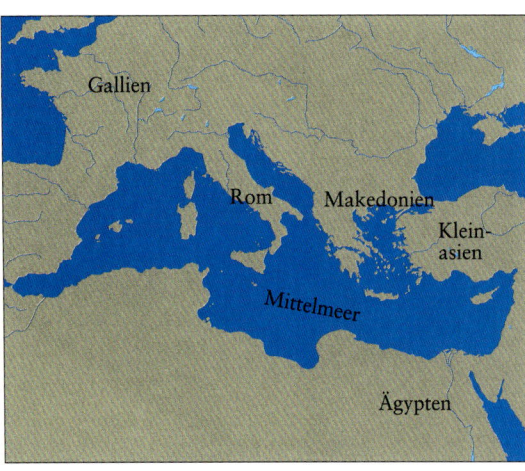

Gallien

Rom Makedonien

Klein-asien

Mittelmeer

Ägypten

An der langen Mittelmeerküste gibt es viele, von Land aus unzugängliche Buchten, die ideale Schlupfwinkel waren, von denen aus die Piraten zu ihren Raubzügen aufbrachen.

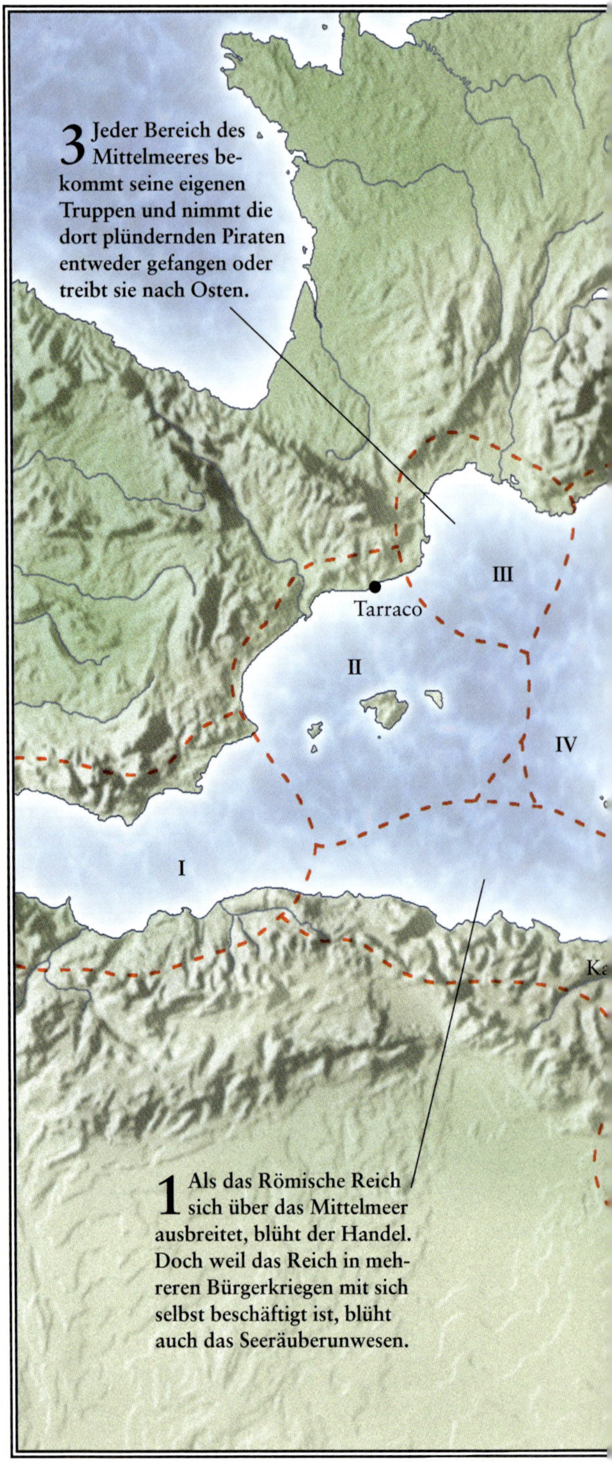

2 Rhodos ist ein wichtiger Handelsposten und traditionell die Schutzmacht des östlichen Mittelmeers. In einem Krieg mit Makedonien sucht die Insel die Hilfe Roms. In der Folge verliert es seine wirtschaftliche Bedeutung.

4 Jahrhundertelang haben die griechischen Kolonien auf der Krimhalbinsel Griechenland und später Rom mit Getreide versorgt. Später übernimmt Ägypten diese Funktion, so dass auch das Schwarze Meer von Piraten gesäubert werden muss.

5 Die gefährlichsten Seeräuber werden nach Osten Richtung Soli getrieben, wo das bergige Hinterland ihre Stützpunkte schützt. Hier errichten sie eine Art Seeräuberstaat.

IX

Rom

Neapolis   Brindisium

VII

MACEDONIA

XII

PONTUS

Byzanz

XI

CILICIA

X

Athen

Milet

Soli

V

Rhodos

Kreta

VIII

XIII

VI

Alexandria

DIE TRIREME IM GRIECHISCHEN STIL, das Schiff, das
die Grundlage des Galeerenbaus für die nächsten 2000 Jahre
bildete. Ihr militärischer Zweck war vor allem der Rammstoß.

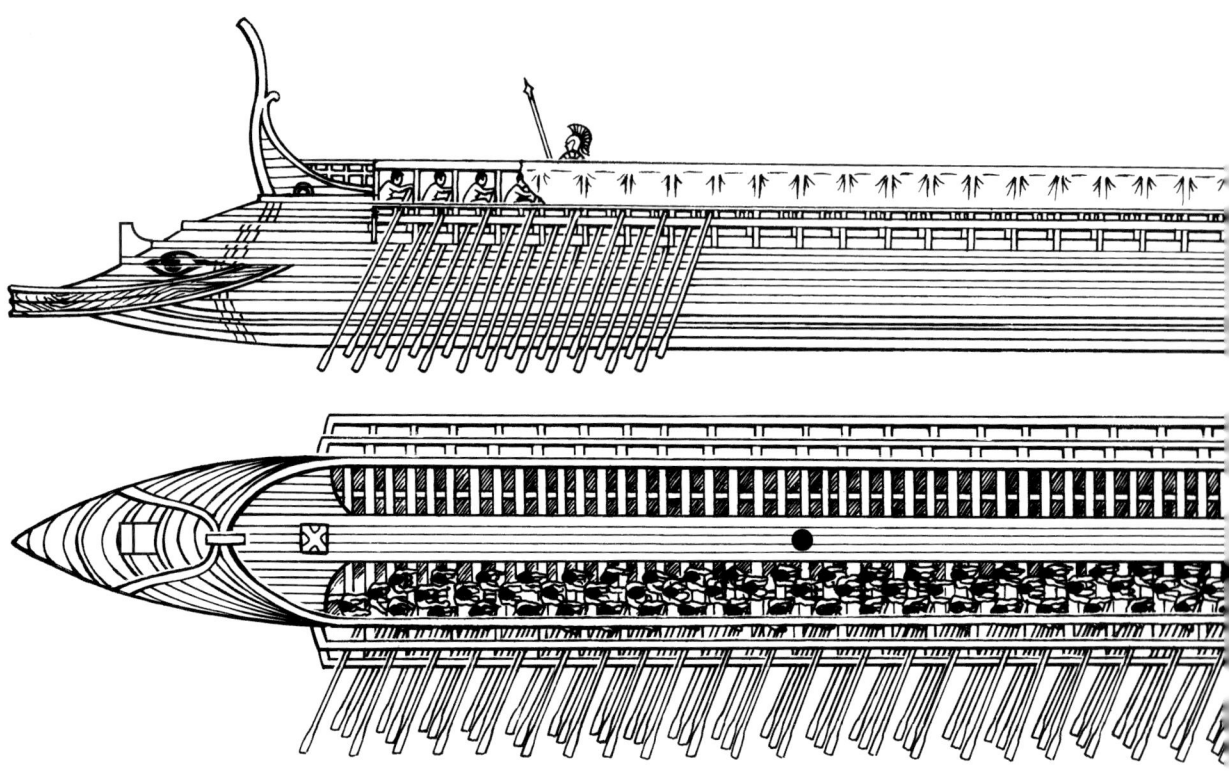

5000 Reiter, 24 Legaten und zwei Quästoren (für die
Militärfinanzen zuständige Beamte). Die Piraten ver-
fügten über 1000 Schiffe sowie große und kleine
Machtbasen überall am Mittelmeer.

    Pompeius ergriff sofort wohldurchdachte Maß-
nahmen. Das Mittelmeer wurde in 13 Bereiche ein-
geteilt und jeweils einem Befehlshaber und einer
Streitmacht zugewiesen, die der Bedrohung in diesem
Gebiet angemessen erschien. Pompeius behielt das
Kommando über eine Reserve von 60 Schiffen – vermutlich Quinqueremen mit gut ausgebildeten Besatzungen. Ausgehend von den Gewässern im Westen
Italiens schränkten die Befehlshaber vor Ort den Be-
wegungsspielraum der Piraten auf See ein und zwangen sie an die Küste, wo sie sie vernichteten. Die Säu-
berungsaktion in diesem Gebiet dauerte nur 40 Tage.

Wer entkam, floh zu den Stützpunkten an der kiliki-
schen Küste in der heutigen Türkei.

    Bedroht war Pompeius' Erfolg vor allem in Rom
selbst. Die weitreichenden Machtbefugnisse des Ge-
nerals erregten Neid und Angst, vor allem bei jenen,
die am meisten von den Aktivitäten der Seeräuber
profitierten. Der Konsul Piso, der sicher hinter den
Mauern Roms saß, ging sogar so weit, einige Befehle
des Pompeius aufzuheben und Mannschaften zu ent-
lassen. Während seine Flotte nach Süden um den italienischen Stiefel herum segelte, um die Piraten der
Adria anzugreifen, eilte Pompeius zurück nach Rom.
Dort hatte sein Freund und Unterstützer Gabinius
schon alles in die Wege geleitet, um Piso als Konsul
abzusetzen, was der Ehre und dem Ansehen seiner Fa-
milie schwer geschadet hätte. Pompeius erhielt seine

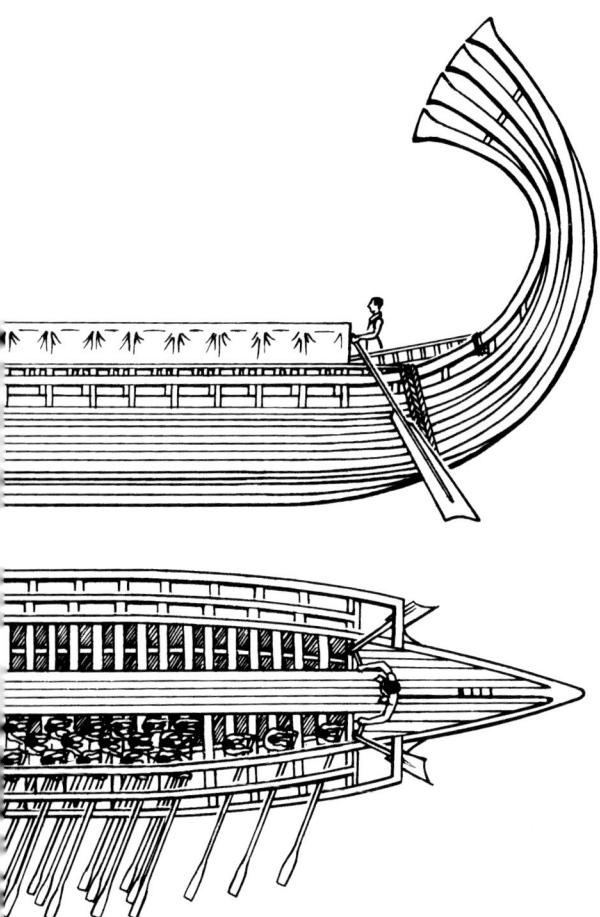

terwerfung und schickte einen seiner Befehlshaber, Lucius Octavius, zu ihnen, mit der Anweisung, dass nicht Metellus, sondern einzig und allein Octavius die Befehlsgewalt haben solle. Metellus schäumte vor Wut und setzte die Belagerung fort. Octavius folgte den Anweisungen des Pompeius und übernahm nun die Verteidigung der Stadt für die Piraten. Letztendlich aber musste die Stadt – und damit Octavius – sich doch ergeben. Metellus demütigte seinen Rivalen vor dem versammelten Heer und schickte ihn dann nach Rom zurück.

Pompeius' Rehabilitationsprogramm hingegen funktionierte. Etwa 20 000 frühere Piraten wurden in dünn besiedelten Gebieten im Landesinneren wie etwa Dyme in Achäa an der Nordküste der Peloponnes und Soli in der heutigen Türkei angesiedelt. Viele Missetäter besetzten jedoch mit ihren Familien die Bergfestungen Kilikiens. Die unausweichliche Schlacht mit den Männern des Pompeius fand 67 v. Chr. bei Coracesium (Alanya) in Pamphylien statt. Man weiß über sie nur, dass die Piraten sie verloren. Pompeius' gut ausgebildete und erfahrene Soldaten und Seeleute waren den undisziplinierten Piraten weit überlegen. Zur Kriegsbeute dieser letzten Schlacht gehörten 90 Schiffe mit bronzeummantelten Rammspornen.

Kataphrakten und die römische Artillerie

Die Trireme hatte als Kriegsschiff durchaus Schwächen. Die Ruderer waren Geschossen mit hoher Flugbahn schutzlos ausgeliefert und wurden, da sie keine Rüstung trugen, sehr häufig an Kopf und Schultern verletzt. Verwundete Ruderer, die sich im Todeskampf auf ihren Bänken wanden, störten den gleichmäßigen Schlag der anderen und verlangsamten die Schiffe gerade in den Situationen, in denen Schnelligkeit und Kraft besonders wichtig waren. Zudem war die Zahl der Seesoldaten oder Bogenschützen durch den schmalen Gang zwischen den Ruderbänken und die kleinen Vorder- und Achterdecks stark beschränkt.

Beide Probleme ließen sich mit einer einzigen Maßnahme lösen: Man hob das Deck über die Köpfe der Ruderer und zog es über das ganze Schiff. So entstanden »kataphrakte«, gepanzerte Schiffe. Das weitaus größere Deck schützte einerseits die Ruderer und bot andererseits mehr Platz für Seesoldaten und sogar für kleine Torsionskatapulte. Die *ballista* war

Mannschaften zurück und kippte daraufhin den Antrag auf Absetzung des Konsuls. Inzwischen hatte sich in der Hauptstadt viel geändert. Die Märkte waren voll mit Waren aus dem ganzen Mittelmeerraum, und die Preise waren fast wieder normal. Von Rom aus marschierte Pompeius nach Brundisium an der Ostküste Italiens und fuhr mit dem Schiff nach Griechenland, um den Krieg zu Ende zu führen.

Einige abgeschnittene Piratengeschwader ergaben sich dem General, der ihre Schiffe konfiszierte und die Männer festsetzte. Allerdings ließ er die Piraten nicht – wie üblich – kreuzigen (alle Überlebenden des Spartacus-Aufstandes starben am Kreuz). Dadurch ermutigt, schickten weitere Piraten, die auf Kreta von Metellus belagert wurden, ein Kapitulationsschreiben an Pompeius. Der akzeptierte ihre Un-

eine römische Artilleriemaschine, die aus zwei Schlaufen aus Tierdärmen und -haaren in einem hölzernen, später eisernen Rahmen bestand. In beiden Schlaufen steckte ein horizontaler Arm. Die obere und die untere Hälfte der Schlaufe wurden dann vom Rahmen weg verdrillt und festgeklemmt. Die einzelnen Sehnen der Schlaufen wurden auf dieselbe Note gestimmt, um konsistente Ergebnisse zu erzielen. Eine zwischen den beiden äußersten Punkten der Arme gespannte Sehne konnte angespannt die nötige Energie liefern, um einen schweren Bolzen 300 bis 400 Meter weit zu schießen. Doch man konnte mit der *ballista* auch runde Steinprojektile abschießen. Die Kugeln waren zwar nicht schwer genug, um feindliche Schiffe zu versenken, aber sie konnten beträchtlichen Schaden anrichten. Sie konnten sogar aus brennbarem Material bestehen und das Ziel in Brand setzen – gefährlich auch für den Schützen, aber sehr wirksam bei Holzschiffen. Eine weitere Neuerung war das Abschießen von Tontöpfen mit Giftschlangen darin. Der Topf zerbrach beim Aufprall, und die befreiten Schlangen verusachten ein Chaos an Bord des gegnerischen Schiffes. Es gab zwar weitaus größere Katapulte, die mit 40-kg-Geschossen auch Schiffe versenken konnten, doch solche Wurfmaschinen wurden nur zur Verteidigung von Städten und Häfen eingesetzt.

Das größte Problem der Römer war, dass die Schiffe ausgebildete Ruderer und Steuermänner brauchten. In den Punischen Kriegen bauten die Rö-

RUDERANORDNUNG auf einer karthagischen Quinquereme. Rudern war ein respektierter Beruf, der einige Erfahrung verlangte. Auf späteren Schiffen war die Belüftung sehr schlecht, und es muss eine sehr harte Arbeit gewesen sein.

mer Ruderbänke am Strand auf und brachten Tausenden die Bedienung der Riemen bei, noch bevor die Schiffe überhaupt fertig waren. Ein 35-Meter-Schiff so zu steuern, dass man einen Gegner, der selbst zum Rammstoß ansetzt und dem eigenen Rammsporn zu entgehen versucht, zur Strecke bringen kann, ist nicht einfach. Die Römer beschlossen im Kampf gegen die Karthager, lieber das feindliche Schiff zu entern, als einen Rammstoß zu versuchen, und wie in der Landschlacht zu kämpfen.

Die römische Waffe gegen einen Feind, der sich nicht entern lassen wollte, war der *corvus* oder Rabe. Eine schmale, 1,2 Meter breite Brücke wurde an einem zusätzlichen, etwa 7 Meter hohen Masten am Bug befestigt. Das freie Ende der Brücke wurde mithilfe einer Winde an der Spitze des Mastes fast vertikal hinaufgezogen. Unter diesem Ende befand sich ein großer Dorn. Sobald die Winde gelöst wurde, fiel die Brücke mit gewaltiger Wucht herab und drückte den Dorn in die Deckplanken des feindlichen Schiffes. Die Fallrichtung wurde von Seeleuten oder Soldaten an Deck kontrolliert. Sobald der *corvus* gefallen war, konnten die römischen Seesoldaten in Zweierreihen aufs feindliche Deck stürmen. Diese Erfindung hat wohl mehr als alle anderen Faktoren zum Sieg Roms über Karthago beigetragen.

Actium 31 v. Chr.: Antonius und Kleopatra

Im Jahr 48 v. Chr. reiste Iulius Caesar nach Ägypten, um die für Rom lebensnotwendigen Getreidelieferungen wieder in Gang zu bringen, die im Bürgerkrieg zwischen Kleopatra und ihrem Bruder Ptolemaios ins Stocken gekommen waren, und um seinen Rivalen

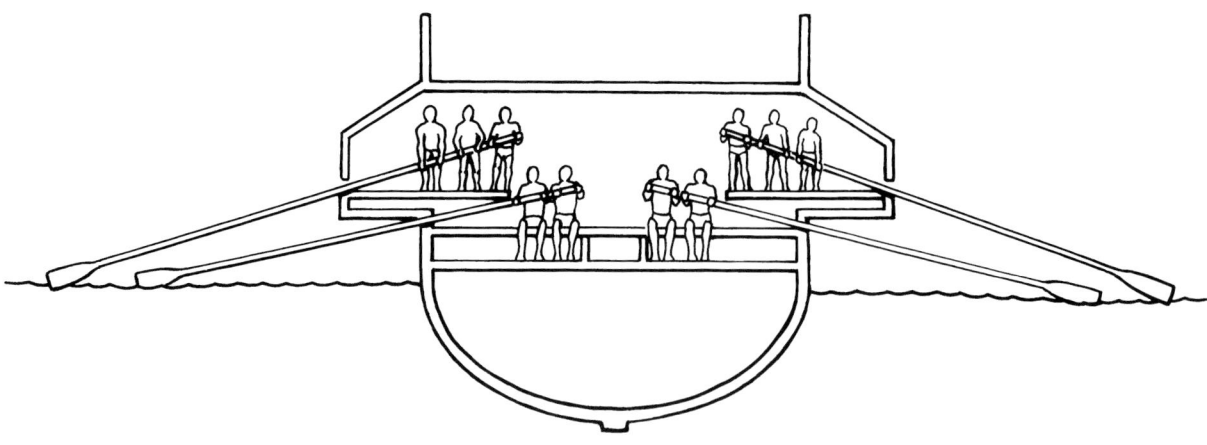

Pompeius zu besiegen. Kleopatra zog alle Register, um Caesars Zuneigung und damit einen Schutz für sich als Königin von Ägypten zu gewinnen. Neun Monate später brachte sie Iulius Caesars Sohn Ptolemaios Caesar, besser bekannt als Caesarion, zur Welt, doch Caesar erkannte Caesarion nie an, sondern setzte seinen Großneffen Gaius Octavianus als Erben ein. Doch er gab Kleopatra ihren Thron zurück.

Zu Caesars zuverlässigsten Untergebenen gehörte Marcus Antonius, Sohn eines unauffälligen Senators, dessen Vater wiederum im Bürgerkrieg mit Sulla auf der falschen Seite gestanden hatte. Trotz seiner relativ bescheidenen Verhältnisse hatte Antonius seine Jugend mit Wein und Frauen vergeudet und beträchtliche Schulden angehäuft. Als er ins Heer eintrat, erwies er sich jedoch schnell als begabter Truppenführer. Antonius stieg zum Befehlshaber der Kavallerie auf, und Caesar vertraute ihm sogar einige Zeit die Verantwortung für Rom an, während er selbst auf einem Feldzug in Spanien war.

» ... plötzlich sah man, dass Kleopatras sechzig Schiffe die Segel zur Flucht setzten und sich durch die Masse der kämpfenden Schiffe davonmachten ...«

Plutarch

44 v. Chr. wurde Caesar von römischen Senatoren unter der Führung von Brutus und Cassius ermordet. Danach schloss Marcus Antonius ein Bündnis mit Caesars designiertem Erben Gaius Octavianus, um ihre Rivalen, die Caesarmörder, zu vernichten. Doch bald überwarf sich Octavian mit dem sehr viel älteren Antonius; sie trennten sich und stellten jeweils eigene Heere auf, um die Caesarmörder zur Strecke zu bringen.

Brutus und Cassius waren mit einem 17 000 Mann starken Heer nach Makedonien geflüchtet. In der Schlacht bei Philippi im Jahr 42 v. Chr. wurde Octavian von Brutus so vernichtend geschlagen, dass er selbst nur knapp der Gefangennahme entging. Er floh nach Rom und schützte eine Krankheit vor. Antonius dagegen besiegte Cassius und ließ ihn hinrichten. Ein paar Tage später schlug er auch die Truppen des Brutus und zwang diesen zum Selbstmord. Andere Kollaborateure, echte wie vermutete, wurden ebenfalls getötet. Doch damit tat sich ein neues Problem auf: Antonius wie auch Octavian hatten ihren Soldaten jeweils 5000 Drachmen versprochen, um sich

ihrer Treue zu versichern. Octavian rang in Rom scheinbar mit dem Tode, und so musste Antonius das nötige Geld aufbringen. Dazu plante er einen großen Zug durch die Ostprovinzen des Reiches, um die jährlichen Tribute einzutreiben. Doch leider lag ihm die Verschwendungssucht im Blut, und so musste er den doppelten Tribut verlangen, um gleichzeitig seine Geschenke und Bewirtungskosten wie auch den Sold der Soldaten bezahlen zu können.

Antonius wurde hinterbracht, Kleopatra habe Cassius, treibende Kraft bei Caesars Ermordung, finanziell unterstützt. Er forderte die ägyptische Königin auf, sich mit ihm in Kilikien in der heutigen Südtürkei zu treffen und sich zu rechtfertigen. Umgeben von jungen, als Eroten verkleideten Sklaven reist Kleopatra auf der mit Sklavenmädchen »bemannten« Königsbarke an. Antonius war hingerissen. Er blieb bei Kleopatra in Alexandria, und bald hatte ihm die Königin zwei Kinder geschenkt.

Im Jahr 40 v. Chr. gärte es an der Ostgrenze des Reiches. Eine Invasion der Parther war von einem Untergebenen des Antonius aufgehalten worden. Jetzt musste Antonius selbst einen Gegenangriff starten, doch eigentlich interessierten ihn Kleopatras Reize weitaus mehr als ein ordentlich geplanter Feldzug. Hals über Kopf machte er sich also auf den Weg und ließ seinen Belagerungstross zurück, der abgefangen und vernichtet wurde. Im Jahr 36 v. Chr. wurde auch das Heer beinahe eingekreist und vernichtet, während es die Stadt Phraata zu belagern versuchte. Erst nachdem Antonius seine Truppen durch Dezimierung diszipliniert und systematisch einen Teil seiner widerspenstigen Soldaten hingerichtet hatte, konnte er einige Truppenteile retten. Beim Zählappell waren 32 000 Gefallene zu beklagen, ein Drittel seines Heeres. Schließlich erreichte Antonius die Küste Syriens, und Kleopatra brachte per Schiff Nachschub und Geld, um den Sold der Soldaten zu bezahlen.

Antonius erholte sich noch an der Küste, als ihn die Nachricht erreichte, dass seine Frau Octavia, die Schwester Octavians, mit Verstärkung und Nachschub von Rom aus unterwegs sei. Er befahl ihr, in

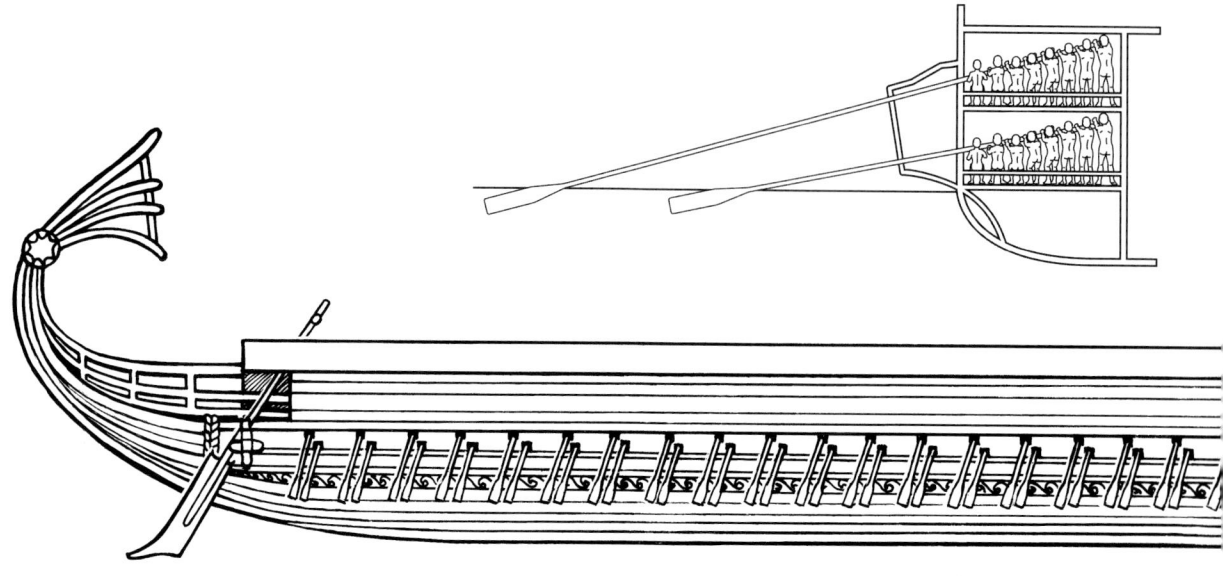

EIN »SECHZEHNER« aus dem 1. Jahrhundert n. Chr.: Ein zweites Team am selben Riemen, das dem ersten Team gegenübersteht, drückt, wenn das erste Team zieht, und verstärkt so die Kraft auf den Riemen.

Athen zu warten, und wollte dem Ehestreit aus dem Weg gehen, indem er eine neue Expedition nach Parthien in Angriff nahm. Wütende Briefe gingen zwischen ihm und Octavian in Rom hin und her. Antonius versuchte, seine Affäre mit Kleopatra in ihrer Hauptstadt Alexandria fortzuführen, wo sie ein rauschendes Fest nach dem anderen feierten, während seine Ehefrau Octavia, öffentlich bloßgestellt und gedemütigt, nach Rom zurückkehrte.

Kriegserklärung

Antonius unternahm endlich erste Schritte für einen Feldzug gegen Parthien und begab sich nach Armenien. Dort wurden ihm Octavians Vorwürfe übermittelt, was ihn zu raschem Handeln veranlasste. Er befahl, 16 Legionen an die Küste zu verlegen. Die gesamte Flotte aller ägyptischen und römischen Klientelreiche im Osten sollte in Ephesus an der Westküste der heutigen Türkei zusammenkommen. Vorerst jedoch bewirteten er und Kleopatra die Klientelkönige großzügig auf der nahen Insel Samos. Dann fuhren sie über die Ägäis nach Athen. Octavian versuchte immer wieder, den Senat von Antonius' Verrat zu

überzeugen. Entscheidend war schließlich Antonius' Testament. Gegen römischen Brauch ließ Octavian die Pergamentrolle aus der Obhut der Vestalischen Jungfrauen holen und vor dem Senat verlesen. Antonius hatte seinen Anteil des geteilten Reiches Kleopatra vermacht. Der zornentbrannte Senat stimmte im Jahr 33 v. Chr. Octavians Kriegserklärung zu. Octavian hatte bereits alle Vorbereitungen getroffen und konnte sofort losschlagen.

Antonius und Kleopatra kontrollierten fast das gesamte östliche Mittelmeer und verfügten gemeinsam über eine Flotte von 520 Kriegsschiffen, darunter einige riesige Oktaremen und Deceremen. Eine einzige Decereme hatte eine Besatzung von etwa 1000 Mann. Die Schiffe waren in acht Flottillen organisiert, die jeweils aus 60 schweren Kriegsschiffen und 5 leichten Schiffen als Kundschafter bestanden. Zur Flotte gehörten außerdem 300 Transporter, 100 000 Soldaten und 12 000 Reiter – das entsprach insgesamt 19 Legionen. Aber die Schiffe waren nach einer Epidemie nicht vollständig bemannt, und vielen Zwangsrekrutierten fehlte die Ausbildung. Zudem stammten viele Einheiten des Landheeres aus unterworfenen Reichen und waren in Training und Ausrüstung den römischen Legionären unterlegen. Sie marschierten an der Küste entlang und hatten Mühe, mit der Flotte Schritt zu halten.

Diese riesige Armada bewegte sich von Athen bis zum Ambrakischen Golf an der Westküste Griechen-

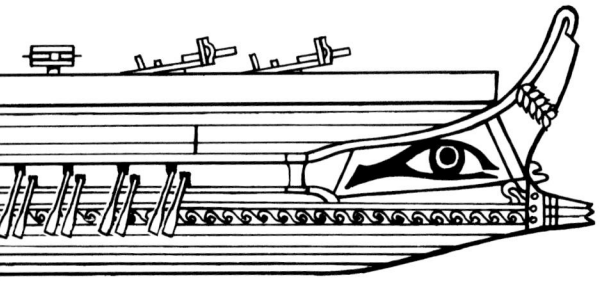

lands. Der Meerbusen bildet einen fast vollständigen Kreis mit Actium und Antonius' erstem Lager an der Südspitze der schmalen Mündung. Octavian sammelte inzwischen 250 Kriegsschiffe, 150 Transporter, 80 000 Fußsoldaten und 12 000 Reiter in den süditalienischen Häfen Tarentum und Brundisium, gerade einmal 320 Kilometer von Antonius' Hauptquartier entfernt. Er hatte zwar nur wenige große Schiffe, aber die meisten waren leichter und besser manövrierbar als die des Antonius.

Octavian war ein Meister des politischen Manövers, doch bei der Führung seiner Flotte verließ er sich auf den älteren und erfahreneren General Marcus Vipsanius Agrippa. Dieser schnitt die Flotte des Antonius zunächst einmal vom Nachschub aus Ägypten ab, indem er den Hafen Methone im Süden eroberte. Während Antonius seinen Nachschub über Korinth umleiten musste, überfiel Agrippa die Wachposten direkt nördlich und südlich von Actium. Schließlich startete er einen Raubzug am Golf von Korinth, und stieß 160 Kilometer in das von Antonius beherrschte Territorium vor. Dabei eroberte er Korinth ebenso wie Patras auf der Südseite; der gewaltige Nachschub für Antonius' Flotte musste jetzt über schmale Bergpässe transportiert werden.

Antonius Truppen dürften fast 400 000 Mann gehabt haben. Auch nur die Hälfte von ihnen zu ernähren, war in Anbetracht der damaligen Transportmittel überaus schwierig. Als Antonius endlich auf diese ersten Überfälle reagieren konnte, war Octavian bereits mit seinem Heer von Italien nach Epirus an der griechischen Küste gezogen und stand nun nur wenig nördlich von Antonius' Basis in Actium. Agrippa und Octavian hatten nicht nur die Initiative an sich gerissen, sondern Antonius auch dort angegriffen, wo er besonders verwundbar war. Die strenge Rationierung der Lebensmittel und die Untätigkeit untergruben allmählich die Moral seiner Soldaten und Seeleute; wichtiger noch, Antonius' Befehlshaber fragten sich, ob sie womöglich aufs falsche Pferd gesetzt hatten.

Agrippa erhielt den Druck aufrecht. Er brachte Octavians Flotte in Schlachtformation vor die Mündung des Golfes. Antonius reagierte auf diese Herausforderung, indem er jeden Koch und Schiffsjungen als Soldaten auf Deck rief, die Schiffe aber so eng beieinander hielt, wie es nur ging, und den Eingang zum Golf blockierte. Agrippa erkannte, dass ein Angriff unmöglich war. Er zog sich zurück, um Antonius' Heer auszuhungern. Sein Heer marschierte von der Landestelle weiter nach Süden an die ionische Küste, nur 16 Kilometer von Antonius' Lager entfernt, und errichtete dort Ende März 31 v. Chr. ein eigenes Lager. Den ganzen Sommer über versuchte Antonius alles, um die Oberhand zu gewinnen. Er ließ die Brunnen der umliegenden Dörfer versalzen. Er organisierte einen Reiterangriff und schickte seine Leute um den ganzen Golf herum, um das Lager aus einer unerwarteten Richtung anzugreifen. Dann setzte er Soldaten über die schmale Mündung des Golfs, um die Ostseite des Lagers anzugreifen. Alles vergebens.

Die Schlacht beginnt

Im August war Antonius' Lage verzweifelt. Er griff zu einer drastischen Maßnahme und verbrannte 140 Schiffe, die er nicht bemannen konnte. Vermutlich rechnete er nicht damit, sie nach der drohenden Schlacht aus dem Golf holen zu können – er plante eher einen Ausbruch als einen Kampf mit seinen Erzrivalen. Die restlichen Schiffe nahmen 20 000 Legionäre und 2000 Bogenschützen auf. Vier Tage lang war das Wetter so schlecht, dass sie nicht auslaufen konnten, doch am fünften Tag, dem 2. September 31 v. Chr., klarte es auf und die Flotte stach in See.

Agrippa war bereit. Er stellte seine Flotte in drei Abteilungen mit je zwei Linien auf, um der *diekplous*-Taktik vorzubeugen. Octavian übernahm das Kommando über die südliche Abteilung, Arruntius in der Mitte und Agrippa im Norden. Sein Plan war einfach, aber riskant: Er wollte den Feind in einem immer weiteren Halbbogen von der Küste weglocken. Einige seiner kleinen Schiffe sollten jeweils gemeinsam Antonius' Riesenschiffe angreifen. Wenn die Lücken zwischen den feindlichen Schiffen groß genug waren, sollte seine Flotte zuschlagen.

Antonius wich der Entscheidungsschlacht aus; er musste ausbrechen, um seine Truppen neu zu gruppieren und seine hungrigen Männer aufzupäppeln. Dazu wollte er Octavians Flotte so weit vom Land abdrängen, dass er die Masten und die Segel aufziehen und nach Süden fliehen konnte. Dass Antonius überhaupt Masten und Segel mitführte, zeigt seine Absicht, zu fliehen. Er organisierte seine Flotte, die immer noch größer war als die seiner Rivalen, in vier Kommandoeinheiten. Im Süden stand Caelius Sosius Octavian gegenüber, die Mitte kommandierte Marcus Octavius, und Antonius selbst befehligte den nördlichen Flügel. Jede dieser Abteilungen war größer als ihr Gegenüber. In der Reserve lauerte Kleopatra mit ihrem ägyptischen Kontingent und der Kriegskasse.

Bei der Schlacht von Philippi nur neun Jahre zuvor hatte Antonius Octavian vor einer katastrophalen Niederlage bewahrt. Damals galt er noch als der beste Feldherr seiner Zeit. Jetzt, nach den Fehlschlägen in Parthien und nachdem er ständig von Agrippa übertölpelt worden war, fehlten ihm der Schwung und die Energie, mit denen er einst Caesars Vertrauen erworben hatte. Er war eigentlich schon geschlagen, bevor der Kampf begann.

Agrippa hatte die Initiative. Zunächst hielt die Linie des Antonius, und eine Weile belauerten sich die beiden Flotten in einer Entfernung von 1,5 Kilometern. Dann tat Agrippa so, als bewege er sich nach Norden, um das Ende von Antonius' Linie zu umfassen. Das konnte Antonius gefährlich werden,

und er musste angreifen. Seine Schiffe bewegten sich vorwärts, Agrippas zogen sich zurück, in der Halbmondformation öffneten sich Lücken zwischen den einzelnen Schiffen. Antonius trieb die Schiffe unter seinem Kommando weiter voran, während Agrippa sich immer weiter zurück und nach Norden bewegte. Die anderen Abteilungen von Antonius' Flotte mussten nachrücken, um die Flanken zu schützen. Als

MARCUS ANTONIUS war der geborene Soldat. Er führte seine Männer gut und war ein guter Taktiker, aber ein schlechter Stratege. Trotz der schändlichen Umstände seines Todes zählen drei Kaiser zu seinen Nachkommen.

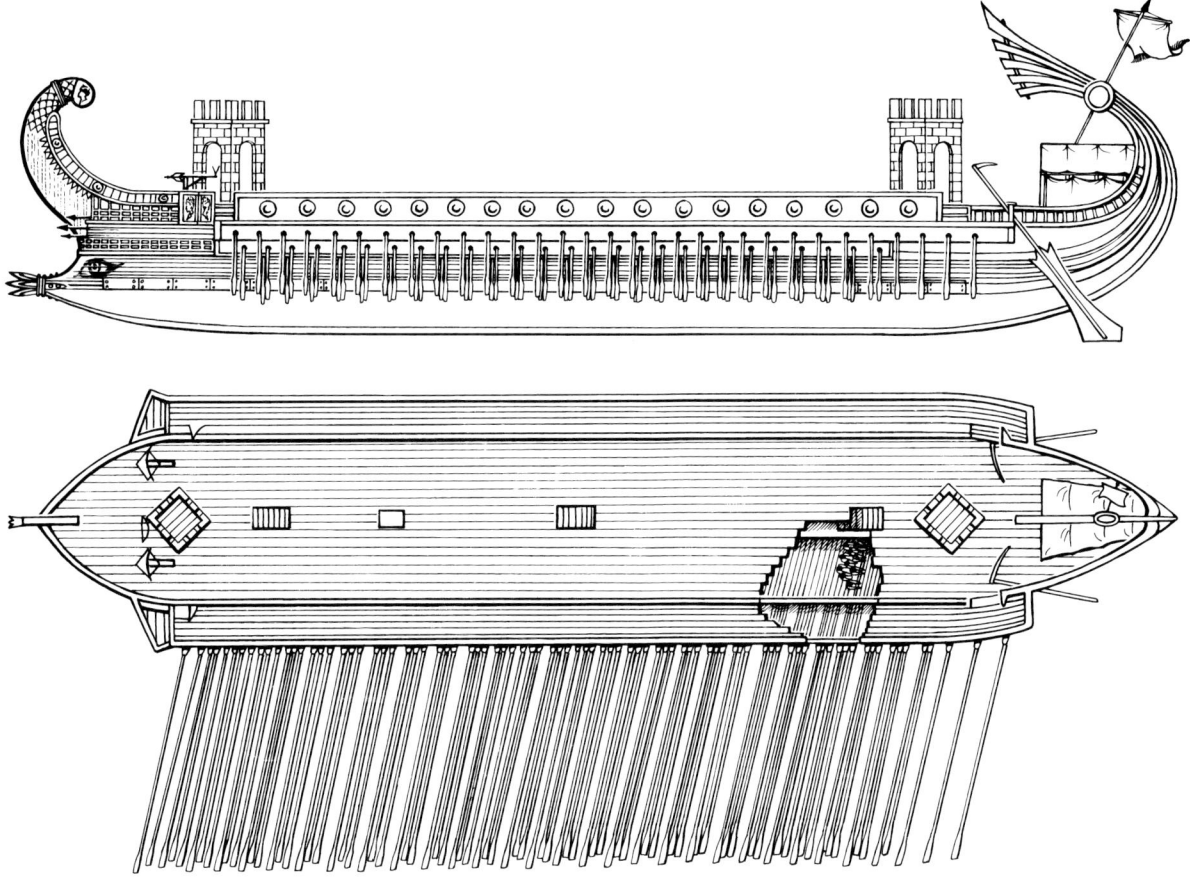

Agrippa sicher war, dass sich die feindliche Linie geöffnet und seine Flotte den Gegner an der Flanke umfasst hatte, gab er das Signal zum Angriff.

Die Schiffe auf beiden Seiten waren Kataphrakten
mit vollem Deck, bis oben hin vollgestopft mit Seesoldaten und Katapulten verstärkt. Die größeren
Schiffe in Antonius' Flotte hatten Wurfmaschinen auf
kleinen Decktürmen aufgestellt, damit sie über ihre
eigenen Soldaten hinwegschießen konnten. Beide Seiten schleuderten brennende Geschosse auf die Gegner. Unter der heißen Sommersonne waren die Decks
trocken wie Zunder. Wo Feuer ausbrach, schlugen die
Seeleute mit Lappen aus Leder darauf und schütten
Wasser darauf oder warfen sogar Leichen hinein, um
die Flammen zu ersticken.

In diesem Chaos schossen Agrippas Schiffe in die
Lücken, um die Ruder auf einer Seite eines gegnerischen Schiffs zu zerbrechen oder um die verstärkten

EINE RÖMISCHE DECEREME des 2. Jahrhunderts n. Chr.
mit Türmen für Soldaten mit Wurfgeschossen. Dies war die
größte praktikable Länge für ein gerudertes Schlachtschiff.
Mit einer guten Besatzung war eine Decereme sehr wirkungsvoll, mit einer schlechten oder hungrigen Mannschaft hingegen war sie nicht zu führen.

Seiten des größeren Feindes zu rammen. Manchmal
warfen sie Enterhaken und versuchten an Bord zu gelangen, manchmal zogen sie sich zurück, um Fahrt für
einen neuen Rammstoß aufzunehmen. Alle größeren
Schiffe wurden von drei oder vier kleineren Quadri-
remen oder Quinqueremen attackiert. Inzwischen
mühten sich die schwerfälligen Riesen mit ihren ge-
schwächten und hungrigen Besatzungen, das zum
Rammen nötige Tempo zu erreichen und die leicht
manövrierbaren kleineren Schiffe zu erwischen. Die
Schiffe im Zentrum von Antonius' Flotte griffen ihre

DIESER ANONYME ENGLISCHE DRUCK zeigt die Schlacht bei Actium. Er übernimmt die Sicht der augusteischen Propaganda auf dieses Ereignis und deutet an, dass Kleopatra Antonius' Schiffe auf dem Höhepunkt der Schlacht im Stich ließ.

Gegenüber an, aber es entstand eine Lücke zwischen ihnen und dem Geschwader weiter im Norden. Das südliche Geschwader dagegen engagierte sich nicht so stark. Dort ging es mehr darum, sich in Stellung zu bringen; es kam kaum zu richtigen Kämpfen gegen Octavians Abteilung, die immer weiter zurückwich.

In diesem Teil des Mittelmeeres kommt am späten Nachmittag oft ein Westwind auf, der dann dreht und schließlich stark aus Norden bläst. Vor diesem Wind segelte Kleopatras Reserve aus 60 Schiffen und bahnte sich einen Weg durch die Lücke, die zwischen dem Nordflügel und der Mitte entstanden war. Diese Schiffe hätten die Schlacht entscheiden können: Octavians Mitte oder die nördliche Abteilung wären bei vollem Einsatz wohl zu schlagen gewesen. Doch Kleopatras Schiffe schoben sich unbeirrt durch das Chaos, zogen die Masten hoch, setzten die Segel und fuhren nach Süden davon.

Antonius' letzter Verrat war die Aufgabe des eigenen Schiffes. Er ließ sich zu einer schnelleren Quinquereme bringen und folgte seiner Königin. Mit ihm gelang etwa 40 Schiffen seiner Flotte die Flucht. Nur drei Liburnen, Kundschafterschiffe aus Octavians Flotte, nahmen die Verfolgung auf und holten eines der flüchtenden Schiffe ein. Der Rest von Antonius' Flotte kämpfte noch neun Stunden, bis die völlig erschöpften Überlebenden sich ergaben. Die Seeschlacht forderte 5000 Opfer, noch nicht einmal zwei Prozent der Beteiligten, was zeigt, an wie wenigen Stellen wirklich erbittert gekämpft wurde. Octavian und sein Admiral Agrippa eroberten fast 300 Schiffe.

Drei Tage lang schmollte Antonius unter Deck. Erst als sie sich vor Kap Tainaron an der Südspitze der Peloponnes trafen, konnte man ihn dazu bringen, mit Kleopatra zu reden. Zunächst glaubte kaum einer, dass Antonius sich wirklich aus dem Staub gemacht hatte. Sein Heer war schließlich noch immer gewaltig. Aber die Gerüchte sollten sich bestätigen: Antonius und Kleopatra wurden nach Ägypten verfolgt, wo ihnen die Soldaten in Scharen davonrannten, als Octavian und Agrippa sich näherten. Die Liebenden beginnen getrennt Selbstmord. Octavian war nun Al-

SCHLACHT BEI ACTIUM
31 V. CHR.

Antonius hoffte auf einen Seesieg über Octavian, weil er über mehr gut ausgerüstete Schiffe verfügte. Zudem konnte er nicht mit ägyptischen Soldaten in Italien einfallen, da ein solcher Angriff als die Invasion einer fremden Macht und nicht mehr als Akt eines Bürgerkriegs aufgefasst worden wäre. Er versammelte Flotte und Heer bei Actium und forderte Octavian zum Kampf heraus. Octavian ergriff nun die Initiative, und dessen General Agrippa unterbrach Antonius' Nachschub und führte einen Zermürbungskrieg. Antonius' Männer litten außerdem unter Krankheiten wegen katastrophaler sanitärer Verhältnisse. Antonius' Kriegsschiffe waren meist gigantische Quinqueremen, deren Rammsporne bis zu drei Tonnen wiegen konnten. Agrippa dagegen hatte kleinere, wendigere Schiffe und besser ausgebildete gesunde Mannschaften zur Verfügung.

Der Golf von Actium bietet einen großen, geschützten Ankerplatz für Antonius' Flotte mit der Möglichkeit der Kommunikation über das Meer und Nachschublinien nach Ägypten.

3 Agrippas Kommando zieht nach Norden, um die Truppen des Antonius auf der Flanke zu umfassen. Antonius reagiert auf diese Bewegung, und es beginnt der Nahkampf auf den Schiffen.

4 Octavian zieht sich zurück und versucht den Feind von der Küste wegzulocken. Auf dieser Flanke kommt es kaum zu Kämpfen. Octavian will keine weitere Schlacht verlieren, und Antonius' Befehlshaber weigert sich, allzu nahe heranzukommen.

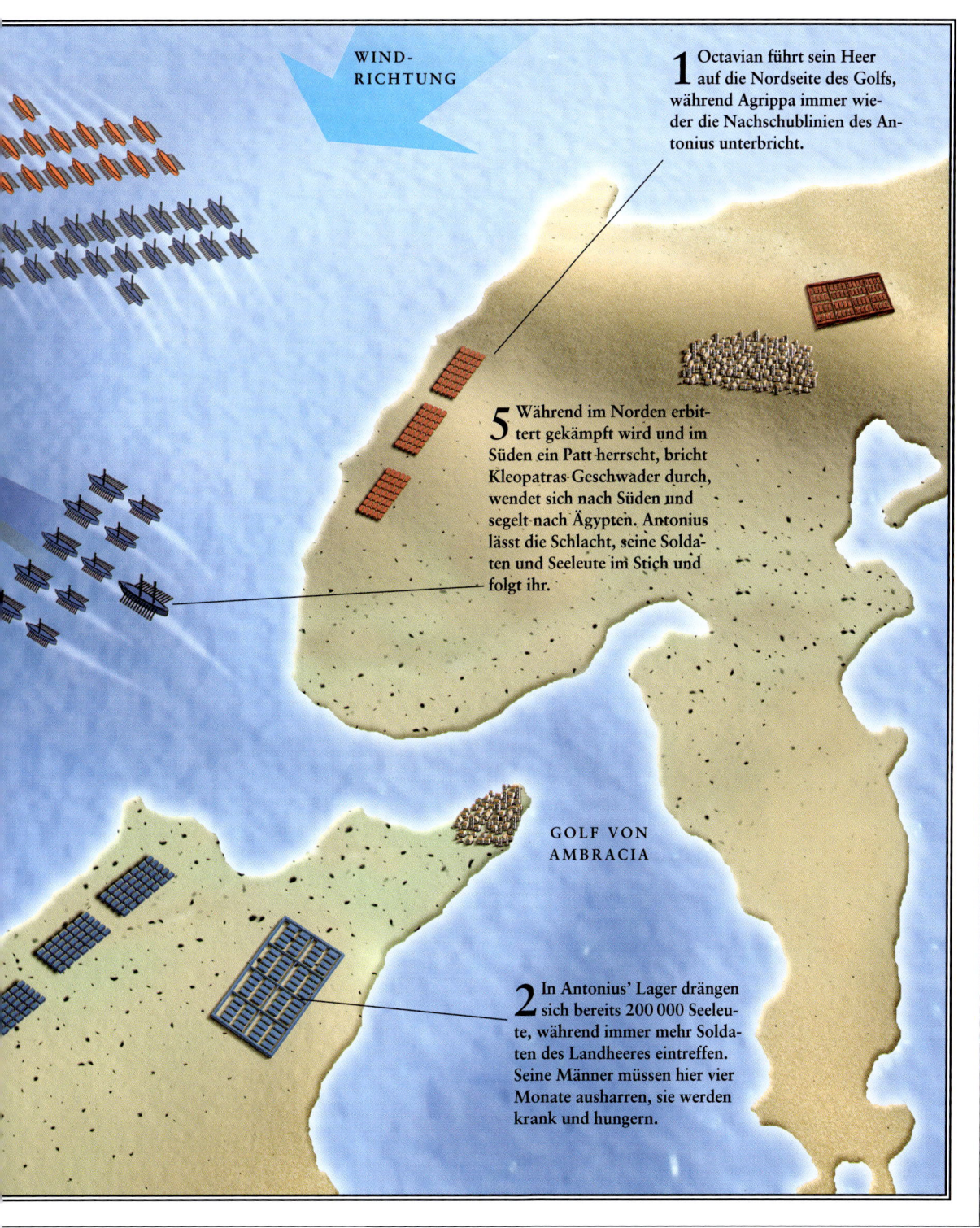

WIND-
RICHTUNG

1 Octavian führt sein Heer
auf die Nordseite des Golfs,
während Agrippa immer wieder die Nachschublinien des Antonius unterbricht.

5 Während im Norden erbittert gekämpft wird und im
Süden ein Patt herrscht, bricht
Kleopatras Geschwader durch,
wendet sich nach Süden und
segelt nach Ägypten. Antonius
lässt die Schlacht, seine Soldaten und Seeleute im Stich und
folgt ihr.

GOLF VON
AMBRACIA

2 In Antonius' Lager drängen
sich bereits 200 000 Seeleute, während immer mehr Soldaten des Landheeres eintreffen.
Seine Männer müssen hier vier
Monate ausharren, sie werden
krank und hungern.

leinherrscher des Römischen Reiches. Er übernahm den Titel Caesar Augustus und regierte 45 Jahre lang bis zu seinem Tod 14 n. Chr. Mit Agrippa verband ihn bis zu dessen Tod im Jahr 12 v. Chr. eine enge Freundschaft.

Letzte Entwicklungen der antiken Galeere

Actium war zwar die letzte große Schlacht der antiken Welt, aber die spektakulärsten Schiffe der Epoche wurden dort nicht eingesetzt. Schon im Jahr 350 v. Chr. hatten die Makedonen zwei Penteren zu einem Katamaran verbunden und darauf einen gewaltigen, vier Stockwerke hohen Belagerungsturm errichtet. Mit ihm wollte man Stadtmauern überwinden. Die inneren Ruder wurden nicht eingesetzt. Die größte aller antiken Galeeren war jedoch die Tessarakontere (»Vierzigruderer«). Dieses von Kleopatras Vorfahr Ptolemaios IV. von Ägypten im Jahr 215 v. Chr. gebaute Ungetüm war fast 130 Meter lang, hatte die Rumpfform eines Katamarans und eine Breite von fast 18 m. Es gab drei Ruderbänke: Der unterste Riemen wurde von vier stehenden Ruderern bewegt, der mittlere von zwei sitzenden und fünf stehenden und der oberste von drei sitzenden und fünf stehenden Ruderern. Insgesamt belief sich die Besatzung auf 4000 Ruderer, 2900 Seesoldaten und 100 Seeleute. Dem Brauch der Zeit entsprechend ging die Mannschaft morgens an Bord und verließ das Schiff jeden Abend wieder, weil es keinen Platz für Schlafstellen und vor allem keine Kochgelegenheit für 7000 hungrige Männer an Bord gab. Doch das An- und Ablegen dauerte so lange, dass diese Prunkgaleere kaum jemals irgendwohin gelangte.

EINE SEHR ROMANTISCHE DARSTELLUNG von Kleopatra bei Actium – an Bord ihres Flaggschiffs, das den Namen »Antonia« trägt. Wie ihrem Gatten Marcus Antonius gelang es auch ihr, zu entkommen und nach Ägypten zurückzukehren.

Die Schlacht bei Actium und die Einverleibung Ägyptens, des letzten ernsthaften Rivalen Roms im Mittelmeerraum, schoben die Reichsgrenzen weit über die Mittelmeerküsten hinaus. Noch immer brauchte man an den Grenzen Flotten kleinerer Schiffe: Auf dem Rhein und der Donau, im Ärmelkanal und in der Irischen See waren vor allem kleine Biremen unterwegs. Ihre Feinde saßen meist in offenen Booten mit einem einzigen kleinen Viereckssegel und niedrigem Freibord, etwa in den Langbooten der Sachsen und Wikinger oder im irischen Curragh, einem Lederboot von etwa 6 Metern Länge.

Erst die Teilung des Reiches in West- und Ostrom stellte die römische Kriegsmarine vor neue Herausforderungen. Das Byzantinische Reich wollte seine Macht festigen, indem es große Kriegsschiffe baute. Sie waren jetzt insgesamt kürzer, 36 Meter lang mit nur 25 Ruderstationen auf jeder Seite. Der untere Riemen wurde von nur einem Mann bewegt, der obere von einem bis drei Männern. Alle waren bewaffnet, die Männer im oberen Deck trugen Rüstungen. Die Schiffe hatten jetzt zwei Masten mit Lateinersegeln, mit denen man höher am Wind segeln und kreu-

zen konnte. Der Rammsporn war über die Wasserlinie versetzt wie bei den Schiffen Ramses' III., um feindliche Schiffe nur zu beschädigen, nicht aber zu versenken, und bis zu drei Türme ragten an Deck auf.

Die wichtigste Waffe war jetzt das Feuer. Eine benzinähnliche, leicht entflammbare Substanz – das »Griechische Feuer« – wurde mit einer Art Blasebalg durch eine Öffnung am Bug geschleudert. Der Feuerstrahl hatte nur eine geringe Reichweite, aber eine verheerende Wirkung. Noch bis weit ins Mittelalter hinein brachten diese Waffe im Nahkampf Tod und Verderben.

KAPITEL 2

DAS ZEIT-ALTER DER GESCHÜTZE

Ein Flammenstrahl verkündete ein neues Zeitalter in der maritimen Kriegsführung. Eine geheime Superwaffe rettete das Byzantinische Reich vor den Muslimen, und dem Rest der Welt wurde klar, dass der Sieg trotz aller Verbesserungen an Schiffen und Mannschaften von neuen technischen Entwicklungen abhing. Im Laufe der Jahrhunderte zeigte sich, dass ein einziger Waffentyp über Sieg oder Niederlage auf See entschied.

VORDERLADER-GESCHÜTZE auf beweglichen Lafetten wurden mit Blitz, Rauch und Donner abgefeuert. Die gewaltige Spanische Armada ließ für das Schicksal Englands Schlimmes ahnen – doch Geschütze mit standardisierten Kalibern auf fahrbaren Lafetten hielten die Spanier von der Küste fern, und Elizabeth blieb auf dem Thron.

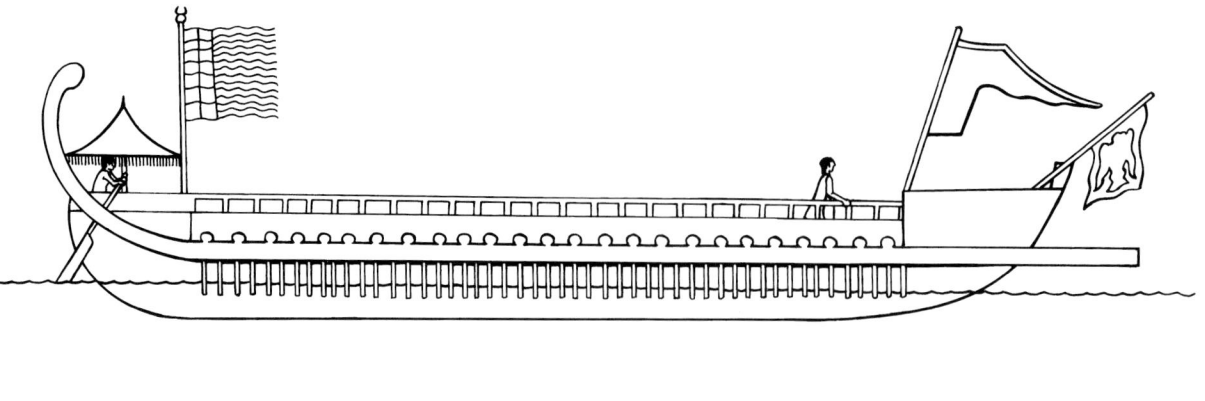

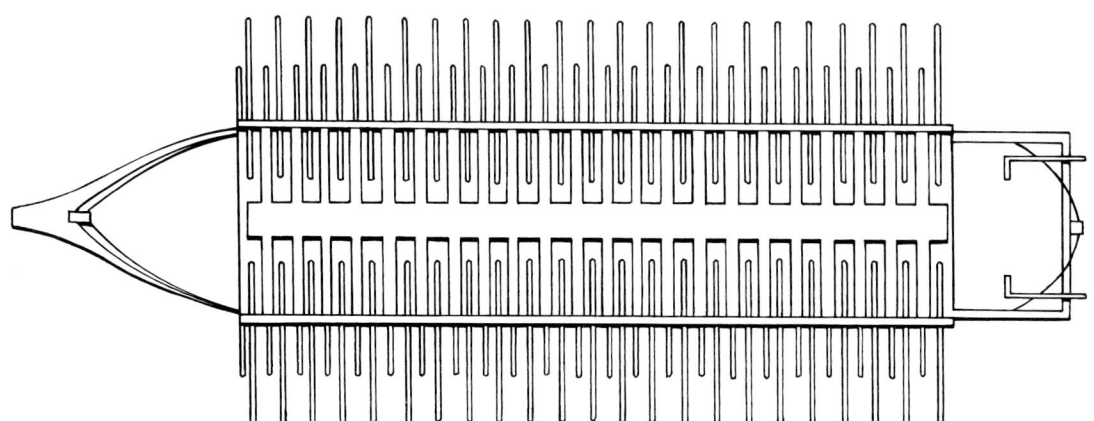

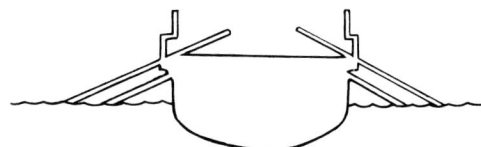

DIE BYZANTINISCHE DROMONE des 6. und 7. Jahrhunderts war eine Weiterentwicklung der römischen Galeeren. Rumpf und Ruderer wurden von einem durchgängigen Deck geschützt, während zwei Steuerruder die Dromone zu einem beweglichen Schiff machten, das Flüsse hinaufsegeln und anlanden konnte, um Soldaten an Land zu bringen.

Im Jahr 678 schienen Konstantinopel und der Westen dem Untergang geweiht. Eine arabische Flotte lag unbehelligt vor dem Goldenen Horn, und die muslimische Angriffswelle rollte auf die letzte Bastion des Römischen Reiches im östlichen Mittelmeer zu. Alexandria mit seinen Docks und Werften war schon 641 gefallen, und damit standen den Muslimen die Ressourcen eines Weltreichs und unzählige gute Schiffe zur Verfügung. Jetzt umfasste ein arabisches Heer Konstantinopel von der Landseite her, und eine Flotte blockierte den Nachschub über den Hafen. Unbemerkt von der Belagerungsarmee war es allerdings einem syrisch-christlichen Flüchtling namens Kallinikos gelungen, eine Geheimwaffe, einen so genannten *siphon* (Pumpe) auf den altertümlichen Kriegsschiffen

des byzantinischen Kaisers zu installieren. Dadurch wurden die byzantinischen Galeeren, die Dromonen, zu Kriegsschiffen ganz neuer Art. Als die byzantinische Marine sich der arabischen Flotte nahe Syllaeum stellte, schossen Bronzerohre, die in die verstärkten Kasematten des Schiffsbugs eingepasst waren, Ströme flüssigen Feuers in die arabische Armada. Schiffe und Männer verbrannten in den Flammenstößen, die arabischen Belagerer flohen vor dieser entsetzlichen neuen Waffe. Das so genannte Byzantinische oder Griechische Feuer war der Beweis für die Bedeutung der Militärtechnik auf See.

Aber der *siphon*, eine raffinierte Kombination von Pumpe und chemischem Brandsatz, deren Zusammensetzung und Funktionsweise von den Byzantinern so

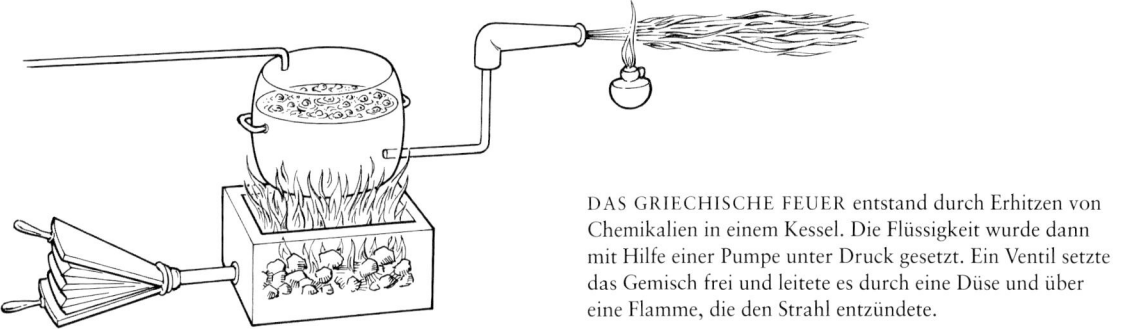

DAS GRIECHISCHE FEUER entstand durch Erhitzen von Chemikalien in einem Kessel. Die Flüssigkeit wurde dann mit Hilfe einer Pumpe unter Druck gesetzt. Ein Ventil setzte das Gemisch frei und leitete es durch eine Düse und über eine Flamme, die den Strahl entzündete.

sorgsam geheim gehalten wurden, dass man beides selbst heute nicht im Detail kennt, war erst der Anfang. Die Rettung Konstantinopels mit technischen Mitteln blieb im Gedächtnis haften und führte zu einem gesteigerten Interesse und einem durchaus gerechtfertigten Vertrauen in die Technik überall auf der Welt. Neue Erfindungen auf alten Schiffen oder Schiffe, die eigens gebaut wurden, um neue taktische Möglichkeiten auszuloten, konnten die Kampftechnik zur See quasi über Nacht verändern. Ein Jahrtausend lang beschäftigten sich Könige und Befehlshaber mit dieser oder jener Erfindung in der Hoffnung, ein neues Griechisches Feuer zu erfinden. Viele Versuche scheiterten und gerieten in Vergessenheit, bis eine ganz bestimmte Waffe das technische Wettrüsten auf See eindeutig dominierte: Die Bordgeschütze entschieden schließlich die Seegefechte auf allen Meeren.

Die Entwicklung des Kriegsschiffs

Die Unterscheidung zwischen den »Rundschiffen« des Friedens und den »Langschiffen« des Kriegs hatte die ganze klassische Antike geprägt. Zwischen 500 und 1600 n. Chr. verschwanden diese Unterschiede nach und nach. Es gab zwar noch bis zum Ende dieser Zeit und darüber hinaus geruderte Kriegsschiffe, doch seit der Schlacht bei Sluis im Jahr 1340 experimentierte man überall mit reinen Segelschiffen für Kriegszwecke.

Ohne eine auch nur annähernd gleichwertige rivalisierende Seemacht hatten die Römer in ihren letzten Jahren immer leichtere Galeeren gebaut, vor allem die schlanken, schnellen, aber seetüchtigen Liburnen mit bis zu 250 Mann Besatzung, die mit ihren Patrouillen die Piraterie unterdrückten. An den Küsten

DIE GRÖSSEREN UND GEFÄHRLICHEREN DROMONEN des 9. bis 12. Jahrhunderts hatten Plattformen für Wurfmaschinen und waren durch ihre Schnelligkeit vor dem Entern geschützt. Eine einzige Reihe schwerer Ruder ersetzte das alte System mit verschiedenen Stufen, und die Grundkonstruktion wurde größer und schwerer, um in der Schlacht bestehen zu können.

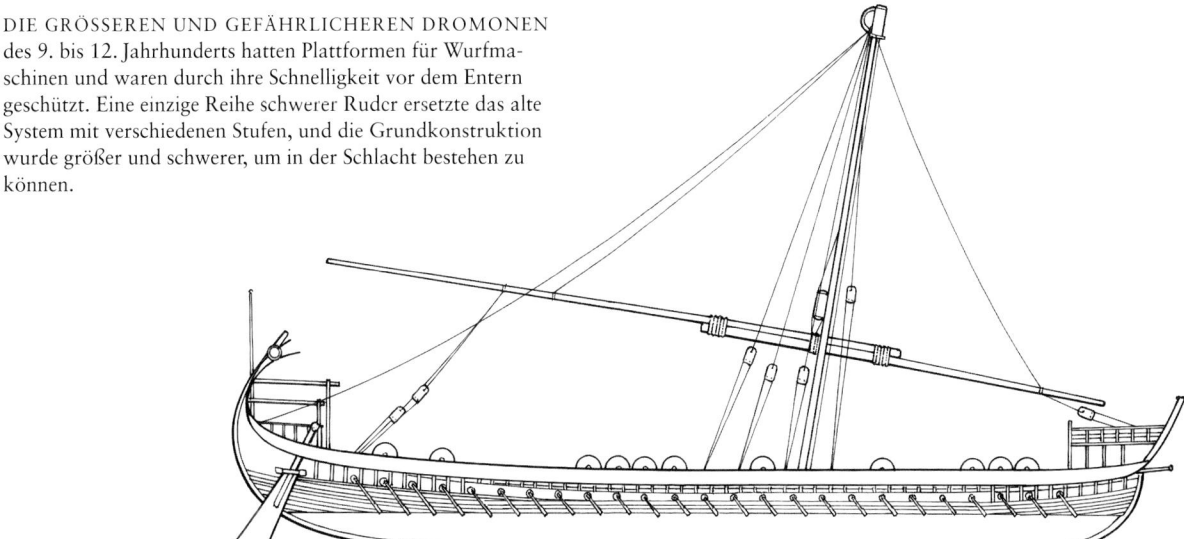

des Reiches und auf den größten Flüssen teilten sich diese Liburnen den Patrouille- und Aufkärungsdienst mit noch schlankeren, leichteren Schiffen, den so genannten *naves lusoriae* (spielerische/tänzerische Schiffe), die nur 24 Mann Besatzung trugen und auch bei kleinen Raubzügen auf der anderen, feindlichen Seite der Flüsse eingesetzt wurden.

Mit der Eroberung weiter Teile des Römischen Reiches durch die Barbarenvölker wuchs jedoch das Bedürfnis nach größeren Schiffen, die weite Strecken zurücklegen konnten. Im Jahr 533 vernichtete der byzantinische Kaiser Justinian das Vandalenreich in Nordafrika mit einem Expeditionsheer, das auf 500 Transportschiffen unter dem Schutz von 92 ganz neu entwickelten Kriegsschiffen, den Dromonen (Läufern), über das Mittelmeer herangeführt worden war. Dromonen waren schnell und konnten auf Binnengewässern operieren wie die früheren Patrouillenboote. Die Schiffe in Justinians Afrika-Flotte waren etwa 15 Meter lang, hatten 30 bis 35 Mann Besatzung und etwa 22 Riemen. Die Ruderer kämpften auch als Marine-Infanteristen und wurden beim Entern eingesetzt. Wie ihre Vorgänger in der Antike nutzten diese Galeeren ihre Segel vor allem zur Fortbewegung, selten aber im Gefecht. Anders als frühere Schiffe besaßen sie jedoch ein durchgehendes Deck und hohe Freiborde, durch die ihre Ruderer vor den Pfeilen der feindlichen Bogenschützen geschützt waren. Die Dromone wurde mit den Jahren immer größer, bildete jahrhundertelang das Rückgrat der byzantinischen Flotte und war der Archetyp für die schwerere Version des Kriegsschiffes.

Die Schiffe aus dem Norden

Die einfacheren, robusten Schiffe in den Gewässern Nordeuropas hatten eine große Reichweite und waren gefürchtet. Schon um 700 n. Chr. segelten die Wikinger mit Flotten von Langschiffen die Seine hinauf, um Paris zu plündern. Bjarni Herjulfssons, Eriks des Roten und Leif Erikssons Reisen über den stürmischen Nordatlantik im 10. Jahrhundert sind zu Recht berühmt geworden.

Für die Mittelmeerschiffe mit ihren schwach gebauten Rümpfen war der raue Atlantik zu gefährlich. Sie waren in Karweelbauweise mit glatt aneinandergesetzten Planken gebaut, um Holz zu sparen, das in den stärker bevölkerten Gebieten nach Jahrhunderten des Raubbaus rar geworden war. Das Langschiff der Wikinger hatte zwar den gleichen niedrigen Freibord, wie man ihn beim Rudern brauchte, aber einen Rumpf aus einander überlappenden Planken im Klinkerstil. Diese Konstruktion verbrauchte mehr Holz, schuf aber auch einen

SCHIFFE WIE DIESE SIPHONOPHORE (»Pumpenträger«) brachten Feuer und Vernichtung über die Feinde des Kaisers und vernichteten 678 die arabische Flotte am Goldenen Horn ebenso wie spätere Wikinger- und Muslimflotten, die vor Konstantinopel auftauchten. Der Bronzekopf, der die Düse des *siphon* verkleidete, ließ die Waffe noch dramatischer wirken und schützte zugleich das eigene Schiff.

DIESE MITTELALTERLICHE GRIECHISCHE BUCH-
MALEREI zeigt ein kleineres byzantinisches Schiff, das einen
muslimischen Angreifer mit Griechischem Feuer attackiert.
Über das Gemisch weiß man nichts Genaues, man kennt nur
seine tödliche Wirkung. Andere Mächte mussten eigene Su-
perwaffen entwickeln.

überaus stabilen und flexiblen Schiffskörper, der großen Wellen standhielt. Die Langschiffe segelten von
Skandinavien aus die Flüsse nach Süden und Osten
hinauf bis nach Moskau und an die Grenzen des Byzantinischen Reiches. Dort allerdings erwies sich das
Griechische Feuer gegen die Wikingerschiffe als ebenso wirksam wie gegen die arabischen.

Die Männer dieser Langschiffe ruderten und
kämpften schon seit Jahrhunderten zur See wie an
Land. Jedes Schiff verfügte über beträchtliche Kampf-
reserven. Die Langschiffe konnten eine ziemliche
Größe erreichen, wenn Holz und schiffsbauerisches
Können es zuließen. Wilhelm der Eroberer und seine
Ritter überquerten den Ärmelkanal 1066 samt ihren
Pferden auf Schiffen, die man aufgrund ihrer Darstellung auf dem Teppich von Bayeux auf eine Länge
von 18 Metern geschätzt hat, mit einem so niedrigen
Freibord, dass Pferde am Strand bei Pevensey das
Schiff verlassen konnten. Der Teppich zeigt Schiffe
mit V-förmigem Klinkerrumpf, mit dem sie auch mit
halbem Wind segeln konnten, was ihre Manövrierfähigkeit gewaltig erweiterte. Der Einsatz dieses Schiffs-
körpers bei Segelschiffen sollte der wichtigste Beitrag
der Wikinger zum späteren Schiffbau sein.

Die Form der großen Getreideschiffe der Antike
lebte im frühmittelalterlichen Rundschiff fort. Wie

die Galeeren des Südens waren sie in Karweelbauweise gebaut – der einzige Unterschied zu ihren römischen Vorläufern bestand darin, dass der Bugspriet
immer höher gezogen wurde, bis er zum zweiten ver-
tikalen Mast wurde. In den wechselnden Winden des
Mittelmeers herrschte das frei bewegliche, dreiecki-
ge Lateinsegel bei allen Schiffstypen vor; auf dem
Atlantik dominierte das Vierecksegel mit seiner größeren Zugkraft.

Ein »Rundschiff« mit dem hochgezogenen Bug
und Heck und dem Klinkerrumpf der Wikingerschiffe sollte zum berühmtesten mittelalterlichen Schiffstyp überhaupt werden: Die Kogge kombinierte die
robuste Bauweise und überlegene Segeltüchtigkeit der
Wikingerboote mit Effizienz und Haltbarkeit. Kon-
zessionen an eine vereinfachte Konstruktion waren
ein schweres Bugruder und eine Pinne, die robuster
und vielleicht auch funktioneller war als das grie-
chisch-römische Steuerruder.

Konvergierende Entwicklungen

Asiatische Schiffsbauer hatten andere Traditionen, kamen aber unabhängig von westlichen Innovationen zu ähnlichen Erfolgen. Der Fluss-Sampan und die Hochsee-Dschunke entwickelten sich über Jahrhunderte hinweg zu zwei überaus leistungsfähigen Schiffstypen, die Lasten, Waffen und Krieger auch in die westliche Welt trugen. Asiatische Versionen der Ruderpinne konnten sogar aus dem Wasser gehoben werden, um Operationen in flachen Gewässern zu erleichtern.

Die kiellose »Drei Planken«-Bauweise des Sampan nutzte die menschliche Arbeitskraft in flachem Wasser überaus effizient, und aus seiner Keilform mit hohem Heck entstand allmählich die größere und seetüchtige Dschunke. Die großen und kleinen Schiffe Asiens konnte man leicht auf den Strand ziehen und schnell entladen, wie es Handel oder Krieg gerade erforderten. Verstärkte, unterteilte Rümpfe verliehen asiatischen Schiffen eine Seetüchtigkeit und Ladekapazitäten, die der Westen erst Jahrhunderte später mit der Entwicklung von Eisenrümpfen erreichen sollte.

Frühe Erfinder

Kallinikos' *siphon* war nur der berühmteste Typ brandschleudernder Waffen in dieser Zeit. Den Byzantinern genügten oft schon ihre Lungen und ein Schilfhalm, um einen Feuersturm zu entfachen, oder ein einfacher Tauchkolben, um während des Enterkampfes ein Inferno zu entfachen. Die Araber und andere Mächte arbeiteten mit primitiveren Brandmitteln, etwa mit Töpfen voll Naphta, die von Hand oder mit einem Katapult auf das feindliche Deck geschleudert wurden. Die Wikinger beantworteten die byzantinischen Attacken mit Brandpfeilen.

Auf klassischen griechischen Kriegsschiffen, vor allem auf jenen aus Rhodos, wurden Katapulte aufgestellt. Bei der Seeschlacht vor Actium kamen große Wurfmaschinen zum Einsatz, die mit Steinen auf Schiffsrümpfe und mit Eisenbolzen auf Menschen schossen. Im Mittelalter allerdings war das Katapult nicht mehr die bevorzugte Waffe auf See. Die Ratschen und die relativ feine Mechanik dieser Torsionswaffen waren in Vergessenheit geraten. Im Osten dagegen besaß das Byzantinische Reich mit dem Griechischen Feuer einen ungleich gefährlichere Waffe.

Bei Belagerungen war das riesige Trébuchet wirksamer als das Torsionskatapult, im Kampf Schiff gegen Schiff dagegen war es unbrauchbar. 1217 trug das Flaggschiff des flämischen Söldners und Piraten Eustachius, der auch »der schwarze Mönch« genannt wurde, ein Trébuchet, das er gegen London benutzen wollte. Doch bei der entscheidenden Seeschlacht vor Dover kam es nicht zum Einsatz, und die Franzosen, für die er kämpfte, wurden besiegt. 1274 trugen die Schiffe der mongolischen Flotte beim Überfall auf Japan Trébuchets und setzen sie auch ein – allerdings gegen die Samurai an der Küste. Andere Waffen sollten die Lücke zwischen dem Katapult und dem Geschütz füllen.

Byzantinische Seesoldaten warfen Töpfe mit ungelöschtem Kalk auf gegnerische Schiffe. Beim Aufprall nahm das Puder der Mannschaft den Atem und ließ jene, die damit in Berührung kamen, erblinden. Byzantinische wie arabische Seesoldaten warfen Töpfe mit Giftschlangen und Skorpionen, die unter den Feinden Panik auslösten. Besonders unangenehm waren mit Nägeln versehene Holzkugeln, die in Tuch eingewickelt und mit leicht brennbaren Flüssigkeiten getränkt wurden, bevor man sie anzündete und auf das Deck des Gegners schleuderte. Seeleute, die versuchten, die Flammen auszutreten, erlitten schwerste Verwundungen.

Auf byzantinischen Kriegsschiffen befanden sich Kräne und Galgen, um brennendes Material auf einen geenterten Feind fallen zu lassen, während Kauffahrer ihre Rahen und Anker für ähnliche Angriffe mit Hilfe der Schwerkraft nutzten. Andere pyrotechnische Erfindungen überlebten sogar die Einführung des Schießpulvers. Die spanische *bomba* war ein militärisch genutztes »Römisches Licht« – eine Mischung von Chemikalien an einem langen Stock, die angezündet wurde und einen Funkenregen über Deck, Mannschaft und Rumpf des feindlichen Schiffes niedergehen ließ. *Bombas* und Brandsätze in Tontöpfen wurden auch in Schiffswracks der spanischen Armada von 1588 gefunden.

Schießpulver: Die »Feuerdroge«

Die Byzantiner hüteten das Wissen um die Zusammensetzung des Griechischen Feuers eifersüchtig – jedenfalls war seine Durchschlagskraft berüchtigt, und es wurde noch bis zum endgültigen Fall von Konstantinopel im Jahr 1453 eingesetzt. Auf der Suche nach vergleichbaren Waffen experimentierten Wissenschaftler und Erfinder wie der Engländer Roger Bacon im 13. Jahrhundert oder der Koreaner Choe Mu-Seon im 14. Jahrhundert so lange, bis sie zu einigermaßen befriedigenden Ergebnissen kamen.

Die Chinesen kannten die explosive Wirkung der »Feuerdroge« (huo yao) – einer Mischung aus Schwefel, Salpeter und Holzkohle – schon im 9. Jahrhundert. Zunächst verwendeten sie die Schießpulver-

SCHOTTEN, STEUERRUDER und die vielen Masten machten dieses »Schatzschiff« der Ming-Dynastie überaus seetüchtig. Neuerungen wie die »Feuerdroge« (huo yao) und die Arkebuse reisten mit solchen Schiffen die asiatischen Küsten entlang. Korea und Japan kamen auf diese Weise mit derselben neuen Militärtechnik in Kontakt, wie sie der Westen durch arabische Händler kennen lernte.

mischung beim Bau ihrer »Feuerpfeile«, einfachen Raketen, und für Geschosse, die man heute »Schockgranaten« nennen würde und mit denen sie den Gegner erschrecken und orientierungslos machen wollten. Das Verbindungsglied zwischen den chinesischen Erfindern und den europäischen Entwicklern des Schießpulvers bildeten arabische Händler, die die Mixtur in den Westen brachten. Es ist nicht sicher, wer als Erster auf den Gedanken kam, mit dem Sprengstoff ein Projektil anzutreiben, aber in arabischen Texten ist von einer Waffe namens midfa die Rede – ein Stück verstärktes Bambusrohr (und später ein Eisenrohr), das einen Pfeil mit einer Schießpulverladung antrieb. Die muslimischen Mamluken setzten diese Waffe 1260 in der Schlacht von Ain Jalut erfolgreich gegen die Mongolen ein.

An diesem Punkt der Geschichte tat der englische Gelehrte und Franziskanermönch Roger Bacon etwas

völlig Neues. Nachdem er durch Experimente eine wirkungsvolle Zusammensetzung des Schießpulvers ermittelt hatte, schrieb er das Ergebnis seiner Forschungen 1242 auf und veröffentlichte es, wenn auch in verschlüsselter Form. Die Formel und ihre militärischen Verwendungsmöglichkeiten fanden schnell Verbreitung in England, denn in den Inventaren des Tower finden sich seit 1344 Artilleriewaffen und Bauteile, vermutlich gab es sie auch schon früher. Als die Flotte Edwards III. sich in der Mündung des Zwin bei Sluis 1340 auf die Franzosen stürzte, waren schon Geschütze auf den Feind gerichtet.

Wie die Kanone im Rest der Welt allmählich das Griechische Feuer ablöste, ist nicht bekannt. Überliefert ist eine Geschichte aus Korea: Dort sollten japanische Piraten, die *wako*, abgewehrt werden. Weil die Chinesen ihr Wissen über das Schießpulver ebenso hüteten wie die Byzantiner es mit dem Griechischen Feuer taten, brauchte der koreanische Gelehrte Choe Mu-Seon nicht nur wissenschaftliche Neugier, sondern auch Beharrlichkeit und großen Einfallsreichtum, um zum Ziel zu kommen. Als er hörte, dass ein reisender chinesischer Kaufmann das richtige Verhältnis von Salpeter und Schwefel zu Holzkohle ken-

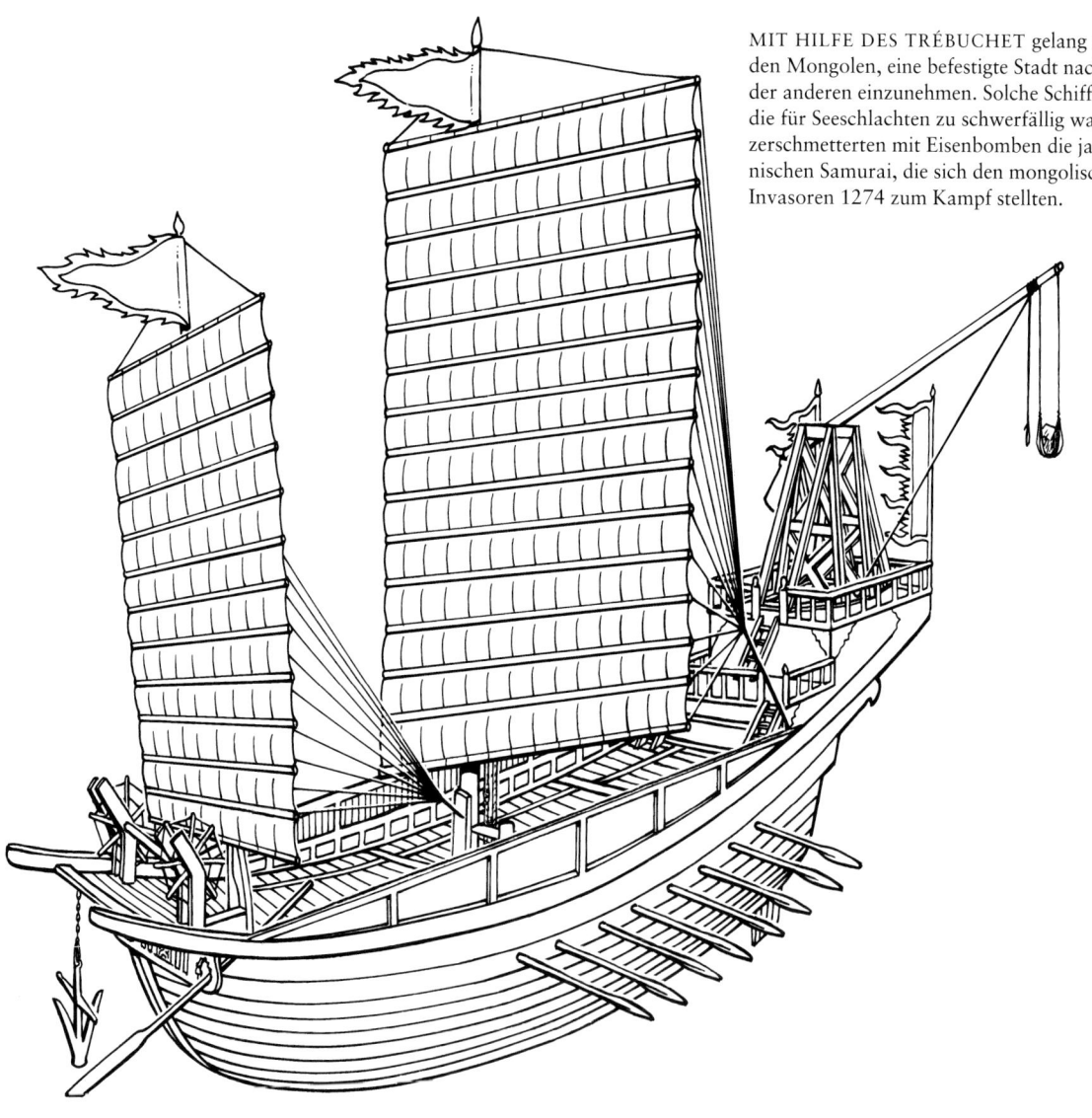

MIT HILFE DES TRÉBUCHET gelang es den Mongolen, eine befestigte Stadt nach der anderen einzunehmen. Solche Schiffe, die für Seeschlachten zu schwerfällig waren, zerschmetterten mit Eisenbomben die japanischen Samurai, die sich den mongolischen Invasoren 1274 zum Kampf stellten.

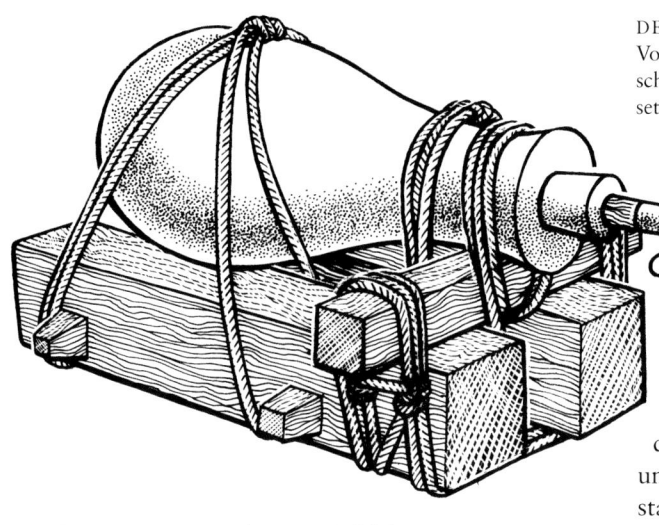

DER *POT DE FER*, bei den Arabern *midfa* genannt, war der Vorläufer aller Geschützformen. Beim Material wechselte man schnell vom Holz und zum Eisen. Die ägyptischen Mamluken setzten die Waffe 1260 in der Schlacht bei Ain Jalut gegen die Mongolen ein und stoppten deren Vorstoß in den Mittelmeerraum. Ein Pfropfen am Pfeil verdämmt den Lauf.

ne, konnte Mu-Seon ihm mit Geld das genaue Rezept entlocken und eigene Mischungen herstellen, die er dann wie Roger Bacon durch Experimente noch verbesserte.

Wie andere Erfinder überall auf der Welt erlangte Choe Mu-Seon die Unterstützung der Regierung in einer Zeit, in der das Konzept der finanziellen Förderung von Erfindungen einzig und allein im militärischen Kontext Anklang fand. Demonstrationen vor dem koreanischen Königshof führten zum ersten Waffenlabor seit dem Museum in Alexandria. Verbesserte Methoden zur Salpetergewinnung, ein Wagen, von dem aus man Raketen abfeuern konnte, und eine koreanische Version der Kanone wurden entwickelt. Vermutlich die praktischen Einsatzmöglichkeiten bewogen die Koreaner, vor allem Artillerie und keine Infanteriewaffen zu entwickeln. Diese Entscheidung sollte sich knapp zwei Jahrhunderte später als richtig erweisen.

Sluis 1340: die Landschlacht, die auf See ausgetragen wurde

Die Schlüsselelemente jeder Seeschlacht sind die verfügbaren Waffen und die Schiffe, mit denen man diese Waffen gegen den Feind führt. Noch immer war die geruderte Galeere das Kriegsschiff *par excellence*, selbst in den Gewässern rund um England. Die Kombination aus geringem Tiefgang und großer Besatzung verlieh der Galeere Wendigkeit und Kampfstärke. Schiffe, die selbst den Wikingern noch vertraut vorgekommen wären, fanden sich in den meisten Flotten

bis ins 16. Jahrhundert hinein. Die Schlacht vor Sluis ist nicht unbedingt wegen der paar Geschütze bemerkenswert, die dort zum Einsatz kamen – die wichtigsten Waffen waren noch immer Schwert und Bogen –, sondern wegen der Segelschiffe, die man statt der Kriegsgaleeren benutzte, um Bogenschützen und Schwerbewaffnete in die Schlacht zu tragen. Die französischen Schiffe waren darüber hinaus noch zusammengebunden und bildeten eine stabile Plattform, auf der die beiden Heere einen Kampf austrugen, der mehr Ähnlichkeiten mit einer Landschlacht hatte.

1338 hatten französische und Genueser Söldnergaleeren die englische Fischereiflotte überfallen, Portsmouth niedergebrannt und Jersey angegriffen. Die Franzosen kaperten sogar Edwards III. Schiff *Christopher* und die *Cog Edward*, die in einem deutschen Hafen lagen und vermutlich Wolle aus England exportierten, was Philipp VI. von Frankreich unterbinden wollte.

Die Franzosen und Genueser setzten die *Christopher* und ihre drei Kanonen mit Vergnügen gegen ihre ursprünglichen Eigentümer ein. Sie brannten Southampton nieder und besetzten es eine Zeit lang, sie steckten Hastings in Brand und segelten dann den Solent hinauf, um sich der Schiffe im Hafen von Plymouth zu bemächtigen. Was als ein Streit um Ländereien in der Normandie zwischen zwei angevinischen Monarchen begonnen hatte, schien sich zu einer zweiten französischen Invasion in England zu entwickeln. Während die Kommandeure Philipps VI. in Flandern Männer und Nachschub für diese Invasion organisierten, traf Edward III. Vorbereitungen für einen Präventivangriff auf die französische Flotte vor ihrer eigenen Küste.

Die Schlacht vor Sluis gilt oft, vor allem wegen des so passenden Datums, als die klassische mittelalterliche Seeschlacht – völlig zu Unrecht. Edward hatte nur

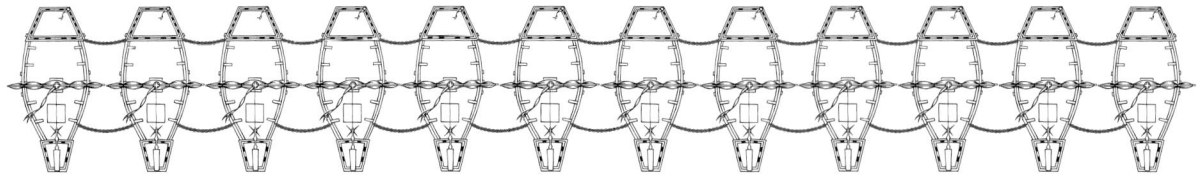

wenige Galeeren; bei einer konventionellen Vorbereitung auf eine Standardschlacht hätte er weitaus mehr Galeeren bauen oder anheuern müssen, um dann die Eindringlinge vor seiner oder ihrer Küste abzufangen und mit Rammsporn, Pfeil und Schwert aufzuhalten. Doch der englische König führte seinen Angriff mit Schiffen aus, die so groß und schwer waren, dass man sie nicht mehr mit Muskelkraft bewegen konnte.

Edwards Entscheidung, 1340 eine Koggenflotte einzusetzen, brachte ihm viele Vorteile. Das hohe und dicke Schanzkleid einer Kogge des 14. Jahrhunderts bildete einen wirksamen Schutz vor Enterversuchen

DIE FRANZOSEN wollten vor Sluis (1340) ihre Überzahl und die gute Rüstung ihrer Männer ausnutzen, indem sie ihre Flotte zusammenketteten. So konnte jedes Schiff der Linie den anderen Verstärkung senden, doch diese Taktik opferte den größten Vorteil der Kriegsschiffe – ihre Manövrierbarkeit.

und eine Brustwehr für die Verteidiger. An Bug und Heck konnte man mit hölzernen Aufbauten Plattformen schaffen, von denen aus Wurfgeschosse mit größerer Wucht und Genauigkeit ihr Ziel trafen. Jede Galeere, die den noch aus der Antike übernommenen Rammsporn einsetzen wollte, riskierte, von einer beweglichen Rahe aus von einem schweren Stein oder Eisenblock getroffen zu werden, die ihren Rumpf durchschlagen hätte.

Ein weiterer Faktor was das anvisierte Ziel. Die Invasionsflotte, die Philipp VI. an der flämischen Küste sammelte, sollte Männer, Pferde, Rüstung und Belagerungsgerät tragen. Um dieses Gewicht zu transportieren, hätte auch die französische Flotte Koggen einsetzen müssen. Edward brauchte also Schiffe, die so hoch und so stark waren wie die französischen Schiffe. Zudem mussten noch die großen Mannschaften der Kriegsgaleeren ernährt und an der Küste untergebracht werden, wenn ihre Schiffe überhaupt eine Rolle spielen sollten. Daraus ergaben sich Koordinations- und Nachschubprobleme. Segelschiffe kamen mit kleinerer Besatzung aus und nutzten den Wind für den Antrieb.

Edward bildete aus Geschwadern, die vor London und im Ärmelkanal lagen, eine Flotte mit 120 bis 160 Kriegsschiffen und circa 40 Transportern. Am 23. Juni 1340 näherte sich diese Streitmacht der Mündung des Zwin bei

VOR ALLEM MIT PRIMITIVEN HANDFEUERWAFFEN und hoch entwickelten Bogen kämpften die Verteidiger einer vor Anker liegenden Kogge bei einem Angriff. Handelsschiffe konnten durch zusätzliche Infanteristen leicht zu Kriegsschiffen werden. Die Fähigkeiten der Seeleute und Schützen wurden dann zu ähnlich entscheidenden Faktoren wie die verfügbare Waffentechnik.

Sluis, wo Philipp seine Truppen in Stellung brachte. Edward war auf einen langen Krieg eingestellt – zu seinem Gefolge gehörten auch die Königin und deren Hofdamen. Die französische Invasionsflotte wurde unversehens von einer offensiven Streitmacht zu einem verwundbaren Angriffsziel.

Schwimmende Festung

Die beiden französischen Admiräle Nicolas Béhuchet und Hugues Quiéret waren noch nicht kampfbereit, als die Nachricht von der Ankunft der englischen Flotte kam. Doch Edward wollte zweifellos am nächsten Tag angreifen. Der Genueser Söldneradmiral Pietro Barbavera riet den Franzosen, in See zu stechen, wo sie ausweichen oder fliehen konnten. Aber die Franzosen verbanden ihre Schiffe mit Ketten und bildeten drei Linien quer über die Windseite der trichterförmigen Flussmündung. In Anbetracht ihrer folgenden Niederlage erscheint diese Entscheidung als verhängnisvoll. Man sollte allerdings bedenken, dass die Franzosen sich auf eine Invasion, nicht auf eine Seeschlacht vorbereitet hatten. Ihre wichtigste Eskorte sollte eigentlich Barbaveras Galeerengeschwader sein. Auf Barbaveras Befehl hin standen die Galeeren jedoch so weit draußen auf See, dass sie kaum in die Kämpfe eingriffen, bevor sie dann endgültig am Horizont verschwanden.

DIESER SCHWERBEWAFFNETE aus dem 14. Jahrhundert kann in seiner Rüstung nicht schwimmen – was sich für die Franzosen bei Sluis als fatal erwies. Der ausladende Helm bietet Schutz vor Geschossen von oben, das Kettenhemd schützt vor scharfen Klingen. Das Schwert ist auf See nicht so nützlich wie die Axt, mit der man sich den Weg freihauen kann.

Die französischen Koggen trugen gerüstete Infanterie mit 600 Armbrustschützen. Auf den miteinander verbundenen Schiffen konnte man die Männer zur Unterstützung auf jedes gerade attackierte Schiff schicken. Die Franzosen waren außerdem mit Enterhaken ausgerüstet, um ein angreifendes Schiff festzuhalten, solange sie es enterten, und mit Hilfe der verbundenen Schiffe konnten sie mehr als nur die Soldaten eines Schiffes auf das Deck der Gegner schicken. Zwei Jahrzehnte später sollte die chinesische Han-Flotte auf dem Poyang-See eine ähnliche Taktik bei einer der größten Seeschlachten der Geschichte anwenden und einen überraschend ähnlichen Kampf in eine fünf Monate dauernde, erbitterte Auseinandersetzung verwandeln. Die Entscheidung für diese Taktik war also nicht unüberlegt.

Quiéret und Béhuchet nutzten die Zeit zwischen Edwards Ankunft und seinem Angriff. Sie zogen die Rettungsboote an Deck, um ihren Bogen- und Armbrustschützen erhöhte Positionen zu verschaffen und die Flucht mit diesen Booten unmöglich zu machen. Nur das gekaperte Kriegsschiff *Christopher* trug Kanonen, und es bleibt fraglich, ob die Franzosen sie abfeuern konnten, bevor das Schiff erneut den Besitzer wechselte.

Der englische Langbogen

Edward gab schließlich gegen 15 Uhr das Signal zum Angriff, als die Nachmittagsbrise und die Position der Sommersonne ihn begünstigten. Das zeigte sich zum ersten, aber nicht zum letzten Mal bei dem Hagel englischer Pfeile, der dem Angriff der größten englischen Schiffe vorausging. In Anbetracht der Legenden, die sich um die englischen Bogenschützen bei Crécy und Azincourt ranken, sollte man doch darauf hinweisen, dass die englischen Langbogen (eine walisische Erfindung) zum ersten Mal

SCHLACHT BEI SLUIS
1340

Bedrängt von den Bündnispartnern Frankreich und
Schottland beschloss Edward III., weiteren französischen Raubzügen an der englischen Südküste durch
einen Präventivschlag zuvorzukommen. Weil seine
Truppen und sein Nachschub so groß waren, dass
die Muskelkraft der Ruderer auf den Galeeren nicht
ausreichte, versammelte Edward eine große Flotte
aus 120–160 bewaffneten Koggen und mindestens
40 Transportern und segelte auf die flämische Küste zu. Die französischen Befehlshaber beschlossen,
ihre Flotte im Schutz der Zwin-Mündung in drei
Reihen zusammenzuketten und so den Angriff zu
erwarten. Edward nutzte den Vorteil, griff schnell
an und attackierte mit seinen Langbogenschützen
und der Kriegsflotte die Franzosen, bis die flämischen Fischer die verheerende Niederlage besiegel-
ten, indem sie den Franzosen in den Rücken fielen.

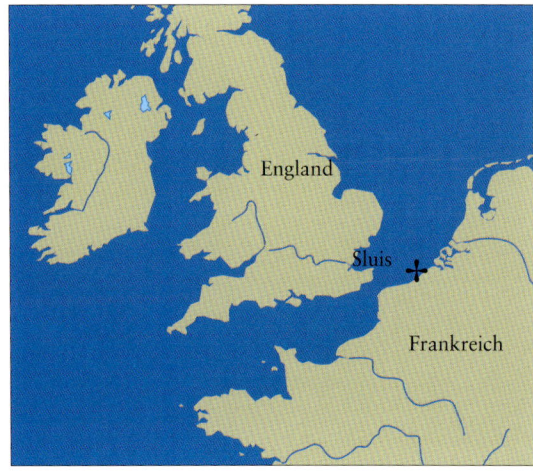

2 Mit Schiffen aus den Kanalhäfen
und seiner persönlichen Flotte
reagiert Edward so schnell, dass die
Franzosen keinen Nachschub in den
nur teilweise freundlich gesinnten
Küstenstädten beschaffen können.

Edward III. ergriff drastische Maßnahmen gegen die Gefahr einer französischen Invasion. Im 14. Jahrhundert
sorgte er mit einem Überraschungsangriff dafür, dass die
Franzosen vorerst in der Defensive blieben. Zwischen
1660 und 1688 führten neun Invasionen Englands zu einer Art Bürgerkrieg.

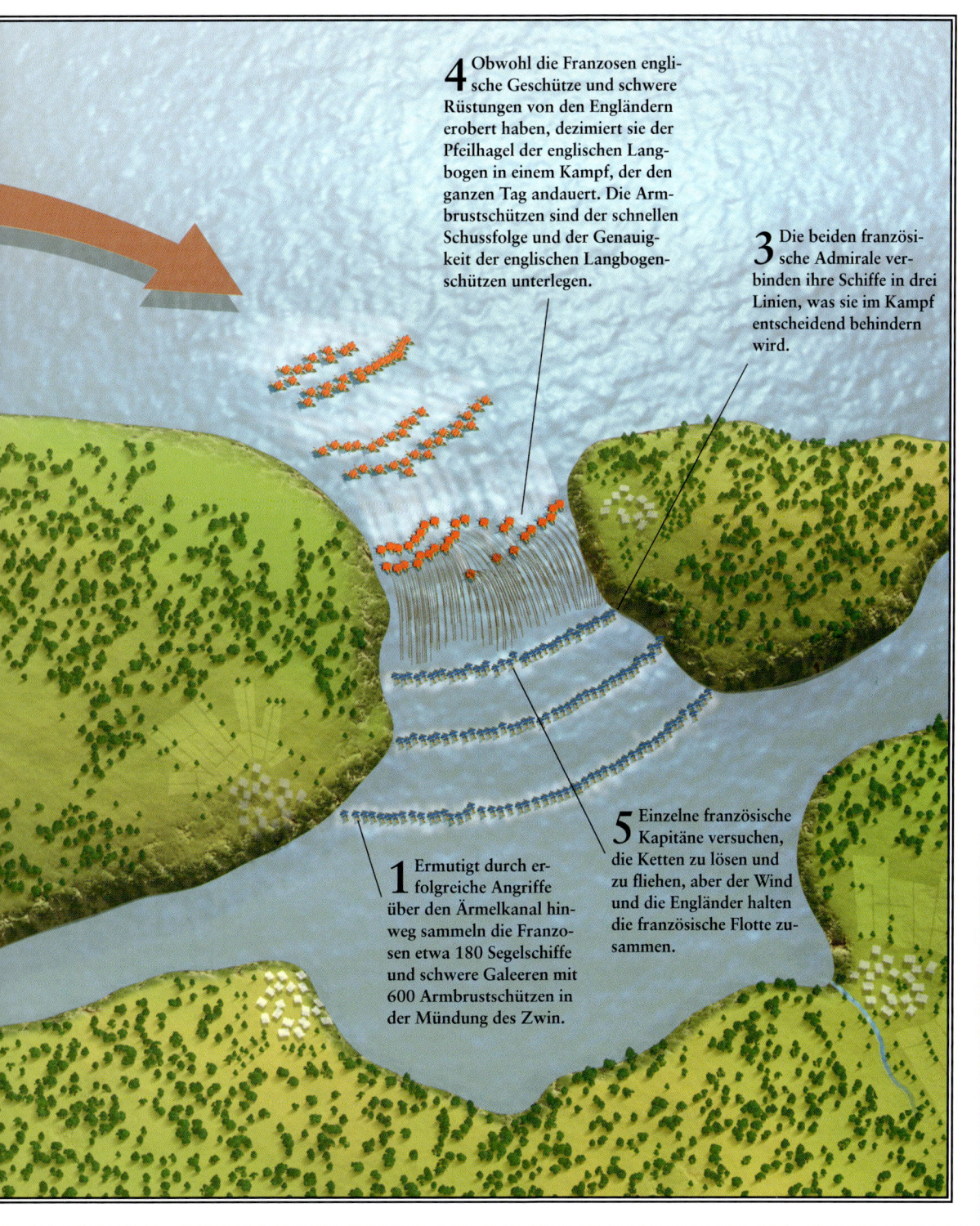

4 Obwohl die Franzosen englische Geschütze und schwere Rüstungen von den Engländern erobert haben, dezimiert sie der Pfeilhagel der englischen Langbogen in einem Kampf, der den ganzen Tag andauert. Die Armbrustschützen sind der schnellen Schussfolge und der Genauigkeit der englischen Langbogenschützen unterlegen.

3 Die beiden französische Admirale verbinden ihre Schiffe in drei Linien, was sie im Kampf entscheidend behindern wird.

1 Ermutigt durch erfolgreiche Angriffe über den Ärmelkanal hinweg sammeln die Franzosen etwa 180 Segelschiffe und schwere Galeeren mit 600 Armbrustschützen in der Mündung des Zwin.

5 Einzelne französische Kapitäne versuchen, die Ketten zu lösen und zu fliehen, aber der Wind und die Engländer halten die französische Flotte zusammen.

ENGLISCHER LANGBOGENSCHÜTZE (1340)

Die englischen Langbogenschützen waren entscheidend am Ausgang der Schlachten bei Sluis, Azincourt und Crécy beteiligt. Der hier abgebildete Bogenschütze trägt eine wattierte Jacke, die meist unter schwererer Rüstung getragen wird, um Hiebe und Schläge abzufedern – auf See ist sie praktischer als ein Kettenhemd. Bewaffnet ist er außerdem mit einem kurzen Dolch, den er noch im letzten Moment ziehen kann, wenn der Feind zu nahe herankommt und der Bogen funktionslos wird. Der »englische« Langbogen kam ursprünglich aus Wales. Mit ihm konnte man sechs Pfeile pro Minute bis zu 350 Meter weit schießen. Die Genauigkeit hing von der Entfernung und der Zeit ab, die sich der Bogenschütze beim Zielen ließ. Die Schützen mussten »ins Schwarze trafen« und jeden Monat eine bestimmte Menge von Meilen beim Üben zurücklegen, d. h., sie schossen Pfeile auf ein fernes Ziel und holten sie wieder zurück. Die zurückgelegten Meilen standen für die Anzahl der Übungsschüsse. Es gibt sagenhafte Berichte über die Durchschlagskraft des Langbogens – mit dem 178 Zentimeter langen Bogen aus englischer oder russischer Eibe konnte man angeblich einen Pfeil durch eine Eichentür, einen Schiffsrumpf und auf geringe Entfernung sogar durch Kettenhemden und Brustharnische treiben.

auf See zum Einsatz kamen. Der englische Langbogen und die Genueser Armbrust waren todbringende Waffen mit vielen Vorteilen in der Schlacht, doch der Langbogen hatte eine weitaus höhere Schussfrequenz. Die 1 Meter langen Pfeile der englischen Langbogen sollen zuverlässigen Berichten zufolge Feldrüstungen und 10 Zentimeter dicke Eichenbretter durchschlagen haben. Vor Sluis, wie in Crécy und Azincourt, konnten weder französischer Mut noch französische Rüstungen diesem Pfeilhagel standhalten. Aber die Franzosen zahlten mit gleicher Münze zurück. Als englische Ritter und Schwerbewaffnete endlich die *Christopher* eroberten, fanden sie 400 französische und Genueser Armbrustschützen an Bord. Die französischen Befehlshaber hatten klugerweise ihre schlagkräftigsten Schützen auf dem Schiff zusammengezogen, das Edward unbedingt zurückerobern wollte.

Auflösung

Edward hatte die Flamen, die sich über die französische Behinderung des Wollhandels ärgerten, im Voraus über seinen Angriff informiert. Während also die Schlacht tobte, griffen die Flamen die Franzosen vom Rücken her über die vielen Wasserstraßen an, die in diesen Trichter mündeten, und benutzten dazu wahrscheinlich kleine geruderte Boote. Das war wohl der Punkt, an dem sich der französische Zusammenhalt auflöste. Als Manöver und Flucht noch möglich gewesen wären, hatten sie sich geweigert, den Genueser Galeeren hinaus aufs Meer zu folgen. Jetzt begannen die Franzosen die Ketten zwischen ihren Schiffen zu lösen und gaben die Idee der gegenseitigen Unterstützung zugunsten einer aussichtslosen Flucht auf.

Nacheinander fielen die größten französischen Schiffe an die Engländer. Der Beschuss machte die Decks und Borde frei, dann enterten gerüstete Kämpfer die Schiffe und nahmen sie ein. Die französischen

»... seht die Leinensegel,
Die unsichtbare Winde
schleichend heben,
Durch die gefurchte See
die großen Kiele,
Den Fluten trotzend, ziehn.
O denket nur,
Ihr steht am Strand und
sehet eine Stadt
Hintanzen auf den unbestän-
digen Wogen ...«

William Shakespeare, *Heinrich V.*

Soldaten hatten keine Zuflucht und in Anbetracht der Überfälle der letzten Jahre auch wenig Hoffnung auf Gnade. Der Hofnarr Philipps VI. überbrachte seinem Herrn die traurige Nachricht mit dem Scherz: »Unsere Soldaten sind tapferer als die der Engländer, denn sie springen in ihrer Rüstung ins Meer.«

Edward selbst wurde in der Schlacht verwundet. Als man ihm den französischen Admiral Béhuchet als Gefangenen vorführte, setzten sich seine Rachegelüste gegen den ritterlichen Ehrenkodex durch: Sobald der König feststellte, dass Béhuchet jene Schiffe befehligt hatte, die für die Zerstörung von Portsmouth verantwortlich waren, ließ er ihn an der Rah aufknüpfen. Der englische Sieg war überwältigend. Den zuverlässigsten Quellen zufolge verloren die Franzosen 190 Schiffe und wenigstens 18 000 Männer. Die Schlacht prägte das Muster für den Hundertjährigen Krieg: Von nun an überquerten die Engländer den Ärmelkanal und griffen die Franzosen an.

Seeungeheuer

Im Hundertjährigen Krieg orientierte man sich im englischen Militär immer wieder an den Lehren aus der Schlacht vor Sluis. Die tödliche Verbindung von Langbogen und Infanterie war in Crécy und Azincourt siegreich, und auch die Erinnerung an das Segelschiff als furchtbare Kriegswaffe blieb erhalten. Nachdem die Kogge sich als ein brauchbares Kriegsschiff erwiesen hatte, wurde sie von zivilen und militärischen Schiffsbauern weiterentwickelt.

Im Mittelmeerraum begannen sie damit, Schiffe mit einem inneren Gerüst zu bauen, auf das sie dann die in Karweelbauweise glatt aneinandergesetzten Planken des äußeren Rumpfs aufnagelten. Diese Konstruktion setzte sich durch, weil Arbeitszeit und Material effizient eingesetzt wurden. Die so gebauten Koggen hießen auf dem Mittelmeer *cochas*. Sie wurden immer größer, konnten immer mehr Ladung und

DER ENGLISCHE KÖNIG HEINRICH V. nahm die frühere Klinkerbauweise beim Bau der großen Kriegskaracken wieder auf, die er für seinen Krieg mit Frankreich zimmern ließ. Klinkerrümpfe wie bei dieser Kogge waren enorm flexibel und stabil, weil ihre Planken einander überlappten.

nisten gaben ihre Größe beladen mit 1400 Tonnen an. Bei einer Untersuchung der erhaltenen Reste ihres Rumpfes hat man jedoch festgestellt, dass sie sogar eine Verdrängung von etwa 2750 Tonnen hatte, also fast so viel wie Nelsons Victory über 300 Jahre später.

Außerdem kehrten Heinrichs Schiffsbauer zur alten Klinker-Beplankung zurück, um den Rumpf zu verstärken. Die Menge an Bauholz war offenbar kein Faktor beim Bau der *Grace Dieu*, denn sie hatte einen dreifachen Rumpf, was beim Bau komplizierte innere Verzapfungen nötig machte. Das fertige Schiff war etwa 66 Meter lang. Dieses Ungeheuer lief 1420 aus und erwies sich als Erfolg versprechend. Ein Schwesterschiff war gerade im Bau, als Heinrichs Krieg sich auf das Festland verlagerte. Niemals wagte es ein Schiff, Heinrichs Seeungeheuer im Ärmelkanal herauszufordern – die *Grace Dieu* verbrannte nach einem Blitzschlag im Jahr 1439.

Soldaten aufnehmen und tauchten bald auch in den nördlichen Gewässern auf, um Wolle zu exportieren. Im Vergleich zu den Karacken, Kolossen mit den vielen Masten, waren die Koggen, neben denen die Kriegsgaleeren so klein ausgesehen hatten, selbst Winzlinge.

Der englische König Heinrich V. förderte das militärisch genutzte große Segelschiff: Da er einen Einfall in Frankreich plante, steckte er beachtliche Mittel in den Bau riesiger Karacken, die es mit den Genueser Schiffen in Diensten der Franzosen aufnehmen konnten. Berichte über die größte von ihnen, die *Grace Dieu* aus dem Jahre 1418, wurden immer als unglaubwürdig zurückgewiesen, denn die zeitgenössischen Chro-

Lepanto 1571:
Die große Stunde der Galeasse

Der Galeere blieb ein letzter ruhmreicher Auftritt in einer berühmten Seeschlacht vergönnt. In dem Jahrhundert zwischen Sluis und der Schlacht vor Lepanto im Jahr 1571 zeigte sich, dass eine Galeere mit Bordgeschütz wirksamer war als das Griechische Feuer. Im Zeitalter des Rammsporns waren Galeeren frontal aufeinanderzugefahren, um entweder in den Bug eines feindlichen Schiffes zu donnern oder plötzlich in den Rumpf oder die Riemen eines anderen Feindes abzudrehen. Ähnlich wie die Infanterie bewegten sich die Kriegsschiffe Seite an Seite gegen die

ALS SCHUTZ GEGEN GESCHOSSE und Schiffs-
würmer brauchte der dreilagige Klinkerrumpf der
Grace Dieu diese raffinierten Verzapfungen. Auch
die gewaltige Größe des Schiffes machte diese stabilen Verbindungen nötig. Ein Teil des Schiffs-
körpers hat einen Brand und die Zeitläufte überstanden und bietet Einblicke in diese Bauweise.

feindliche Linie. Im 16. Jahrhundert allerdings sprach
neben der Manövrierbarkeit auch die Feuerkraft für
die Galeeren.

Ende des 16. Jahrhunderts hatte sich bei den Geschützen eine gewisse Standardisierung ergeben. Man
konnte die Produkte der verschiedenen Gießereien
jetzt in drei große Gruppen einteilen: Leichte Geschütze – in einigen Zählungen als *periers* bezeichnet – feuerten Steinkugeln, die beim Aufprall zersplitterten
und Schiffsrümpfe wie auch Menschen
in tausend Stücke rissen. Die Kanonen
bildeten die Gruppe der mittelschweren
Geschütze, mit längeren Läufen, welche

die Treibladung besser nutzten und Eisen- oder Steinkugeln abfeuerten. Die schwere Artillerie der Zeit
war die Geschütze mit einer Länge von 3 Metern und
mehr, deren nur grob gerundete Kugeln aus Eisen
oder Stein eine verheerende Wirkung hatten. Eine Galeere konnte neben den leichteren Geschützen eine
schwere Feldschlange in der Achslinie tragen und
diese dann aus der Entfernung abfeuern, bevor
sie sich zum Entern näherte.

DIE GEWALTIGE ENGLISCHE KRIEGS-
KARACKE *Grace Dieu* sollte alles vernichten, was die Franzosen selbst bauen oder
im Mittelmeer anheuern konnten. Ihr drei-
facher Rumpf schützte die Bogenschützen
und Kanoniere, während ihr hohes Bugkastell über andere Schiffe aufragte. Die
dort platzierten Schützen hatten ein opti-
males Schussfeld.

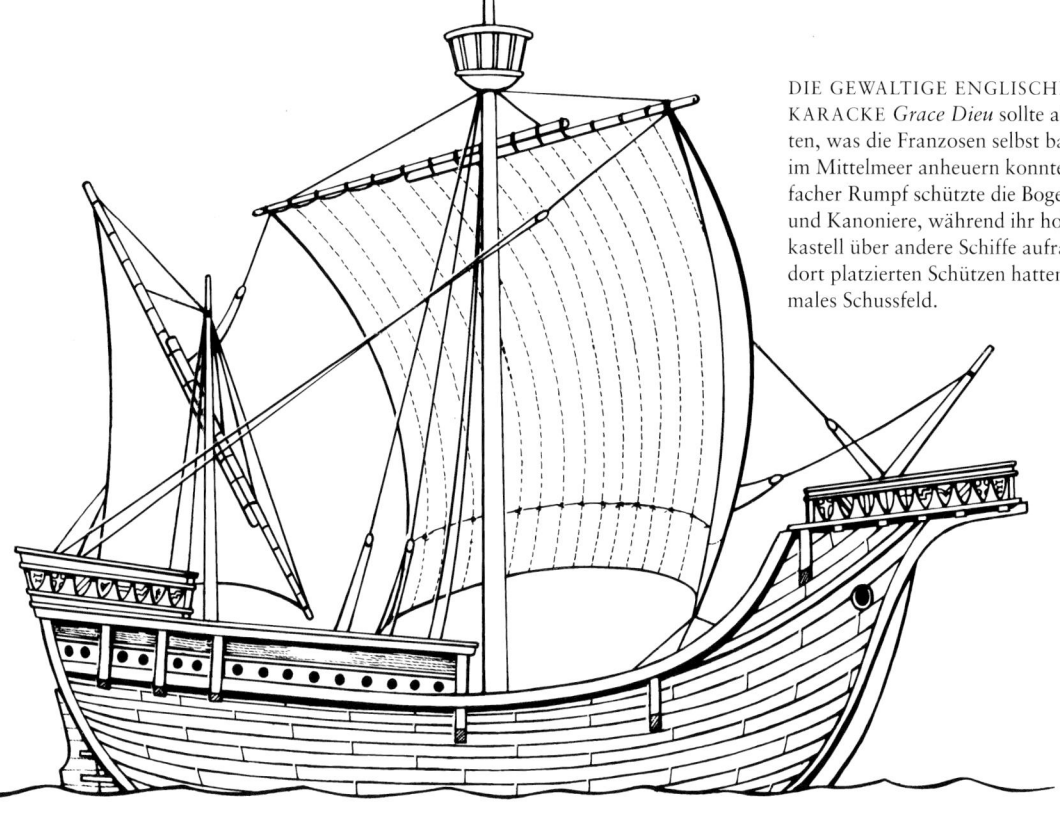

Führend war damals die venezianische Flotte, die sich vor allem auf ihre Großgaleeren stützte – gewaltige Schiffe, die von vier Männern pro Riemen angetrieben wurden. Zivile Galeeren transportierten vor allem Lasten in ihrem geteilten Rumpf. Die militärischen Modelle trugen Geschütze am Bug, die größten waren in der Achslinie des Schiffes montiert, die kleineren Bordwandgeschütze an den Seiten. Die venezianischen Geschütze waren einfach, funktional und standardisiert. Sie stammten aus dem venezianischen *ghetto*, der »Gießerei«. In diesem Viertel standen die fortschrittlichsten und am besten organisierten Manufakturen der westlichen Welt. Fässer mit kochendem Pech und ganze Heerscharen von Arbeitern im Schichtbetrieb hatten schon Dante zu seinen Höllenvisionen inspiriert. Als Seerepublik konnte Venedig auf eine jahrhundertelange Erfahrung zurückblicken; das Arsenal der Stadt hatte in ihrer ganzen Geschichte Schiffe für den Krieg wie für den Handel ausgerüstet. Innerhalb der bewachten Mauern des Arsenals bauten ausgebildete Spezialisten in den Monaten vor Lepanto aus standardisierten Teilen eine Flotte von über hundert Galeeren.

In den Kriegen um die Vormacht im Mittelmeerraum kämpften die Venezianer immer wieder gegen Galeeren der osmanischen Türken. Muslimische Admiräle wie etwa der verhasste Khair ad-Din Barbarossa bevorzugten die Galeote, eine kleine, schnelle Galeere, die sich besonders für schnelle Überfälle und anschließende Flucht oder für Erkundungsfahrten eignete. Für die Seegefechte bauten die Osmanen leichte Galeeren, die den kleineren venezianischen Modellen ähnelten. Sie waren meist schneller als die schwer gerüsteten Galeeren der Spanier, aber langsamer als die venezianischen Schiffe mit ihrer größeren Antriebskraft. Der türkische Kompositbogen erwies sich im Seekrieg als sehr effektiv und handlich.

Muslimische Galeeren hatten einen niedrigeren Freibord als ihre christlichen Gegenstücke. Türkischen wie venezianischen Schiffen fehlte eine Kampfplattform über den Bugwaffen, wie die Spanier und die Italiener sie hatten, obwohl die Türken bei ihren Galeeren einen Aufbau mit hohem Vordersteven bevorzugten, der auch als Redoute gegen Enterer benutzt werden konnte. Die Türken entwickelten einen

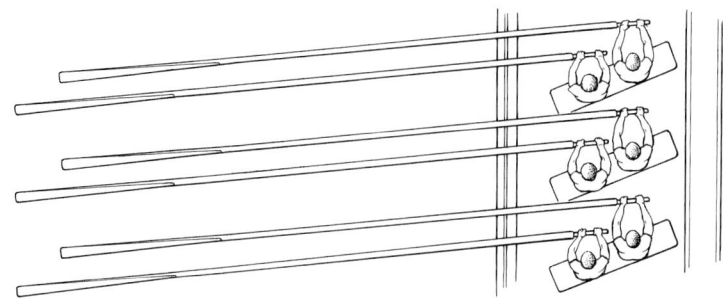

ZWEI MÄNNER auf einer schrägstehenden Bank arbeiteten an zwei unterschiedlich langen Riemen. So brachte man mehr Ruderer unter und kam mit kürzeren, billigeren Riemen aus als beim späteren System der gestuften Ränge, bei dem Männer auf vertikal schräg angeordneten Bänken gemeinsam einen einzigen riesigen Riemen bedienten.

Rammsporn zum Entern, den die Venezianer später übernahmen. Dieser Sporn hielt das feindliche Schiff neben dem Angreifer fest, während Enterkommandos auf das Deck stürmten. Die türkische wie die spanische Marine setzte mehr auf den Nahkampf an Deck als die Venezianer, vor allem, als die Artillerie stärker wurde. Ein Seegefecht begann jetzt mit einem Abfeuern der Geschütze, dann näherte man sich, um zu entern, und schließlich entspann sich auf Deck ein Kampf Mann gegen Mann.

Ein neues Waffensystem

In Anbetracht der gewaltigen Gefahr der bevorstehenden Schlacht nahm die Republik Venedig ein völlig neues, innovatives Element in ihre Vorbereitungen auf. Sechs der größten Handelsgaleeren der venezianischen Flotte standen in einem Becken des Arsenals bereit, während die Vorbereitungen auf Hochtouren liefen. Jemand hatte die zündende Idee, dass diese riesigen Schiffe nicht nur Seide und Gewürze, sondern auch eine tödliche Fracht tragen konnten.

Keine andere Werft hätte so schnell einen so drastischen Umbau bewerkstelligen können. Die traditionelle Konzentration auf die Buggeschütze wurde unter dem Druck der Notwendigkeit aufgegeben. Arbeiter rüsteten die sechs *galeazas*, große Galeeren, mit speziellen Aufbauten an Bug, Heck und an den Seiten aus, in denen die größten Geschütze aus den Arsenalen der Republik montiert wurden. Die so entstandene »Galeasse« war im Grunde eine Festung auf

See. Das geschützte Bugkastell starrte nur so von Kanonen und wurde durch eine ähnliche Bestückung im großen Achterkastell ausbalanciert. Etwa neun *periers* oder Kanonen ragten an jeder Seite hervor – die Geschütze auf ihren Lafetten wurden über, unter und sogar zwischen den Ruderern aufgestellt. Eine leichtere Galeere hätte man nicht so bestücken können. Mit der Galeasse wurde jetzt auch die Breitseite geboren.

Unser Wissen über die Bauweise der Galeassen beziehen wir aus genauen Beschreibungen späterer Modelle. Diese waren etwa 50 Meter lang und 12 Meter breit – doppelt so breit wie die leichteren Galeeren. Sechs Männer bewegten jeweils einen der 76 Riemen, und die Decks waren durch einen hohen Freibord gegen das Entern geschützt. Die große Entfernung zwi-

schen Wasser und Deck stellte für jeden Angreifer ein nur schwer zu überwindendes Hindernis dar. Die Batterie einer Galeasse umfasste wahrscheinlich etwa fünf Kanonen mit 50-Pfund-Kugeln, zwei oder drei 25-Pfünder, 23 leichtere Stücke verschiedener Größe und Form und etwa 20 auf der Reling befestigte Drehbassen, um Ruderer und Enterkommandos zu beschießen. Die schwersten venezianischen Galeassen konnten mit einer Salve insgesamt 325 Pfund abfeuern, was der Feuerkraft von fünf normalen Galeeren entsprach.

Die neuen Seeungeheuer mussten von ihren kleineren Verwandten gezogen werden, um auch nur einigermaßen beweglich zu sein – doch das war bei einer großen Galeeren-

DIE GALEASSE ALS SCHWIMMENDE FESTUNG war das schwerfällige Ergebnis des Bestrebens, Ruderantrieb und Breitseite zu verbinden und die menschliche Muskelkraft zu nutzen. Schwere Geschütze und ein hohes Schanzkleid machten sie zu einem gefährlichen Angreifer, während sie selbst kaum gefährdet war. Sie konnte keinen Feind einholen, aber sie musste auch keinen Kampf scheuen.

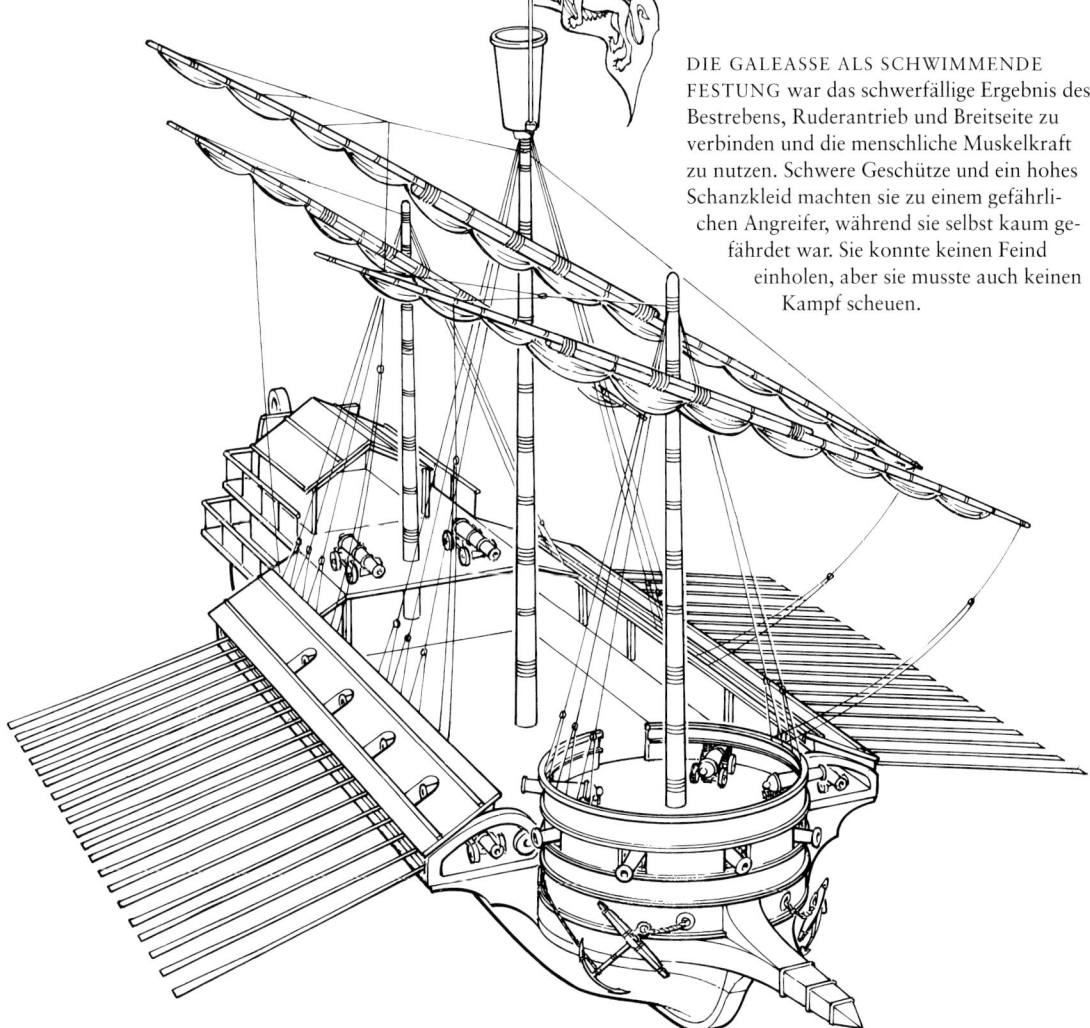

flotte kein Problem. Auf dem Weg zum Feind, nutzte man den Wind. Bei späteren Exemplaren weiß man ganz sicher, dass drei riesige Lateinsegel jeweils an einem eigenen Mast hingen. Die genaue Größe und Bestückung der sechs ersten Galeassen vor Lepanto kennt man nicht, aber ihre Leistungen sind überaus gut belegt. Die venezianische Technik schlug den türkischen Angriff wirkungsvoll zurück.

Die strategische Situation

Mit der Ausdehnung des Osmanischen Reiches nach Westen im Jahrhundert nach dem Fall von Konstantinopel 1453 hatten die türkischen Galeeren die Herrschaft über das östliche Mittelmeer und die Küstengewässer rund um Nordafrika errungen. Mitte des 16. Jahrhunderts schickten sie sich an, auch das westliche Mittelmeer zu kontrollieren. 1571 liefen die Venezianer Gefahr, den lebenswichtigen Hafen und Vorposten Zypern zu verlieren, und Papst Pius V. rief zum Kreuzzug gegen die Türken auf. Die »Heilige Liga« durfte nicht lange zögern, denn eine starke türkische Flotte näherte sich der Einfahrt in die Adria.

DIE LETZTE FORM KRIEGSGALEERE besaß einen Rammsporn, der eher auf das Entern als auf das Durchstoßen des feindlichen Rumpfes ausgelegt war. Die Venezianer ließen den Sporn ganz weg und stellten Geschütze auf der Bugplattform auf. Segel wurden im Kampf nicht aufgezogen, aber die Masten boten Stellungen für Scharfschützen, die die feindlichen Besatzungen von oben herab beschossen.

Der Papst selbst mietete 12 Galeeren und schickte ein eigenes Geschwader unter päpstlicher Flagge aus. Die Bedrohung spornte 1571 auch andere christliche Mächte zu Höchstleistungen an. Die Venezianer hatten ihre Kriege gegen die Türken aufgegeben oder verhandelten, wo es finanziell oder politisch ratsam schien, doch nun ging es für die Republik ums nackte Überleben. Die Flotte, die die Venezianer nach Lepanto entsandten, sollte die größte und beste in der Geschichte der Republik werden. Der gewaltige Bedarf an Ruderern zwang die Venezianer erstmals dazu, die Bänke ihrer neuen Galeassen mit Strafgefangenen zu besetzen, denen man bei einem Sieg die Freiheit versprochen hatte, und Männer aus besetzten Gebieten in die Mannschaften aufzunehmen.

Eine neue spanische Flotte stand Venedig zur Seite. Philipp II. hatte seine finanziellen Ressourcen aus der Neuen Welt in den Kriegen gegen Holland noch nicht ganz vergeudet, und die englischen Freibeuter hatten hohe Investitionen in die Flotte veranlasst. Auch Spanien hatte eine lange Mittelmeerküste, und Philipp wusste sehr wohl, dass die Türken die Iberische Halbinsel als muslimisches Territorium betrachteten, das sie bei der ersten Gelegenheit zurückerobern wollten. Die spanischen Schiffe waren zwar langsam, aber stabil gebaut, ihre Seesoldaten gut gewappnet und mit Luntenschlossarkebusen ausgerüstet.

Die Spanier stellten das weitaus größte Kontingent, und deshalb wurde der uneheliche Halb-

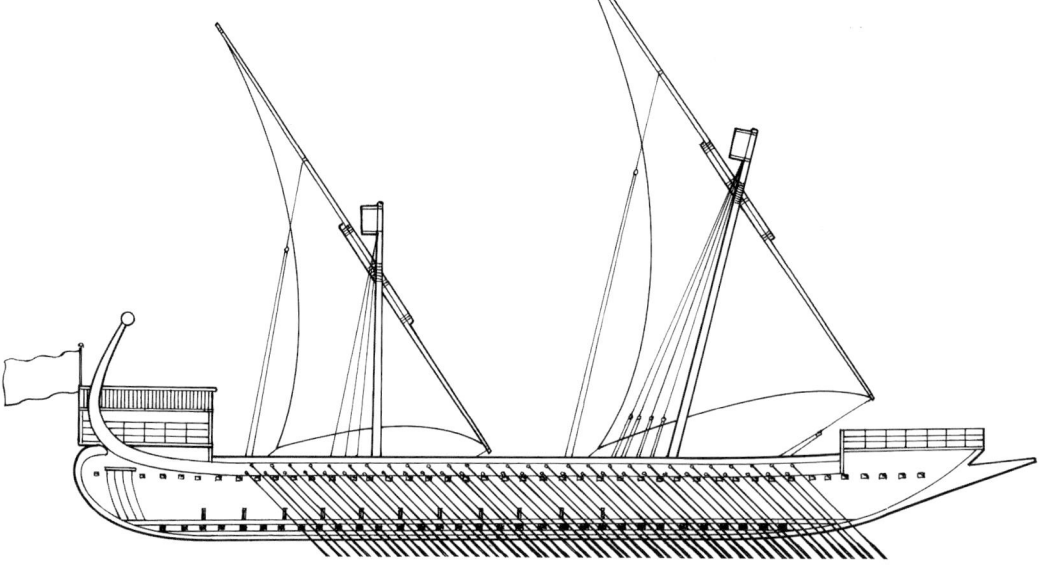

bruder Philipps, Don Juan de Austria, zum Befehlshaber der verbündeten Geschwader der Heiligen Liga vor Lepanto bestimmt. Er war mit seinen 34 Jahren zwar jünger als seine Admiräle, aber ein durchaus kompetenter und entscheidungsfreudiger Kommandeur, der bei der Abwehr türkischer Überfälle Erfahrungen gesammelt hatte und wusste, dass er die überlegene osmanische Flotte unbedingt besiegen musste. Don Juan nutzte die Unterstützung des Papstes für seine religiöse Propaganda. Schon in früheren Jahrhunderten hatten europäische Heere muslimische Invasoren zurückgeschlagen; jetzt hoffte man, die ruhmreiche türkische Flotte im Namen Gottes zu vernichten.

Der türkische Großadmiral war nicht minder fromm als Don Juan. Ali Pascha war gemeinsam mit seinen Admirälen gewillt, erbittert um den Sieg seiner »heiligen« Sache zu kämpfen. Er war wie Don Juan durch königliche Gunst zu seinem Kommando

DIE SCHLACHT VON LEPANTO (aus dem National Maritime Museum, Greenwich, London). Ein wichtiges Merkmal der großen Entscheidungsschlachten zur See – von Salamis über Lepanto und Trafalgar bis Midway – war die Bereitschaft beider Seiten, den Kampf bis zum Letzten auszufechten.

gekommen, aber seine Unterbefehlshaber waren erfahrene Männer, und die Soldaten auf seinen Schiffen galten als der Schrecken des christlichen Europa. Mit gutem Grund konnte man einen ähnlichen Erfolg erwarten wie 1538 bei der Seeschlacht vor Prevesa, bei dem die türkischen Geschwader ein Bündnis christlicher Staaten besiegt hatten.

Allerdings hatte sich die weltpolitische Situation seit dem Debakel von 1538 grundlegend geändert. Die Spanier konnten jetzt die Ressourcen eines ganzen neuen Kontinents in diesen Kampf stecken. Philipp rüstete seine Schiffe und Soldaten mit den Rohstoffen und den Edelmetallen der Neuen Welt aus. Zudem waren seine Soldaten durch die Kämpfe mit den Mauren in Spanien und an der afrikanischen Küste kampferfahren.

Die Schlacht

Während Ali Pascha seine Streitmacht im Golf von Patras an der Westküste Griechenlands versammelte, zog die christliche Flotte, überwacht von leichten türkischen Galeeren, langsam nach Osten. Don Juan standen 240 Schiffe mit fast 74 000 Männern zur Ver-

OSMANISCHER JANITSCHAREN-BOGENSCHÜTZE (1570)

Die Janitscharen waren Kinder von Christen aus den slawischen Gebieten des Osmanischen Reiches, die geraubt und im Islam erzogen wurden. Türkische Offiziere sorgten dafür, dass sie zölibatär und streng nach den muslimischen Glaubensregeln lebten. Die Janitscharen bildeten die Elite des osmanischen Heeres und ihre am meisten gefürchtete Kampfeinheit. Dieser Bogenschütze ist mit dem wirkungsvollen kurzen Kompositbogen ausgestattet, der durch Kavallerieeinsätze berühmt wurde, sich aber auch im Gewühl einer Seeschlacht als überaus handlich erwies. Der auffällige Kopfschmuck zeigte seinen Gegnern, mit wem sie es zu tun hatten, und bot gleichzeitig einen gewissen Schutz. Der türkische kurze Bogen bestand aus miteinander verklebten Holz- und Hornschichten. Der Kleber litt, wenn er zu lange der Feuchtigkeit ausgesetzt war. In Bezug auf Reichweite und Durchschlagskraft war er mit dem englischen Langbogen vergleichbar, nicht aber in Bezug auf Genauigkeit und schnelle Schussfolge. Die Arkebusen der Christen erwiesen sich als die wirkungsvolleren Waffen.

fügung, von leichten Einmastern, den *nefs*, bis hin zu den sechs riesigen venezianischen Galeassen. Die türkische Flotte bestand aus annähernd 210 Schiffen mit insgesamt 75 000 Mann.

Die selbstbewussten Türken brannten geradezu auf einen Kampf. Zwei große Festungen mit schweren Kanonen schützten das Innere der Bucht von Patras an ihrer schmalsten Stelle. Am Morgen des 7. Oktober 1571 näherte sich die christliche Flotte. Noch hatten die Türken in Unterzahl die Chance, sich der Schlacht zu entziehen – die Galeassen waren ein neuer und unbekannter Faktor, den sie nicht richtig einschätzen konnten. Doch Ali Pascha bildete eine Schlachtlinie in einer Position, in der die Kanonen der Festungen ihn nicht unterstützen konnten.

Einige Konteradmiräle Don Juans rieten beim Anblick der türkischen Flotte zum Rückzug, doch Don Juan hatte darauf nur eine Antwort: »Es ist zu spät für Beratungen, jetzt ist es Zeit für die Schlacht.« Die Christen bildeten eine Linie, während die Sonne hinter ihnen aufging und die Türken blendete. Don Juan feuerte ein Geschütz ab und zog eine große, vom Papst gesegnete Flagge als Angriffssignal auf. Das Flaggschiff der Heiligen Liga war leicht und schnell – das bot dem Kommandeur Sicherheit und die Möglichkeit, selbst ins Geschehen einzugreifen, während er die einzelnen Geschwader in die Schlacht schickte.

Auf den ausdrücklichen Befehl Don Juans hin bezogen die Galeassen vor der christlichen Hauptlinie Stellung, jeweils im Schlepptau von vier kleineren Galeeren. Hinter diesen Kolossen bewegte sich die Flotte der Heiligen Liga in Form eines Halbmondes voran, dessen Hörner sich den vorrückenden Türken entgegenbogen. An den äußersten, vorgezogenen Flanken standen 12 Galeeren unter dem Genueser Söldner Andrea Doria. Die Türken rochen schon den nächsten Sieg, sie riefen einander zu, dass die Christen offenbar jetzt schon zum ungeordneten Rückzug ansetzten. Doch die höher steigende Sonne offenbarte die schreckliche Wahrheit – die gewaltige Größe der christlichen Flotte. Eine Schlacht begann, die endgültig über das Kräfteverhältnis zwischen Osmanen und Christen entscheiden sollte.

Ali Pascha sah die sechs großen Schiffe in der Vorhut der christlichen Linie und beschloss, sie zu umfahren. Seinen drei Geschwadern gab er den Befehl, sich zu teilen und um die Galeassen herumzusegeln, ohne einen Kampf zu beginnen. Sonst hätte der türkische Admiral die Buggeschütze seiner Galeeren auf die Ungetüme richten müssen, und damit hätten die Türken ihre Flanken den Geschützen und Rammspornen der christlichen Galeeren dargeboten.

Schüsse aus der Distanz von den Breitseiten der Galeassen verstärkten die Auflösung der türkischen Geschwader noch, als sie an den Riesen vorbeisegelten. Die Situation wurde kritisch, als die christliche Linie zum Angriff überging, bevor sich die türkische Flotte neu ordnen konnte, und jede Hoffnung, der Feuerkraft der Galeassen ausweichen zu können, schwand endgültig, als die schwerfälligen Ungeheuer den Türken in den Rücken fielen. Es entspann sich ein furchtbar grausamer Kampf. Der christliche Befehl lautete schlicht: »Nur feuern, wenn das Blut deines Feindes beim Schuss auf dich spritzt.«

Der Pulverdampf der Geschütze und der Arkebusen erschwerte es den Türken, wieder Ordnung in ihre Linie zu bringen. Die Türken waren treffsichere und geschickte Bogenschützen, aber die Arkebusen waren die moderneren und wirksameren Waffen. Leichte Geschütze auf Drehlagern, die so genannten *versos* oder »Mörder«, belegten die türkischen Decks mit einem Geschosshagel.

Brandwaffen

Auf beiden Seiten standen Männer bereit, um Tontöpfe mit loderndem Öl, Tierfett oder Ätzkalk zu werfen, die feindliche Decks in Brand setzen oder sie gefährlich rutschig machen konnten. Man feuerte hohle Eisenkugeln mit brennbaren Substanzen auf gegnerische Schiffe, und der lodernde Funkenschauer der *bombas* zeugte vom Einsatz der spanischen Schiffe. Die Galeassen brachten sich mit ihren Rudern in Stellung, um Heck-, Breitseiten- oder Buggeschütze abzufeuern, während sie wegen ihrer großen Höhe für türkische Enterversuche unerreichbar waren. Ziel beider Flotten war es, den anderen zu umfassen, und an den Flanken tobten besonders heftige Kämpfe. Das Schießpulver und die aufwändigen Rüstungen machten die Christen überlegen. Je mehr türkische Soldaten fielen, desto problematischer wurde die Situation auf ihren Schiffen: Die christlichen Sklaven auf den Ruderbänken griffen sich die Waffen, die im Gemetzel zu Boden fielen, und gingen auf ihre Herren los. In diesem Chaos verloren die Schiffe allen Antrieb und damit sogar die Hoffnung auf eine Flucht.

SCHLACHT BEI LEPANTO 1571

Ein Teil des Mittelmeers nach dem anderen, eine Halbinsel nach der anderen fiel den Osmanen in die Hände. Nachdem die Türken Griechenland und die griechischen Inseln kontrollierten, war auch Italien bedroht. Der Papst und die Republik Venedig verbündeten sich mit Philipp II. von Spanien, der sehr genau wusste, was von dieser Schlacht abhing, die so entfernt von seinem Reich ausgefochten wurde. Die Türken waren immer herausragende Bogenschützen gewesen und waren zum Zeitpunkt der Schlacht auch sehr gute Seeleute auf schnellen Galeeren. Die venezianische Massenproduktion von Schiffen und Geschützen brachte eine mächtige Flotte hervor. Spanische Rüstungen und Arkebusiere glichen die traditionellen türkischen Stärken aus, und die Anwesenheit einer päpstlichen Flotte sowie der Ablass, den der Papst versprach, führten zu einem erbitterten Kampf für den Glauben.

Heilige Liga

Griechenland

Osmanisches Reich

Lepanto

Mittelmeer

Der Golf von Lepanto liegt westlich des Golfes von Korinth in der Nähe der griechischen Hafenstadt Patras, in einer langen Meerenge des Ionischen Meeres, die die Halbinsel Peloponnes vom griechischen Festland trennt.

1 Don Juans Geschwader fahren in den Golf von Patras ein, auf den Ankerplatz der Türken zu, der durch Türme und Küstenartillerie geschützt ist. Die christlichen Schiffe formieren sich zu einem Halbmond, dessen Spitzen zum Gegner hin gebogen sind.

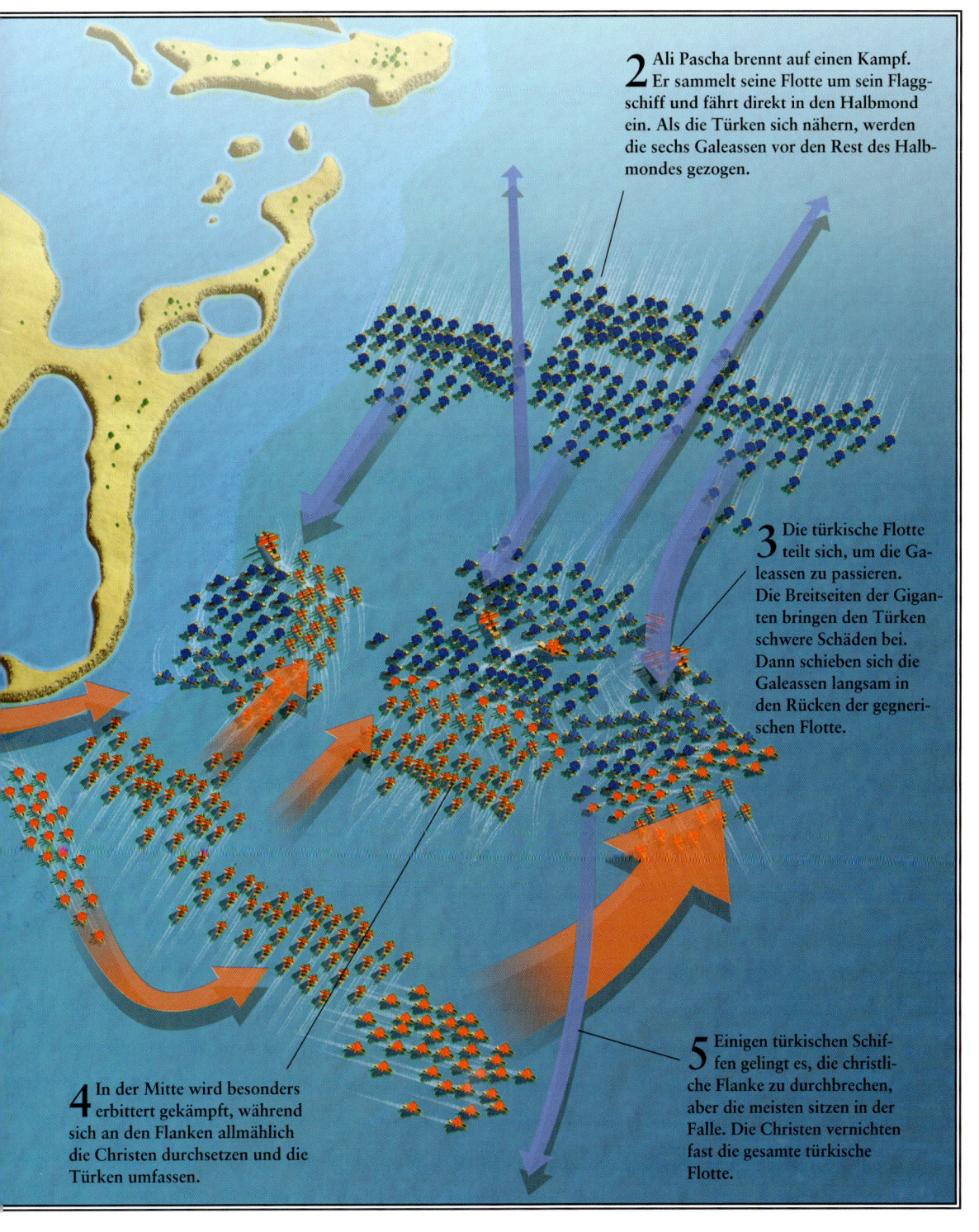

2 Ali Pascha brennt auf einen Kampf. Er sammelt seine Flotte um sein Flaggschiff und fährt direkt in den Halbmond ein. Als die Türken sich nähern, werden die sechs Galeassen vor den Rest des Halbmondes gezogen.

3 Die türkische Flotte teilt sich, um die Galeassen zu passieren. Die Breitseiten der Giganten bringen den Türken schwere Schäden bei. Dann schieben sich die Galeassen langsam in den Rücken der gegnerischen Flotte.

4 In der Mitte wird besonders erbittert gekämpft, während sich an den Flanken allmählich die Christen durchsetzen und die Türken umfassen.

5 Einigen türkischen Schiffen gelingt es, die christliche Flanke zu durchbrechen, aber die meisten sitzen in der Falle. Die Christen vernichten fast die gesamte türkische Flotte.

FAST HÄTTE *DIE MARY ROSE* HEINRICHS VIII. den Sieg davongetragen, doch ein scharfes Wendemanöver und eine plötzliche Welle versenkten sie mit der gesamten Besatzung. Dieser Teil des Schiffes blieb erhalten. Schwere Kanonen tief unten im Rumpf sorgten für Stabilität, doch die hohen Kastelle ließen die Galeone schwer krängen, so dass Wasser in die Stückpforten eindrang und sie zum Sinken brachte. Bei ihren Nachfolgern verzichtete man auf die Aufbauten, übernahm aber die übereinanderliegenden Geschützdecks.

Doch die Türken kämpften weiter. Ali Paschas Geschwader erzwang sich den Weg zu einer Gruppe christlicher Flaggschiffe in der Mitte von Don Juans Linie. Selbst die Befehlshaber wurden in den Kampf verwickelt: Ein siebzigjähriger venezianischer Adliger, der zu schwach war, selbst seine Armbrust zu spannen, schoss Türken vom Masttopp herunter, Ali Pascha griff in der letzten Welle des Gefechts zum Bogen.

Am Abend waren 7700 Christen und 12 Schiffe in den rotgefärbten Wassern des Golfs versunken. 30 000 Türken hatten ihr Leben in diesem Blutbad gelassen, und 170 Galeeren und leichtere Schiffe der türkischen Flotte waren gekapert worden. Don Juan zeigte seine Wertschätzung für die entscheidende Wirkung der neuen Technik, indem er den Galeassen, denen er und die meisten anderen Admiräle den Sieg zuschrieben, ein hohes Prisengeld zusprach. Die Schlacht ist bei den Türken bis heute unter dem Namen *Singin,* »die verheerende Niederlage«, bekannt. Wieder einmal hatte eine unbekannte Waffe, ein neuer Schiffstyp, einen bisher ungeschlagenen Feind besiegt.

Die Armada 1588: Geschütze und Feuer

Während die katholischen Mächte der Heiligen Liga im Mittelmeer ums Überleben kämpften, waren auch die Schiffsbauer in England nicht untätig geblieben. Das Vermächtnis der *Grace Dieu* zeigte sich schon im Namen, als König Heinrich VIII. 1509 die Karacke *Henry Grâce à Dieu* und ihre Schwesterschiffe *Peter Pomegranate* und *Mary Rose* bauen ließ. Die Vorbereitungen zum Seekrieg wurden noch intensiviert, nachdem Heinrich 1533 mit Rom gebrochen hatte und damit zu rechnen war, dass sich die vereinigte Flotte der katholischen Mächte bald gegen England wenden würde.

Great Harry, wie man Heinrichs neues Kriegsschiff nannte, hatte eine Besatzung von 2000 Mann und war mit hohem Bug- und Achterkastell ausgestattet. Dazu kam so viel überflüssiger Zierrat, dass ein venezianischer Beobachter meinte, ihre Pracht solle sie wohl davon abhalten, in See zu stechen. Weit oben über ihrem Deck waren weitere Drehlager und »Mörder« nach unten gerichtet, um feindliche Decks und Masten abzurasieren. Doch die *Mary Rose* kenterte und sank 1545 nach einem französischen Gegenangriff in der Schlacht auf dem Solent.

Die Bergung und intensive Untersuchung der Reste der *Mary Rose* haben unsere Vorstellungen von der englischen Schiffstechnik zur Zeit der spanischen

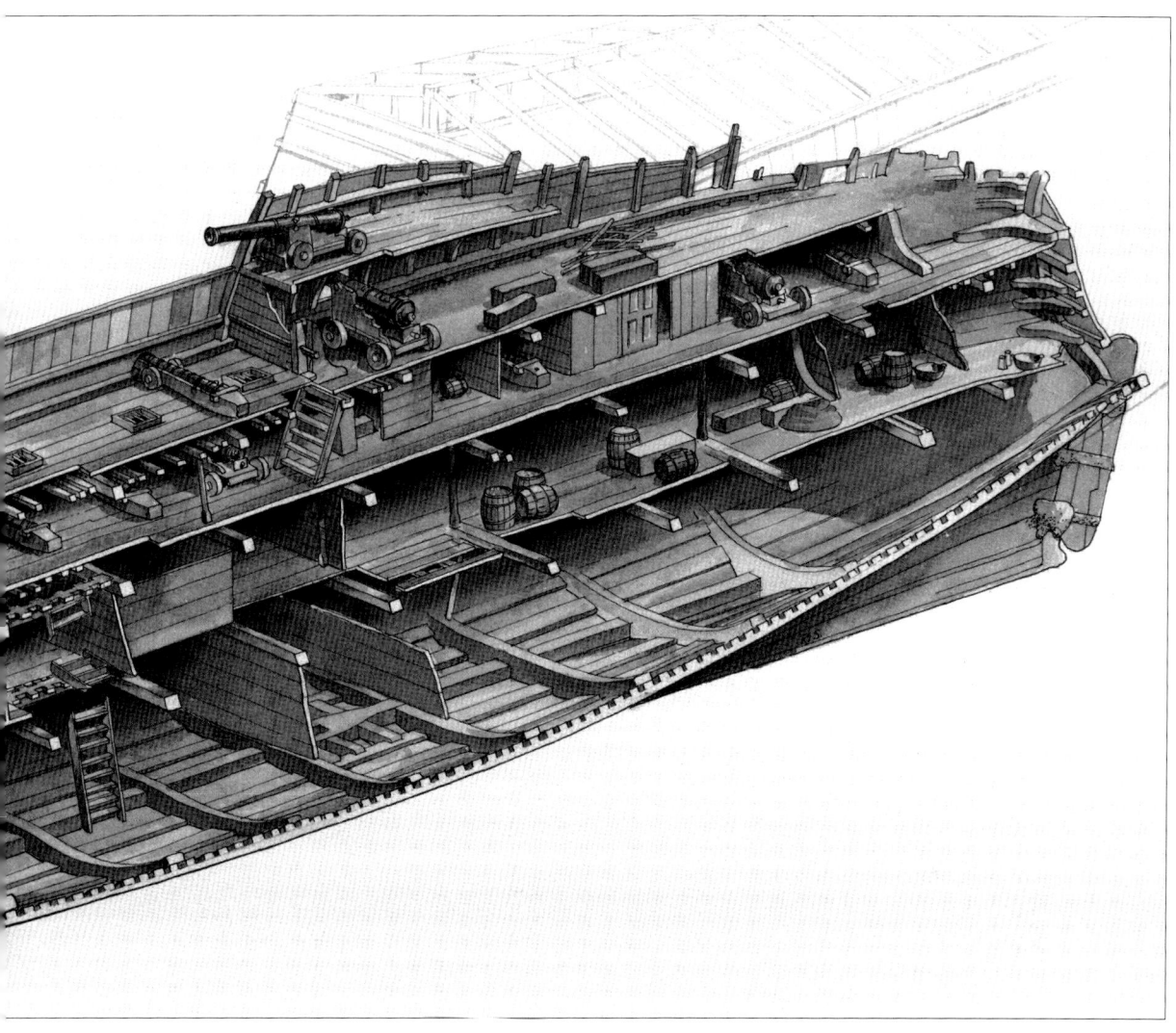

Armada in einigen Punkten verändert. Der Schatten der Galeere lastete schwer auf den Erbauern der *Mary Rose*, die große, aber letztlich unbefriedigende Anstrengungen unternahmen, ihre Geschützbatterien für Schüsse nach vorn auszulegen. Die Jagdgeschütze im Bug waren auf hohe Reichweite ausgelegt, aber die zu große Länge der Rohre ging auf Kosten der Genauigkeit und des leichten Nachladens. Die Erbauer wollten die Bugfeuerkraft der Galeeren erreichen, aber damit hätte man die Takelage und den Bug des Segelschiffes zum Nachteil verändern müssen.

Doch dieser Mangel war nicht das eigentliche Problem. Die *Mary Rose* sank durch eine ungünstige Windböe, während sie elegant kreiste, um eine Breit-

seite auf die Franzosen zu feuern. Gerade mit dieser Taktik lösten ihre Schwestern und andere große Schiffe die Galeeren im Seekrieg ab.

Auch die Spanier hatten schon positive Erfahrungen mit der neuen Ausrichtung der Waffen und mit gepanzerten Kastellen gemacht. In der Meerenge von Prevesa hatte der türkische Admiral Khair ad-Din Barbarossa 1538 das Flaggschiff des venezianischen Geschwaders in der vereinigten Flotte Karls V. abgeschnitten und eingekreist. Diese *Galeone di Venezia* war das erste Exemplar eines neuen Typs, der leichter manövrierbar war als die schwerfällige Karacke und schwerer als die ältere Karavelle. Doch die *Galeone* mochte im Wind noch so wendig sein – bei to-

AUFRUHR IM ÄRMELKANAL: Lord Admiral Howard hielt den Windvorteil und seine Flotte zwischen der Armada und der verwundbaren englischen Küste. Doch die höhere Schussfolge englischer Schiffe reichte nicht aus, um die Formation der Armada zu erschüttern und ihr Vordringen in den Ärmelkanal zu stoppen. Das gelang erst mit Hilfe von Brandern im Durcheinander bei Gravelines.

taler Windstille erwies sie sich als völlig hilflos, und die türkischen Galeeren kamen immer näher.

Aber plötzlich wendete sich das Blatt. Alessandro Condalmiero, Spross einer der ältesten Seefahrerfamilien Venedigs, ließ seine Kanoniere flach aufs Wasser schießen, wo die Geschosse abprallten wie flache Kiesel und die Galeeren trafen. Obwohl die *Galeone* ihren Hauptmast verloren hatte und vom Rest der christlichen Flotte im Stich gelassen worden war, schlug sie einen türkischen Angriff nach dem anderen zurück und brachte dem Gegner hohe Verluste bei. Für jeden Beobachter, der nicht unbedingt Verfechter der klassischen Taktik des Rammstoßes war, zeigte

sich hier, dass ein Segelschiff auch in einer Flaute einer Galeerenflotte wacker standhalten konnte – und dass die Feuerkraft letztlich entscheidend war.

Aus dem Verlust der *Mary Rose* ließen sich andere Lehren ziehen. Auf das hohe Bugkastell wurde bei ihren Nachfolgern wie etwa der *Triumph*, dem größten Schiff, das an den Armada-Schlachten teilnahm, verzichtet. Große Geschütze im Schiffsraum blieben eine Eigenart der englischen Bauweise. Sie dienten zugleich als Ballast für die hohen Masten und die Takelage der Segelschiffe.

Lafetten und Eisengeschütze

In zwei Bereichen des Geschützbaus waren die Engländer auf eigenen Wegen dem Ziel einer vollkommenen Schiffsartillerie sogar näher gekommen als die Venezianer. Auf einer Galeere gab es wenig Raum und noch weniger Zeit, die Batterie neu zu laden, deshalb waren die langen Feldschlangen, die so viele Schiffe der Armada in die Schlacht schleppten, eigentlich nur auf einen Schuss ausgelegt. Unter den Resten der *Ma-*

ry Rose allerdings finden sich einige der frühesten Beispiele von vierrädrigen Kanonenlafetten. Man kann kaum ermessen, wie nützlich diese Neuerung war: Der Rückstoß warf das Geschütz wieder in den Schutz des Schiffsrumpfes zurück, wo es schnell geladen wurde, bevor man es mit Seilen und Flaschenzügen wieder ausrannte. Kanonen, die man ins Schiffsinnere ziehen konnte, waren bei schlechtem Wetter hinter versiegelten Stückpforten gesichert. Eigentlich hätte die Besatzung der *Mary Rose* nach den Gepflogenheiten der Zeit vor ihrem Wendemanöver die untersten Stückpforten schließen müssen; wenn das geschehen wäre, hätte das Wasser nicht einlaufen und das Schiff fluten können. Die Armada des Jahres 1588 trug dagegen Geschütze, die man von der Landartillerie abgezogen hatte, oder alte Stücke auf hohen, zweirädrigen Lafetten. Den Quellen zufolge feuerten in diesem Gefecht die Briten dreimal, während die spanischen Geschütze nur einmal geladen werden konnten.

Ein anderer Vorsprung der Engländer im Zeitalter der Geschütze war die Metallurgie. Die italienischen Kanonengießer mussten das Erz importieren, und Schwertransporte waren langsam und unglaublich teuer. Die Engländer dagegen hatten in Cornwall Zinnvorkommen zur Herstellung von Bronze, dem

DIESER FRÜHE HINTERLADER hinterließ der Entwicklung der Marineartillerie ein ungeliebtes Erbe. Die Herstellung aus Schmiedeeisen sollte stabiler sein als Gusseisen, doch auch die über die Nähte glühend aufgezogenen Ringe hielten dem Gasdruck nicht stand. Auch die Keile rund um die Pulverkammer waren nicht stark genug, um Funkenflug und Explosionen zu verhindern. Die zweirädrige Lafette stammt eindeutig von einem Vorderlader.

83

GEGENÜBER: EIN BOGENSCHÜTZE HEINRICHS VIII. im Mastkorb der *Mary Rose* hinterließ seine Gebeine und seine Ausrüstung. Ein Köcher mit perforiertem Einsatz hielt die Pfeile bereit. Helm, Entermesser und Lederjacke boten Schutz vor allem außer dem Meer. Die Anspannung der Brustmuskeln beim Üben veränderte den Brustkorb des Bogenschützen, was zeigt, wie anstrengend das Spannen des Langbogens war. Pfeilenden aus Knochen hinter der Befiederung schützten die Sehne vor Abnutzung.

bevorzugten Geschützmetall jener Zeit. Es gibt sogar Hinweise darauf, dass der weitsichtige Heinrich VIII. das Gießen von Eisengeschützen vorantrieb. Seit den Vierzigerjahren des 16. Jahrhunderts wurden in englischen Gießereien große Mengen von Eisengeschützen produziert – man bekam fünf davon zum Preis einer einzigen Bronzekanone.

Dadurch waren mehr überlegene Bronzegeschütze für die Marine verfügbar, während man die Bedürfnisse der Landstreitkräfte mit der billigeren, aber durchaus funktionsfähigen Eisen-Artillerie decken konnte. Steinkugeln waren die besseren Geschosse – die Splitter auftreffender Steinprojektile richteten größere Zerstörungen an als die sauberen Löcher der Eisenkugeln, die man problemlos abdichten konnte. Allerdings waren diese Eisenkugeln nicht so arbeitsaufwendig in der Herstellung, und die Engländer folgten bald dem venezianischen Vorbild und standardisierten Kaliber und Kugelgrößen. Außerdem hatten sie auch das große Geheimnis der Schwarzpulver-Artillerie entdeckt: Oberhalb einer Länge von etwa 3 Metern bringt ein längeres Rohr keine Vorteile. Und so hatten die kürzeren englischen Geschütze dieselbe Durchschlagskraft wie die längeren, schwereren Stücke auf den Schiffen der Armada.

Die spanische Lösung

Philipp II. von Spanien kannte die großen Segelschiffe Portugals und gab sich nicht der Illusion hin, dass man mit Galeeren England erobern könnte. Deshalb segelten die besten Segelschiffe der Mittelmeerwelt in der Armada, doch das Beste, was die Flotte zu bieten hatte, war noch immer die Superwaffe von Lepanto. Die Galeassen, die Philipp nach Norden gegen England aussandte, waren so verbessert worden, dass sie nicht mehr gezogen werden mussten, um Fahrt aufzunehmen.

Der kühle Rechner Philipp setzte seiner Flotte im Kampf gegen England ein klar umrissenes Ziel, das sie bei näherer Betrachtung durchaus erreichen konnte. Die Armada sollte an der niederländischen Küste mit 300 Truppentransportern und weiteren 27 000 Soldaten zusammentreffen. Sobald diese über den Ärmelkanal gesetzt worden waren, sollte die Armee des Herzogs von Parma England in den Schoß der katholischen Kirche zurückführen und Königin Elizabeths lästiger Unterstützung des Aufstands in den Niederlanden und der Piraterie auf hoher See ein Ende machen.

Auf spanischer Seite wusste man durchaus, dass die eigene Artillerie nicht gerade die beste war, und man wollte dem abhelfen. Spanische Artilleriefachleute hatten eine Geschützmanufaktur praktisch aus dem Boden gestampft und von Anfang an eben jene Standardisierung von Kalibern und Geschossen durchzusetzen versucht, die die Engländer pflegten. Philipps Kanoniere bekamen Mündungs-Winkelmesser, um die Elevationswinkel zu bestimmen, und Reichweitetabellen, um die Geschosse genau zu platzieren.

Doch Philipps Versuche, die Munition zu standardisieren, wurden leider durch eine Unmenge requirierter Geschütze unterminiert. Zudem wurden seine Reichweitetabellen durch mathematische Fehler geradezu kontraproduktiv. Das sollte man seinen Artillerieexperten nachsehen, denn selbst der große Galileo Galilei vergaß, den Luftwiderstand in seine Berechnungen einzubeziehen, als er mehrere Jahrzehnte später Reichweitetabellen berechnete. Aber für Philipps Flotte im Jahr 1588 erwies sich dieser Fehler als katastrophal.

Vorbereitungen der Spanischen Armada

Am 25. Mai 1588 stachen 40 Kriegsschiffe und weitere 90 Versorgungsschiffe mit 19 000 Seesoldaten von Lissabon aus in Richtung Ärmelkanal in See. Philipps Oberbefehlshaber, der Herzog von Medina Sidonia, hatte das Kommando erst nach dem Tod des Marquis von Santa Cruz im Februar übernommen. Er hatte sich nicht darum gerissen und war völlig unvorbereitet. Seine berechtigten schlimmen Vorahnungen verstärkten sich noch, als deutlich wurde, dass man von völlig falschen Voraussetzungen ausging. Ungünstige Winde bremsten die Armada beträchtlich. Schlimmer noch, ein großer Teil der Vorräte war schon verdorben, bevor man überhaupt in die Schlacht zog. Medina Sidonia lief einen Hafen an Spaniens Atlantikküste an und stellt so viele Missstände wie möglich ab, bevor die Flotte im Juli wieder die Anker lichtete.

Elizabeth hatte versucht, den wackligen Frieden zu erhalten, indem sie jede offene Kriegsvorbereitung vermied, aber irgendwann konnte auch sie die schreckliche Präsenz der Armada und deren Ziel nicht länger ignorieren. Die Königin ernannte Charles Howard, Lord Effingham, zum Lord Admiral der englischen Kriegsmarine. Dank Elizabeths Geld und ihrem militärischen Erbe verfügte Howard über 40 schwere Schiffe, darunter auch die kolossale *Triumph*. Diese Kerntruppe begleiteten 160 leichtere Schiffe, die als Kundschafter, Boten und Versorger dienten. Die englische Nachschuborganisation war weitaus chaotischer als Philipps sorgfältig ausgearbeiteten Pläne, aber Howard hatte den Vorteil, dass er in der Nähe der Heimat operierte, und die Bevölkerung war bereit, den Bedarf der Flotte zu decken.

Die Engländer beendeten gerade ihre eigenen hastigen Vorbereitungen in Plymouth, als ein Kauffahrer am 29. Juli von der nahenden spanischen Flotte berichtete. Ungeachtet der gewaltigen Größe der Armada stach Howards Flotte in der Nacht zu 30. Juli in See und bewegte sich direkt quer zur spanischen Aufmarschlinie. Jahrelange Geplänkel und Raubzüge – unter Howards Befehlshabern war auch der Freibeuter Sir Francis Drake – hatten den Briten ein wohlbegründetes Vertrauen in ihre Männer, Schiffe und Kanonen geschenkt.

DIE *SAN MARTIN* erwies sich als ein gutes Flaggschiff für Medina Sidonia: In ihrem tiefen Rumpf trug sie gewaltige Vorräte, ihre Geschütze konnten auch bei rauer See bedient werden. Ungenügende Planung und Kommunikation sowie die überlegene englische Schiffsführung und Bestückung gaben den Ausschlag und führten zur Niederlage der Armada.

Erste Zusammenstöße

Vor der britischen Linie von etwa hundert Schiffen lag Howards eigene Pinasse, die *Disdain*. Sie überbrachte in einer letzten großen Geste ritterlicher Förmlichkeiten die formelle Herausforderung des Admirals an den Herzog von Medina Sidonia vor der Schlacht. Mit seinem Flaggschiff *Ark Royal* hatte Howard sich so zum Wind gestellt, dass dieser seine Flotte und den Rauch ihrer Geschütze direkt auf die Spanier zutrieb. Die Armada hatte wie schon die Heilige Liga vor Lepanto einen Halbmond gebildet, der von einer Spitze bis zur anderen über 3 Kilometer lang war. Der Triumph von Lepanto barg noch ein weiteres Erbe für die Spanier, das sich hier katastrophal auswirken sollte: An den spanischen Manövern erkannte man deren Widerwillen, dem Feind die Breitseite zu zeigen aus Angst vor einem Rammstoß. Howard und seine Admiräle dagegen hatten keine solchen Vorbehalte und boten ihre Breitseiten und Geschütze den Spaniern dar. Allerdings eröffneten sie aus zu großer Entfernung das Feuer und richteten damit kaum Schaden an. Das Zeitalter der Segelschiffe und der Geschütze hatte gerade erst begonnen, und keine Seite wusste genau, wie sie ihre Waffen am besten einsetzen konnte.

Die erste Kanonade hatte also das Vorrücken der Spanier auf ihr Treffen mit Parma hin nicht bremsen können. Am Morgen des 31. Juli versuchte der spanische Kapitän Juan Martínez de Recalde selbst ein Gambit und ließ seine riesige Galeone *San Juan de Portugal* hinter den Rest der spanischen Formation zurückfallen, wo ein englisches Geschwader in der Hoffnung auf so eine Gelegenheit lauerte. De Recalde, einer der besten spanischen Kapitäne auf einem ihrer stärksten Schiffe, war zu dem Schluss gekommen, dass die Armada die Engländer nicht besiegen konnte, wenn diese keinen Fehler machten. Aber die List verfing nicht. De Recaldes gerüstete Seesoldaten mussten Verluste hinnehmen, während die Engländer die *San Juan de Portugal* mit Kanonenschüssen eindeckten und den Kampf Mann gegen Mann auf den Schiffsdecks mieden.

Bald zeigte sich die Unerfahrenheit eines Teils der spanischen Mannschaften, als ihre schlecht ausgerüsteten und ausgebildeten Kanoniere versuchten, dem

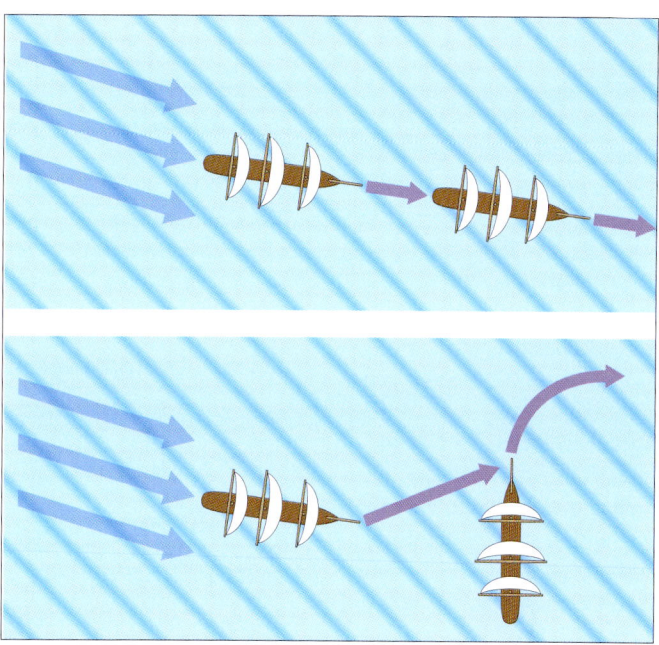

DER BEGRIFF WINDVORTEIL bedeutet, dass ein Schiff einen Feind mit dem Vorteil des Windes oder der Strömung angreifen oder gegen ihn manövrieren kann. Es kann während des Angriffs mit dem Wind fahren oder den Kurs nach Belieben ändern, wie auf diesen Zeichnungen dargestellt.

englischen Feuer zu trotzen. Die *San Salvador* ging in Rauch und Flammen auf, als ihre Pulverkammer getroffen wurde. Die Galeassen erwiesen ihren Wert als Schleppschiffe und zogen sie in Sicherheit. Das nächste Unglück ereignete sich auf der *Rosario*, einer der größten und wertvollsten Galeonen der Armada, die bei einem Zusammenstoß ihren Bugspriet und dann ihren Fockmast verlor und völlig außer Kontrolle geriet. Spanische Versuche, sie noch unter Beschuss ins Schlepptau zu nehmen, blieben erfolglos. Bald fiel die *Rosario* Francis Drake in die Hände. Die Spanier konnten sich nur damit trösten, dass Drake einige Zeit damit beschäftigt war, seine Prise in den Hafen zu bringen.

Jetzt drehte Howard ab, folgte den Spaniern wie ein Schatten und wartete auf eine günstige Gelegenheit zum Angriff. Seine größte Befürchtung war, dass die Spanier eine englische Hafenstadt einnehmen und dort einen dauerhaften Brückenkopf für die bevorstehende Invasion errichten könnten.

Der Zusammenstoß der Titanen

Am 1. August 1588 bot sich der spanischen Flotte endlich die Chance, ihre Galeassen nicht nur als Bergungsschiffe einzusetzen. Die *Triumph* unter Martin Frobisher lag in Windstille einladend an der Südspitze der Insel Portland, fünf Handelsschiffe drängten sich im Windschatten der Galeone. Die spanischen Galeassen stürzten sich auf sie. So hatte eine venezianische Flottille einst den holländischen Piraten Carstens im Mittelmeer aufgebracht. Aber hier sollte dies nicht gelingen. Die Beute lag hinter einer der gefährlichsten Sandbänke im Ärmelkanal, den berüchtigten Shambles, vor Anker, und die Spanier mussten bei ablaufender Ebbe vorsichtig manövrieren, während die großen Geschütze der *Triumph* sie mit Eisenkugeln beschossen. Frustriert zogen sich die Spanier schließlich zurück. Zwei Tage später pirschten sich die Galeassen noch einmal in einer Flaute, diesmal in tieferem Wasser, an die *Triumph* heran, doch dann frischte der Wind auf, und die Engländer entkamen in einem Eisenhagel.

Die Briten hatten so viel geschossen, dass Howard sich am 5. August mit seiner Flotte nach Dover zurückziehen musste. Von dort schickte er einen ganzen Schwung Briefe mit der Bitte um Pulver und Kugeln nach London und in die benachbarten Städte. Die Briten hatten durchaus schon spanische Schiffe beschädigt, doch ihre Beute hatte sich in die schützenden Arme des Halbmonds zurückgezogen, um die Schäden zu reparieren. Man musste die spanische Formation aufbrechen, wenn man das Vorrücken der Armada auf Dünkirchen und das Treffen mit Parma verhindern wollte. Schon überbrachten leichte spanische Pinassen Erfolgsmeldungen und Botschaften von Medina Sidonia, der das Invasionsgeschwader drängte, sich bereitzuhalten.

In aller Eile füllten die Engländer Howards Pulverkammern auf, und da die Spanier ihrem Ziel schon so nahe waren, stießen auch noch die 55 Schiffe, die die Passage von Calais nach Dover blockiert hatten, als Verstärkung zur englischen Flotte. Inzwischen war die Armada vor Calais angelangt und damit nur noch 40 Kilometer von dem Ort entfernt, an dem der Herzog von Parma mit der Invasionstruppe bereitstehen sollte. Die Franzosen in Calais waren glücklicherweise Katholiken und verkauften deshalb wenigstens Nahrungsmittel, wenn auch kein Pulver an die Armada.

Aber hier warteten auch die schlimmstmöglichen Nachrichten auf ihn. Der Herzog von Parma antwortete endlich, dass »nicht einmal ein Fass Bier« für den Einfall in England bereitstehe. Eben die Winde, die das Vorrücken der Armada gebremst hatten, hatten auch die Botschaften aus Spanien aufgehalten, und so sollte es noch einmal sechs Tage dauern, bis das Heer in Flandern bereit war, den Ärmelkanal zu überqueren. Charles Howard hatte keine Ahnung von dieser Entwicklung, er wusste nicht, warum die Armada sich tagelang im Hafen von Calais drängte, aber er war ein zu guter Admiral, um sich eine solche Gelegenheit entgehen zu lassen.

> *»Diese Armada war so völlig gelähmt und zerstreut, dass ich meine erste Pflicht Eurer Majestät gegenüber darin sah, sie zu retten … Munition und unsere besten Schiffe fehlten, und die Erfahrung hatte gezeigt, wie wenig wir uns auf die verbliebenen Schiffe verlassen konnten, da die Flotte der Königin der unsrigen in dieser Art des Kämpfens so sehr überlegen ist.«*
>
> Herzog von Medina Sidonia,
> Brief an Philipp II.

Flammen in der Nacht

Am 7. August 1588 trieben acht aufgegebene britische Versorger, die zu Brandern umfunktioniert worden waren, auf das vor Anker liegende spanische Geschwader zu. Genau wie die Spanier befürchtet hatten, machten sich ihre Mannschaften achtern auf Booten davon, während die Brander mit festgebundenen Steuerrudern auf den spanischen Ankerplatz zuliefen. Medina Sidonia hatte Vorkehrungen gegen einen solchen Angriff getroffen, doch obwohl die speziell zu diesem Zweck stationierten Schiffe sich an-

SPANISCHER SOLDAT (1588)

Als Krieger in den Marschen musste sich dieser leichte Infanterist der Invasionstruppe des Herzogs von Parma im Laufe des langen spanischen Kampfes um die Herrschaft über die Niederlande mit den Sümpfen, den Elementen und den Holländern herumschlagen. Eine bronzene Sturmhaube, wie man sie traditionell mit Spanien in Verbindung bringt, schützt seinen Kopf und zeigt seinen Kameraden und Offizieren an, in welcher Einheit er dient. Eine wattierte Jacke ist leichter, bietet aber auch weniger Schutz als die traditionellen Brust- und Rückenpanzer der schweren Infanterie. Neben seiner Feldflasche baumeln hölzerne Patronen mit Pulver und Kugel für sein caliver, *einer leichteren, musketenähnlichen Version der Arkebuse. Als letztes Hilfsmittel führte er noch einen langen Degen, falls er aus Mangel an Munition oder Gelegenheit zum Nachladen im Kampf Mann gegen Mann bestehen musste.*

SCHLACHT BEI GRAVELINES 1588

Der Herzog von Medina Sidonia hatte keine andere Wahl, als die Armada fest in ihrer Halbmondformation zu halten und die englischen Angriffe abzuwehren, in der Hoffnung, dass Parma die Invasionsflotte vorbereitete, die die Armada zum siegreichen Angriff auf England geleiten sollte. Die überlegene Feuerkraft und Beweglichkeit sowie Lord Howards Bemühen um den Windvorteil hatten zur Folge, dass Medina Sidonia mit dem nackten Leben davonkam. Die Planungen für die Versorgung und Bewaffnung der Armada waren unglaublich aufwändig und erwiesen sich als unzureichende Versuche, die unzähligen Probleme zu meistern.

Als der Proviant ausging, ankerte die Armada zwischen Calais und einem spanischen Vorposten bei Gravelines und versuchte Nahrungsmittel zu bunkern. Lord Howard ließ acht Brander auf den spanischen Ankerplatz zutreiben. Damit zerstreute er die Armada und schickte die einzelnen Schiffe auf die verlustreiche Fahrt um die Britischen Inseln.

Durch ein Kommunikationsproblem zwischen der Invasionstruppe des Herzogs von Parma und der Armada des Herzogs von Medina Sidonia kam es zu einer erzwungenen Wartezeit der Armada, die die Briten zu ihrem Vorteil nutzten.

5 Die Spanier versuchen, die Lecks und schweren Schäden an der Ausrüstung auf See zu reparieren, und ziehen sich zurück. Der Befehl lautet, nach Norden um Schottland herum zu segeln.

3 Medina Sidonia formiert einen großen Teil seiner Flotte neu, nur die Galeasse San Martin ist verloren. Wegen der vorherrschenden Winde und der weit verstreuten Flotte sieht Medina Sidonia sich gezwungen, den Rückzug anzutreten.

4 Die Engländer tun ihr Bestes, um einzelne spanische Einheiten abzutrennen und zu zerstören und sich gleichzeitig für einen Beschuss der ganzen Flotte zu formieren.

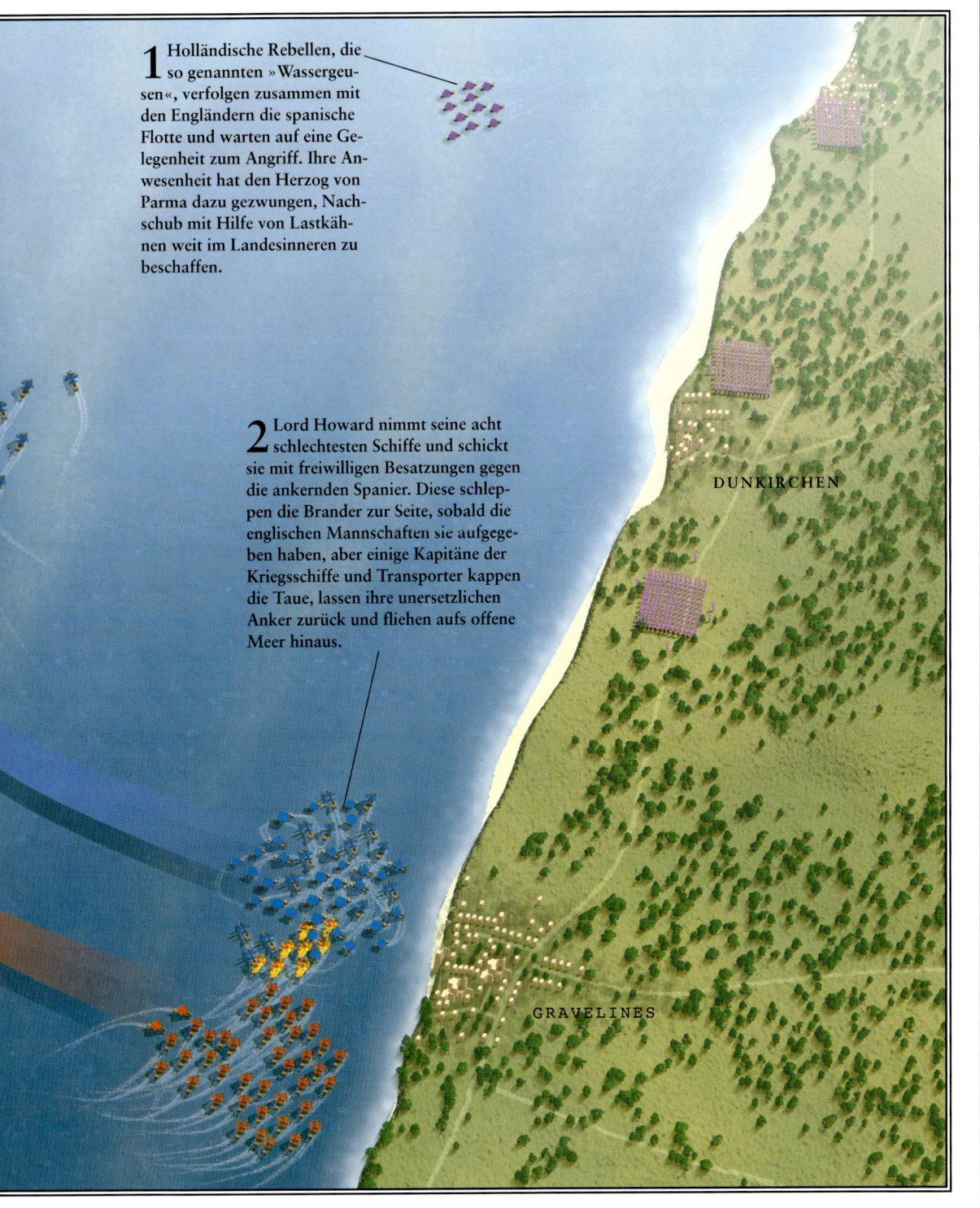

1 Holländische Rebellen, die so genannten »Wassergeusen«, verfolgen zusammen mit den Engländern die spanische Flotte und warten auf eine Gelegenheit zum Angriff. Ihre Anwesenheit hat den Herzog von Parma dazu gezwungen, Nachschub mit Hilfe von Lastkähnen weit im Landesinneren zu beschaffen.

2 Lord Howard nimmt seine acht schlechtesten Schiffe und schickt sie mit freiwilligen Besatzungen gegen die ankernden Spanier. Diese schleppen die Brander zur Seite, sobald die englischen Mannschaften sie aufgegeben haben, aber einige Kapitäne der Kriegsschiffe und Transporter kappen die Taue, lassen ihre unersetzlichen Anker zurück und fliehen aufs offene Meer hinaus.

DUNKIRCHEN

GRAVELINES

91

schickten, die brennenden Hulks mit Enterhaken einzufangen und wegzuschleppen, geriet der Rest der
Flotte in Panik. Ankertaue wurden gekappt, die Armada zerstreute sich und verlor den Zusammenhalt,
der sie bisher im Angesicht des Muts und der Geschütze der Briten hatte bestehen lassen.

Das Gefecht des nächsten Tages, die Seeschlacht
von Gravelines, begann damit, dass Medina Sidonia
und die vier Schiffe unter seinem direkten Kommando in rauer See und bei widrigen Winden verzweifelt
versuchten, sich wieder mit jenen Schiffen zu vereini-
gen, die nachts davongesegelt waren. Howard verringerte die Entfernung, bis seine Schiffe sich gerade
noch außer Reichweite der spanischen Enterhaken

befanden, und leerte seine Geschütze zum zweiten
Mal – und nun mit beachtlicher Wirkung. Medina
Sidonia griff zum äußersten Mittel und ließ einen
seiner kleinmütigen Kapitäne hängen, aber selbst das
genügte nicht, um seine Männer zur Pflichterfüllung
zu bewegen.

»Es kam, es ging, es war vorbei« – so lautet die
Umschrift einer holländischen Medaille, die zum Ge-
denken an diese Katastrophe geprägt wurde. Niederländische Freibeuter, die berühmten »Wassergeusen«,
schwärmten von holländischen und flämischen Häfen aus und griffen auf der Suche nach einer Prise einzelne spanische Schiffe an. In diesem Durcheinander
und bei widrigem Wind trieben die übrigen Schiffe
am spanischen Heer vorbei auf die Küste der britischen Inseln zu; durch schwere Stürme und ohne Anker wurden viele an die irische Küste geworfen. Insgesamt kehrten von 200 Schiffen nur 60 nach Spanien
zurück. Von den 19 000 Soldaten und Seeleuten, die
Philipp II. so zuversichtlich losgeschickt hatte, um
England zu erobern, überlebten nur 4000.

ZWEI JAPANISCHE *ATAKE BUNE* im Kampf auf dem Binnenmeer zwischen den japanischen Inseln. So errang Hideyoshi die Herrschaft über den Archipel. Mit Arkebusen konnte
man auf kurze Entfernung durch die Beplankung hindurch-
schießen, aber durch die dickere Beplankung und die schwereren Geschütze waren die Koreaner überlegen.

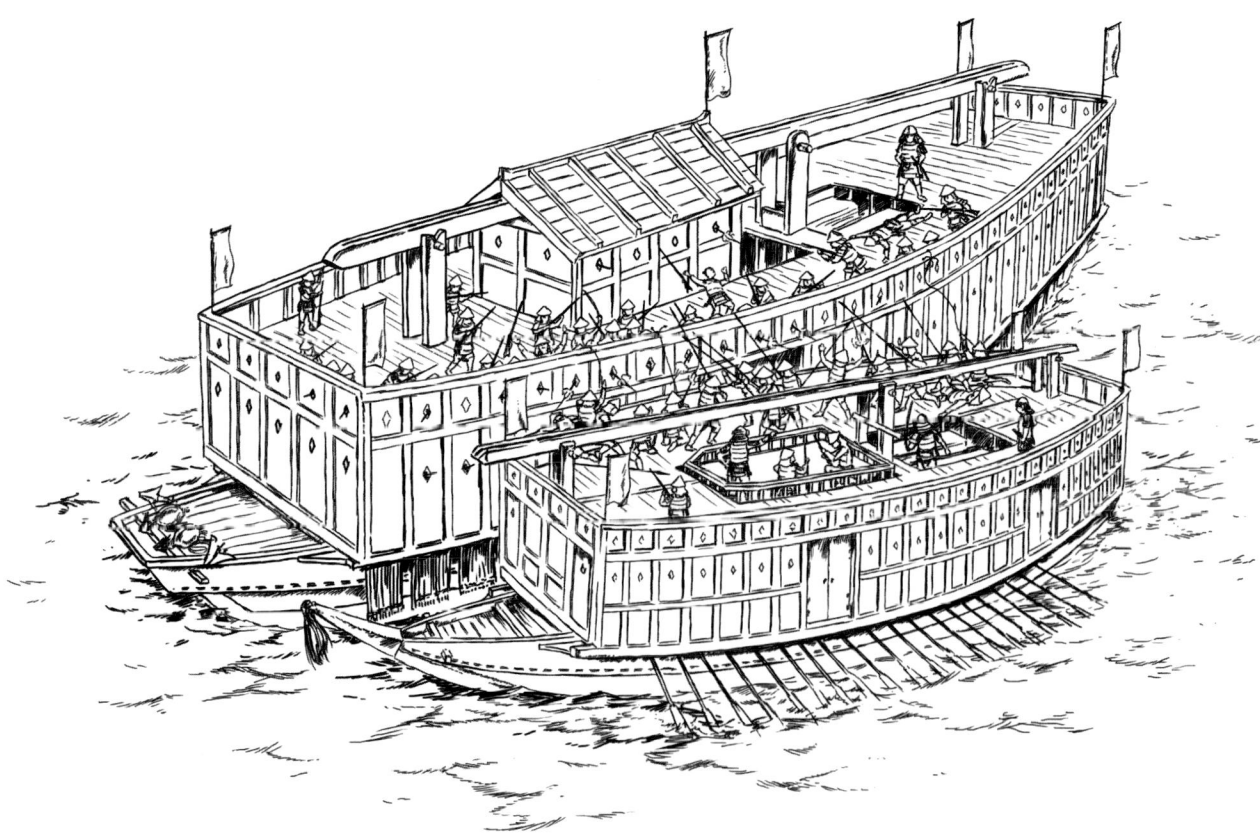

Hansan-do 1592: Eisenschildkröten, Eisengeschütze

Aneinandergekettete Schiffe hatten 1340 vor Sluis gekämpft und nur zwei Jahrzehnte später auch auf dem Poyang-See in China. 1592, noch nicht einmal vier Jahre nach dem Untergang der Armada, geriet Korea in Gefahr, bedroht von einer gewaltigen Armee unter Toyotomi Hideyoshi, der Japan geeint hatte. Die Unterschiede zwischen Europa und Asien in Bezug auf den Ablauf und die Technik des Seegefechts fallen weniger ins Auge als die verblüffenden Gemeinsamkeiten.

1590 erkannte Hideyoshi, dass eben jene unbändige Kampfeslust, die Japan zu einer geeinten Militärmacht zusammengeschweißt hatte, ein Ventil brauchte. Sonst bestand die Gefahr, dass sein Reich gleich wieder in einander bekriegende Provinzen zerfiel. Und hier bot sich Korea als Ziel geradezu an. Aufgrund ihrer jahrhundertealten Handelsbeziehungen wussten die Japaner alles über die hervorragende koreanische Eisenproduktion, und dieser Wirtschaftszweig war für eine militärisch geprägte Gesellschaft überaus attraktiv. Zudem ähnelte die koreanische Halbinsel geradezu einer Linie aus Trittsteinen hinauf in die weiche Flanke der chinesischen Ming-Dynastie, die mit den ersten Anzeichen des Verfalls zu kämpfen hatte.

DIE JAPANISCHEN *ASHIGARU* richteten ein Blutbad unter den Samurai in Japan und den Koreanern in Korea an. Sie brachten die Revolution der Feuerwaffen nach Asien. Der Eisenhelm des hier abgebildeten *ashigaru* war dem Strohhut der Bauern nachempfunden. Der Krieger trug ein Samurai-Schwert, doch wichtiger war seine Luntenschloss-Arkebuse. Er konnte damit drei Schüsse pro Minute abfeuern.

Die Entscheidung, in ein Königreich und ein gewaltiges Kaiserreich einzufallen, fiel Hideyoshi auch deshalb so leicht, weil er seiner Überzeugung nach über die Waffentechnik verfügte, um sowohl die Koreaner wie auch die riesige Ming-Armee zu besiegen. Im Winter 1542–43 hatte ein Taifun eine chinesische Handelsdschunke an die Küste der Insel Kyushu getrieben.

An Bord fanden die Japaner drei portugiesische Kaufleute und unter deren Habseligkeiten zwei Hakenbüchsen mit Luntenschloss. Als der *daimyo* der Region davon hörte, kaufte er beide Waffen und ließ sich zeigen, wie man solche Büchsen und ihre Munition herstellt. In verblüffend kurzer Zeit verbreitete sich dieses Wissen überall in Japan, und bald hatte die japanische Infanterie, die gepanzerten *ashigaru*, eine gewaltige Feuerkraft. Die primitiven *midfa*-Handfeuerwaffen der Koreaner und Chinesen waren nicht so beweglich und konnten nicht so schnell feuern wie die neuen Waffen aus Europa, und Hideyoshi rüstete seine Soldaten mit Hakenbüchsen aus.

Durch ihre Robustheit und leichte Bedienbarkeit war die Hakenbüchse oder Arkebuse für Eroberungsfeldzüge sehr nützlich. Die Japaner bevorzugten eine leichtere Version als die spanischen Konquistadoren; ein Mann mit rudimentärer Ausbildung konnte mit dieser Waffe bald sehr genau und schnell schießen. Als versteckte Drohung oder als Geste romantischer Fairness hatte Toyotomi Hideyoshi 1591 mit seinem Ultimatum auch eine Hakenbüchse nach Korea geschickt. Nur ein einziger Provinzminister, Yu Seong-ryong, drang darauf, dass die Koreaner die Waffe kopieren sollten, wie die Japaner es zuvor getan hatten. Doch dieser Appell stieß genauso auf taube Ohren wie seine verzweifelten Gesuche, die Verteidigungsanlagen der Halbinsel zu verstärken. Die Bande zwischen dem konfuzischen Adel und dem koreanischen Volk waren nur sehr dünn, und der König in Seoul wollte nichts von Invasionen und Kriegen hören, nachdem ein gerade überstandener Krieg ihn zum Vasallen der Ming-Dynastie gemacht hatte.

Aus Piraten werden Eroberer

Japanische Piraten, die so genannten *wako*, hatten schon lange Raubzüge in der Koreastraße unternommen. Die Inseln Tsushima und Iki boten Schutz und Deckung. Gerade wegen der brutalen Übergriffe der *wako* hatte Choe Mu-Seon im 14. Jahrhundert die Unterstützung der Regierung für seine Experimente mit Schießpulver bekommen. Korea hatte das Glück, dass die Anstrengungen dieses einen Erfinders auf fruchtbaren Boden gefallen waren. Die koreanische Erziehung legte schon lange einen Schwerpunkt auf Technik wie auch auf Theorie, und koreanische Handwerker hatten eine lange Erfahrung in den Künsten, mit denen sie die Halbinsel retten sollten.

Nach zwei Mongolenstürmen auf Japan in den Jahren 1274 und 1281 wusste Hideyoshi, dass große Armeen die Koreastraße selbst auf Flussschiffen überqueren konnten. Das war in Anbetracht der geringen Seetüchtigkeit der japanischen Dschunken, die seit Jahrhunderten in den geschützten Gewässern zwischen den japanischen Inseln hin und her fuhren, überaus positiv. Es hatte schon zuvor Landungen im großen Stil an der koreanischen Küste gegeben. Eine Raubflotte der *wako* mit 70 Schiffen hatte 1555 die koreanischen Verteidiger hinweggefegt und war mit großer Beute zurückgekehrt.

Nachdem seine Kaufofferte für zwei europäische Galeonen 1585 von den Portugiesen zurückgewiesen worden war, begann Hideyoshi mit seinen letzten Vorbereitungen für den Angriff. Am 23. Mai 1592 brachten japanische Schiffe die ersten von rund 158 000 Männern an Land, die Korea unterjochen sollten. Anfangs waren die japanischen Erfolge überwältigend. Zwei von Hideyoshis besten Generälen führten jeweils einen Teil des japanischen Heeres an den Küsten der Halbinsel entlang. Frisch rekrutierte Bauern fielen zu Tausenden unter den rasiermesserscharfen Schwertern der Samurai. Nur mit Streitfle-

gen und wattierten Jacken ausgerüstet, ritt die koreanische Kavallerie mutig in die tödlichen Musketensalven der *ashigaru* hinein. Koreanische Städte und Festungen fielen so schnell, dass der Joseon-Dynastie in Seoul kaum Zeit zur Flucht blieb, bevor auch die Hauptstadt eingenommen wurde. Im August 1592 waren die Japaner die Herren Koreas, und ihre Heere sammelten sich am Ufer des Yalu-Flusses, um in die Mandschurei überzusetzen.

Der übersehene Admiral

Die koreanischen Marinebasen vor der Südküste der Halbinsel hatten die Japaner übersehen. Es schien keine Notwendigkeit zu geben, diese Basen einzunehmen, weil zwei von vier der höchsten koreanischen Admiräle wenig Kampfgeist zeigten. Park Hong, Kommandeur der Östlichen Gyeongsang-Flotte und mit der Verteidigung von Pusan beauftragt, ließ sein Kommando bei der ersten Nachricht von der japanischen Landung im Stich, nicht ohne zuvor die Zerstörung seiner Basis und der 75 Schiffe unter seinem Kommando anzuordnen. Won Kyun, der Befehlshaber der Westlichen Gyeongsang-Flotte, floh mit vier seiner Schiffe als persönlicher Eskorte; der Rest seines Geschwaders wurde vernichtet.

Der dritte koreanische Admiral, Yi Sun-sin, war im selben Jahr wie Francis Drake zur Welt gekommen und hatte als Junge die standardisierten konfuzianischen Prüfungen so gut abgelegt, dass er seine Laufbahn frei wählen konnte. Er hatte sich für das Militär entschieden und sich mit den traditionellen chinesischen Kriegshandbüchern ebenso vertraut gemacht wie mit dem bedauernswerten Zustand des koreanischen Heeres und der Verteidigungsanlagen. Als brillanter junger Offizier hatte Yi Sun-sin den Neid der älteren Komandeure erregt, und so hatte er es nur der Intervention des Ministers Yu Seong-ryong zu verdanken, dass er nicht in Ungnade fiel oder sogar

> »Derjenige, der sein Leben bewahren will, wird sterben, und der, der den Tod nicht fürchtet, wird leben. Die militärische Erfahrung sagt: Wenn einer, der seine Heimat verteidigt, ein solides Tor bewacht, so kann er die Herzen eines Feindes einschüchtern, auch wenn der mit 10 000 Mann anrückt.«
>
> Yi Sun-sin

DIE STATUE DES ADMIRALS *YI SUN-SIN* lächelt auf die Nation herab, die er vor der Auslöschung durch die Japaner bewahrt hat. Obwohl er mehrmals fälschlich angeklagt und aufgrund von Palastintrigen abgesetzt wurde, hielt Yi Sun-sin durch und rettete seine Flotte und sein Land. Mit neuen Schiffen und innovativer Taktik durchtrennte er die japanischen Kommunikationslinien und zwang die Eindringlinge, sich aus seiner erschöpften Heimat zurückzuziehen.

exekutiert wurde. Das war eine weitere Großtat von Yu Seong-ryong, dessen Warnungen vor einer japanischen Invasion ungehört verhallt waren, denn mit dem jungen Offizier rettete er auch Korea.

Yi Sun-sin schätzte die Stärken der koreanischen Kriegsmarine weitaus höher als die Japaner oder auch seine eigenen Landsleute. Choe Mu-Seons Experimente hatten auch dazu geführt, dass Koreas Eisenindustrie sich schon früh auf den Bau von Geschützen verlegt hatte. 1592 war die koreanische Marine selbst den Engländern voraus, denn sie besaß vier standardisierte Geschütztypen, die (der Größe nach) die Namen der ersten vier Zeichen eines Standard-Lesetextes trugen: »gelb«, »schwarz«, »Himmel« und »Erde«. Aus verschiedenen Quellen hatten die Koreaner darüber hinaus von vierrädrigen Lafetten gehört und eine eigene Version gebaut. Yi wusste um die Leistungsfähigkeit seiner Geschütze und war fest entschlossen, sie zur Verteidigung seiner Heimat einzusetzen.

Während Yu Seong-ryong fieberhaft immer neue Eingaben verfasste und den Widerstand gegen die Japaner zu Lande vorbereitete, hatte Admiral Yi mit einer Schiffsbauweise experimentiert, auf die er bei seiner militärischen Lektüre gestoßen war. Der Grundstock der koreanischen Flotte war schon sehr gut. Der *panokson* (»holzgedecktes Schiff«) war ein rechteckiges Schiff mit hohen Holzborden, die ein schützendes Holzdach und einen Kommandoturm trugen. Die rechteckige Bauweise gab der koreanischen Kriegsgaleere Raum für eine beeindruckende Bewaffung an Bug, Heck und Breitseiten. Koreas Seeleute wussten sehr wohl, dass die Japaner den Nahkampf bevorzugten, und die hohen Seiten des *panokson* sollten sie daran hindern.

Die längsten *panokson* maßen an der Wasserlinie etwa 35 Meter, kleinere etwa 15 Meter. Ruderer, die

das Schiff im »Gondel-Stil« vorantrieben, arbeiteten unterhalb des Geschützdecks. Insgesamt waren etwa 125 Offiziere und Mannschaften an Bord. Wie die Galeasse verfügte auch der *panokson* außerhalb des Schlachtengetümmels nur über eine geringe Segelkraft. Und ebenso wie die Galeasse musste ein gut geführter *panokson*, langsam, wie er war, selten vor einem Feind flüchten. Die Japaner ihrerseits hatten bisher keinen Grund gehabt, vor koreanischen Schiffen Reißaus zu nehmen.

Yi wollte ein Schiff, das schnell genug war, einen Gegner einzuholen und zu vernichten. In den chinesischen Kriegshandbüchern war von einer flachen, schnellen geruderten Dschunke die Rede, einem so genannten »gedeckten Raubvogel« *(meng chong)*. Die Chinesen hatten solche Schiffe in Feuer abweisendes feuchtes Leder gepackt und sie zum Rammen ihrer Feinde benutzt. Koreanische Schiffsbauer hatten im 14. Jahrhundert mit einem ähnlichen Schiff experimentiert.

Die Idee eines reduzierten, gewappneten *panokson* brachte Yi Sun-sin zur Erfindung der wohl stärksten Seewaffe seiner Zeit.

Das Schildkrötenschiff

Noch immer ist man uneins über die Bauweise des *kobukson* oder »Schildkrötenschiffs«, wie Yi und seine Zeitgenossen es nannten. Vieles klärt sich jedoch, wenn man einfach die Beschreibungen seines Erfinders liest. Schließlich haben sich viele Bände von Yi Sun-sins Kriegstagebuch erhalten, das der Admiral bis zwei Tage vor seinem Tod führte. Auffällig ist, dass die »Schildkrötenschiffe« ein Deck wie einen Schildkrötenpanzer hatten, um ein Entern zu verhindern. Stehende Ruderer und Schützen konnten Seite an Seite auf dem einzigen rechteckigen Oberdeck arbeiten, das über das Unterdeck mit den Quartieren der Mannschaft hinausragte. Vorstellbar ist, dass die Schildkrötenschiffe ein zweites Deck ausschließlich für die Geschütze gehabt haben könnten, aber die Überlegung, dass die wenigen Kanonen an Bord auf kürzere Entfernung besser trafen, spricht für ein einziges Deck bei einem Schiff, das darauf ausgelegt war, nahe heranzufahren und die Feinde auf oder knapp über der Wasserlinie zu rammen. Weniger Aufbauten bedeuteten eine bessere Manövrierbarkeit und ein kleineres Ziel für die feindlichen Geschütze.

Die »Eisenhülle« des Schildkrötenpanzers bestand wohl nur aus dünnen Blechen, die ein Feuer verhindern sollten, nicht aus schwerem, schusssicherem Material, weil das Schiff unter dem Gewicht zusammengebrochen wäre, was man bei einem Nachbau feststellen konnte. Die Japaner hatten keine Geschütze, mit denen sie auf ein Schildkrötenschiff hätten feuern können.

Verwirrend sind vor allem fantastische Illustrationen aus dem 18. Jahrhundert, die angeblich diese Schiffe zeigen. Beide zeitgenössischen Quellen stimmen darin überein, dass Geschütze durch »Drachenköpfe« am Bug der Schiffe feuerten.

Die späteren Illustrationen platzieren Galionsfiguren in Form von Drachenköpfen wie bei den althergebrachten schnellen »Drachenbooten« oben auf dem Schildkrötenrücken, in einer Position, von der aus man noch nicht einmal eine Muskete hätte abfeuern können. Yi meinte ganz eindeutig, dass die ganze Vorderseite des Schiffes die Form eines Drachenkopfes besaß und dass die nach vorn ausgerichteten zwei oder drei Buggeschütze aus Pforten zwischen den »Zähnen« herausfeuerten.

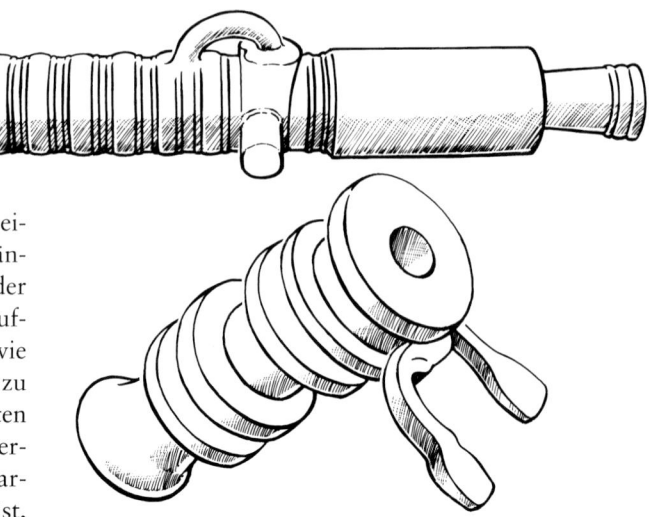

DIESES KOREANISCHE GESCHÜTZ UND DER MÖRSER namens »sprungbereiter Tiger« wurden ähnlich eingesetzt wie ihre europäischen Gegenstücke. Das Geschützrohr hatten Zapfen in Lagern auf der Lafette; dadurch konnte der Abgangswinkel des Geschosses verändert werden. Der Mörser konnte durch Verschieben des Rings mit den beiden Stellfüßen auf dem Lauf gerichtet werden. Die Granaten des Mörsers hatten bei Yi Sun-sins Angriffen eine verheerende Wirkung.

Wie die Schildkrötenschiffe ihre Rammstöße führten, ist ebenso unklar. Die meisten modernen Rekonstruktionen dieser Schiffe zeigen eine flache Drachenmaske auf einem nach hinten abgewinkelten Bug. Ein solcher flacher Vorbau könnte jedoch niemals einen Feind tödlich treffen. Die Wucht eines Rammstoßes würde sich über die Oberfläche des Schiffes verteilen und sie damit bis zur Wirkungslosigkeit abschwächen. In dieser Hinsicht sind die Darstellungen des 18. Jahrhunderts korrekt, wenn sie einen richtigen Rammsporn an der richtigen Stelle platzieren Sie zeigen einen zweiten Drachenkopf, der aus dem Bug vorspringt, der dem erprobten Rammsporn der Griechen ähnelt, wie man ihn 1980 vom Meeresboden bei Athlit geborgen hat. Die Wucht hinter einem schmalen Metallkeil konnte das Holz des feindlichen Schiffsrumpfes durchbrechen. Durch einen kombinierten Ramm- und Kanonenangriff beschädigte zum Beispiel ein Schildkrötenschiff in der Seeschlacht von Angolpo im Jahr 1592 die *Nihon Maru*, ein »Turmschiff«, das ursprünglich als schwimmende Festung für Hideyoshi gebaut worden war.

Die Rettung einer Nation

Yi Sun-sin ist nicht nur wegen seiner technischen Innovationen berühmt geworden. Koreas Retter war
ein mitfühlender und barmherziger Mann, bei dem
Flüchtlinge Zuflucht suchten. Sie brachten wertvolle
Nachrichten über die Position und die Absichten ihrer japanischen Peiniger. Yi vermehrte sein Wissen
über die Küste und ihre Gezeiten durch gute Bezie-
hungen zu den dort ansässigen Fischern, die ihm halfen, die Angriffsziele seiner Flotte aufzuspüren.

Die Lähmung der koreanischen Regierung unter
dem japanischen Angriff wirkte sich auch auf jene
aus, die noch bereit waren, den Anordnungen eben
dieser Regierung zu folgen. Erst als Won Kyun und
seine vier letzten Schiffe in Sicherheit waren, bekam
Yi Sun-sin die Erlaubnis, gegen die Invasoren in die

Schlacht zu ziehen. Falls Hideyoshi seine Kontrolle
über Korea konsolidieren und in China einfallen
wollte, musste er das Meer zwischen seinen Angriff-
zielen und seiner Heimat kontrollieren. Yis Demonstrationen, dass die Japaner nicht über diese Herrschaft zur See verfügten, fielen so wirksam aus, dass
die Japaner allzu lange brauchten, bis sie die Lektion
wirklich verstanden hatten.

Das erste Gefecht des Admirals mit den Japanern
fand am 16. Juni 1592 vor der Insel Okpo statt. Yi
hatte erfahren, dass eine völlig unvorbereitete japanische Flotte dort lag, die vor allem damit beschäftigt
war, Beute zu verladen. Der großartige Won Kyun
und die Reste seines Geschwaders schlossen sich Yis
Flotte mit ihren 24 *panokson* an und stürzten sich auf
die Eindringlinge. Fieberhaft versuchten die Japaner
ihre Schiffe zu bemannen und die Anker zu lichten,

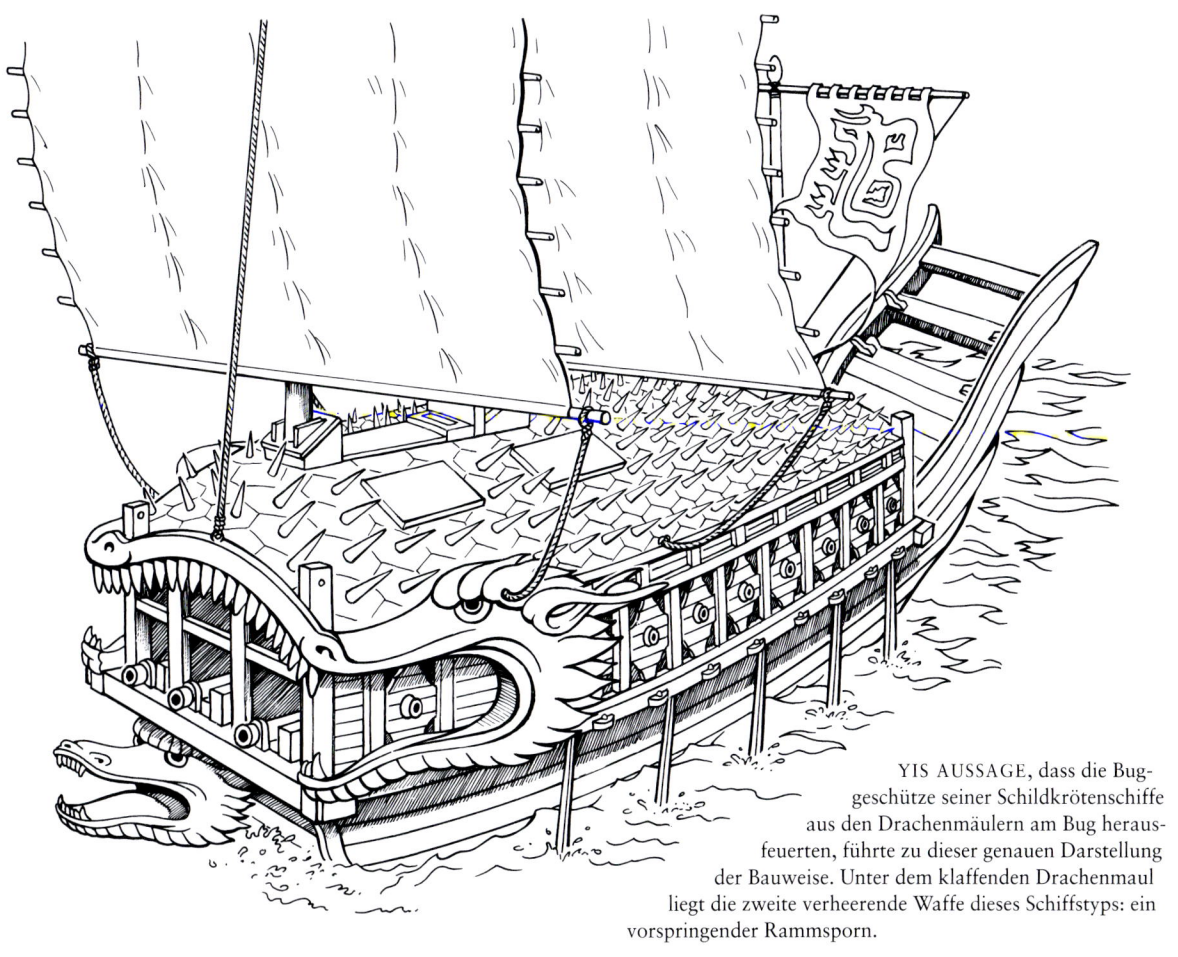

YIS AUSSAGE, dass die Buggeschütze seiner Schildkrötenschiffe
aus den Drachenmäulern am Bug herausfeuerten, führte zu dieser genauen Darstellung
der Bauweise. Unter dem klaffenden Drachenmaul
liegt die zweite verheerende Waffe dieses Schiffstyps: ein
vorspringender Rammsporn.

SCHLACHT BEI HANSAN-DO 1592

Nachdem Yi Sun-sins Flotte drei japanische Flotten zerstörte hatte, wollten die Japaner diesen koreanischen Admiral ausschalten. Toyotomi Hideyoshi befahl, seine verbliebenen Schiffe zu sichern, um die Koreaner durch schiere Übermacht zu vernichten, doch die Arroganz seines Admirals führte zur Katastrophe. Ohne auf die nahende Verstärkung zu warten, zog Wakizaka Yasuharu mit 40 schweren und 24 mittleren Schiffen vor die Insel Hansan und trieb Flüchtlinge vor sich her. Einer von ihnen berichtete Admiral Yi vom drohenden Angriff, dem Yi die verstärkte koreanische Flotte mit über 100 Schiffen, darunter mehrere »Schildkrötenschiffe«, entgegenstellte. Ein Geschwader der Koreaner lockte die aggressiven Japaner in Yis Hinterhalt, wo koreanische Kanonen und Mörser verheerende Schäden anrichteten.

Die Dschunken der Japaner waren zu weit vom geschützten Binnenmeer entfernt und waren von der Navigation vor den Küsten der Koreanischen Halbinsel überfordert. Die Inseln und Häfen boten jedoch den Koreanern sichere Stützpunkte für ihre besser geführten Schiffe, und sie hatten die höher entwickelte Seekriegstradition.

CHUNGMU

5 Yi besiegelt die katastrophale Niederlage der Japaner durch ein verheerendes Trommelfeuer mit Sprenggranaten von den offenen Oberdecks seiner *panokson*-Schiffe in der Linie. Japanische Überlebende retten sich auf die Inseln in der Meerenge oder auf die wenigen verbliebenen Schiffe.

2 Durch koreanische Flüchtlinge über den japanischen Angriff informiert, nutzt Yi Wakizakas aggressiven Vorstoß und formiert seine Flotte in einem Halbmond im Levanto-Stil. So können sich beschädigte Schiffe zurückziehen, und man kann einen angreifenden Feind umfassen.

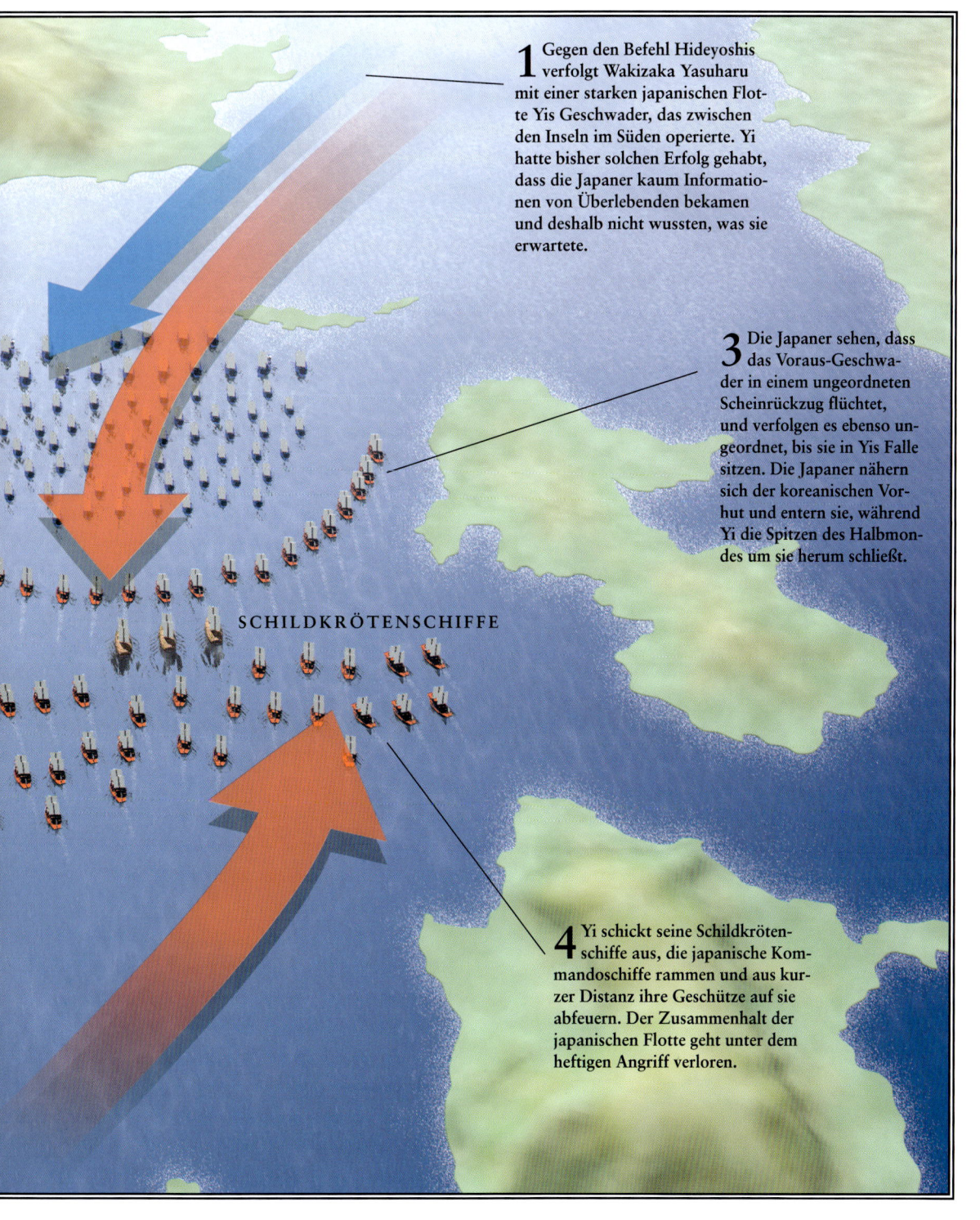

1 Gegen den Befehl Hideyoshis verfolgt Wakizaka Yasuharu mit einer starken japanischen Flotte Yis Geschwader, das zwischen den Inseln im Süden operierte. Yi hatte bisher solchen Erfolg gehabt, dass die Japaner kaum Informationen von Überlebenden bekamen und deshalb nicht wussten, was sie erwartete.

3 Die Japaner sehen, dass das Voraus-Geschwader in einem ungeordneten Scheinrückzug flüchtet, und verfolgen es ebenso ungeordnet, bis sie in Yis Falle sitzen. Die Japaner nähern sich der koreanischen Vorhut und entern sie, während Yi die Spitzen des Halbmondes um sie herum schließt.

SCHILDKRÖTENSCHIFFE

4 Yi schickt seine Schildkrötenschiffe aus, die japanische Kommandoschiffe rammen und aus kurzer Distanz ihre Geschütze auf sie abfeuern. Der Zusammenhalt der japanischen Flotte geht unter dem heftigen Angriff verloren.

99

aber die koreanischen Geschütze waren so treffsicher, dass Yi gar nicht näher herankommen und seine Mannschaften den Hakenbüchsen der Japaner aussetzen musste. Die Koreaner verschossen riesige Eisenpfeile, die mit brennendem Werg umwickelt waren, und verbrannten 50 japanische Schiffe. Dann zogen sie auf der Suche nach neuen Opfern weiter, bevor diese gewarnt werden konnten.

Am 8. Juli schloss sich bei Sacheon der erste Prototyp des Schildkrötenschiffs Yis Kommando an, das in einer von hohen Klippen umgebenen Bucht erneut eine japanische Flotte beim Verladen von Beute aufgestöbert hatte. Es bot sich an, von den Felsen aus Feuer auf die Schiffe zu werfen. Yi spielte also den Fuchs statt des Seewolfs und ließ seine Flotte vor der Bucht kreuzen, um dann in wilder Flucht aufs offene Meer hinauszufahren. Die Japaner hatten bisher keinen

Grund gehabt, das koreanische Militär zu fürchten, und so nahmen sie die Verfolgung auf. Plötzlich fanden sie sich jedoch in den Armen eines nach Lepanto-Art vorgezogenen Halbmonds wieder, bei dem das Schildkrötenschiff die Rolle der Galeassen spielte und in der japanischen Formation mit Rammsporn und Geschützen verheerende Schäden anrichtete.

In den nächsten fünf Wochen streifte Yis Flotte an der koreanischen Küste umher, vernichtete japanische Geschwader bei Tangpo, wo der Angriff des Schildkrötenschiffs zum Tod des japanischen Befehlshabers führte, und bei Tanchangpo, wo Yis neues Kriegsschiff sich wieder auf das japanische Flaggschiff stürzte. Yis Taktik des Scheinrückzugs lockte den Rest der Japaner noch einmal in tieferes Wasser; dann machten die Koreaner kehrt und vernichteten die Eindringlinge mit ihrer Artillerie.

Selbst ohne die »Vernichtungsschläge« des Schildkrötenschiffs waren die Japaner unterlegen. Ihr *atake bune* ähnelte dem *panokson* oberflächlich, doch es gab einen entscheidenden Unterschied: Die japanischen *Asegaru*-Arkebusiere hatten die koreanische Infanterie in offenen Landschlachten abgeschlachtet, und so wollten die Japaner auch mit Hilfe ihrer Scharfschützen, die an Schießscharten in den beplankten Seiten ihres Schiffes standen, die Koreaner

DIESER KLEINERE *PANOKSON* ist kampfbereit. Die große koreanische »Erde«-Kanone konnte eine Eisenkugel oder einen großen Brandpfeil abfeuern. Offiziere wie Yi Sun-sin gaben ihre Befehle von dem Beobachtungsstand in der Mitte aus. Japanische und koreanische Fahrzeuge waren kleiner und langsamer als ihre europäischen Zeitgenossen, die den ganzen Erdball befuhren, aber sie trugen sehr viele Geschütze.

abschlachten, die hinter den vermeintlich dünnen Palisaden ihrer Schiffe standen. Doch die japanischen Meisterschützen mussten feststellen, dass ihre Kugeln die dicken Schanzkleide der Koreaner nicht durchdrangen und dass die koreanischen Geschütze weit außerhalb der Reichweite ihrer Arkebusen feuerten. Yis Siege waren die lange herbeigesehnte Rechtfertigung für Choe Mu-Seons Interesse an der Entwicklung wirksamer Artillerie zuvor.

Die Schlacht

Seinen größten Sieg über die Japaner feierte Yi am 14. August 1592 vor der Insel Hansan. Die Japaner hatten zu spät erkannt, dass Yi eine Bedrohung war, doch inzwischen hatte Hideyoshi entsprechende Befehle an seine Admiräle ausgegeben. Ohne Informationen und ohne Verstärkung machte sich Wakizaka Yasuharu mit 82 Schiffen auf den Weg, in der Hoffnung, die koreanische Flotte zu vernichten. Yis Geschwader war inzwischen auf fast 100 Schiffe angewachsen – darunter waren wenigstens zwei weitere Schildkrötenschiffe.

Als ein Flüchtling Yi von der drohenden japanischen Attacke berichtete, machte er sich für die größte und entscheidende Schlacht bereit. Wieder einmal ließ er die Japaner, die so begierig darauf waren, ihn zu vernichten, in die Umarmung seines Halbmondes vorpreschen. Yis Männer setzten ein berechtigtes Vertrauen in ihren Befehlshaber, und als der plötzlich das Zeichen gab, nicht länger zurückzuweichen und den Kampf anzunehmen, gehorchten sie mit einer Wut, die selbst die charakteristische Kampfeslust der Japaner erschütterte.

Die Schlacht von Hansan-do war ein erbitterter, sich lange hinziehender Kampf. Einigen Japanern gelang es schließlich doch, sich zu nähern und ein paar koreanische Schiffe zu entern, darunter angeblich auch ein Schildkrötenschiff, auf das die Samurai mit ihren Schwertern einhieben. Die Koreaner gaben ihre Artillerie nicht preis – riesige »Erde«-Kanonen der *panakson* feuerten sogar zum ersten Mal in diesem Kampf explosive Geschosse auf den Gegner. Die japanische Flotte wurde aufgerieben. Nur wenigen Schiffen gelang es, Yis Umfassung zu entkommen.

Im Laufe der nächsten Woche schlug Yi Yashuharus Verstärkungen eine nach der anderen und stellte bei Angolpo fest, dass die Japaner endlich gelernt hatten, nicht mehr auf Scheinrückzüge hereinzufallen. Sie verloren ihre Schiffe trotzdem, als sich Yi mit Granatbeschuss näherte und sie an ihrem Ankerplatz zerstörte. Yi ermöglichte den japanischen Überlebenden sogar noch die Flucht, um ein Blutbad unter den Dorfbewohnern in der Nähe ihrer Ankerplätze zu vermeiden.

Yis Siege brachten den Koreanern fünf Jahre Aufschub. In der Zwischenzeit überzeugten die Japaner Yis neidische Joseon-Vorgesetzte davon, dass ihr kühner Admiral eigentlich ein von den Japanern bezahlter Überläufer sei. Yi wurde gefoltert und als einfacher Soldat zur Infanterie versetzt. Won Kyun erhielt das Kommando über Yis Flotte und verlor sie prompt in einem Hinterhalt – selbst die sagenhaften Schildkrötenschiffe sanken im Kreuzfeuer aus japanischen Küstenbatterien und Schiffsgeschützen. 1597 wurde Yi wieder als Kommandeur der Reste der koreanischen Kriegsmarine eingesetzt und besiegte die japanische Flotte noch einmal, als sie sich aus Korea zurückziehen wollte. In der letzten Schlacht wurde Yi Sun-sin tödlich verwundet. Sein letzter Befehl an einen Seemann lautete, seinen Leichnam mit einem Schild zu bedecken, damit der Anblick seine Männer nicht entmutigte.

Auf See wurde das Vertrauen in eine neue Technik immer wieder gerechtfertigt, selbst wenn diese Rechtfertigung im Laufe der Zeit stets anders aussah. Das Griechische Feuer, die Kogge und der Langbogen, die Galeasse und die Geschützlafette sprachen im Westen für immer neue technische Innovationen, während Yi und seine Schildkrötenschiffe in seinem Land zur Legende wurden. Diese Innovationen auf See haben die Erkenntnis bestärkt, dass der technische Fortschritt entscheidend ist.

> *»Von Kapitänen dieser Flotte wird erwartet, dass sie meine Befehle aufs Genaueste befolgten; wenn nicht, so werden selbst die kleineren Fehler nicht entschuldigt, sondern nach den militärischen Regeln hart bestraft.«*
>
> *Yi Sun-sin*

101

KAPITEL 3

DAS ZEIT-ALTER DER SEGEL-SCHIFFE

Das 18. Jahrhundert war die Blütezeit des
Segelschiffs, und es wurden immer größere und
bessere Kriegsschiffe gebaut. Der Wettstreit
der Flotten um die Vorherrschaft auf See, dessen
Ausgang noch offen war, wurde am Ende des
Jahrhunderts zugunsten von Großbritannien und
der Royal Navy entschieden.

IM AUGUST 1653 entbrannte vor der holländischen Küste
bei Ter Heyde eine erbitterte Schlacht zwischen den Engländern und ihren gefährlichsten Feinden auf See, den Holländern. In diesem Gefecht fiel der holländische Admiral
Maarten Tromp.

Der Verlust der »Großen Armada« im Jahre 1588 bedeutete für die spanische Seemacht nicht den Anfang vom Ende. Die *Armada Real* erlangte rasch wieder ihre frühere Stärke. Im Gegensatz zu seinen europäischen Widersachern benötigte das mit Portugal vereinigte Spanien eine starke Flotte, um seine riesigen, an Schätzen reichen, doch verwundbaren Hoheitsgebiete in Übersee zu schützen. Die gefährlichsten Gegner auf See waren dabei nicht etwa die Engländer, sondern die ehemaligen Untertanen des Königs in den Niederlanden. Dort kämpften die Vereinigten Provinzen des Nordens seit Jahrzehnten gegen Spanien.

Nicht genug damit, dass die abtrünnigen Holländer auf Kosten der Spanier und Portugiesen durch ausgedehnten Handel zu Wohlstand gelangten – sie setzten Spanien überdies in schweren Seegefechten zu. Die Spanier versuchten immer noch, feindliche Schiffe zu entern, als es längst vorrangig auf die Bestückung mit Kanonen ankam. Diese Fehleinschätzung rächte sich am 25. April 1607 zum wiederholten Male, als eine holländische Flotte von 26 Schiffen unter Admiral Jacob van Heemskerck eine spanische Flotte vor Gibraltar besiegte und viele Schiffe versenkte. Nach dieser Niederlage war Spanien bereit, einen zwölfjährigen Waffenstillstand (1609–21) mit Holland zu unterzeichnen.

Das spanische Königreich gegen die Holländer, 1621–39

Bevor der Waffenstillstand ablief, mussten die Spanier einen Weg finden, um zu alter Stärke zurückzufinden und die Holländer zu schlagen. Don Gaspar de Guzmán, Herzog von Olivares, glaubte zu wissen, wie dies zu bewerkstel-

ligen sei. Wie Frankreich war auch Spanien keine klassische Seemacht. Gefürchtet war vor allen Dingen das Heer und weniger die Flotte. Olivares glaubte, das Heer könne die Niederlande in Flandern isolieren und eine Blockade der Küste erreichen. Im Ärmelkanal könnten spanische Freibeuter die holländischen Handelswege abschneiden und so die Wirtschaft ruinieren. Dann erst sollte eine spanische Invasion an der holländischen Küste stattfinden.

Spanien musste seine begrenzten Seestreitkräfte mit Bedacht über die Welt verteilen, um sein wachsendes Reich und extrem weite Seewege vor holländischen, französischen und englischen Angriffen zu schützen. Die spanische Hauptflotte war die *Armada del Mar Océano,* die Atlantikflotte, geschaffen zum Schutz der Seewege über den Atlantik, denen oberste Priorität galt. Ohne das Silber aus Neuspanien (Mexiko) drohte dem spanischen Finanzhaushalt und damit auch der Kriegskasse der Kollaps. Um 1620, nach dem verspäteten Beginn eines 1617 eingeleiteten Aufbauprogramms, zählte diese Flotte 46 Schiffe. Im größten Hafen lagen 23 Schiffe, weitere 18 Galeonen waren in Gibraltar stationiert. Die Spanier hatten 2,6 Millionen Dukaten in den Bau von 24 Galeonen investiert. Im Jahre 1638 schließlich war die spanische Seestreitmacht beeindruckender als je zuvor.

EINE GUSSEISERNE KANONE auf breiten Holzrädern, auf denen man das Geschütz über das Deck rollen konnte. Daneben abgebildet sind die Gerätschaften, die für den Gefechtseinsatz benötigt werden, darunter auch kleinere Werkzeuge, etwa zum Säubern der Zündlöcher.

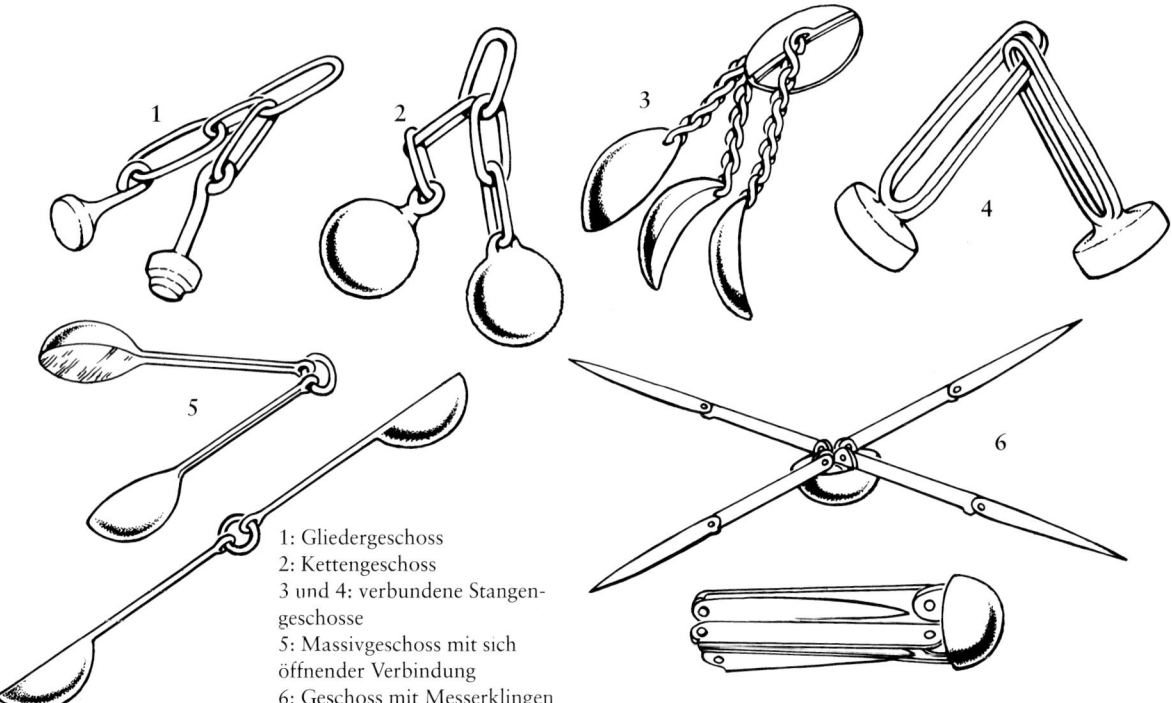

1: Gliedergeschoss
2: Kettengeschoss
3 und 4: verbundene Stangengeschosse
5: Massivgeschoss mit sich öffnender Verbindung
6: Geschoss mit Messerklingen

NEBEN MASSIVEN GESCHOSSEN oder Schrapnells, die ein Schiff versenken oder seine Besatzung töten sollten, wurden diese Kettengeschosse vorrangig dazu verwendet, Rahen und Masten zu zerstören und die Segel zu zerfetzen.

Waffenstillstand oder nicht, die Holländer hatten im Mai 1615 mit sechs Kriegsschiffen unter dem Kommando von Admiral Joris van Speilbergen Kap Horn (Tierra del Fuego) umrundet und die Südpazifikflotte *(Armada del Mar Sur)* von Admiral Rodrigo de Mendoza in die Flucht geschlagen, welcher dabei zwei seiner Schiffe verlor. Anschließend plünderten die Holländer große Abschnitte der spanisch-amerikanischen Pazifikküste. Um ähnliche Katastrophen im Atlantik zu vermeiden, verstärkten die Spanier ihre Geleitschutzflotte *(Armada de la Guardia).* Diese Maßnahme diente speziell zum Schutz ihrer Silberflotten *(Flotas),* die einmal jährlich mit Silber aus Mexiko von Vera Cruz über Havanna nach Cadiz segelten. Unter Admiral Fadrique de Toledo wurde die »Flotte über dem Winde« *(Armada de Barlovento)* geschaffen, die je nach Bedarf entweder in Havanna oder in Cadiz stationiert war. Ihre Aufgabe war es, die Westindischen Inseln von Piraten zu säubern, welche diese Gewässer regelrecht verseuchten und die spani-

schen Verkehrswege bedrohten. Als 1635 jedoch ein neuer Krieg mit Frankreich ausbrach, mussten beide Seestreitkräfte reduziert werden, um den Anforderungen in der Heimat gerecht zu werden.

All dies waren im Großen und Ganzen immer noch defensive Maßnahmen, so dass die Stärke Hollands, bedingt durch ein faktisches Handelsmonopol mit dem Baltikum, weiter zunahm. Ohne das Holz aus dieser Handelsbeziehung würden die holländischen Schiffe verrotten, ohne die Vorräte an Teer, Pech, Seilen und Hanf wäre die holländische Flotte bald manövrierunfähig, und ohne das Getreide aus Polen bräche unter der Bevölkerung des Landes eine Hungersnot aus. Im Jahre 1626 legte Olivares daher Pläne für den Aufbau einer gemeinsamen Flotte mit Polen vor, die entweder von Riga oder von Danzig aus auf Kaperfahrt gegen holländische Handelsschiffe gehen sollte. Bis 1630 dachte man noch an einen weiteren Stützpunkt in Stralsund oder Wismar, doch dann machte der Eintritt Schwedens in den Dreißigjährigen Krieg diese Pläne zunichte.

Olivares war ein kühner, global denkender Stratege, der bereit war, zur Erreichung seiner hochgesteckten Ziele auch Risiken einzugehen. Wenn es möglich wäre, die Westverbindung Hollands durch den Ärmel-

DIE SCHLACHT IN DEN DOWNS, 1639

Diese Seeschlacht begründete den Aufstieg Hollands zur mächtigsten Seemacht und beendete die spanische Vorherrschaft. Dem holländischen Admiral Maarten Tromp gelang es trotz schlechter Ausgangslage, die Spanier vor der französischen Küste zu schlagen. Admiral Oquendo floh mit seinen Schiffen in die trügerische Sicherheit der englischen Downs, wo ihn die ehemaligen Feinde Spaniens widerwillig willkommen hießen. Tromp, der auf Verstärkung gewartet hatte und bemerkte, dass die Spanier sich nicht zur Schlacht stellen würden, beschloss am 21. Oktober, mit überwältigender Wucht und Härte anzugreifen. Seine Mannschaften waren es gewohnt, schnelle Salven abzufeuern und nahe an den Feind heranzugehen. Nachdem Tromp die spanischen Schiffe mit einem Kugelhagel überzogen hatte, schickte er ihnen seine Brander entgegen – mit verheerenden Folgen. Die Santa Theresa, das Flaggschiff von Admiral de Hoces, explodierte und riss Admiral und Mannschaft mit sich auf den Meeresgrund. Oquendo gelang mit den Resten seiner Flotte die Flucht, und er brachte einige, wenn auch nicht alle versprochenen Truppen zur Armee des Kardinalinfanten nach Flandern. Es war der Anfang vom Ende für Spaniens einst so stolze Armada.

Die Downs liegen an der Küste von Kent zwischen Walmer Castle und dem strategisch wichtigen Hafen von Dover im südöstlichen, dem Ärmelkanal und Frankreich zugewandten Teil Englands.

3 Tromp schickt Admiral de Witte mit 30 Schiffen aus, um Sir John Peningtons englisches Geschwader am Eingreifen zu hindern, während er selbst die Spanier sucht.

WALMER CASTLE

2 Am 21. Oktober bringt Tromp seine kleineren holländischen Kriegsschiffe in einer Bug-an-Heck-Formation in Küstennähe.

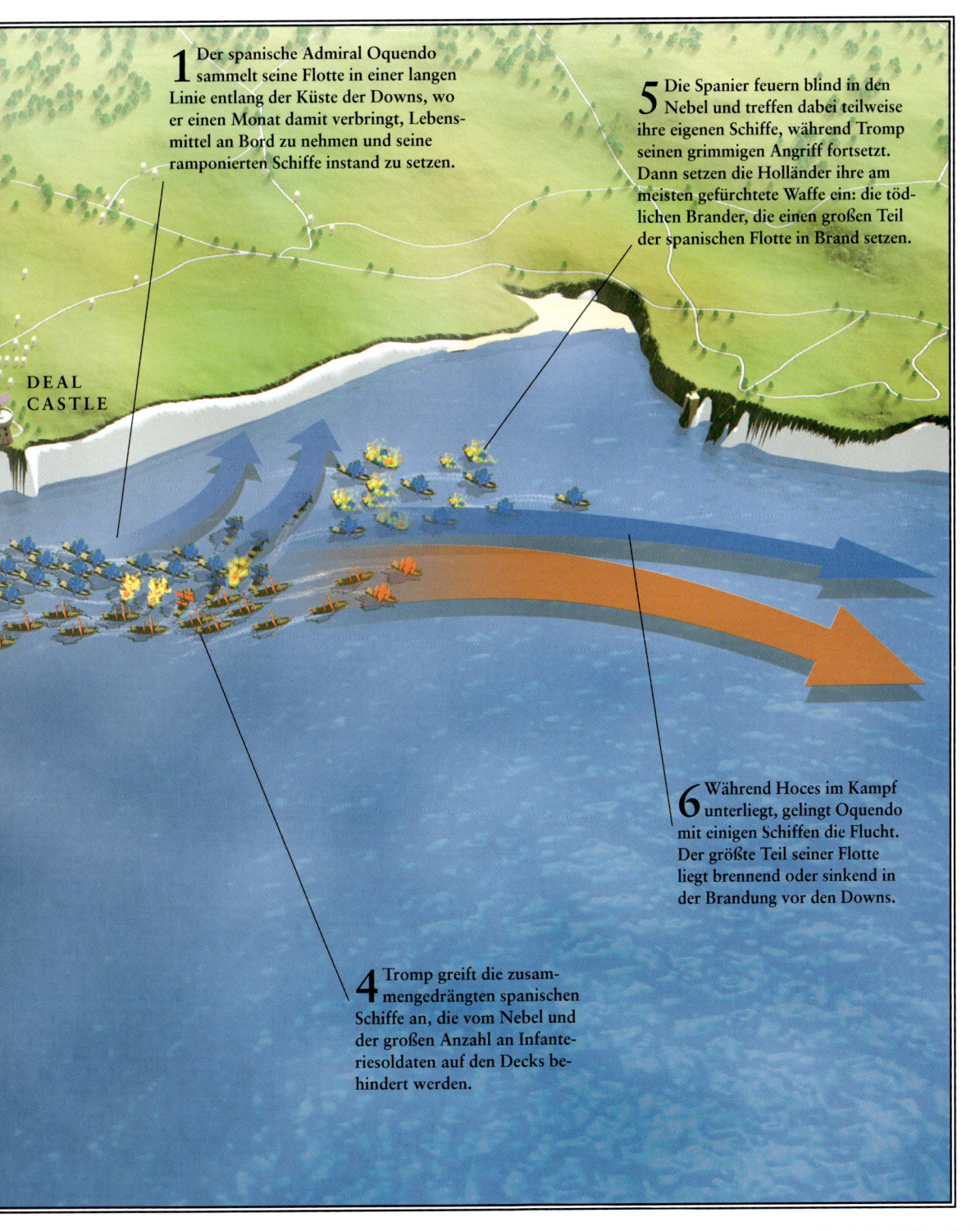

1 Der spanische Admiral Oquendo sammelt seine Flotte in einer langen Linie entlang der Küste der Downs, wo er einen Monat damit verbringt, Lebensmittel an Bord zu nehmen und seine ramponierten Schiffe instand zu setzen.

5 Die Spanier feuern blind in den Nebel und treffen dabei teilweise ihre eigenen Schiffe, während Tromp seinen grimmigen Angriff fortsetzt. Dann setzen die Holländer ihre am meisten gefürchtete Waffe ein: die tödlichen Brander, die einen großen Teil der spanischen Flotte in Brand setzen.

DEAL CASTLE

6 Während Hoces im Kampf unterliegt, gelingt Oquendo mit einigen Schiffen die Flucht. Der größte Teil seiner Flotte liegt brennend oder sinkend in der Brandung vor den Downs.

4 Tromp greift die zusammengedrängten spanischen Schiffe an, die vom Nebel und der großen Anzahl an Infanteriesoldaten auf den Decks behindert werden.

107

kanal abzuschneiden, würde das die Holländer ebenso ruinieren wie eine Kappung ihrer baltischen Lebensader. Im Jahre 1621 wies Olivares 20 000 Dukaten für die Verstärkung von Dünkirchen an, wo er den Bau von 20 Galeonen anwies. Bis zum Januar 1636 sollten in Dünkirchen 40 Galeonen zur Verfügung stehen.

Die Schlacht in den Downs, 1638

Im Jahre 1638 schienen die isolierten und hoffnungslos zerstrittenen Holländer sturmreif. Olivares plante, die Holländer zwischen dem in Belgien stationierten Berufsheer des Kardinalinfanten, das nördlich des Maas-Rhein-Gebietes vorstoßen sollte, und einer Truppenlandung an der holländischen Küste in die Zange zu nehmen. Dünkirchen sollte der Invasionsflotte als Stützpunkt dienen. Von dort aus wollten die Spanier 20 000 Mann in eigens konstruierten Barkassen entsenden. Diese hatten ein stumpfes Heck und geringen Tiefgang. An Bord fanden je zwölf Kanonen und 150 Musketiere Platz. Die bereits völlig überlasteten Werften erhielten Order, mit der Massenproduktion dieser Landungsboote zu beginnen. Durch ihre Geheimagenten erfuhren die Holländer jedoch recht schnell, was Olivares vorhatte, und belagerten Dünkirchen. Damit erstickten sie die Hoffnungen des Grafherzogs auf einen überwältigenden Sieg im Keim. Olivares' Plan mag kühn gewesen sein, doch er hing viel zu sehr von diesem einen Kanalhafen ab. Zudem überschätzte er Spanien als Seemacht. Beide Irrtümer sollten sich als fatal erweisen.

Im Juli 1639 stellte Olivares die größte Armada seit 1588 auf. Das Kommando hatte Admiral Antonio de Oquendo. Dieser war bereits 1631 von den Holländern besiegt worden und sah sich nun abermals dem alten Seebären Admiral Maarten Tromp gegenüber. Tromp hatte die Spanier bereits 1588 bei Grevelingen vernichtend geschlagen, und nun belagerte er Dünkirchen. Abermals schwebte Olivares Großes vor. Oquendos große Armada sollte im Ärmelkanal aufräumen, die holländische Flotte schlagen, Dünkirchen befreien und den Weg für eine Invasion in Holland ebnen. Eine Flotte von 24 Galeonen wurde unter dem Kommando von Oquendo in Cadiz zusammengezogen. Gleichzeitig sammelten sich 63 Schiffe unter Vizeadmiral Lope de Hoces in

La Coruña. Insgesamt 30 Truppentransporter sollten 8500 Mann nach Flandern bringen. Die Galeonen waren schneller, besser ausgestattet und schwerer bewaffnet als in jeder spanischen Flotte zuvor. Am 6. September setzte Oquendo Segel.

Holländische Kreuzer sichteten diese riesige Armada von 77 Kriegsschiffen und 55 Truppentransportern vor Selsey Bill am westlichen Zugang des Ärmelkanals. Tromp hatte lediglich 17 Schiffe, zögerte jedoch nicht, anzugreifen. Die spanische Armada hielt ihre Schlachtordnung und wartete, bis die Holländer nahe genug waren. Erst dann wurde das Feuer eröffnet. Angesichts der zahlenmäßigen Überlegenheit und eines günstigen Windes war Oquendo siegessicher. Die Spanier kämpften mit der ihnen eigenen Leidenschaft, und an der Somme-Mündung gelang es ihnen schließlich, die Holländer zu umzingeln. Einige spanische Schiff jedoch, darunter auch Oquendos Flaggschiff *Santiago*, waren durch Beschuss schwer beschädigt. Weil der Schutz der spanischen Truppen für seine Flotte oberste Priorität hatte, gab Oquendo das Signal zum Rückzug. Die Flotte segelte nordwärts und ankerte in den geschützten Downs an der englischen Küste.

Obwohl neutral, erwiesen sich die pro-holländischen Engländer ihren Gästen gegenüber als extrem zurückhaltend und verlangten horrende Preise für Lebensmittel. Der zögerliche Oquendo zerbrach sich den Kopf, ob er sofort nach Dünkirchen vorstoßen oder warten sollte, bis seine Schiffe repariert waren, was den Holländern Zeit ließe, neue Kräfte zu sammeln. Tromp hingegen nutzte seine Zeit. Aus Holland kam Verstärkung in Form von Kriegs- und bewaffneten Handelsschiffen. Bald hatte Tromp über 100 Schiffe. Er unterstellte 30 Schiffe dem Kommando von Admiral Witte de With, der die in Bereitschaft liegende englische Flotte von Admiral Sir John Penington in Schach halten sollte. Am 21. Oktober gab er den Befehl zum Angriff.

Aufziehender Nebel bot Tromps Schlachtformation, die Bug an Heck segelte, gute Deckung. Der Angriff traf die Spanier völlig unvorbereitet. Die Holländer hatten kleine, kompakte Kriegsschiffe mit einer guten Artillerie und ausgezeichneten Kanonieren. Die holländische Taktik basierte auf aggressivem Nahkampf, gelegentlichem Entern und dem großzügigen Einsatz von Brandern. Angesichts der spanischen Überlegenheit in Höhe und Gewicht der Schiffe, der Artillerie und vor allem bei den bewaffneten Mannschaften beschloss Tromp jedoch, einen Sicherheitsabstand zu wahren. Er hatte 96 Kriegsschiffe und 12 Brander. Sein eigenes Flaggschiff, *die Amelia*, hatte allein 46 Geschütze. Wie Schafe in einem Pferch drängten sich die spanischen Schiffe um Oquendos *Santiago* und das portugiesische Flaggschiff *Santa Theresa*, als die holländischen Seewölfe über sie herfielen. Der dicke Nebel machte es schwierig, Freund und Feind voneinander zu unterscheiden, so dass viele spanische Schiffe in die dicht gedrängten Linien ihrer eigenen Flotte feuerten. Die Holländer rückten näher heran, feuerten aus geringer Entfernung und belegten die überfüllten spanischen Decks mit einem tödlichen Kugelhagel.

Dann spielte Tromp sein Ass aus. Gegen einen desorganisierten und entnervten Feind, dessen Admiral die Kontrolle über seine Flotte verloren hatte, ließen die Holländer nun ihre Brander los. Diese richteten in den engen Reihen des Feindes verheerenden Schaden an. Unter den Verlusten war auch die *Santa Theresa*, die Feuer fing und explodierte. Admiral Hoces fand den Tod, Oquendo floh mit der *Santiago* und allen

DIE SCHLACHT IN DEN DOWNS im Jahre 1638 war für das Ende der spanischen Seeherrschaft weitaus bedeutenderer als die Vernichtung der spanischen Armada ein halbes Jahrhundert zuvor. Diese Radierung zeigt den Höhepunkt der Schlacht.

seetüchtigen Schiffen zur belgischen Küste. Die einst mächtige Flotte war nur noch ein Schatten ihrer selbst. Nun beherrschte Holland die Meere.

Die holländische Flotte

Während der folgenden vier Jahrzehnte sollten sich die Engländer als weit größeres Ärgernis für die Spanier erweisen. Holland war abhängig von einer starken Flotte zur Verteidigung seines Kolonialreiches. Folglich stellten sowohl die West- als auch die Ostindien-Kompanie regionale Seestreitkräfte auf, um die holländischen Handelsinteressen in Westindien, Afrika und Ostindien (Indonesien) zu schützen. Die holländische Ostindien-Kompanie (VOC) allein verfügte über 200 große Schiffe und 15 000 Matrosen.

Mit steigendem Wohlstand stellten die Holländer immer Deutsche und Skandinavier als Seeleute ein, die *Ostlanders* genannt wurden. Diese Männer erwiesen sich als zuverlässige und gehorsame Matrosen, welche die zweifache Ration Fleisch pro Woche und die relativ gute Bezahlung zu schätzen wussten. Die Bedingungen für Mannschaft und Offiziere unterschieden sich drastisch. Während die Mannschaften oft auf Hungerration gesetzt wurden, staunte 1680 ein schottischer Gast nicht schlecht, als man ihm am Kapitänstisch eines holländischen Schiffes zwölf Gänge vorsetzte.

Im Vergleich zu anderen Flotten waren die Holländer berühmt für ihre blitzsauberen Schiffe und ihre gut bezahlten, zufriedenen Besatzungen. So oft wie möglich ließen die Holländer frische Früchte und Gemüse an die Mannschaften ausgeben, vor allem Orangen und Äpfel – obwohl die dem Skorbut vorbeugenden Eigenschaften von Limonensaft noch nicht bekannt waren. Trotzdem war die Fahrt mit einem holländischen Segelschiff keine Vergnügungs-

»Die Engländer werden einen Berg aus Gold angreifen; wir werden einen Berg aus Eisen angreifen.«

Holländischer Kommentar zum Krieg mit England im Jahre 1652

reise. So statteten die knauserigen Reeder ihre Besatzungen nicht mit Winterkleidung aus, weil die »Esel« schließlich in die Tropen segelten!

Die Entwicklung der Galeone

Während des 17. Jahrhunderts hatten die Holländer und die Engländer die Galeone bis zur Vollendung entwickelt. Man konstruierte Galeonen in Klinkerbauweise, die schnell und geschmeidig durchs Wasser glitten. Die Enden der Deckbalken wurden durch die Seitenplanken geführt, um eine größere Stabilität zu erreichen. Für zusätzliche Stabilität sorgten vertikale Latten außen am Rumpf und kräftige Längsplanken. Diese hatten die Funktion von Fendern, wenn man mit anderen Schiffen längsseits ging. Galeonen hatten drei Masten, was nicht nur die Stabilität erhöhte, sondern auch das Steuern erleichterte. Es gab ein Lateinsegel am Kreuzmast und große Rahsegel an Haupt- und Vormast. Durch die Verlängerung der Masten und die Verwendung größerer Segel ließ sich die Geschwindigkeit beinahe verdoppeln.

Die Schiffsbaumeister des frühen 17. Jahrhunderts waren die Engländer, wie das Meisterstück von Phineas Phett beweist: die 1500 Tonnen schwere, mit 100 Geschützen bewaffnete *Sovereign of the Seas*. Doch man konnte das Schiff 1652 erst gegen die Holländer einsetzen, nachdem man die Aufbauten auf zwei Decks reduzierte. Für die praktischen, nüchternen Holländer war dies eine weitere Bestätigung ihrer Ansicht, dass mit Prestigeschiffen nichts zu gewinnen war. Sie glaubten, die englischen Schiffe wären zu schmal gebaut, hätten zu viele Geschütze an Bord und wären folglich instabil. Holländische Schiffe waren auf maximale Frachtkapazität, Stabilität und Geschwindigkeit ausgelegt und hatten breite, flache Böden und stabile Rümpfe. In der Schlacht jedoch erwies sich die englische Artillerie gegen die leichteren, schlechter bewaffneten Holländer oft als überlegen. Im Jahre 1658 führten die Holländer ein Stagsegel am Hauptmast ein, dann zwei weitere Stagsegel sowie ein System, mit dem sich die Topmasten bei schwerem Seegang senken ließen. Dies war eine

GEGENÜBER: In diesem Gemälde von John S. Lucas aus dem Jahre 1883 schildert der Sieger der Downs, van Tromp, die Probleme seiner komplexen Führung und die dringende Notwendigkeit einer Professionalisierung der holländischen Flotte.

bedeutende Verbesserung, doch es sollte noch einige Zeit dauern, bis holländische und englische Schiffe mit einem praktischen Klüversegel ausgestattet wurden.

Im Verlauf des Jahrhunderts erfuhr die Form der Galeone wesentliche Veränderungen. Sie wurde immer stromlinienförmiger und verlor ihre tonnenartige Gestalt. Die Decks wiederum büßten ihre aufwärtsgeschwungene Kurve vom Mittelschiff zum Heck ein. Das ehemals hohe Vorderschiff erreichte eine beinahe horizontale Form. Der lange, vorstehende Bugspriet wurde verkürzt und schließlich mit einer geschnitzten Figur am Ende verziert. Unglaublich ist, dass bis etwa 1710 alle Flotten das primitive Steuerruder beibehielten. Dann erst wurde es durch Seile, Flaschenzüge und ein kräftiges Holzrad ersetzt, wodurch sich auch die Steuerung maßgeblich verbesserte.

Die Galeone war nicht das einzige Schiff, das während dieser Epoche weiterentwickelt wurde. Die leichten, fregattenartigen *Pinassen* mit weniger als 50 Tonnen Leergewicht hatten wie die Galeonen drei Masten mit Rahsegeln, konnten jedoch auch ebenso gut Riemen einsetzen. Aus der primitiven Pinasse entwickelte sich die Fregatte – ein schnelles Kriegsschiff mit nur einem Deck und drei Masten, das zwischen 28 und 32 Geschütze an Bord hatte. Etwas kleiner als die Fregatte war die mit 18 Geschützen bestückte, zweimastige Schaluppe, im Französischen auch *Corvette* genannt. Auch sie besaß ein Klüver- und ein Brahmsegel an jedem Mast. Noch kleiner als die Schaluppe war die mit zwei Masten und drei Segeln ausgestattete *Schnau*. Im 18. Jahrhundert bezeichnete man alle drei Schiffstypen als Kriegsbriggs.

Auch die Korsaren im Mittelmeer modernisierten ihre Galeeren. Sie behielten die Takelage mit drei Lateinsegeln an drei kurzen Masten bei und statteten ihre Schebecken mit Geschützen entlang der Flanken aus. Die Ruderer saßen auf Bänken zwischen den Stückpforten und bemannten in der Schlacht die Geschütze. Die *Schebecke* bewährte sich. Später modifizierten die baltischen Mächte diese Schiffe für die Schlachten in der Ostsee.

DIE SCHEBECKE der nordafrikanischen Berber kombinierte Lateinsegel und einen schlanken Rumpf, der sowohl für Segel als auch für Riemen ausgelegt war. Im Gegensatz zur Galeere war dieser Rumpf massiv genug für mehrere Geschütze.

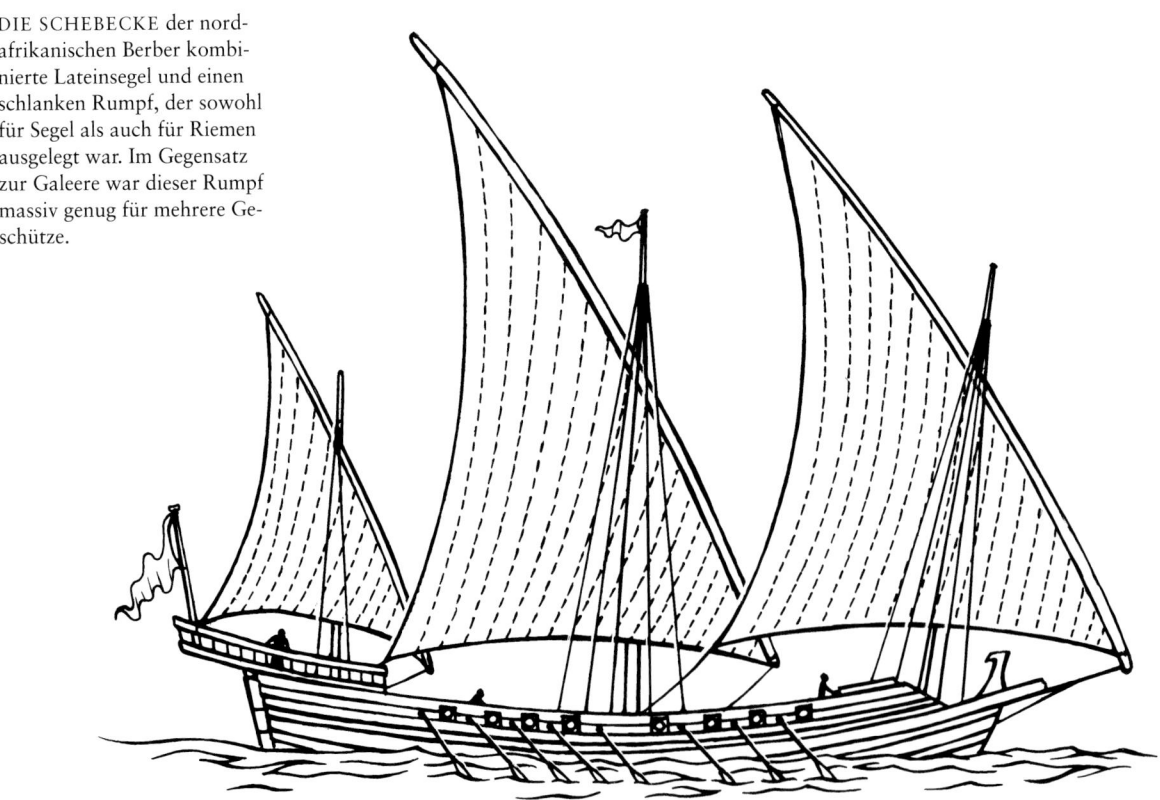

DIE *SOVEREIGN OF THE SEAS*, HECKANSICHT: Bereits der Name verweist auf den britischen Vorherrschaftsanspruch zur See gegenüber ihren Rivalen auf dem Kontinent. Wegen der schweren, mit Blattgold überzogenen Hartholzschnitzereien nannten die Holländer das Schiff »vergoldeter Teufel«.

Die englisch-holländischen Kriege, 1652–72

Mitte des 17. Jahrhunderts waren England und die Vereinigten Niederlande nicht nur die bedeutendsten Seemächte Europas, sondern auch die mächtigsten protestantischen Kräfte. Zudem waren sie erbitterte Handelsrivalen, die drei Kriege um die Kontrolle des Welthandels und der Ozeane führten.

England hielt in diesen Kriegen die meisten Trümpfe in der Hand. Es lag nicht nur direkt an den holländischen Handelswegen, sondern war auch durch den Westwind begünstigt. Daher konnten die Engländer schneller die holländischen Handelswege abschneiden und waren schneller schlachtbereit als ihre Rivalen auf dem Kontinent. Darüber hinaus war die englische Flotte für den Dienst im Ärmelkanal ausgelegt und die Schiffe mit zahlreichen schweren Geschützen bestückt. Im Gegensatz dazu besaßen die Holländer bei Kriegsausbruch 1652 noch keine stehende Kriegsflotte, sondern verfügten hauptsächlich über umgebaute Handelsschiffe. Die Hauptaufgabe der holländischen Kriegsschiffe war es, Handelsschiffe zu begleiten und zu schützen und nicht, gegen große Kriegsschiffe in die Schlacht zu ziehen. Hier hatten die Holländer Profit und Politik einer vernünftigen Strategie vorangestellt. Als Konsequenz davon wurden holländische Schiffe während der Kriege häufiger entmastet, leckgeschlagen und versenkt als die englischen Schiffe.

Zudem waren die sieben niederländischen Teilstaaten kaum als echter Staat anzusehen. Die Flotte unterstand drei oder vier separaten Admiralitäten (die wichtigsten waren die von Holland, Zeeland und Friesland), was bedeutete, dass sie im Gegensatz zu England von keiner zentralen Autorität befehligt wurde. Schlimmer noch waren die Differenzen zwischen den Anhängern des Prinzen, des *Stadthouders*, und den Generalständen. So waren Maarten Tromp und dessen Sohn Cornelis Tromp Royalisten oder »Orangisten«, wohingegen Re Ruyter und Witte de With Parlamentarier waren. Die holländische Flotte war gespalten, was ihrer Kampfkraft enormen Abbruch tat.

Im Jahre 1653 wurde die holländische Flotte bei Scheveningen von den Engländern besiegt, wobei sie 11 Schiffe, 4000 Matrosen und ihren Admiral Marten Tromp verlor. Oliver Cromwell widerstrebte es jedoch, gegen eine andere protestantische Macht zu kämpfen, zumal das katholische Spanien ein weit lukrativeres Ziel bot. Im Jahr darauf wurden die Friedensverhandlungen zur Beendigung des ersten englisch-holländischen Krieges abgeschlossen. Nach Ende des Krieges begannen die Holländer mit dem Bau robusterer und schwerer bewaffneter Kriegsschiffe, die den englischen Breitseiten standhalten sollten. Im April 1655 verfügten die Holländer über vier Kriegsschiffe der »ersten Kategorie« mit 70 und mehr Geschützen an Bord. Die Engländer wiederum,

113

DIE *SOVEREIGN OF THE SEAS* IM QUERSCHNITT:
Mit ihren 1500 Bruttoregistertonnen und 100 Bronzekano-
nen beherrschte das Flaggschiff der britischen Royal Navy
die heimischen Meere. Im Querschnitt sind die Decks und
der Aufbau des Rumpfs zu sehen.

bestrebt, den Frieden in diesem Rüstungswettlauf zu
bewahren, bauten weitere acht. In der Regel waren
die holländischen Schiffe kleiner und schlechter bewaffnet. Cornelius Tromps Flaggschiff hatte ein Leergewicht von nur 600 Tonnen und verfügte über ganze 54 Geschütze.

Es war daher kein Wunder, dass die Holländer im
Juni 1665 bei Lowestoft 17 Schiffe verloren. Die
Niederlage war zum Teil der Unerfahrenheit des holländischen Admirals Baron Jacob van Obdam zuzu-
schreiben, der nur deshalb ernannt worden war, weil
er als strikter Befürworter des holländischen Par-
laments galt. In der Viertagesschlacht (4.–8. Juni)
trugen die Holländer einen knappen Sieg über die
Engländer davon, doch wurde dies dadurch über-
schattet, dass Cornelius Tromp aus politischen Gründen das Kommando entzogen wurde. Am 4. August
1666 erlitten die Holländer in der Schlacht vom St.
James Day dann eine Niederlage.

Medway, 1667:
Demütigung der englischen Flotte

Zum Glück für die Holländer war die politische Lage in England kaum besser. Obwohl es Charles II. gelungen war, das Land im Anschluss an seine Restau-
ration 1660 zu vereinen, bewilligte das Parlament
nur zögerlich neue Mittel, so dass die Flotte rasch ver-
fiel. Im Gegensatz dazu erreichte das holländische
Schiffsbauprogramm 1665 seinen Höhepunkt. Da die
holländische Flotte nun für die Schlacht gerüstet war,
beabsichtigte der Ratspensionär der holländischen
Republik, die Engländer zur Unterzeichnung eines
Vertrages zu Gunsten Hollands zu zwingen. Er wusste, dass dies nur durch einen gewaltigen und vernich-
tenden Schlag gegen die Royal Navy zu erreichen
war.

Am 1. Juni 1667 berichtete ein in Holland tätiger
englischer Agent, dass in Texel eine große holländische Flotte zu einem Angriff auf England zusammengezogen werde. Am 4. Juni setzte die holländische
Flotte mit 51 großen Kriegsschiffen, 3 Fregatten und
14 Brandern unter dem Kommando von Admiral Michiel de Ruyter Segel. Drei Tage später erreichte die
Flotte die Mündung der Themse. An Bord von De

Ruyters mit 90 Geschützen bestücktem Flaggschiff *Zeven Provincien* (Sieben Provinzen) wurde Kriegsrat gehalten. Dort wurde beschlossen, dass Admiral Baron Willem van Ghent mit einem Geschwader bis zum Flottenstützpunkt in Deptford die Themse hinauf segeln sollte. Vizeadmiral van Schram sollte derweil ein Auge auf die Straße von Dover haben. Van Ghent verbreitete entlang der Themse Angst und Schrecken und versetzte London in Aufruhr. Dann machte er kehrt und schloss sich wieder dem Rest der Flotte an.

Der Prokonsul der Flotte, Cornelis de Witt, hatte sich mit De Ruyter beraten und beschlossen, entlang des Medway ebenfalls Überfälle durchzuführen. Erst am 10. Juni reagierten die Engländer und schickten Prince Rupert nach Gravesend und Lord Albemarle nach Chatham, um dort jeweils die Verteidigung zu organisieren. Derweil befahl Van Ghent dem heißspornigen Rotterdammer Kapitän namens Jan van Brakel vom Schiff *Vrede* (Wut), die schwach bemannte Batterie in Sheerness anzugreifen. Van Brakel griff am Nachmittag des 10. Juni an, und die sieben in Sheerness stationierten Artilleristen liefen um ihr Leben. Die Batterie wurde besetzt und die Flagge der

Holländischen Republik auf englischem Boden gehisst. Am 11. Juni traf Lord Albemarle schließlich in Chatham ein, während die Holländer unter der Führung von Van Brakel Dörfer auf der Isle of Sheppey überfielen.

De Witt ließ Van Brakel wegen Plünderungen unter Arrest stellen. Holländische Schiffe hatten inzwischen die Mündung des Medway erreicht. Admiral Van Ghent, der das Kommando führte, sandte Kapitän Thomas Tobiaszoon mit drei Fregatten, zwei Briggs und zwei Brandern aus, um die Engländer flussaufwärts anzugreifen. Tobiaszoon verließ Sheerness und brauchte einen großen Teil des Tages, das englische Blockadeschiff *Adam and Eve* aus dem Weg zu räumen, damit Van Ghents Flotte passieren konnte. Am folgenden Tag evakuierten und plünderten die Holländer Sheerness. Sie zerstörten die Deiche, wodurch ein großer Teil von Sheppey überflutet wurde. Um 6.00 Uhr griff Tobiaszoon mit der

JUNI 1666: Die erbitterte Vier-Tage-Schlacht, aus der die Holländer einen knappen, aber großen Sieg davontrugen, der durch die Aufgabe der hier abgebildeten *Royal Prince* besiegelt wurde.

einsetzenden Flut an, wurde jedoch von der Eisenkette über den Fluss bei Gillingham und den zwei englischen Batterien auf beiden Ufern aufgehalten. Die holländische Flotte erstreckte sich nun von der Kette bei Gillingham bis zur Mündung des Medway in einer langen, dünnen und verwundbaren Linie und konnte nicht nach vorn feuern. Van Brakel wurde von De Witt freigelassen, nachdem er sich bereit erklärt hatte, mit der Vrede an den Engländern vorbeizusegeln. Dies sollte die Aufmerksamkeit und damit die Feuerkraft vom Angriff eines holländischen Branders auf die Kette bei Gillingham ablenken, die von der mit 44 Geschützen bestückten *Unity* verteidigt wurde. Als Van Brakel das Schiff stürmte, stieß er auf geringen Widerstand. Die holländischen Brander durchbrachen die Kette und setzten das englische Schiff

Mathias in Brand, das prompt explodierte. Dann enterte Van Brakel die *Charles IV.*

Nachdem die Kette durchbrochen war, konnten die Holländer ihre Fahrt flussaufwärts fortsetzen. Beim Angriff auf das Schiff der »ersten Kategorie«, die nur halb aufgetakelte, mit unbewaffneten Matrosen bemannte und mit nur 32 Geschützen bestückte *Royal Charles*, ergriff die demoralisierte Besatzung die Flucht. Ghent und De Witt hielten an Bord des erbeuteten englischen Flaggschiffs Kriegsrat. Sie beschlossen, den letzten großen Angriff am 13. Juni gemeinsam mit De Ruyter auszuführen. Das Blatt hatte sich gewendet. Die Holländer feierten ihren verblüffenden und kühnen Erfolg mit Genever und Bier. Später am selben Tag traf De Ruyter mit der Hauptflotte ein.

Lord Albemarle blieb derweil nicht untätig. Er ließ die drei Kriegsschiffe *Royal James, Royal Oak* und *Loyal London* zum südlichen Flussufer bei Upnor bringen und dort auf Grund setzen. Um eine Erstürmung ihrer Schiffe zu verhindern, bohrten die Engländer Löcher in die Bordwände und errichteten drei Batterien mit 10 schweren und 50 kleineren Geschüt-

DAS GEMÄLDE VON PIETER VAN DEN VELDE *Holländischer Angriff auf dem Medway, 9.–14. Juni 1667* entstand kurz nach der Schlacht, um den holländischen Sieg zu rühmen. Im Hintergrund ist eine Schlachtlinie holländischer Schiffe zu sehen. Vorne rechts im Bild die erbeutete *Royal Charles.*

ADMIRAL MICHIEL DE RUYTER (1607–76), der Seekriegsheld seiner Generation und der Architekt des Medway-Feldzuges im Juni 1667.

zen zur Verteidigung der Werften und der oberen Abschnitte des Medway.

Am Morgen des 13. Juni erreichten fünf holländische Brander den Flussabschnitt bei Gillingham. Da ein kräftiger Nordostwind blies, brauchten die Holländer mit ihrem Angriff nur auf den Gezeitenwechsel zu warten. Als dieser um die Mittagszeit einsetzte, hatte der Wind jedoch stark nachgelassen, so dass sich der holländische Vorstoß verlangsamte und die Engländer Zeit gewannen, ihre Verteidigung aufzubauen. Erst gegen 14.00 Uhr erreichten die holländischen Schiffe Upnor Castle, wo sie im englischen Kreuzfeuer schwere Verluste erlittten, doch die holländischen Brander verrichteten an den auf Grund gesetzten Kriegsschiffen ihr tödliches Werk. Die englischen Mannschaften retteten sich hastig ans Ufer, der Kapitän Archibald Douglas jedoch blieb zurück und starb auf einem brennenden Schiff. Da die Holländer 50 Mann verloren und ihren Vorrat an Bran-

dern aufgebraucht hatten, brachen sie ihren Angriff ab und wichen einem Gefecht mit den kurz vor der Brücke von Rochester anlegenden 16 englischen Kriegsschiffen aus. Am 14. Juni schleppten die Holländer die *Royal Charles* auf die offene See.

Nachwirkungen

In London löste der Vorstoß auf dem Medway eine Panik aus. Drei Tage später erreichte die Nachricht von dem Überfall Holland, wo sie mit großem Jubel aufgenommen wurde. Einen Monat später unterzeichneten die Engländer den für sie unvorteilhaften Friedensvertrag von Breda, der dem zweiten englisch-holländischen Krieg ein Ende setzte.

Charles II. dürstete nach Rache. Mit geheimer Finanzhilfe unterstützte er die Franzosen 1672 beim Angriff auf die Niederlande. Während die Holländer die 150 000 Mann starke Invasionsarmee Ludwigs XIV. abwehrten, leitete Admiral De Ruyter eine Seeoffensive in holländischen Gewässern, wo sich seine Schiffe mit geringem Tiefgang als schneller und wendiger erwiesen als die großen, schweren Kriegsschiffe der Gegner. Trotz zahlenmäßiger Unterlegenheit besiegte De Ruyter am 6. Juni 1672 in Solebay eine starke englisch-französische Flotte. Im Juni 1673 schlug De Ruyter die alliierte Flotte abermals in den zwei Schlachten vor der holländischen Küste bei Schooneveld. Im Februar 1674 baten die Engländer um Frieden.

Die Brüder Witt wurden während der Krise des Jahres 1672 von einem Mob in Amsterdam bestialisch ermordet. Der *Stadthouder*, Prinz Wilhelm von Oranien, ergriff die Macht. Im Jahre 1688 zog er bei Hellevoetsluis 500 Schiffe und 21 000 Soldaten zusammen, um in England einzufallen und den katholischen König James II. abzusetzen. Im November 1688 segelte diese holländische »Armada« – die viermal größer war als die spanische – ungehindert von der Royal Navy durch die Straße von Dover und landete in Devon. Wilhelm marschierte auf London und wurde im Jahr darauf zum König ausgerufen, wodurch er

DIE SCHLACHT AUF DEM MEDWAY 1667

Die holländische Flotte unter Admiral De Ruyter erreichte am 7. Juni die Mündung der Themse. Man wollte flussaufwärts Siedlungen überfallen und England dazu zwingen, um Frieden zu bitten. Drei Tage später griffen die Holländer Sheerness an und machten den Weg frei für die Flotte, die nun den Fluss hinaufsegeln konnte. Die Engländer blockierten den Fluss mit Schiffen, einer Eisenkette und zwei Batterien, um den Feind von dem wichtigsten englischen Marinestützpunkt fernzuhalten. Am 12. Juni setzten die Holländer Brander ein und durchbrachen die englische Verteidigung. Dabei wurden mehrere Schiffe verbrannt und der Stolz der Royal Navy, die Royal Charles, unbeschädigt erbeutet. Am darauffolgenden Tag segelten die Holländer weiter flussaufwärts, legten jedoch angesichts des zunehmend stärkeren englischen Artilleriebeschusses nur eine geringe Strecke zurück. Weitere drei englische Schiffe wurden versenkt oder erbeutet, bevor sich die Holländer zurückzogen. Der Überfall war für die Holländer ein bedeutender militärischer und politischer Erfolg. Im Juli 1667 unterzeichneten die Engländer einen Friedensvertrag zu den Bedingungen der Holländer.

Nordsee
England
Niederländische Republik
London
Medway
Frankreich

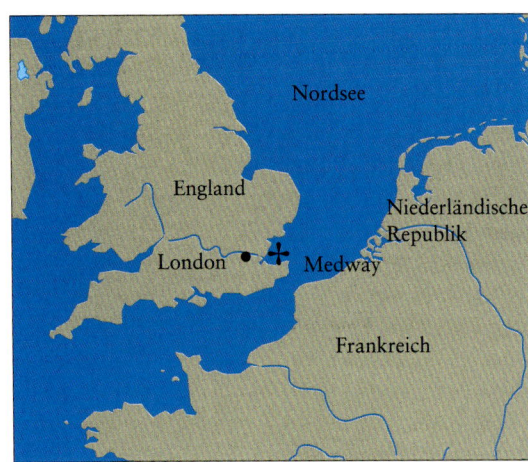

Der Medway entspringt in der Nähe von London und mündet bei der Themsemündung an der Nordwestküste von Kent ins Meer. Die britischen Werften in Chatham lagen nur eine kurze Strecke flussaufwärts.

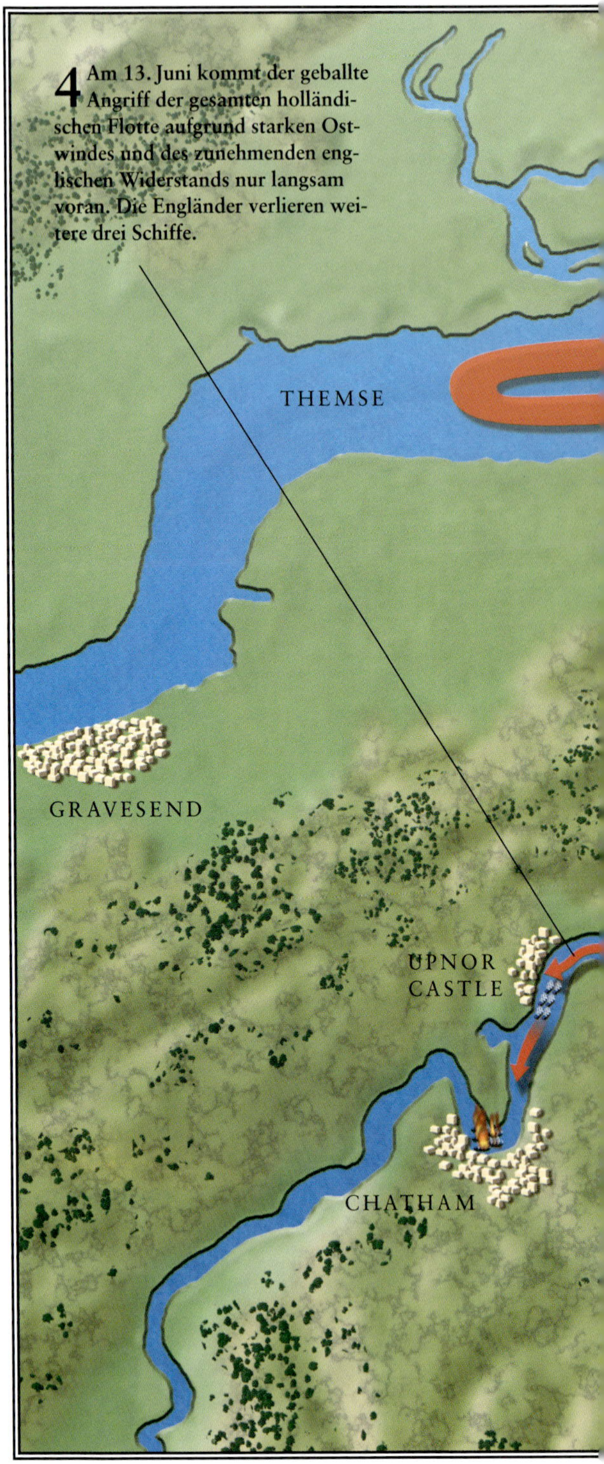
4 Am 13. Juni kommt der geballte Angriff der gesamten holländischen Flotte aufgrund starken Ostwindes und des zunehmenden englischen Widerstands nur langsam voran. Die Engländer verlieren weitere drei Schiffe.
THEMSE
GRAVESEND
UPNOR CASTLE
CHATHAM

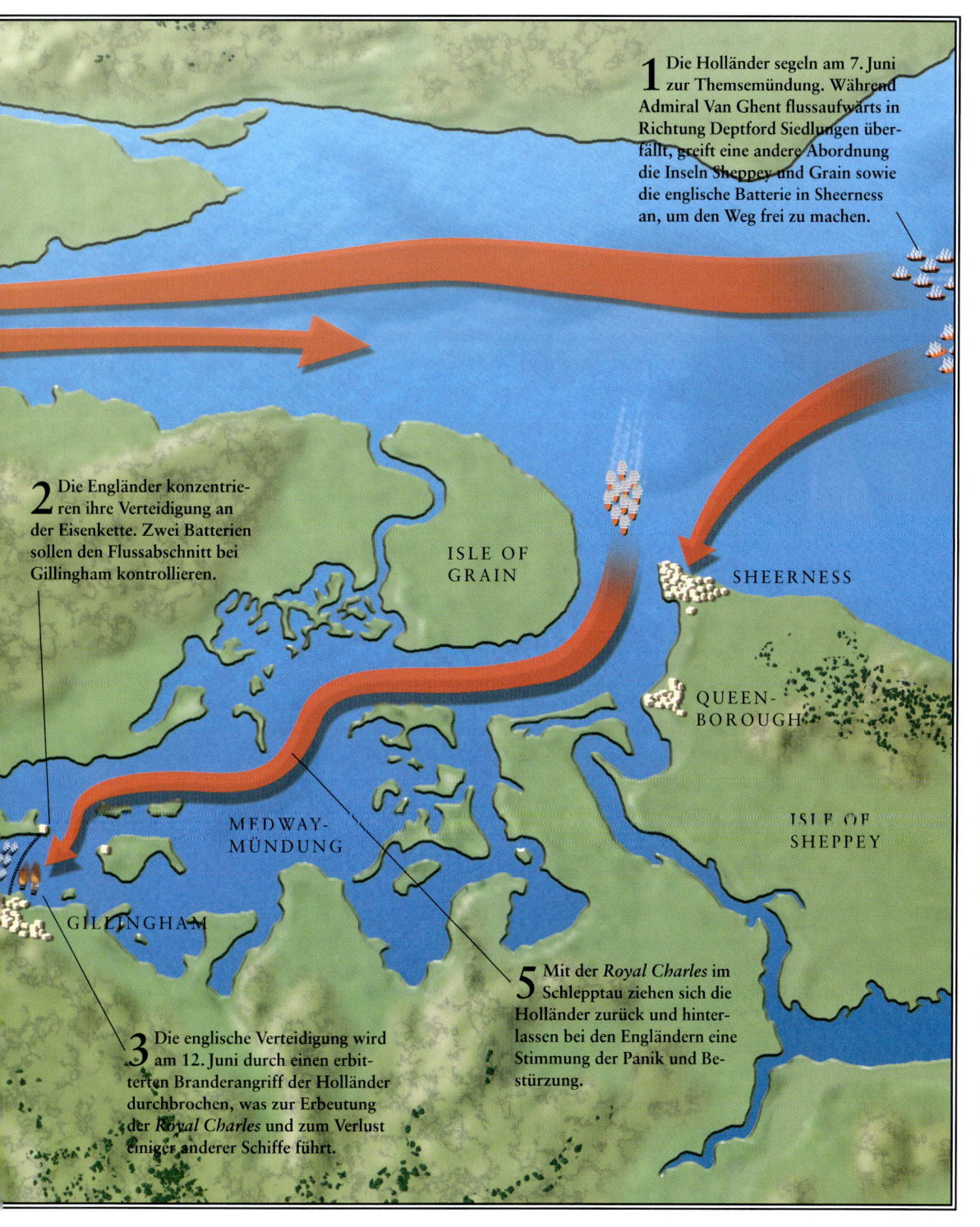

1 Die Holländer segeln am 7. Juni zur Themsemündung. Während Admiral Van Ghent flussaufwärts in Richtung Deptford Siedlungen überfällt, greift eine andere Abordnung die Inseln Sheppey und Grain sowie die englische Batterie in Sheerness an, um den Weg frei zu machen.

2 Die Engländer konzentrieren ihre Verteidigung an der Eisenkette. Zwei Batterien sollen den Flussabschnitt bei Gillingham kontrollieren.

ISLE OF GRAIN

SHEERNESS

QUEEN-BOROUGH

ISLE OF SHEPPEY

MEDWAY-MÜNDUNG

GILLINGHAM

5 Mit der *Royal Charles* im Schlepptau ziehen sich die Holländer zurück und hinterlassen bei den Engländern eine Stimmung der Panik und Bestürzung.

3 Die englische Verteidigung wird am 12. Juni durch einen erbitterten Branderangriff der Holländer durchbrochen, was zur Erbeutung der *Royal Charles* und zum Verlust einiger anderer Schiffe führt.

eine englisch-holländische Allianz schmiedete, die 1713 schließlich zum Sieg über den französischen König Ludwig XIV. führen sollte.

Die große Flotte Ludwigs XIV., 1661–92

Hätte man im Jahre 1661 einen Spieler gebeten, eine Vorhersage zu treffen, wer Holland die Vormachtstellung auf See streitig machen könnte, England oder Frankreich, dann hätte er sich vermutlich für Frankreich entschieden. Dessen Bevölkerung, Ressourcen, Steueraufkommen und Finanzkraft waren um ein Vielfaches größer als die des kleineren Inselkönigreichs. Verglichen mit dem Chaos parlamentarischer Politik in England war Frankreich ein durch und durch autokratischer Staat, wo König Ludwig XIV. und seine begabten Minister alle Entscheidungen trafen. Frankreich hatte jedoch keine starke maritime Tradition. Hollands Wohlstand hing jedoch von seiner Überlegenheit auf See ab, und für England war die Flotte überlebenswichtig. Für die kontinental denkenden und autarken Franzosen existierten solche Notwendigkeiten nicht. Wie Spanien war auch Frankreich hin und her gerissen zwischen dem Bedürfnis nach einer starken Armee, um die Vorherrschaft in Europa zu erlangen, und dem Wunsch nach einer starken Flotte, um dem wachsenden Monopol der Seemächte beim Überseehandel und beim Wettlauf um die Kolonien etwas entgegenzusetzen. Frankreich hatte Interessen im Atlantik, dem Ärmelkanal, der Karibik und im Mittelmeer. Die geografischen, ökonomischen und sozialen Hindernisse standen einer Seemacht Frankreich im Wege und erwiesen sich als ebenso fatal wie von 1650 an der Aufstieg Spaniens als Seemacht.

Kardinal Richelieu war nicht nur der Schöpfer des rigiden zentralistischen französischen Staates, sondern hatte auch großen Anteil daran, dass Frankreich zu einer bedeutenden Seemacht wurde. Das Resultat der Anstrengungen des Kardinals war – trotz innenpolitischer Schwierigkeiten und eines Kriegs mit Spanien und Österreich – beeindruckend. Als Großadmiral von Frankreich und Kommandant der Galeerenflotte des Mittelmeers baute er eine erstklassige Flotte auf, die 1642 vor Toulon mit 65 Linienschiffen und 22 Galeeren in ganzer Stärke zu sehen war. Richelieu ernannte den Erzbischof von Bordeaux, Henri de Sourdis, zum Großadmiral von

Frankreich – wenn ein Kardinal Frankreich beherrschen konnte, so argumentierte Richelieu, warum sollte dann nicht ein Erzbischof die Flotte leiten? Sourdis erwies sich als kluge Wahl. Im Jahre 1637 eroberte er die von den Spaniern besetzten Lerin-Inseln vor der Küste der Provence und versenkte im Jahr darauf 14 spanische Schiffe. Sein Flaggschiff, die *Couronne*, wog immerhin 2000 Tonnen.

Frankreich war jedoch nur kurz eine ruhmreiche Seemacht. Die Nation war kontinental ausgerichtet. Richelieu hatte daher Schwierigkeiten, Matrosen zu finden, und konnte seine Schiffe nur durch Gewalt und Drohungen bemannen. Offiziere waren noch dünner gesät, und Adlige, die nicht wie Fischer und Matrosen gepresst werden konnten, zogen eine Laufbahn in der Armee vor. Darüber hinaus waren die überseeischen Kolonien des Landes im Hinblick auf Fläche, Bevölkerung und Reichtum im Vergleich zu den spanischen Kolonien bescheiden, was zur Folge hatte, dass die Handelsflotte schwach blieb. Der Großteil des französischen Außenhandels wurde trotz der fanatischen merkantilen Beschränkungen Richelieus (oder gerade deshalb) mit fremden Schiffen abgewickelt.

Colberts Reformen

Die Flotte, die Richelieu mit solcher Umsicht aufgebaut hatte, verrottete unter seinem Nachfolger Kardinal Mazarin im Hafen. Als Ludwig XIV. im September 1661 Jean Baptiste Colbert zum Flottenminister ernannte, war dieser entsetzt, nur noch 20 Schiffe vorzufinden: neun Schlachtschiffe, drei Fregatten und acht Galeeren. Der neue Minister machte sich mit der für ihn charakteristischen Härte und Zielstrebigkeit daran, eine neue Flotte für Frankreich aufzubauen. Unter Ausschöpfung der enormen Ressourcen des Landes setzte Colbert das größte Flottenbauprogramm der europäischen Geschichte in Gang. Zwischen 1665 und 1670 wurden 65 Linienschiffe gebaut, darunter die größten Schiffe der Welt. Weder England noch die Vereinigten Provinzen der Niederlande konnten mit dieser Produktivität mithalten. Als Colbert 1683 an Erschöpfung starb (er war auch noch Minister für Finanzen, Handel und Kolonien), war die französische Flotte die größte der Welt. Sie zählte beeindruckende 112 Linienschiffe, 25 Fregatten, 7 Brander, 16 Korvetten, 20 Vlieboote und 40 Galeeren. Insgesamt ka-

SCHWEDISCHER SEEMANN (1630)

Das auf seiner Jungfernfahrt gesunkene schwedische Flaggschiff Wasa *ging mit einer kleinen Kernmannschaft unter. Im Jahre 1961 wurde das noch intakte Schiff gehoben. An Bord wurden auch die Gebeine und die Kleidung der Ertrunkenen gefunden, die als Vorlage bei der Rekonstruktion eines typischen Seemannes jener Zeit dienten. Die Kleidung des Matrosen gibt sowohl Aufschluss über die Armut des Durchschnittsmatrosen im 17. Jahrhundert als auch über die Tatsache, dass einheitliche Marine-Uniformen erst im folgenden Jahrhundert eingeführt wurden. Seine Kleidung ähnelt der der arbeitenden Bevölkerung an Land: eine Kappe aus grobem grauen Stoff mit passender Hose, Jacke und Schuhen. In Kriegszeiten nicht gerade ideal für die Witterungsverhältnisse, denen er in der Nord- und Ostsee ausgesetzt war.*

men rund 250 Schiffe zusammen – rund 40 mehr als die britische Royal Navy aufbieten konnte.

Obwohl Colbert den Ehrgeiz hatte, Frankreich trotz seiner mangelnden maritimen Tradition zu einer echten Seemacht zu machen, stellte er rasch fest, dass er das Niveau der Handelsflotten und die Handelsvolumen der etablierten Seemächte nicht erreichen konnte. Außerdem konnte Frankreich seine derzeitige Produktionsgeschwindigkeit und Flottenrüstung nicht lange aufrechterhalten. Es herrschte ein chronischer Mangel an Lagerhäusern, Holz, Matrosen und vor allem an Offizieren. Doch die Resultate waren spektakulär. Wie gelang das dem energischen Minister? Erstens bewahrte er sich den Schutz und das starke Interesse des Königs, indem er die Flotte als Symbol königlicher Macht und Glorie pries. Zweitens erweiterte Colbert seine eigene bürokratische Macht, bis er die Flotte und alles, was in Frankreich irgendwie mit der Seefahrt zu tun hatte, unter seine Kontrolle gebracht hatte. Mit seinen Vettern Michel und Francois Bégon besetzte er Schlüsselpositionen in der Verwaltung. Drittens ließ er Schiffe und Stützpunkte von besonderen Verwaltungsbeamten, so genannten Intendants, inspizieren, die auch die unter seinem Kommando stehenden Flotten kontrollierten. Daneben entsandte er Spione nach Holland und England, um Baupläne für Schiffe zu beschaffen und Männer zu bestechen, die sie bauen konnten. Diese Männer bildeten die französischen Zimmerleute aus, die später die besten Schiffsbauer und -ingenieure in ganz Europa werden sollten. Im Jahre 1715 spionierten die Holländer und die Engländer bei den Franzosen – eine Tatsache, die für Colberts Erfolg spricht.

Doch die Rekrutierungen waren stark gesunken. Der schlecht beratene Ludwig hatte das Edikt von Nantes aufgehoben, was rund 200 000 französische Hugenotten zur Flucht aus Frankreich zwang. Dummerweise kamen deren Fähigkeiten nun Frankreichs Feinden zugute. Um den Nachschub an Matrosen zu sichern, schaffte Colbert die berüchtigte Zwangsrekrutierung ab und ersetzte sie durch die wesentlich effektiveren, wenngleich ebenso unbeliebten »Klassenregister«, einem Vorläufer der Wehrpflicht.

IN DER SCHLACHT VON SOLEBAY (Southwold Bay) am 28. März 1672 schlugen die Holländer die vereinigte englisch-französische Flotte in die Flucht, wenn auch mit hohen eigenen Verlusten.

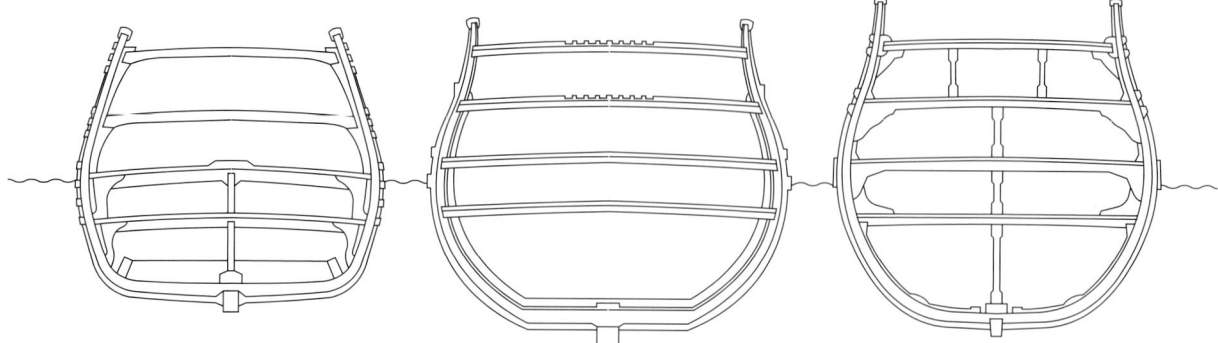

Die französische Flotte im Krieg

Solange sich die anderen Seemächte gegenseitig an die Gurgel gingen, konnte sich die französische Flotte leicht behaupten. In der Schlacht von Solebay 1672 gab eine vereinte Flotte aus etwa 78 englischen und 30 französischen Schiffen im Kampf gegen Admiral De Ruyters 75 Kriegsschiffe ein erbärmliches Bild ab. Im Januar 1676 nahmen die Franzosen Rache an De Ruyter. Eine große französische Flotte unter dem Kommando des Ex-Piraten Admiral Abraham Duquesne griff den holländischen Admiral bei den Lipari-Inseln vor der Nordküste Siziliens an. In der Schlacht von Agosta verloren die Holländer fünf Schiffe, und Admiral De Ruyter fiel. Dies war von großer Bedeutung, signalisierte sein Tod doch das Ende der goldenen Ära holländischer Vorherrschaft auf See.

Im Jahre 1688 besaß Ludwig die zahlenmäßig stärkste Flotte der Welt. Frankreich schien kurz davor, Holland den Rang als erste Seemacht abzulaufen. Insgesamt verfügte die französische Flotte über 189 Schiffe, darunter 118 Linienschiffe und 19 Fregatten, sowie über eine ganze Reihe guter Admiräle und sichere Kriegshäfen. Von 1683 an hatte die Marineakademie in Brest Berufsoffiziere hervorgebracht. Doch all das war trügerisch. Im selben Jahr entthronte Wilhelm III. James II. in England, wodurch sich Frankreich der geballten Kraft der »Seemächte« gegenübersah. Die französische Flotte konnte einer

KANONENDECKS: Diese Illustration zeigt, von unten nach oben, das Unterdeck (unter der Wasserlinie), das untere Kanonendeck mit den schwersten Geschützen, darüber das mittlere Kanonendeck, das obere Kanonendeck und schließlich das Quarterdeck mit den wenigsten und leichtesten Geschützen.

ZUM VERGLEICH: holländische Schiffsbauweise (links) mit eckigem, flachem Boden; die englische Bauweise (Mitte) mit größerem Tiefgang und gerundetem Boden; die französische Bauweise (rechts) mit weniger Kanonendecks und einem unteren Kanonendeck, das höher lag als bei den englischen Schiffen.

solchen Herausforderung nicht standhalten. Frankreich verfügte nicht über die Ressourcen für einen langen Seekrieg. Zudem hatte man Dünkirchen nicht als Stützpunkt ausgebaut, was fatale Konsequenzen hatte. Das Fehlen eines Hauptstützpunktes im Kanal sollte Frankreich zum Verhängnis werden.

Frankreichs größter Admiral, Anne-Hilaron de Cotentin führte im Juli 1690 bei Beachy Head eine Flotte von 78 Schlachtschiffen zum Sieg gegen eine alliierte Flotte von 57 englischen und holländischen Schiffen. Zwei Jahre später beging Cotentin bei Bar-

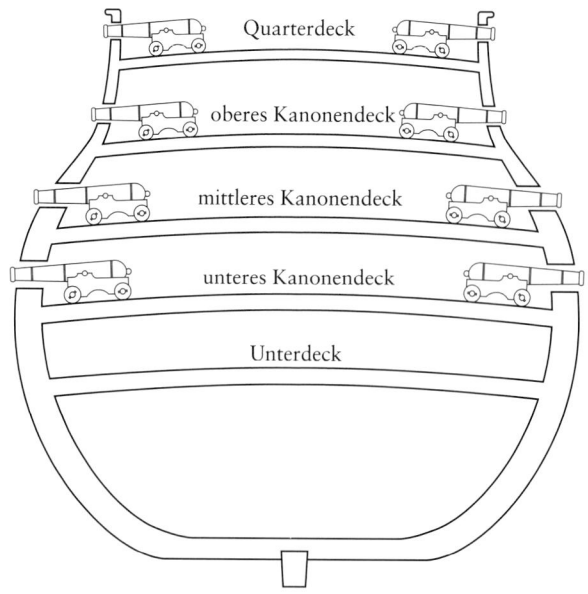

DIE NAUTISCHEN RICHTUNGSBEGRIFFE: (im Uhrzeigersinn) recht voraus, Steuerbord voraus, Steuerbord querab, Steuerbord achteraus, recht achteraus, Backbord achteraus, Backbord querab, Backbord voraus.

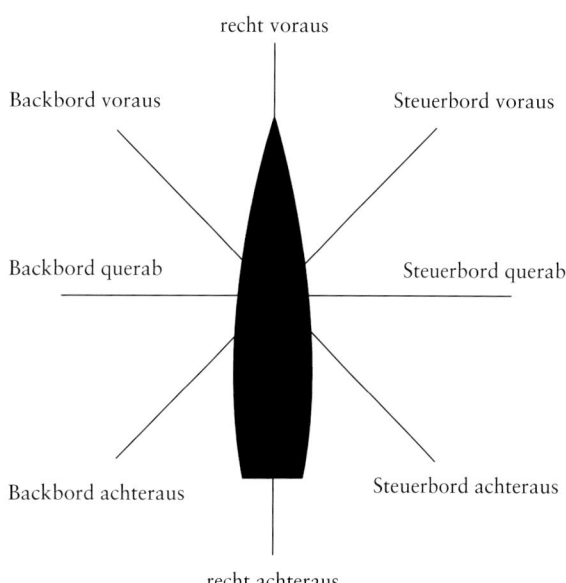

fleur einen schweren Fehler, als er mit nur 44 Schiffen und 3100 Geschützen eine alliierte Flotte von 98 Schiffen und 7100 Geschützen angriff. Nach zwölf Stunden endete die Schlacht unentschieden, doch Cotentin verlor auf dem Rückzug bei einem Gefecht vor La Hogue zwölf Schiffe.

Obwohl die Franzosen sich nicht eingestehen wollten, dass La Hogue ein Wendepunkt war, und die Niederlage bestritten, schrumpfte die französische Flotte danach stetig. Im Jahre 1715 war die großartige Flotte Ludwigs XIV. nur noch ein Schatten ihres einstigen Selbst. Wie zuvor überfielen die Franzosen nun wieder Handelsschiffe, wobei Brest und Dünkirchen als Freibeuterstützpunkte dienten. In der ersten Hälfte des 18. Jahrhunderts endeten die französischen Ambitionen zur See endgültig in Desastern und Demütigungen.

Englands Kriege gegen die Bourbonenreiche, 1713–83

In der ersten Hälfte des 18. Jahrhunderts festigte sich das Berufsbild des Seeoffiziers, und das standardisierte Linienschiff enstand, hinter dem ein System aus Häfen, Docks und Arsenalen stand. Das beste Beispiel für diese stehende Flotte war die britische Royal Navy, dicht gefolgt von Spanien und Frankreich. Als Philip V. im Jahre 1700 als erster Abkömmling der Bourbonendynastie den Thron bestieg, verfügte das Land nicht über eine nennenswerte Flotte. Bis 1714 jedoch schufen die Spanier eine eigene, zentral gelenkte königliche Flotte, die Armada Real. Drei Jahre später wurde José Patino zum obersten Admiral ernannt. Patino erwies sich als spanische Ausgabe von Colbert. Er verhalf Spanien zu einer neuen Machtposition auf See und errichtete überall in dem ausgedehnten spanischen Imperium *astilleros* (Werften) und Arsenale.

Die Atlantikstützpunkte lagen in Ferrol und Coruña in Galizien, die Mittelmeerflotte war in Cartagena stationiert. Der britische Botschafter Sir Benjamin Keene, der Patinos Arbeitseifer mit einem wachsamen Auge verfolgte, bemerkte, dass es der

spanischen Armada trotz der Qualität ihrer Schiffe an Mannschaften, Offizieren, Geld und Erfahrung fehlte. Im Jahre 1736 verstarb Patino im Amt – wie Colbert an Erschöpfung. Die Flotte hatte nun 36 Linienschiffe, 9 Fregatten und 16 kleinere Schiffe. Doch die Spanier scheuten sich, ihre Schiffe und Mannschaften auch zu erproben, weil sie fürchteten, sie könnten sie im Kampf gegen die Briten wieder verlieren. Nach Patinos Tod setzte durch fehlende Unterstützung und Mittel der Niedergang der spanischen Flotte ein.

Wie die Spanier befürchtet hatten, wurden sie von der schlachterprobten und erfahrenen British Royal Navy im »War of Jenkins' Ear« (1739–48) vernichtend geschlagen. Spanien war zwar mit 46 Schlachtschiffen in den Krieg gezogen, doch als der Marqués de la Ensenada 1746 die Führung übernahm, bestand ein dringender Bedarf an neuen Schiffen und Mannschaften. Unter seiner Verwaltung (1746–54) wurden rund 20 Millionen Pesos für die Modernisierung spanischer Werften und Materialien aufgewendet. Die effizienteste Werft war das Arsenal in Havanna, das im Laufe des Jahrhunderts 50 Linienschiffe baute, darunter auch die *Santissima Trinidad*, die im März 1763 vom Stapel lief: Mit 4 Decks und 136 Geschützen war sie das größte Segelschiff ihrer Zeit. Ensenada ernannte Jorge Juan zum Schiffsbaumeister und

DAS GRÖSSTE SCHIFF SEINER ZEIT, die spanische *Santissima Trinidad* (1763–1805) war mit seinen 136 Kanonen allen britischen Schiffen überlegen, sogar der berühmten *Victory*.

Das Linienschiff

schickte ihn nach England, wo er die hohe Kunst des englischen Schiffsbaus erlernen sollte. Juan verbrachte ein Jahr in England und spionierte geheime Baupläne aus. Etwa 60 englischen Schiffsbauern versprach er reichen Lohn, wenn sie sich in den neuen spanischen Werften verdingten. Mit gerade 18 Linien- und 15 kleineren Schiffen stand Spanien 1751 den 100 Schiffen und 180 kleineren Schiffen der Royal Navy gegenüber. Im Jahre 1760 verfügten die Spanier wieder über 47 Linienschiffe und 21 Fregatten.

Um ein Linienschiff der »dritten Klasse« mit 74 Geschützen zu bauen, wurden 3000 Bäume benötigt. Die Verwüstung, die man in den verbliebenen Waldgebieten Spaniens anrichtete, hielt man für einen angemessenen Preis. Das meiste Holz wurde jedoch aus den Wäldern Mittelamerikas eingeführt. Teak und Mahagoni, obwohl leichter als englische Eiche, waren kräftiger und sogar noch haltbarer, was die Lebensdauer der spanischen Schiffe deutlich verlängerte. Das 1752 erbaute Schlachtschiff *La Africa* beispielsweise blieb bis 1809 in Dienst.

Die Bauweise von Linienschiffen war in ganz Europa ähnlich. Um die Schiffe zu stabilisieren, baute man sie »abfallend« mit nach oben hin immer schmäleren Decks, so dass die Gesamtstruktur einen tiefen Schwerpunkt erhielt. Weitere Stabilität erreichte man dadurch, dass man die schwersten Geschütze auf den tieferen Decks platzierte. Allerdings konnte dies die Feuerkraft eines Schiffs bei rauer See erheblich verringern, weil die tieferen Stückpforten geschlossen werden mussten. Die *Santissima Trinidad* verfügte über 30 gewaltige 32-Pfünder, von denen jeder auf eine Entfernung von 1000 Metern eine 60 Zentimeter starke Eichenplatte durchschlagen konnte. Mit einer Breitseite eines Linienschiffs wurde eine halbe Tonne Metall auf den Gegner abgefeuert. Groß wie ein fünfstöckiges Gebäude, waren solche Schiffe unter vollen Segeln ein beeindruckender Anblick. In der Schlacht hingegen verbreiteten sie Angst und Schrecken, wenn die Kanoniere den Befehl bekamen, aus allen Rohren zu feuern. Zwar richteten die Kanonen auf den gegnerischen Schiffen gewaltigen Schaden an, doch auch die eigenen Besatzungen waren vom Rückstoß gefährdet. Zudem wurden viele Männer durch den Kanonendonner taub.

Die Linienschiffe waren wenig komfortabel. Quer über dem hinteren Ende des Schiffs auf dem Achterdeck lag die »große Kabine« des Kapitäns. Glaskassettenfenster im Heck boten dem Kapitän Licht und Frischluft. Seine wenigen Besitztümer verwahrte der Kapitän sicher in den verschließbaren Polsterbänken entlang der Wände. An seiner Tafel speisten mit ihm seine acht ranghöchsten Offiziere. Unter der Kapitänskajüte befand sich die Offiziersmesse – ein enger, langgestreckter Raum in der Schiffsmitte, der von einem Schott abgeschlossen wurde. Von der Messe aus hatte man Zutritt zu den »Kabinen« der ranghöheren Offiziere – kleine Abteile, die mit verschiebbaren Holz- oder sogar Leinwänden voneinander abgetrennt waren. Von jeder dieser Kabinen führte eine Tür zu den Achtergalerien – engen Gängen entlang der Innenseite des Rumpfes, wo sich die »stillen Örtchen« der Offiziere befanden.

Der Mannschaft blieb solcher Luxus verwehrt. Die niederen Offiziersränge, der Kaplan und die Seeoffiziere waren auf dem Deck unter der Messe untergebracht. Weiter vorn auf demselben Deck hatten Teile der Mannschaften ihre bescheidenen Quartiere zwischen den Kanonen und Vorratslagern. Eine Etage tiefer, unterhalb der Wasseroberfläche, lag das Unterdeck, wo Licht und Luft gleichermaßen knapp waren.

Ein Teil des Unterdecks beherbergte den Zahlmeister, im anderen Teil verrichteten der Wundarzt und seine Helfer während der Schlacht ihr grausiges Handwerk. Das Hauptdeck beherbergte auf engem Raum zwischen dem Poller und den Tierkäfigen den Schiffszimmermann, den Schmied sowie die Werkstatt des Waffenmeisters. Der wenige noch verbleibende Platz bot der restlichen Mannschaft eine Art Quartier, die das Beste aus den beengten Verhältnissen machte, indem sie in Hängematten schlief und an Tischen saß, die zu den Mahlzeiten von der Decke herabgelassen wurden. Auf dem Vorderschiff lag die mit einem Ziegelboden ausgestattete Kombüse, wo in riesigen Kupferkesseln gekocht wurde. Über der Kombüse befand sich das Krankenrevier, was ziemlich ungünstig war. Noch unhygienischer wurde das Ganze aber durch die Nähe zu den Mannschaftsklos, die oberhalb des Bugspriets über die Bordwände hinausragten.

Flotten des 18. Jahrhunderts

Die spanische Armada Real erlitt im 18. Jahrhundert einen Niedergang. Die Holländer waren zu dieser Zeit noch schlechter aufgestellt. Ihre Flotte war nur noch ein trauriger Abglanz früherer Größe. Als Verbündete Großbritanniens vernachlässigte das neutrale Holland seine Flotte, die von 86 Kriegsschiffen im Jahre 1700 auf 25 Schiffe im Jahre 1760 und schließlich auf ganze 11 im Jahre 1775 zusammenschrumpfte. Die Häfen versandeten, und es standen weder Geld noch Männer zur Verfügung, um sie wieder frei zu machen. Die Zuider Zee wurde so seicht, dass größere Kriegsschiffe in einem mobilen Dock auf die offene Nordsee hinausgeschleppt werden mussten. Selbst in Texel riskierten größere Schiffe, auf Grund zu laufen. Die Holländer unterhielten weiterhin die zweitgrößte Handelsflotte der Welt, waren bei der Bemannung ihrer Schiffe jedoch auf ausländische Seeleute und Offiziere angewiesen. Der neue Flottestützpunkt in Den Helder gegenüber der Insel Texel wurde erst 1812 fertig gestellt. Zu diesem Zeitpunkt war von der holländischen Flotte nach dem Aderlass der vorangegangenen 20 Jahre nicht mehr viel übrig. Obwohl 1748 ein neues *Zeemanscollege* gegründet wurde, mussten die Holländer nun die Grundlagen des Schiffsbaus von ihren englischen Widersachern lernen.

Um die französische Flotte stand es kaum besser, obwohl die Schiffe gut waren. Sie verbanden einen großen Tiefgang mit einem schmalen Rumpf, und ihre Geschütze waren auf zwei anstatt wie bei den Engländern auf drei Decks verteilt, was vor allem in

Seeleute »… benehmen sich wie Wildschweine; sie plündern und stehlen, saufen und huren schamlos herum, als besäßen sie keinerlei Ehrgefühl …« Dies macht die Züchtigung »… mit einer Eisenrute …« notwendig.

Dokument der holländischen Ostindienkompanie, 1677

rauer See zu höherer Stabilität und besserer Manövrierfähigkeit führte. Außerdem waren französische Schiffe auch für die Mannschaften angenehmer. Größere Luken ließen mehr Licht und Luft in die Laderäume des Schiffs, und großflächige Decks verhinderten ein Gedränge im Gefecht. Da sie einem überlegenen Feind gegenüberstanden, wurden französische Schiffe auf Geschwindigkeit und Wendigkeit ausgelegt, mit stromlinienförmigen, schlanken Rümpfen und vielen Segeln. Bei britischen Kapitänen waren sie als Prisen sehr begehrt.

Die britische Seeherrschaft

Die Überlegenheit der britischen Royal Navy über die französische Flotte ist zu einem guten Teil den finanziellen Mitteln, den Werften, dem Nachschub sowie einer guten Logistik und Organisation geschuldet. Portsmouth und Plymouth ersetzten die versandeten Häfen von Deptford und Chatham. Plymouth gewann dabei zunehmend an Bedeutung, da es

als Heimatstützpunkt der Western Fleet diente, die einen Schutzschild gegen die französische Flotte in Brest darstellte. Die Briten erhöhten die Zahl ihrer Trockendocks von 16 auf 24 und reduzierten so die Zeit und die Kosten für Reparatur und Instandhaltung ihrer Schiffe. Die Franzosen hingegen hatten Colberts Werften nicht ausgebaut. Als Folge davon verfügten sie 1750 nur über vier Trockendocks, die der Flotte unterstanden, und darüber hinaus über keinerlei private Einrichtungen. Eines der vier Trockendocks wurde aufgegeben, und die verbleibenden drei funktionierten mehr schlecht als recht. Erst 1756 wurde das erste voll funktionsfähige Trockendock errichtet. Den Franzosen mangelte es zudem an Stützpunkten in Übersee. Die Briten hingegen unterhielten

SCHEMATISCHE DARSTELLUNG EINES KRIEGSSCHIFFES des 17. und 18. Jahrhunderts – eine Zeit, in der es keine bedeutenden Neuerungen gab, außer, dass Vorder- und Haupt-Toppsegel (oberer Teil) sowie die Focksegel mit einem verlängerten Bugspriet eingeführt wurden.

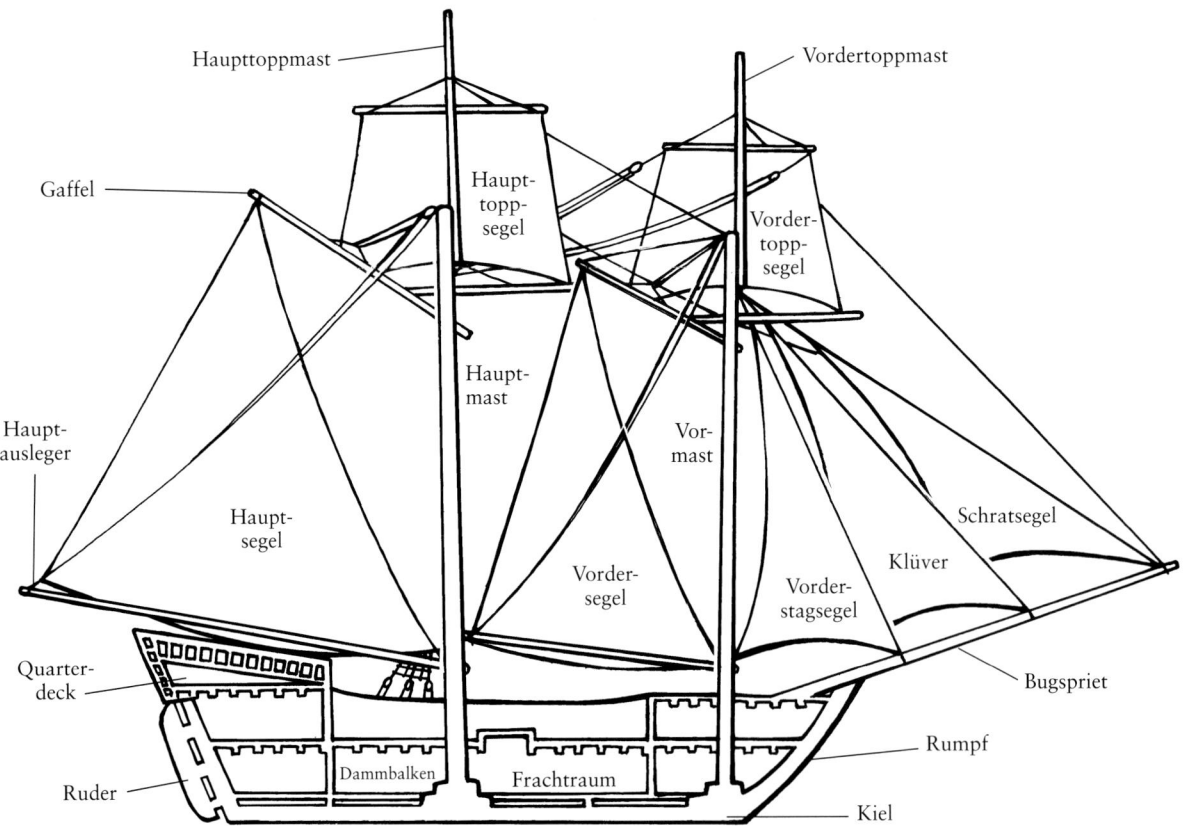

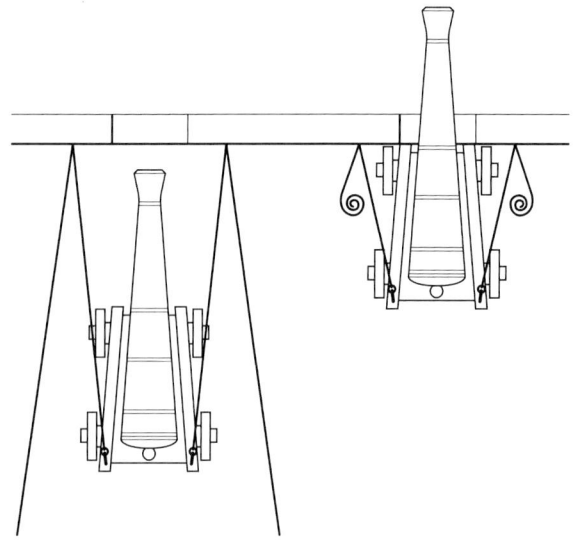

te, sowohl an Land als auch auf See. Im Jahre 1756 war die Geißel des Skorbuts aus der Royal Navy verbannt. Zumindest hier hielten die kulinarisch orientierten Franzosen Schritt und züchteten sogar frisches Grünzeug in großen Pflanzbottichen an Bord. Mitte des Jahrhunderts wurden jedoch in beiden Flotten immer noch viele Männer von Typhus dahingerafft.

In Qualität und Anzahl ihrer Kanonen war die französische Flotte ähnlich unterlegen. Die französischen Gießereien waren kleiner, technisch rückständig, arbeiteten nach überkommenen Methoden und verwendeten minderwertige Metalle, so dass die hergestellten Geschütze brüchig waren, sich leicht überhitzten und zerbarsten. Die Briten hingegen konnten mit doppelten Ladungen feuern, weil ihre Kanonen dies problemlos aushielten. Doch die Franzosen entwickelten bis 1750 eine neue Fertigungsmethode: In einen massiven Metallblock wurde ein Loch gebohrt, was die Stabilität und Ladekapazität der Geschütze deutlich verbesserte.

bereits 1639 Trockendocks in Gibraltar, Mahan und Antigua. Die Franzosen waren gezwungen, ihre Schiffe an Land zu zerlegen – eine gefährliche und zeitintensive Arbeit. Darüber hinaus hatten die Briten einen leichteren und reibungsfreien Block erfunden, den so genannten Taylor Block, der auf den Schiffen Gewicht und Arbeitskraft sparte. Auf französischen Schiffen wurde der Taylor Block erst 1795 eingeführt.

Zur Reform des Versorgungssystems der Royal Navy hatte man eigens ein *Victualling Board* geschaffen, das von ihrem Depot in Deptford aus die Kosten bedeutend zu senken begann. Hatte die Verpflegung von 10 000 Matrosen 1710 noch 943 000 Pfund gekostet, so ernährte diese Summe 1758 dank des neuen Verpflegungssystems 70 000 Matrosen. Die Franzosen wiederum hielten an ihrem alten und verschwenderischen System fest, das um 1758 fast zusammenbrach. Das neue britische Verpflegungssystem beinhaltete unter anderem die regelmäßige und reichhaltige Zuteilung von frischem Obst, Gemüse und Fleisch für die Flot-

DIE ABBILDUNG ZEIGT KANONEN auf dem unteren, mittleren und oberen Deck. Die Kanone auf dem unteren Deck wird geladen; auf dem mittleren Deck ist die Kanone zurückgezogen worden; das Geschütz auf dem oberen Deck ist feuerbereit.

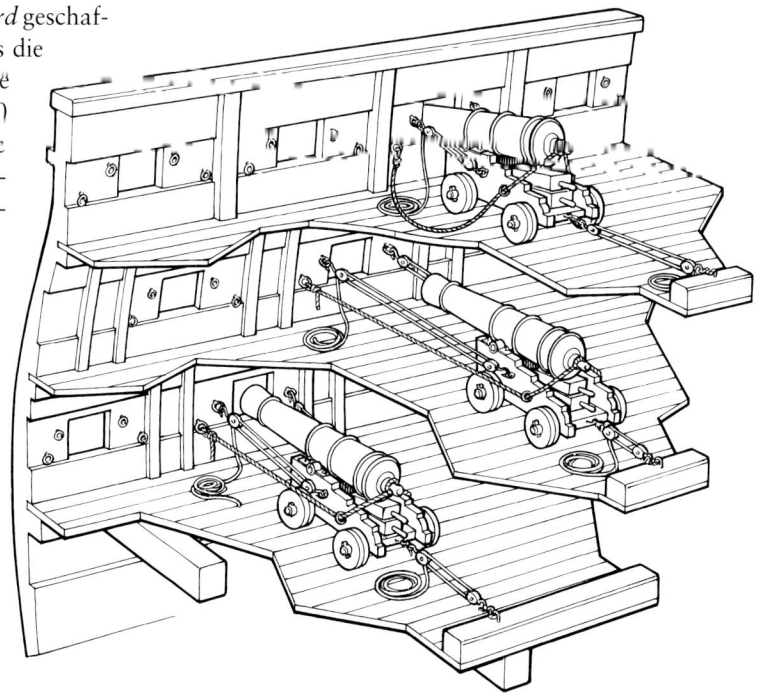

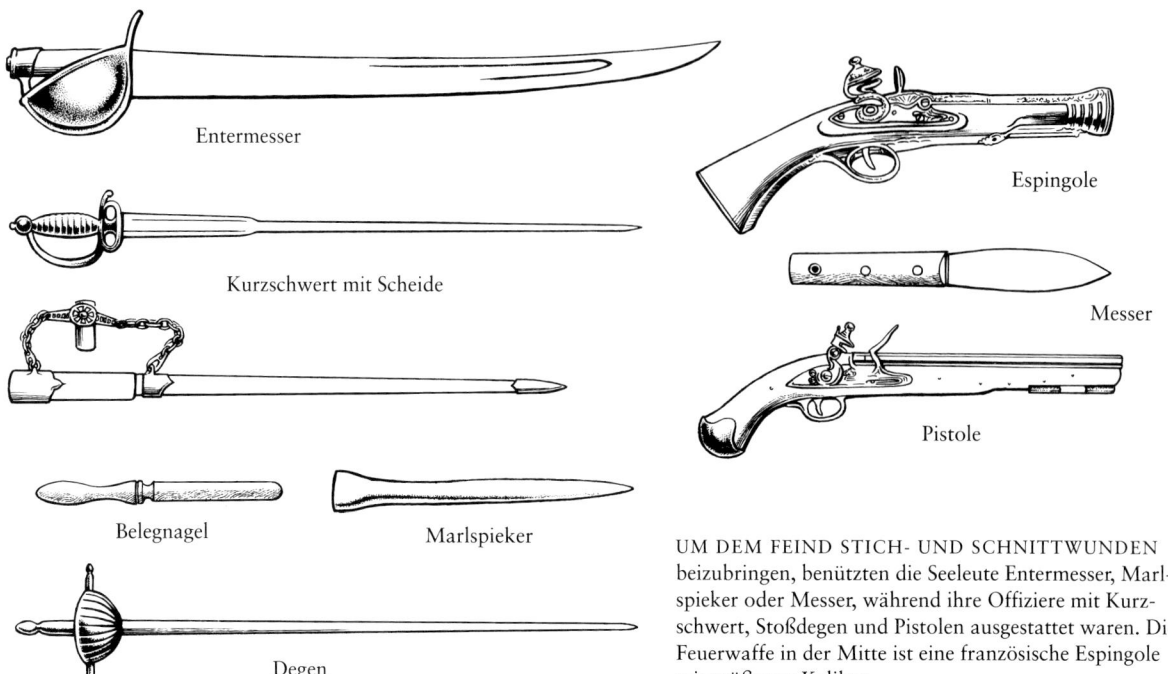

Entermesser

Kurzschwert mit Scheide

Belegnagel

Marlspieker

Degen

Espingole

Messer

Pistole

UM DEM FEIND STICH- UND SCHNITTWUNDEN beizubringen, benützten die Seeleute Entermesser, Marlspieker oder Messer, während ihre Offiziere mit Kurzschwert, Stoßdegen und Pistolen ausgestattet waren. Die Feuerwaffe in der Mitte ist eine französische Espingole mit größerem Kaliber.

Der britische Vizeadmiral Thomas Smith führte ein System einzelner Abteilungen ein, die von Leutnanten kommandiert wurden. Dieses wurde – mit großem Erfolg – 1759 von der gesamten Royal Navy übernommen. Die Leutnante machten ihre Abteilungen zu effektiven Batterien, in denen jeder Mann Teil einer kompakten Einheit war und die Offiziere ihre Männer kannten. Nach der Meuterei auf der Bounty ist viel geschrieben worden über drakonische Disziplin, doch in Wahrheit war der Drill in der Flotte weniger scharf als in der Armee, wo Prügelstrafen schon bei kleineren Vergehen an der Tagesordnung waren. Tatsächlich kam es zu mehr disziplinarischen Problemen mit aufsässigen Offizieren als durch meuternde Besatzungen. Ein gutes Schiff war ein mit fester Hand geführtes Schiff mit einem patriarchalischen, aber gerechten Kapitän.

Das Kriegsschiff in der Schlacht

In der Schlacht kommandierte der Kapitän vom Achterdeck aus. Zwei Fähnriche überbrachten seine Botschaften und Befehle dem Schiffsführer am Ruder. Die Mannschaft des Bootsmannes stellte in der Schlacht die Segel und führte Notreparaturen an der

Takelage aus. Auf dem Kanonendeck wurde nur ein geringer Teil des hochbrisanten Schwarzpulvers in der Nähe der Geschütze aufbewahrt, da man Explosionen fürchtete. Feuchtigkeitsanfällige Kartuschen wurden erst in letzter Minute befüllt. Während der Schlacht luden Helfer in der abgeschotteten Kammer über dem Pulvermagazin diese Kartuschen und packten sie in Lederfutterale. Diese wurden durch Doppeltüren weitergegeben, die zum Schutz gegen die heißen, tödlichen Funken mit nassen Tüchern behängt waren. Erfahrene Mannschaften begrenzten den Weg des Pulvers auf ein absolutes Minimum, um das Risiko einer Explosion möglichst gering zu halten. Derweil hatten die Zimmerleute alle Hände voll zu tun, die Lecks unter der Wasserlinie zu stopfen.

Den Franzosen und Spaniern wurde oft nachgesagt, dass sie mit ihren Geschützen hoch zielten, um die gegnerischen Schiffe zu entmasten. Außerdem sollen sie eine Vorliebe fürs Entern gehabt haben. Dies trifft allerdings nur auf die Freibeuter zu, die auf Beute aus waren. Tatsächlich versuchten die französischen Besatzungen, es den Briten gleichzutun, jedoch mit geringerem Erfolg hinsichtlich Geschwindigkeit und Zielgenauigkeit. Zusätzlich zu ihrer Unerfahrenheit und den minderwertigen Geschützen bauten die

Franzosen längere Schiffe, die für das britische Kanonenfeuer leichtere Ziele darstellten. Die tödliche Überlegenheit der britischen Geschütze baute zum großen Teil auf Disziplin und ausgezeichneten Kanonen. So war der britische Kommandeur in der Schlacht von Finisterre (1747), der legendäre Admiral Sir George Anson, überzeugt davon, dass die schnelle und akkurate Schussfolge seiner Flotte letztlich für den Sieg verantwortlich war. Die Franzosen räumten ein, dass die britischen »Geschütze gehandhabt wurden, als wären es Musketen«. Statistiken untermauern dies. Im Jahre 1758 etwa war die HMS *Monmouth* vor Cartagena in einem Zweikampf mit der Foydrant verwickelt. Das Verhältnis der Feuerkraft belief sich auf 2,6 zu 1 zugunsten der Franzosen. Trotzdem ließen in dem erbitterten Kampf für jeden getöteten britischen Seemann fünf Franzosen ihr Leben.

Im Jahre 1715 hatte Großbritannien die stärkste Flotte in Europa, doch war ihr Einsatz hauptsächlich auf europäische Gewässer beschränkt, wo 124 britische Schiffe 60 französischen und nur 6 spanischen Kriegsschiffen gegenüberstanden. Während der nächsten 50 Jahre aber wurde die englische Flotte, gleich der spanischen, zu einer weltweit operierenden Streitkraft mit Stützpunkten im Mittelmeer und in der Karibik.

Admiral Sir George Byng führte während der Schlacht von Passaro 1718 im Rahmen eines groß angelegten Feldzuges gegen die spanische Flotte die Taktik der aufgelösten Schlachtformation ein. Dieser taktische Durchbruch in der Seekriegskriegsführung konnte freilich nur mit guten Schiffen und erfahrenen Besatzungen erreicht werden. Während des »War of Jenkins' Ear« machten die Briten eine weniger gute Figur. Eine alliierte Bourbonenflotte schlug die Briten bei Toulon zurück, und auch der Angriff auf Cartagena im Jahre 1740 war ein spektakulärer Misserfolg. Die Franzosen gaben ein noch traurigeres Bild ab: Im Jahre 1747 wurden sie von den Briten zweimal am Kap Finisterre geschlagen, das erste Mal von Anson, das zweite Mal von Konteradmiral Edward Hawke. Hawke sollte für die französische Flotte zu einer Art Nemesis werden.

Nach dem Krieg kam es auf beiden Seiten zu einer Reihe tiefgreifender Veränderungen. Die Briten führten neben ihren mit 90 bis 100 Geschützen bestückten Schiffen das bekannte Linienschiff mit 74 Geschützen ein, das mehr ein schneller Kreuzer als ein echtes Schlachtschiff war und bis Trafalgar das Rückgrat der Flotte bildete.

Der neue Konflikt, der 1756 ausbrach, begann für die Franzosen vielversprechend. Der begabte Admiral Marquis de la Gallissonière bezwang in der Schlacht von Menorca am 20. Mai 1757 Admiral Sir John Byng.

VERSCHIEDENE TYPEN VON ENTERÄXTEN (18. Jahrhundert): Beim Entern eines feindlichen Schiffes benutzten die Besatzungen verschiedene Äxte (siehe Abbildung), um dem Feind Hieb- und Schnittwunden beizubringen.

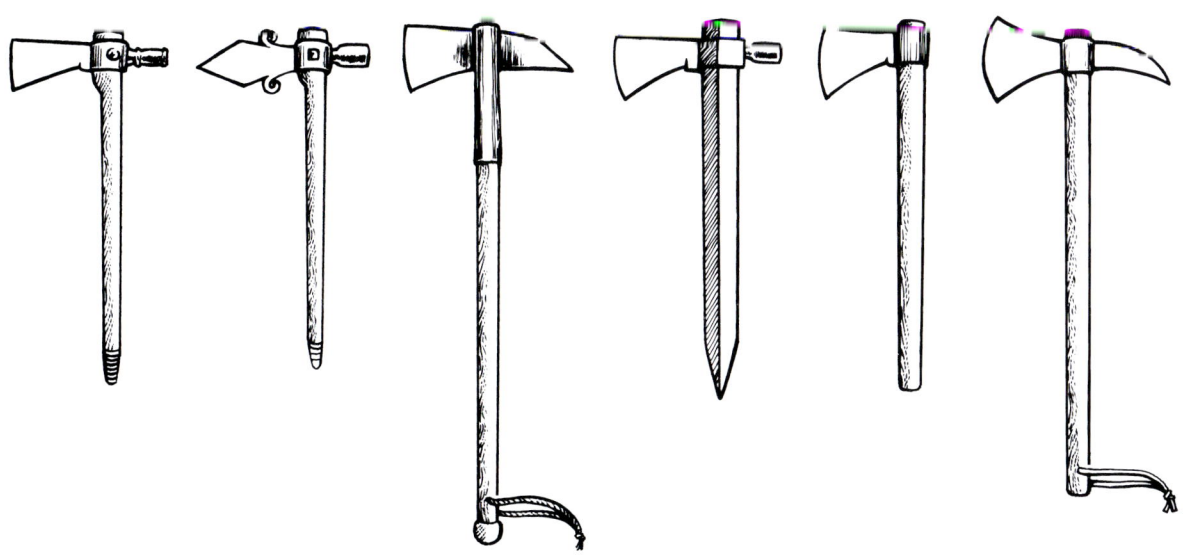

Dieser zog sich nach Gibraltar zurück, wodurch Menorca und damit der lebenswichtige Stützpunkt Mahón in die Hände der Franzosen fiel. Byng wurde vors Kriegsgericht gebracht, weil er bei der Verteidigung der Insel »nicht sein Möglichstes« getan habe, und wegen »Ermutigung des Feindes« erschossen – oder mit Voltaires trockenen Worten: *»pour encourager les autres«.*

Die Bucht von Quiberon, 1759: Stürme und Kühnheit

Die Franzosen setzten auf eine kühne, aber gefährlich komplizierte Strategie, durch welche die Briten mit einem einzigen Schlag besiegt werden sollten. Sie sammelten Schiffe und Truppen in verstreuten Häfen, was zu praktischen Problemen führte. Der Plan wurde verraten, und Admiral de la Clues Flotte aus Toulon wurde am 18. August 1759 bei Gibraltar besiegt.

EIN PORTRÄT VON ADMIRAL SIR EDWARD HAWKE (1705–81), Sieger der Schlacht in der Bucht von Quiberon. Er war vor Nelson der bedeutendste britische Marinekommandant.

Nach dieser Niederlage sollte die Brester Flotte unter Hubert de Brienne, dem Comte de Conflans, in Morbihan mit der Invasionsarmee zusammentreffen, was die Briten jedoch durch eine Blockade vereitelten. Die Invasion stützte sich auf eine Flotte, der es an Erfahrung und Selbstvertrauen mangelte. Von der insgesamt 750 Mann starken Besatzung der mit 80 Geschützen bestückten *Orient* – dem Flaggschiff des Kommandanten des ersten Geschwaders, Chevalier de Guébriant – waren nur 30 erfahrene Seeleute. Das zweite Geschwader mit 8 Kriegsschiffen unterstand dem Kommando von Chevalier de Beauffremont auf der mit 80 Geschützen bestückten *Tonnant*. Das Kommando über das dritte Geschwader führte der Marquis Saint-André du Verger auf der ebenfalls mit 80 Geschützen bestückten *Formidable*. Im Verlauf der Schlacht traf die volle Wucht des britischen Angriffs Vergers Geschwader, wohingegen Beauffremonts Befehle, bedingt durch seine Geringschätzung der Fähigkeiten Conflans', den Franzosen die schlimmste Niederlage aller Zeiten bescherten.

Der Sturm, der Hawke von seiner Position bei Brest abtrieb, gestatte Conflans, aus dem Hafen zu entwischen und mit seinen 21 Linienschiffen und 5 Fregatten in Richtung Morbihan zu segeln. Wie von der Admiralität befohlen, wollte er bei erster Gelegenheit nach Schottland aufbrechen. Hawke erriet Conflans' Absichten und segelte zur Belle-Île, wo er die unvorsichtige französische Flotte überraschen wollte. Am Abend des 19. November befand sich Conflans 115 Kilometer südwestlich der Insel. Es blies ein kräftiger Wind, und die See wurde zunehmend rauer. Conflans änderte seinen Kurs in Richtung Norden, ließ Segel reffen und steuerte Morbihan an.

Bei Tagesanbruch hatte Commodore Duff, ein Untergebener von Hawke, Conflans gesichtet und war pflichtgemäß in See gestochen. Obwohl gerade ein Sturm aufzog, befahl Conflans den Angriff. Als der Rest von Hawkes Flotte in Sicht kam, revidierte er diesen Befehl jedoch und zog sich in die Bucht von Quiberon zurück. Diese liegt zwischen dem langen, ins Meer hinausragenden Arm der Halbinsel von Quiberon, den Inseln Île d'Houat und Hoëdic und den gefährlichen Cardinaux-Felsen am südlichen Ende des Riffs.

BYNGS EXEKUTION: Nach seinem Rückzug nach Gibraltar machte man Admiral Sir John Byng zum Sündenbock für die Niederlage und exekutierte ihn 1757 *»pour encourager les autres«*.

Durch seine Felsen und Sandbänke bildet die Bucht ein höchstgefährliches und ungeeignetes Schlachtfeld für zwei Kriegsflotten, insbesondere unter solchen Wetterbedingungen. Conflans spekulierte darauf, dass die Briten es nicht wagen würden, ihm während eines Sturms in die Bucht zu folgen. Sollten sie es dennoch tun, hätte er zumindest den Vorteil, in Küstennähe bleiben zu können, während seine britischen Verfolger die gefährlichen Cardinaux-Felsen auf ihrer Leeseite hätten. Die Anweisungen der Royal Navy waren dahingehend recht eindeutig, dass ein Admiral ankern und den Sturm abklingen lassen sollte, bevor er sich zur Schlacht stellte, weil die Flotte in stürmischer See auf die tieferen Kanonendecks und die Scharfschützen in der Takelage verzichten musste.

Zu Conflans' Nachteil war Hawke jedoch sowohl kühn als auch unkonventionell, was er bereits 1747 in Finisterre bewiesen hatte. Er segelte um 14.30 Uhr in die Bucht, gerade als Conflans Flaggschiff, die mit 80 Geschützen bestückte *Soleil Royale*, die Cardinaux umrundete. Die französische Nachhut wurde sofort in Gefechte mit den Briten verwickelt. Die Franzosen waren von Hawkes Tollkühnheit schockiert, da es dieser riskierte, in der seichten Bucht auf

Grund zu laufen oder im Sturm an den Felsen zu zerschellen. Conflans befahl seiner Flotte ein Wendemanöver, doch Beauffremont beschloss aus unerfindlichen Gründen, diesen Befehl zu ignorieren.

Tödlicher Nahkampf

Hawkes mit 100 Geschützen bestücktes Flaggschiff, die *Royal George*, griff die 70 Kanonen starke Superbe an und versenkte sie mit einer einzigen Breitseite. Auf den französischen Schiffen breitete sich Panik aus. Kapitän Kersaint, der die 74 Geschütze starke *Thésée* kommandierte, hatte keine Lust, das Schicksal der Superbe zu teilen und befahl, die unteren Stückpforten zu öffnen. Doch eine kräftige Böe warf die *Thésée* nach Lee, so dass Wasser eindrang. Sowohl die Franzosen als auch die Briten, die den Vorfall beobachteten, waren entsetzt. Der britische Admiral Keppel befahl, die Langboote zu Wasser zu lassen, um

133

DIE SCHLACHT IN DER BUCHT VON QUIBERON, 1759

Die Bucht von Quiberon ist ein seichtes, felsiges Gewässer. Admiral Hawke hatte die Franzosen bis zur
Bucht verfolgt, wo ihr Kommandeur Admiral Marquis
de Conflans Zuflucht suchte. Er ignorierte die Risiken,
die durch einen aufziehenden Sturm noch vergrößert
wurden, und gab den Befehl zum Angriff. Die Franzosen waren entsetzt, dass der Feind die Kühnheit besaß,
sie in der Bucht und in einem Sturm anzugreifen.
Das Entsetzen verwandelte sich in Panik, als Hawkes
Flaggschiff, die Superbe, mit einer einzigen Breitseite
versenkte. Als der Kapitän der *Thésée* befahl, die unteren Stückpforten zu öffnen, um mit den schweren Geschützen das Feuer auf die Briten zu erwidern, drang
Wasser ins Schiff ein, und es versank wie ein Stein in
der tosenden Gischt. Die erbitterte Schlacht dauerte
noch weitere drei Stunden an. Die Pläne der Franzosen, in Schottland zu landen, waren zunichte.

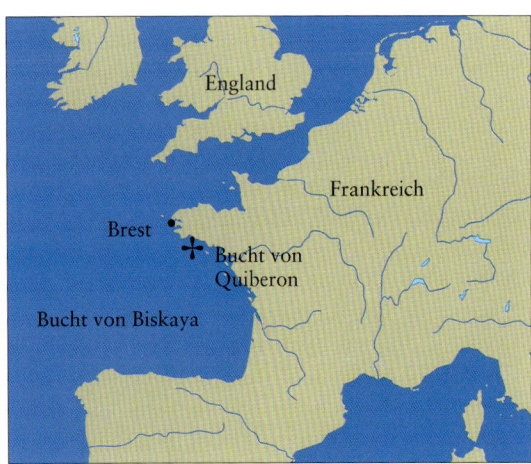

Die Bucht von Quiberon liegt in der Nähe der Hafenstadt
St. Nazaire an der französischen Westküste. Der Zugang
zur Bucht kann durch die gefährlichen Felsen und Sandbänke bei rauem Seegang tückisch sein.

LORIENT

AURA

CARNAC

Admiral Conflans ist wäh-
rend eines Sturms aus dem
Hafen von Brest ausgebrochen
und flüchtet in die Bucht von
Quiberon, nicht ahnend, dass
Admiral Hawke dicht folgt.

VANNES

5 Am nächsten Tag im Morgengrauen sieht sich Conflans auf
allen Seiten von britischen Schiffen
umzingelt und setzt sein Flaggschiff, die *Soleil Royal*, in Brand.
Ein Teil seiner Flotte entkommt
in den seichten Fluss Vilaine.

3 Hawkes Flaggschiff versenkt die Superbe mit einer
einzigen Breitseite und greift
dann die *Thésée* an, die mit
Wasser vollschlägt und sinkt,
als sie ihre unteren Stückpforten öffnet.

2 Am 20. November be-
ginnt die Schlacht in ei-
nem Sturm. Hawke nimmt
das Risiko in Kauf, seine
schweren Geschütze zu verlieren, und geht das Wagnis
eines Kampfes in den seichten Gewässern der Bucht ein.

4 Die verwirrende Schlacht dau-
ert bis weit in den Nachmittag
hinein an. Mehrere französische
Schiffe müssen ihre Flaggen streichen. Um etwa 17 Uhr findet die
Schlacht aufgrund schlechten Wet-
ters und einbrechender Dunkelheit ein Ende.

Überlebende aufzufischen. Beide Seiten begannen nun zu begreifen, dass der schlimmste Feind die See selbst war. An Bord der *Royal George* stellte der Kaplan fest, dass von 100 Schüssen, die die Franzosen abfeuerten, nur 40 ihr Ziel trafen, ein sicheres Zeichen dafür, dass der Feind in Panik geraten war. Mit Kühnheit allein, wie sie Kersaint mit der *Thésée* an den Tag gelegt hatte, war der Disziplin und der Erfahrung der britischen Besatzungen nicht beizukommen.

Um 16.00 Uhr strich die *Formidable* die Flagge. Sowohl der Divisionskommandeur als auch der Kommandant des Schiffes, die zufällig Brüder waren, waren gefallen. Die mit 74 Geschützen bestückte *Héros* war ebenfalls von den britischen Breitseiten stark angeschlagen und gezwungen, die Flagge zu streichen. Inzwischen trieb der Sturm die französische Flotte immer weiter nach Osten ab. Conflans befahl seiner ramponierten Flotte, den Ausbruch aufs offene Meer zu versuchen und sich so zu retten. Es war inzwischen etwa 17.00 Uhr, und es begann bereits zu dämmern.

Das erste Licht am Morgen des 21. Novembers zeigte, dass es Hawke gelungen war, seine Flotte beisammenzuhalten und über Nacht sicher vor Anker zu gehen. Conflans hatte weniger Fortune. Als er seine *Royal Soleil* auf allen Seiten von britischen Schiffen umgeben sah, befahl er, die Trossen zu kappen. Das Flaggschiff wurde von der eigenen Mannschaft in Brand und auf Grund gesetzt, damit es dem Feind nicht in die Hände fiel. Zwei französische Schiffe waren gesunken, eines verbrannt, eines war erbeutet und eines versenkt worden. Beauffremont flüchtete mit acht Kriegsschiffen nach Rochefort. Weiteren fünf Schiffen gelang es, über die Barre in den flachen Fluss Vilaine zu entkommen. Diesmal wagten es die Briten zwar nicht, die Verfolgung aufzunehmen, doch wurde bei dem Vorgang ein weiteres französisches Schiff versenkt. Am 24. November räumte ein gefangener französischer Offizier ein, die französische Strategie habe sich ausgezeichnet durch »großen Heldenmut auf der einen und falschen Manövern auf der anderen Seite sowie Ignoranz und völlige Verwirrung in der Mitte«. Die katastrophale Niederlage in der Bucht von Quiberon verhinderte nicht nur die Invasion

DIE SCHLACHT IN DER BUCHT VON QUIBERON im Jahre 1759 war eine dramatische Schlacht, der dieses später entstandene Ölgemälde gewidmet ist. Seegang und Wetter waren dabei noch weitaus schlimmer, als sie hier dargestellt sind.

Schottlands, sondern hatte letztendlich auch zur Folge, dass Frankreich seine nordamerikanische Einflusssphäre verlor.

Die Rache der Franzosen

Nach 1763 dürsteten die Franzosen nach Rache. Der junge König Ludwig XVI. war besessen von dem Gedanken an ein Wiedererstarken der französischen

Flotte. Ausnahmsweise stand genug Geld zur Verfügung, um sowohl neue Schiffe zu bauen als auch erfahrene Seeleute anzuwerben sowie Kadetten und Offiziere auszubilden. Als im August 1776 die Amerikaner gegen die Briten rebellierten, waren die Franzosen rasch zur Stelle, um ihre alten Feinden zu bedrängen. Die modernisierte französische Flotte stoppte am 27. Juli 1778 den britischen Vorstoß bei Ushant, und im Indischen Ozean fügte Admiral Pierre Suffren der

britischen Schifffahrt verheerenden Schaden zu, als er den wichtigen Stützpunkt in Trincomalee auf Ceylon eroberte und eine britische Besetzung des Kaps verhinderte. Der triumphalste Augenblick indes war der Sieg von Admiral Comte de Grasse über die Briten bei den Virginia Capes am 5. September 1781. Kurz darauf war die isolierte britische Armee in Yorktown gezwungen, sich zu ergeben, was den demütigenden Verlust der amerikanischen Kolonien zur Folge hatte.

ALS ZAR PETER DER GROSSE 1693 seine erste Flotte in Woronesch am Don stationierte, besaß Russland nur einen einzigen Seehafen, Archangelsk am Weißen Meer (Nordmeer). Zwei Jahrzehnte später beherrschte die kaiserlich russische Flotte die Ostsee.

Russlands und Schwedens Kampf um die Vorherrschaft, 1705–90

Durch seine flachen Gewässer, zerklüfteten Küsten und einen geringen Tidenhub ähnelt die Ostsee mehr einem großen Binnensee. Die Segel- und Navigationsbedingungen sind schwierig. Ein subarktisches Klima erschwert den Einsatz von Segelflotten zusätzlich. Der Aufbau der russischen Flotte ab 1705 bedurfte denn auch des eisernen Willens und der Entschlusskraft Peters des Großen. Stützpunkt war Kronstadt am Golf von Finnland. Um die schwedischen Verteidigungsanlagen in Finnland von den Flanken angreifen zu können, baute Peter eine mächtige Galeerenflotte, die mit seiner neuen, europäisierten Armee bei Amphibienoperationen zusammenwirkte.

Galeeren waren billig und in hoher Stückzahl leicht zu produzieren. Sie konnten mit einfachen Seeleuten bemannt werden und erforderten nicht das Kommando erfahrener Seeoffiziere. Darüber hinaus waren die Winde auf der Ostsee, wie auch im Mittelmeer, oft launisch, und daher der Riemen dem Segel häufig überlegen. Die Galeeren Peters des Großen waren etwa 40 Meter lang, 7 Meter breit, besaßen einen geringen Tiefgang von nur 1,5 Metern und waren mit 2 bis 4 schweren sowie 18 leichten, fest montierten Geschützen bestückt. Mit einer Besatzung von 90 Matrosen und 200 Soldaten, die 24 Ruderpaare bemannten, konnte eine Galeere eine Geschwindigkeit von fünf Knoten erreichen. Der Laderaum bot genügend Platz für 30 Pferde, allerdings musste die Besatzung dann nachts an Land schlafen. Die Aufwendungen für die Galeerenflotte schienen gerechtfertigt, als die Russen im August 1714 eine schwedische Flotte bei Hanko schlugen und so den Weg für die nachfolgende russische Besetzung Finnlands ebneten.

Keine fünf Jahre später zog Peter im Archipel von Åland eine gewaltige Galeerenflotte zusammen. Sein

Ziel war es, die schwedische Hauptstadt Stockholm zu erobern. Die schwedischen Segelschiffe konnten den flachen Galeeren nicht folgen und lagen zudem in einer Flaute. Mit beinahe 270 Schiffen, darunter 40 Linienschiffe und 123 Galeeren, setzte die russische Flotte Ende Juli 1719 mit 26 000 Soldaten an Bord Segel. Ziel war es, mit einem Korps in der Nähe von Stockholm an Land zu gehen, während der Rest der Flotte die langgezogene schwedische Ostküste verwüstete. Bei den Überfällen entlang der Küste wurden ganze Städte zerstört und Tausende von Schweden obdachlos gemacht. Die große Sorge der Schweden war jedoch, dass die Hauptstadt über den schmalen und flachen Stäket-Fjord erreicht werden könnte. Um dies zu verhindern, verankerten die Schweden am nördlichen Zugang des Fjords eine schwimmende Geschützbatterie, eine so genannte *Pråm*, sowie drei schwer bewaffnete Galeeren in der Mittelpassage. Am östlichen Zugang, wo man die Russen erwartete, errichteten die Schweden Verteidigungsanlagen mit Palisaden und einer Geschützbatterie. 500 Soldaten wurden dort stationiert. Am 13. August 1719 landeten 7000 russische Soldaten erwartungsgemäß bei Stäket, wurden jedoch durch die tapfere Verteidigung der Schweden zurückgeschlagen. Dies mag Stockholm gerettet haben, doch die Russen eroberten die baltischen Provinzen mit den Seehäfen Riga, Reval, Pernau und Wyborg, die ihnen nun neben Kronstadt zur Verfügung standen.

Der Niedergang der russischen Flotte

Als Peter 1725 starb, war Russland mit einer Flotte von 34 Linienschiffen, 9 Fregatten, Hunderten von Galeeren, Schaluppen, Kanonenbooten und 25 000 erfahrenen Männern die stärkste Seemacht an der Ostsee. Unter den nächsten sechs Herrschern verkam

diese Flotte jedoch trotz Russlands Status als europäische »Großmacht«, bis sie schwächer war als die dänische Flotte. Verglichen mit der Armee spielte die Flotte im Siebenjährigen Krieg nur eine sehr untergeordnete Rolle. Dieser Krieg zeigte, dass die Schlüsselrolle einer Flotte in der Ostsee weniger im reinen Seekrieg als vielmehr in der amphibischen Kriegsführung lag. Küstenflottillen mussten eng mit der Armee kooperieren, und beide waren wiederum auf eine enge Zusammenarbeit mit der Flotte angewiesen. Wenn sich diese Zusammenarbeit perfektionieren ließ, konnten amphibische Operationen an Bedeutung gewinnen. In der Ostsee operierten die Flotten in Küstennähe und unterstanden direkt den Admiralitäten in den Hauptstädten. Dies schränkte Initiative und Unabhängigkeit der Seeoffiziere bis hinauf zum Admiral drastisch ein, was sich auf die Effizienz und die Schlagkraft der Ostseeflotten negativ auswirkte.

Die Russen und die Schweden hielten stur an linearen Schlachtformationen und theoretischen Planspielen fest, als die britischen und französischen Seestreitkräfte im Westen ihre Seekriegführung revolutionierten. In einigen Punkten waren die Schweden Russland gegenüber klar im Vorteil, wodurch sich auch eine Vorreiterrolle in der Seekriegsführung ergab. Nach 1721 hatte sich Schweden zu einer Seefahrernation mit einer beachtlichen Handelsflotte entwickelt, welche sich in Kriegszeiten als nützliches Reservoir an erfahrenen Matrosen erwies. Darüber hinaus ließ Schweden – anders als sein russischer Feind – seine Schiffe niemals verkommen. Selbst, als

EINE RUSSISCHE GALEERE, 1719: Diese Monster waren 40 Meter lang, 7 Meter breit und hatten einen Tiefgang von 1,5 Metern. Sie besaßen 24 Paar Riemen, 2 bis 4 Geschütze und waren mit 90 Matrosen und 200 Soldaten bemannt. Mit den Riemen erreichten sie eine Geschwindigkeit von fünf Knoten.

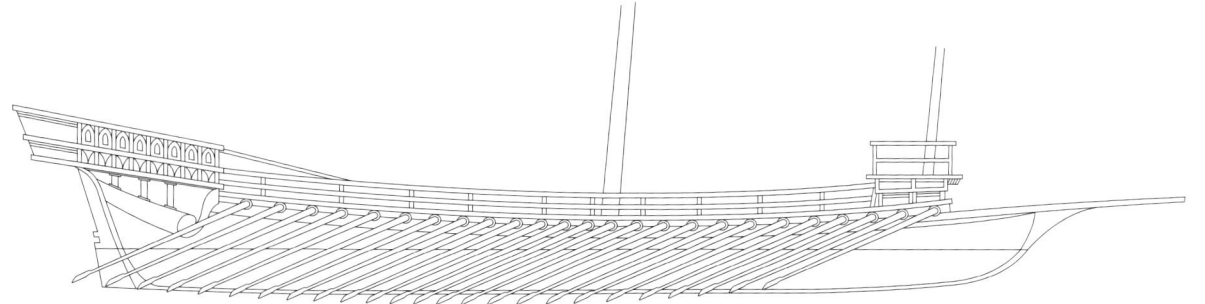

die Erfolgskurve des schwedischen Militärs von 1740 an auf einen Tiefpunkt zusteuerte, baute man weiterhin Schlachtschiffe. Nachdem die Schweden bei einem Angriff russischer Galeeren 1719 eine Menge hatten einstecken müssen, begannen sie selbst mit dem Aufbau einer ansehnlichen Galeerenflotte mit Stützpunkten in der Seefestung Sveaborg in Finnland und in Stockholm. Zudem brachte die schwedische Admiralität in Karlskrona größere Zahlen fachlich gut ausgebildeter Seekadetten hervor. Kadetten und Offiziere wurden ermuntert, in westlichen Flotten Dienst zu tun, um dort Erfahrungen zu sammeln.

Unter der Herrschaft von Katharina II., die eine russische Hegemonie über die Ostsee anstrebte, erlangte die russische Flotte erneut eine beachtliche Stärke. Katharina war eine sehr gute Strategin und in der Erreichung ihres Ziels, der russischen West- und Osterweiterung, ebenso rücksichtslos wie Peter der Große. Die ganze wiedergefundene Stärke der russischen Flotte wurde 1769–70 eindrucksvoll demonstriert, als mit britischer Hilfe eine Flotte ins Mittelmeer geschickt wurde. Der Feldzug war ein großer Erfolg, da es der russischen Flotte in einer einzigen Schlacht bei Çeflme am 8. Juli 1770 gelang, die überlegene türkische Flotte zu schlagen und zum großen

Teil zu versenken. Der Süden bot für Russland reiche Beute, doch die eigentliche Gefahr lag in Gestalt des alten Feindes Schweden immer noch im Norden.

Skärgårdsflottan: Schwedens Geheimwaffe

Im August 1772 errang Gustav III. die absolute Herrschaft über Schweden. Er sollte sich sowohl für Russland als auch für den russischen Verbündeten Dänemark-Norwegen als ernst zu nehmender Feind erweisen. Der König ließ die schwedische Flotte wieder aufbauen. Mit ihr wollte er die neue Küstenflotte bei der Eroberung Zeelands unterstützen und Dänemark zwingen, Norwegen an Schweden abzutreten. Wenn Norwegen erst in seiner Gewalt wäre, so hoffte der König, dann könnte er den Seehandel und die Seemacht Schwedens ausweiten.

Der Aufbau einer *skärgårdsflotta* (Küstenflotte) war seit dem verheerenden Krieg gegen Russland 1741–43 in Planung. Damals hatte das Fehlen einer solchen Flotte die Russen in die Lage versetzt, Finnland ein zweites Mal zu besetzen. Als die Admiralität in Karlskrona große Kriegsschiffe anforderte, trieb die Regierung in Stockholm den Bau einer starken Küstenflotte voran. Diese Flotte sollte dem Komman-

SCHWEDISCHES KANONENBOOT: Die *Udemaa* kombinierte die Funktionen von Kanonenboot und Galeere. Bei dieser revolutionären Konstruktion wurden die Kanonen während der Fahrt mittschiffs gelagert. Für die Schlacht wurden sie in Gefechtsposition gebracht.

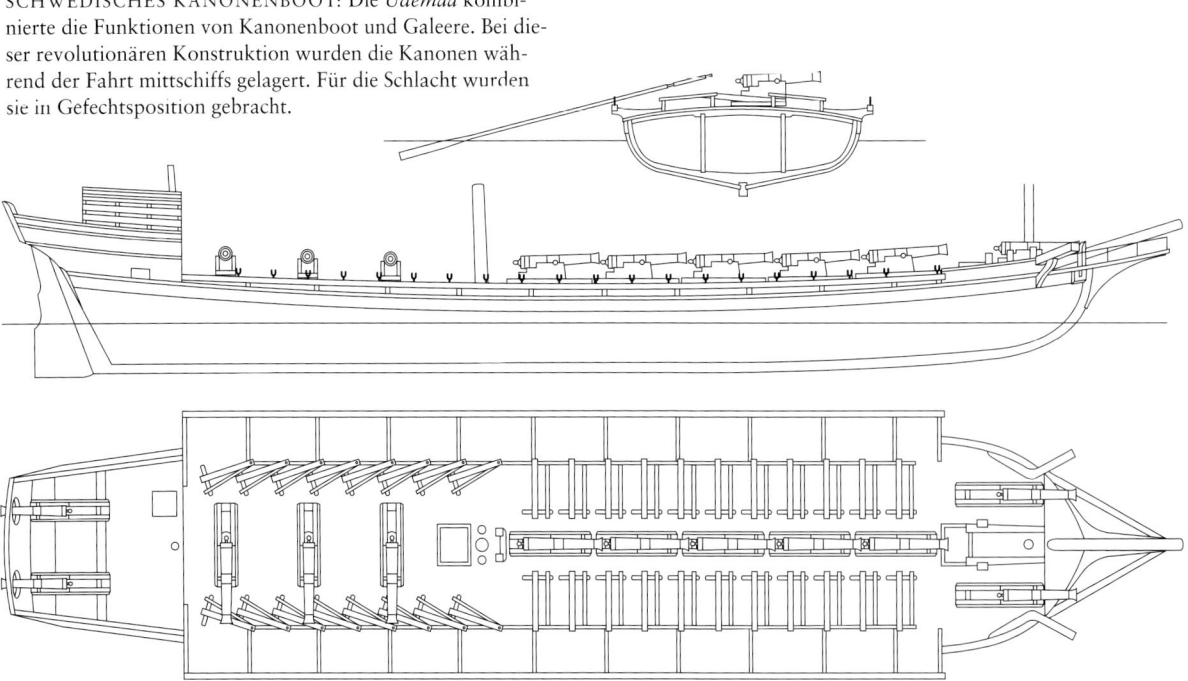

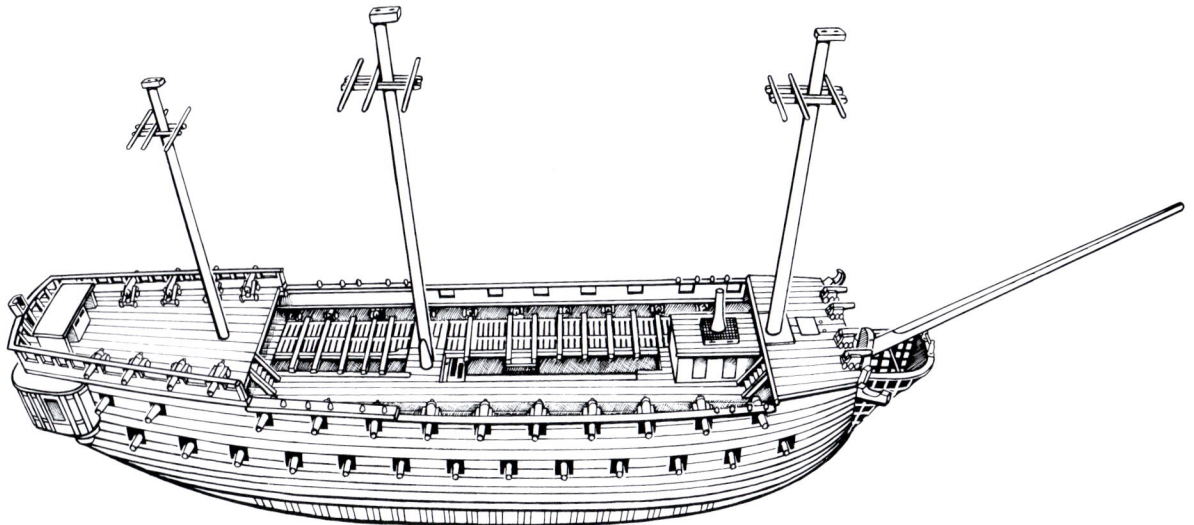

do der Armee unterstehen und die Schiffe von Majoren befehligt werden. Die Schweden wollten keine klassischen Galeeren, sondern suchten einen Schiffstyp, der Segel mit Riemen und einer großen Anzahl von Geschützen verband. Schweden, wie auch Finnland, hatte kaum zwei Millionen Einwohner, was den Möglichkeiten zur Bemannung einer Küstenflotte enge Grenzen setzte. Zum Glück hatten die Schweden in Fredrik Henrik af Chapman, dem Sohn eines eingewanderten britischen Schiffsingenieurs, einen hervorragenden Konstrukteur. Chapman entwarf eine spezielle »Küstenfregatte«, die unter Segeln oder mit Ruderkraft fahren konnte und dieselbe Anzahl Geschütze wie eine Fregatte besaß. Sie war der Galeere haushoch überlegen und schlug später bei Svensksund die russischen Galeeren vernichtend. Während der Fahrt konnte sie die Geschütze nicht abfeuern und war daher unterwegs recht verwundbar, doch sie besaß gewaltiges Potenzial.

Chapman, inzwischen leitender Schiffskonstrukteur der Flotte, entwarf drei verschiedene Typen von Küstenfregatten, die in Größe und Artilleriestärke variierten. Die kleinste der *Pojama*-Klasse war von ihrer Konstruktion her konventionell. Die Galeere der *Udema*-Klasse war so ausgelegt, dass ihre Geschütze während der Fahrt mittschiffs auf dem Kanonendeck verstaut wurden, und erst dann an Ort und Stelle gerollt wurden, wenn sich das Schiff zur Schlacht vorbereitete. Die anderen zwei Klassen, *Turuma* und *Hemmema*, waren leichtere und konventionellere »Küstenfregatten«, bei denen die Geschüt-

CHAPMANS *WASA* war eigentlich dazu gebaut worden, eine schwedische Amphibienlandung in Zeeland zu unterstützen, doch 1788 hieß der Feind nicht Dänemark, sondern Russland.

ze nicht eingezogen werden konnten. Mit Unterstützung des Königs wurden diese neuen Schiffe mit erstaunlicher Geschwindigkeit und Kosteneffizienz massenhaft gebaut. Sämtliche neuen Küstenschiffe verbanden eine flache Bauweise, gutes Manövrier- und Segelverhalten sowie eine für solche Schiffe ungewöhnliche Feuerkraft mit einer relativ hohen Rudergeschwindigkeit. In der Schlacht konnten sie dazu eingesetzt werden, Feuerschutz zu geben oder Truppen zu landen. Die Nachteile waren die Notwendigkeit einer Eskorte, der geringe Aktionsradius und die Abhängigkeit von Transportschiffen für Proviant und Munition. Mit 14 Ruderbänken hatte die Galeere eine Mannschaft von 48–60 Mann, die Soldaten nicht mitgezählt. Bestückt war sie mit 18- und 24-Pfündern. Dank einer weiteren genialen Erfindung von Chapman besaßen diese Geschütze ein riesiges Schussfeld, da die oberen Teile des Hecks und der Ruderpinne abgenommen werden konnten. Chapman war seiner Zeit um gut zwei Jahrhunderte voraus.

Das Hazardspiel Gustavs III.

In der schwedischen Seestrategie betrachtete man die Küstenflotte als Angriffswaffe für amphibische Kriegshandlungen entweder gegen Dänemark oder gegen Russland. König Gustav hatte begriffen, dass es beim

DIE SCHLACHT IM SVENSKSUND, 1790

Bis Tsushima im Jahre 1905 war Svensksund die größte Niederlage der russischen Marine. Unter dem persönlichen Kommando von König Gustav III. nahm die Küstenflottille eine starke Verteidigungsposition am nördlichen Ende der Bucht ein. Der russische Kommandant Karl von Nassau-Siegen, der die Stärke und Führungskraft seines Gegners unterschätzte, befahl seinen 150 Schiffen einen Frontalangriff. Als seine Schiffe in den Fjord einfuhren, gingen sie in die Falle, die ihnen die Schweden gestellt hatten, und wurden von deren Flanken unter heftigen Beschuss genommen. In der entstehenden Verwirrung gerieten die russischen Schiffe immer tiefer in die schwedische Falle, bis sie praktisch manövrier- und bewegungsunfähig waren und in Stücke geschossen wurden. Nassau-Siegen gestand die Niederlage schließlich ein, doch der Rückzugsbefehl konnte nicht mehr ausgeführt werden. Die Russen verloren 9500 Mann. Beinahe 90 russische Schiffe wurden versenkt oder gekapert.

Der Svensksund, der »schwedische Fjord«, liegt im östlichen Teil des finnischen Archipels südlich der Städte Kotka und Hamina (Fredrikshamn) und ein Stück westlich von Wyborg (Vyborg/Vipuri).

MUSALO

4 In dem schmalen, engen Gewässer können die russischen Schiffe bald keine geordnete Formation mehr einhalten, was sie schließlich manövrierunfähig macht. Zunehmend schwerer wird es auch, das Feuer der Schweden zu erwidern, die ihre Formation diszipliniert aufrechterhalten.

1 Die schwedische Flottille bildet eine konkave Schlachtlinie. Die schwersten Schiffe liegen in der Mitte, um dem russischen Angriff und der Artillerie standhalten zu können. Fregatten und Kanonenboote bilden die Flanken.

5 Die Schweden können die manövrierunfähige russische Flotte aus sicherer Entfernung zerstören. Die Russen versuchen, sich zurückzuziehen, doch es ist zu spät. Nassau-Siegen gelingt die Flucht, aber er verliert den größten Teil seiner Flotte in der Bucht.

KUTSLO

2 Mit überlegener Feuerkraft und Masse greift Nassau-Siegen mit seiner Flotte frontal an, ohne einen weiteren Angriff von Norden her zu befehlen.

3 Mit ihren Galeeren stößt die russische Flotte in eine dreiseitige Falle vor, in der die Schiffe unter einem flächendeckenden schwedischen Dauerfeuer in Stücke geschossen werden.

Seekrieg in der Ostsee darauf ankam, gleich zu Beginn der Feindseligkeiten die Initiative zu ergreifen und die wichtigsten Stützpunkte des Gegners zu erobern. Während die schwedische Segelflotte unter dem Kommando seines Bruders Herzog Karl die russische Ostseeflotte in Schach hielt, wollte Gustav mit der Küstenflotte in der Nähe von Oranienbaum 30 000 Soldaten an Land setzen. Mit diesen wollte er dann auf St. Petersburg marschieren und die Stadt im Handstreich erobern. Wie spätere Invasoren war auch Gustav weder auf einen langen Krieg gegen einen solch starken Feind eingerichtet, noch verfügte Schweden über die notwendigen Ressourcen.

Gustavs kühner, optimistischer Plan stand und fiel mit der Annahme, dass die schwedische Flotte der russischen sowohl qualitativ als auch quantitativ überlegen war. Dies war jedoch nicht der Fall. Die Offiziere, insbesondere die Admiräle der kaiserlich russischen Flotte waren ebenso professionell wie kompetent. Mit Admiral Samuel Grieg, der 1764 von der Royal Navy abgeworben wurde, hatte die Kaiserin einen hartgesottenen schottischen Profi in ihren Reihen, der sein Handwerk verstand. Als Kommandeur des Kronstädter Geschwaders errang er im Juli 1788 in der Schlacht von Gogland gegen den schwedischen König einen strategischen Sieg. Sein Vertreter, Admiral Wassili Tschitschagow, war ein erfahrener, aber vorsichtiger russischer Seeoffizier, dessen Zögerlichkeit Russland Anfang Juli 1790 bei Wyborg teuer zu stehen kommen sollte. Generell aber waren die Offiziere und die Mannschaften gut.

Auch hinsichtlich der Quantität war Schweden unterlegen. Die schwedische Flotte mit ihrem Stützpunkt in Karlskrona an der Ostsee zählte 26 Linien-

»Diese Augenblicke waren von allen Schrecken des Krieges erfüllt: Die See und der Strand waren in dichten Rauch gehüllt, nur gelegentlich von Feuer erhellt, das Wasser war voll von Wrackteilen und treibenden Leichen, die Felsen ... erzitterten unter dem Donner der Kanonen.«

Der schwedische Dichter Oxenstierna über die Schlacht im Svensksund am 3. Juli 1790

schiffe, 12 große und 4 kleinere Fregatten (von welchen 2 in Sveaborg lagen). Die russische Flotte, deren Hauptteil in den Ostseehäfen Reval, Wyborg und Kronstadt lag, zählte 41 Linienschiffe, von denen sich 6 noch im Bau befanden, sowie 25 Fregatten. Vier der russischen Linienschiffe waren mit über 100 Geschützen bestückt, neun verfügten über 72 bis 80, der Rest über 66 Geschütze. Dies spiegelte wider, dass die russische Ostseeflotte auf eine richtige Seeschlacht und Fahrten ins Mittelmeer ausgelegt war. Darüber hinaus waren die russischen Schiffe besser bewaffnet, robuster, und im Jahre 1788 zumeist brandneu. Die schwedischen Kriegsschiffe hingegen waren weniger stabil, kleiner, hatten keine überdachten Oberdecks, dafür hohe Kanonendecks und einen geringen Tiefgang. In der Schlacht konnten solche Schwächen fatal sein.

Doch die Strategie der schwedischen Flotte setzte auf den Amphibien- und nicht wie Russland oder Dänemark auf den Seekrieg. Die schwedischen Linienschiffe und Fregatten waren konstruiert, um eine Landung in Zeeland oder an den flachen Sandstränden der russischen Ostseeküste zu unterstützen. Sie ragten hoch aus dem Wasser, mit hohen Kanonendecks und geringem Tiefgang, um Truppenlandungen mit Breitseiten unterstützen zu können. Daher auch die niedrigen Deckaufbauten, die vielen ausländischen Beobachtern so seltsam erschienen. Chapman hielt große Linienschiffe für reine Prestigeobjekte. Folglich waren schwedische Linienschiffe im Vergleich zu ihren westeuropäischen Schwestern eher klein, wohingegen die Fregatten ungewöhnlich groß waren. Doch war auch dies kein Zufall, da es die Koordination mit der Küstenflottille und den Einheiten der Armee vereinfachte.

Der russisch-schwedische Krieg, 1788–90

Admiral Grieg brachte den Vorstoß der schwedischen Flotte am 17. Juli 1788 bei Gogland zum Stillstand.

GEGENÜBER: Fredrik Henrik af Chapman war der leitende Konstrukteur der schwedischen Marine und Begründer ihres Wiederaufstiegs unter der Regentschaft Gustavs III. (1771–1809).

Der Feldzug, den Gustav als blitzkriegartigen Vormarsch auf St. Petersburg geplant hatte, wurde nun zu einer Materialschlacht, die sich weitere zwei Jahre hinzog. Im Sommer 1790 übernahm Gustav selbst das Kommando über die schwedische Küstenflotte, fest entschlossen, das Blatt zu wenden und einen neuen Vorstoß zu wagen. Er wollte St. Petersburg bedrohen und die russische Armee in Karelien durch einen Angriff auf Wyborg zum Rückzug von der finnischen Grenze zwingen. Durch seine Unbesonnenheit setzte er jedoch die gesamte schwedische Flotte in dem engen Fjord von Wyborg fest, wo ihm die Kapitulation vor Tschitschagows überlegener drohte. Die Gefangennahme von Gustav und Herzog Karl hätte Schweden mitten im Krieg führerlos gemacht.

AUSSCHNITT AUS DEM GEMÄLDE Schlacht im Svensksund von Johan Tietrich Schoultz (1754–1807), auf dem die zweite Schlacht dargestellt ist (9. Juli 1789). Das Bild hängt im Nationalen Kunstmuseum in Stockholm.

Deshalb befahl Gustav früh am Morgen des 3. Juli seiner Flotte, die russischen Linien zu durchbrechen. Tschitschagow wurde überrumpelt und reagierte viel zu langsam, um die Lücke noch schließen zu können. Er sah buchstäblich seine Beute davonschwimmen. Die Kommandeure der russischen Küstenflotte, Vizeadmiral Prinz Karl von Nassau-Siegen und sein Stellvertreter, Graf Ritter Giulio Litta, waren außer sich vor Zorn und schworen, ihre schwedischen Feinde wieder einzufangen. Ein paar Tage später sollte sich im Svensksund die Gelegenheit dazu bieten.

Svensksund, 1790:
Die Sternstunde der schwedischen Flotte

Tschitschagow hatte durch seine Zögerlichkeit eine große Chance verspielt. In der nächsten Schlacht musste Russland auch die mangelnde Voraussicht Nassau-Siegens teuer bezahlen. Wäre der Feind nicht vom schwedischen König selbst kommandiert wor-

den, wäre die Rechnung des Prinzen vielleicht aufgegangen. Doch Gustav III. war ein ebenso kühner Mann wie Nassau-Siegen und gewillt, in einer einzigen Schlacht alles zu riskieren, sofern die Möglichkeit bestand, alles zu gewinnen oder wenigstens den Russen solche Verluste zuzufügen, dass sie sich auf einen ehrenvollen Frieden einließen. Er befahl, den Rückzug der Flotte entlang der finnischen Küste abzubrechen und sammelte seine Schiffe – darunter 50 neu hinzugekommene – im Svensksund.

Der »schwedische Fjord« war ein Naturhafen mit seichtem Wasser, der auf drei Seiten von Inseln umgeben war – ein ideales Gewässer für eine Schlacht zwischen Küstenschiffen. Gustav positionierte seine schwersten Schiffe, darunter 16 Galeeren, in der Mitte. Seine mit je 99 Geschützen bestückten Schaluppen und die Kanonenboote mit 55 Geschützen bildeten die Flanken. Er wollte die nördlichen Zugänge zum Sund versperren und hoffte, dass Nassau-Siegen einen Frontalangriff befehlen würde. Der deutsche Prinz

wäre dann bereits in der Bucht, bevor er gewahr würde, dass seine Schiffe von den Flanken aus in Stücke geschossen wurden. Nassau-Siegen ging in die Falle. Seine Flotte war zahlenmäßig unterlegen, doch waren seine Schiffe größer und hatten mehr Geschütze. Einige vorsichtige Offiziere wiesen darauf hin, dass die Bucht seicht und schmal war und dass man ihnen mit einem flächendeckenden Geschützfeuer begegnen würde. Viele von Gustavs Offizieren befürworteten einen Täuschungsangriff von Norden. Die Besatzungen waren erschöpft, und die Flotte war ein hastig für den Kampf zusammengewürfelter Haufen verschiedener Schiffe. Der Prinz jedoch war siegesgewiss.

Am Morgen des 9. Juli wurde der russischen Flotte das Signal zum Frontalangriff auf die konkave schwedische Kampflinie gegeben. Leider wurde die Führung von den großen Galeeren des Grafen Giulio Litta übernommen, die ein leichtes Ziel für die schwedischen Kanonen waren. Littas Galeeren konnten das schwedische Feuer nicht erwidern und wurden mit einem Kugelhagel eingedeckt. Auch den nachfolgenden Schiffen bereiteten die schwedischen Kanoniere einen heißen Empfang. Je weiter sie in die schwedischen Linien hineinruderten, desto schlimmer wurde die Verwirrung, so dass bald immer mehr Schiffe kampfunfähig waren. Zudem trieb eine frische südliche Brise die Flotte immer weiter in die Bucht hinein, wo sie von drei Seiten aus gleichzeitig in Stücke geschossen wurden.

Es wurde ein verwirrendes und blutiges Massaker. Die russischen Kanoniere konnten nichts sehen und ihre Kanonen nicht richten, um das schwedische Feuer zu erwidern. Doch Nassau-Siegen wollte nicht einsehen, dass er in eine tödliche Falle getappt war. Stunde um Stunde hielten die russischen Besatzungen aus, bluteten und starben, während die schwedischen Geschosse unablässig auf ihre Schiffe niederprasselten.

Schließlich gab Nassau-Siegen seiner Flotte den Befehl zum Rückzug, doch die Überlebenden brauchten für ihre Flucht drei weitere qualvolle Stunden. Als alles vorbei war, dämpfte das Ausmaß der russischen Verluste sogar die Euphorie bei den Schweden. Über 50 Schiffe brannten, krängten und sanken. Etwa 34 Schiffe konnten gerettet werden, doch zwischen 7400 und 10 000 russische Matrosen und Offiziere waren tot. Die schwedischen Verluste beliefen sich auf nur 4 Schiffe und 300 Mann. Der Krieg war mit einem Sieg beendet.

KAPITEL 4

DAS 19. JAHR-HUNDERT

Die Epoche von etwa 1780 bis 1880 war von bemerkenswerten Veränderungen in der Seekriegsführung gekennzeichnet. Sie begann mit einer letzten Blüte des Segelzeitalters, als Großbritannien im Verlauf der französischen Revolution und der Napoleonischen Kriege (1793–1815) die Herrschaft über die Weltmeere erlangte. Dem folgten zahlreiche Innovationen, zum großen Teil gefördert durch das Bestreben anderer Nationen, der überlegenen Seemacht Großbritanniens etwas entgegenzusetzen. Zugleich schuf der europäische Imperialismus ganz neue Aufgaben für die Flotten.

EIN GEMÄLDE DES KÜNSTLERS PHILIPPE-JACQUES DE LOUTHERBOURG aus dem Jahre 1790, das den »glorreichen« 1. Juni darstellt. Zu sehen sind die beiden Flaggschiffe *Queen Charlotte* und *Montagne* im Gefecht, was einen guten Eindruck vom Kampf vermittelt.

Im Jahre 1880 war das Segel in der Seekriegsführung durch Dampfkraft ersetzt worden. Die Ausrüstung von Kriegsschiffen hatte sich durch die Erfindung der Sprenggranate, verlässlicher Geschütze mit gezogenem Lauf und vor allem des Geschützturms stark verändert. Die Kriegsschiffe waren längst nicht mehr so verwundbar, weil Takelage und Spieren wegfielen und die Schiffe mit Eisen gepanzert oder sogar ganz aus Eisen gebaut waren – die ersten Schiffe mit Stahlrumpf liefen 1880 vom Stapel. Parallel zu diesen Neuerungen ging eine wachsende Professionalität in den Flotten einher, wo man großen Wert auf gut ausgebildete Kanoniere und Seeleute legte.

Schiffe des späten 18. Jahrhunderts

Alle Flotten des späten 18. Jahrhunderts bestanden aus verschieden großen Schiffen. Kleinere Schiffe wie Korvetten und Fregatten beförderten Botschaften und übermittelten Befehle. Fregatten, gut bewaffnete Schiffe mit 30 bis 40 Geschützen, kreuzten auch alleine zum Schutz von Handelsschiffen vor Freibeutern und Piraten. Die Schlüsselrolle im Seegefecht

spielte jedoch das Linienschiff – große, schwer bewaffnete Schlachtschiffe. Diese Schiffe besaßen zwei oder drei Kanonendecks (die spanische *Santissima Trinidad* hatte sogar vier), um möglichst viele Geschütze unterzubringen. Solche Schiffe mussten massiv verstärkt werden, um dem Gewicht der Kanonen und dem Rückschlag standzuhalten. Da die Nationen stets versuchten, einander zu übertrumpfen, wurden immer schwerere Schiffe gebaut.

Um 1780 war bei einem Linienschiff eine Bestückung mit mindestens 64 Geschützen die Regel, doch wuchs diese Zahl bis 1805 auf 74 an. Um 1830 war ein Linienschiff erster Klasse eine schwimmende Festung mit 80 schweren Kanonen. Ein gutes Beispiel für ein Linienschiff um 1800 ist die *Victory*, Nelsons Flaggschiff in der Schlacht von Trafalgar, das heute im Hafen von Portsmouth zu sehen ist. Die *Victory* war mit 69 Metern Länge und einer Verdrängung von 3500 Tonnen selbst nach den Maßstäben der damaligen Zeit ein schweres, sehr solide gebautes Schiff. Im Jahre 1805 verfügte sie über 104 Geschütze, davon dreißig 32-Pfünder, achtundzwanzig 24-Pfünder, vierundvierzig 12-Pfünder und zwei 68-Pfünder. Diese extrem schweren Geschütze mit kurzen Rohren feuerten mit geringer Zielgenauigkeit auf kurze Distanz.

Doch selbst ein Schiff wie die *Victory* wurde nicht eingesetzt, um andere Schiffe zu versenken. Das Ziel der Seekriegführung war es, feindliche Schiffe zu erbeuten, und nicht, sie zu zerstören. Vor der Entwick-

UM 1800 WAR EIN SCHIFF etwa mit einer Langkanone, kurzen, gedrungenen Karronaden oder Kanonaden (eine Kreuzung zwischen den beiden) ausgerüstet. Die Kanonen wurden sorgsam vertäut – eine lose Kanone konnte an Deck verheerenden Schaden anrichten.

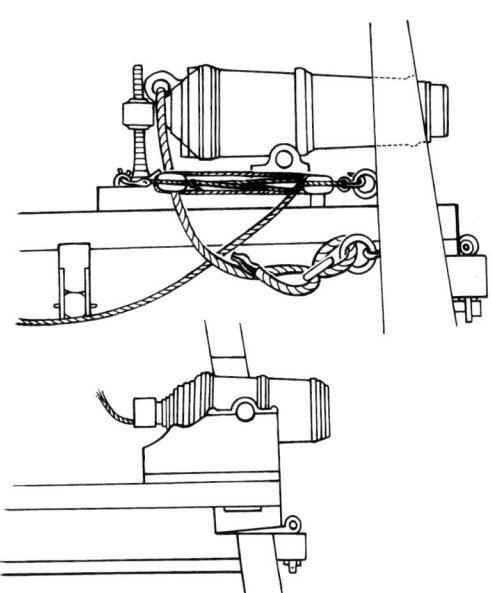

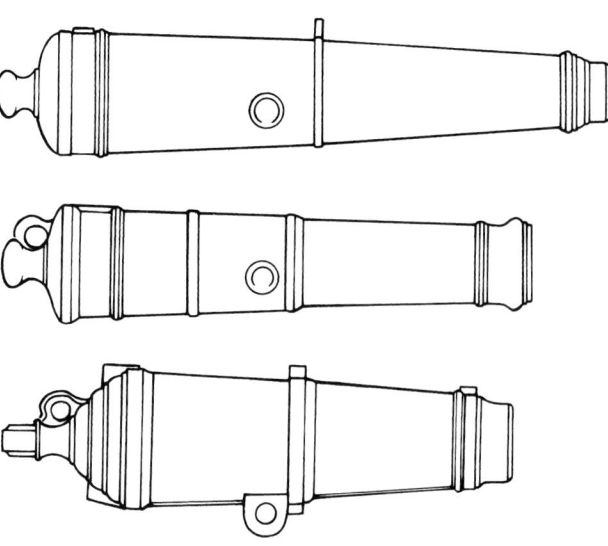

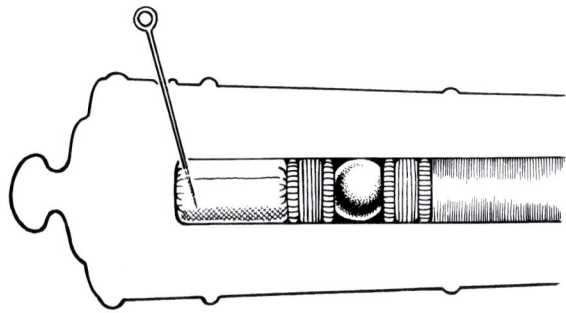

ZUM LADEN wurde ein Beutel Schießpulver und danach die Kugel ins Rohr gerammt. Dann stach man mit einem Spieker durch das Zündloch ein Loch in den Beutel, damit man das Pulver zünden konnte.

Die ideale Taktik war es, das Schiff in eine Position zu manövrieren, aus der es eine volle Breitseite auf den relativ ungeschützten Bug oder das Heck eines feindlichen Schiffes abfeuern konnte. So hatte der Feind keine Möglichkeit, den Angriff zu erwidern, da seine Geschütze an den Seitenwänden des Schiffs montiert waren, und ein solcher Kugelhagel konnte zugleich das feindliche Deck leerfegen und ein wahres Blutbad anrichten. Ein Schiff, das nach solchem Beschuss manövrierunfähig wurde, musste sich notgedrungen ergeben. Daneben war es immer noch üblich, ein Schiff durch Entern zu erobern, nachdem man die gegnerische Besatzung durch Beschuss dezimiert hatte. Die Geschütze eines Schiffs konnten auch

lung der Sprenggranate waren massive Geschosse am weitesten verbreitet. Diese konnten einen Schiffsrumpf durchlöchern, hinterließen dabei jedoch saubere kleine Löcher, die relativ leicht wieder zu stopfen waren. Der schlimmste Schaden wurde an den Schiffsmasten und den Spieren angerichtet – und natürlich bei der Besatzung an Deck.

Kolonne

Schussfeld

Linie

LINIE GEGEN KOLONNE: Die feindliche Linie mit einer Kolonne zu durchbrechen, war ein riskantes Manöver, zahlte sich jedoch aus, wenn es den Schiffen der Kolonne gelang, die Linie zu trennen. Wenn mehrere Schiffe die Linie an verschiedenen Stellen durchbrechen konnten, wurden die feindlichen Schiffe von zwei Seiten gleichzeitig unter Beschuss genommen.

mit Graupel oder Kartätschen geladen werden, was gegen die Besatzung an Deck äußerst effektiv war. Kettenmunition – eine Kanonenkugel, deren zwei Hälften mit einer kurzen Kette verbunden waren – war besonders zerstörerisch in der Takelage.

Die Bedienung der Geschütze bedeutete einen enormen körperlichen Kraftaufwand und eine gute Zusammenarbeit der Kanoniere. Kriegsschiffe waren stets mit Geschützen verschiedener Kaliber bestückt, die Reichweiten von über 1000 Metern hatten. Die Geschütze waren auf hölzerne Lafetten mit kleinen Rädern montiert. Mit Seilzügen wurde der Rückstoß abgefangen und das Geschütz zum Nachladen eingezogen. Alle Geschütze dieser Ära waren Vorderlader. Gezielt wurde, indem man mit einem Handspieker die Rohre senkte oder anhob. Es gab keine Visiere, und die dicken schwarzen Qualmwolken, welche die Kanonen mit jedem Schuss ausstießen, verdeckten oft vollständig die Sicht auf das feindliche Schiff. Schlecht geschulte Kanoniere konnten durch den Rückstoß leicht verletzt oder getötet werden, und häufig explodierten falsch geladene Rohre.

Frankreich in der Revolution und unter Napoleon

Konflikte auf See wurden zu Beginn des 19. Jahrhunderts von dem langen Krieg zwischen Großbritannien und Frankreich dominiert, der von 1793 bis 1815 dauerte. Großbritannien ging mit zwei besonderen Vorteilen in diesen Krieg: Erstens war die Royal Navy im Jahre 1793 bestens vorbereitet. Drei Jahre zuvor hatten die Spanier eine britische Handelsstation im Nootka-Sund erobert. Dem drohenden Konflikt wich Spanien zwar letztendlich aus, doch er führte zur Mobilmachung der britischen Flotte. Der zweite Vorteil war, dass sich die französische Revolution auf die französische Flotte katastrophal ausgewirkt hatte. Die Reihen der Offiziere waren gelichtet worden, und die Matrosen hatten so lange keinen Sold erhalten, dass viele desertierten.

Der »glorreiche« 1. Juni 1794: Eine kühne Taktik

Das erste Seegefecht des Krieges fand 1794 statt. Die Überreste der französischen Flotte waren in Brest stationiert und machten keine Anstalten zum Auslaufen. Die Moral bei den Franzosen war auf einem Tiefpunkt, die Besatzungen waren schlecht ausgebildet, und viele hatten 1793 in der Bucht von Quiberon gemeutert. Vizeadmiral Morad de Galles hatte man sogar ins Gefängnis gesteckt, weil unter seinem Kommando die Disziplin zusammengebrochen war. Durch Verwaltungsreformen und die Führung von Admiral Villaret-Joyeuse hatte sich die Lage zwar ein wenig verbessert, doch blieb Frankreich weiterhin im Nachteil. Wenn die französischen Kapitäne ihre Besatzungen ausbilden wollten, mussten sie in See stechen und konnten auf bereits voll kampfbereite englische Schiffe treffen.

Trotzdem befahl die französische Regierung den in Brest liegenden 26 Linienschiffen im Mai 1794, auf den Atlantik hinauszusegeln. Aus Amerika wurde ein riesiger Getreidetransport von 117 Handelsschiffen erwartet, den es zu schützen galt. Am 28. Mai trafen die Franzosen auf eine britische Flotte aus 25 Linienschiffen unter dem Kommando des sehr erfahrenen Admirals Richard Howe. Er hatte einen großen Teil seiner Laufbahn damit verbracht, die britischen Seetaktiken, die Disziplin und den Signalgebrauch zu verbessern.

Als die Franzosen Howes Flotte erspähten, versuchten sie den Rückzug anzutreten, aber Howe blieb ihnen auf den Fersen und erbeutete noch am ersten Tag des Gefechts das letzte Schiff der französischen Linienformation, die *Révolutionnaire*.

Vier Tage lang lieferten sich die Kontrahenten zerstörerische Gefechte, die alle unentschieden ausgingen. Zur entscheidenden Schlacht kam es dann am 1. Juni, als Howe beschloss, die feindlichen Linien zu durchbrechen – ein kühnes Manöver, das beinahe gescheitert wäre. Diese Taktik war in der Schlacht von Les Saintes erprobt worden, galt aber immer noch als höchst innovativ. Die meisten Admiräle bevorzugten weiterhin die Kiellinienformation. Ein Manöver zwischen den Schiffen der feindlichen Linien hindurch barg zwei Gefahren: Erstens waren die Schiffe, die den Durchbruch versuchen sollten, der vollen Wucht der gegnerischen Breitseiten ausgesetzt, ohne das Feuer erwidern zu können. Ihre ungeschützten Buge waren dem Feind zugewandt, was hohe Verluste und gefährliche Schäden an Masten und Takelage bedeutete. Zweitens konnte die angreifende Flotte den Zusammenhalt verlieren, da für ihre Schiffe keine Positionen mehr festgelegt waren.

ENGLISCHER »SEEHUND« (1800)

Zu Beginn des 19. Jahrhunderts war es immer noch üblich, ein feindliches Schiff zu entern. Zunächst versuchte das angreifende Schiff, mit Kanonenbeschuss und Scharfschützenfeuer aus den Gefechtstopps möglichst viele Treffer auf den Decks zu erzielen. Wenn die Schiffe dann längsseits gingen, waren die ersten Augenblicke entscheidend: Der Aggressor musste genügend Männer auf das feindliche Deck bekommen, um den Widerstand zu brechen und ein mögliches Entern seitens des Feindes zu verhindern. Die Matrosen waren nicht für den Nahkampf ausgebildet, enterten jedoch mit allen ihnen zur Verfügung stehenden Waffen.

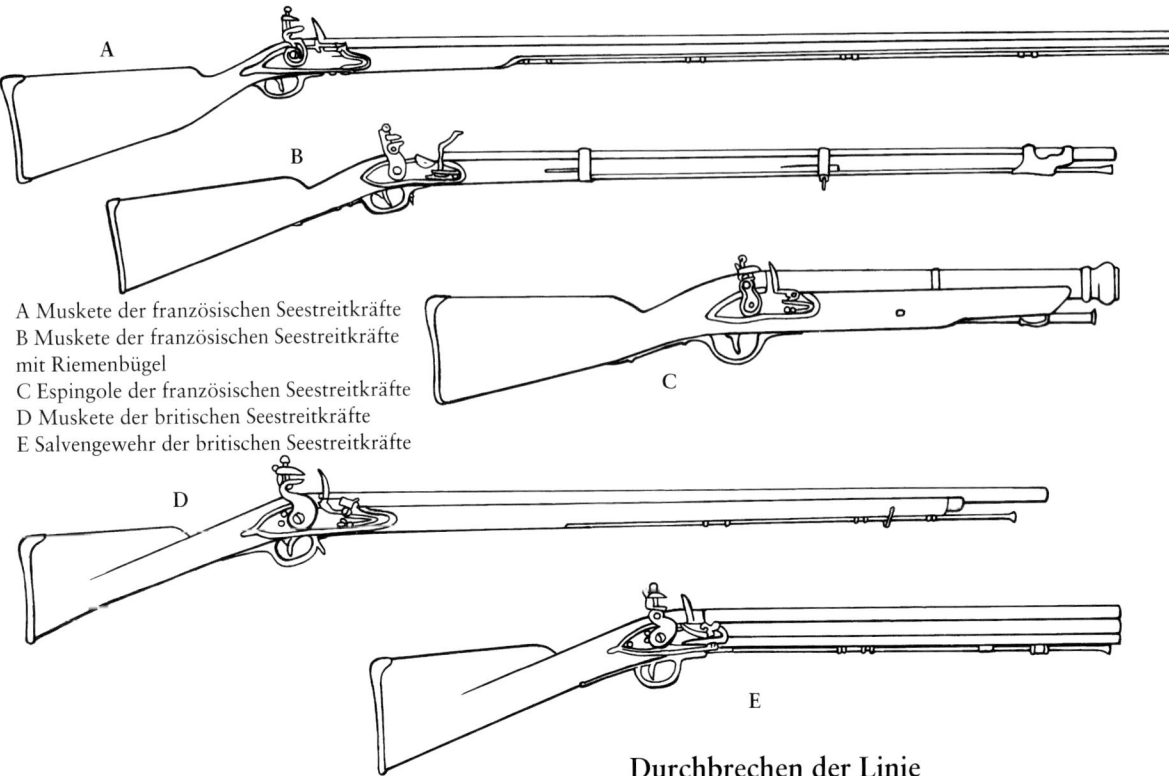

A Muskete der französischen Seestreitkräfte
B Muskete der französischen Seestreitkräfte
mit Riemenbügel
C Espingole der französischen Seestreitkräfte
D Muskete der britischen Seestreitkräfte
E Salvengewehr der britischen Seestreitkräfte

IN DEN MARINEN DES 19. JAHRHUNDERTS spielten die Marine-Infanteristen sowohl bei Seeschlachten als auch bei amphibischen Operationen eine wichtige Rolle. Oft postierte man sie mit Musketen in der Takelage; sie nahmen das feindliche Deck von oben unter Beschuss.

Nur die Flotte in luv (mit dem Wind im Rücken) konnte ein solches Manöver ausführen, doch die meisten britischen Admiräle zogen es vor, den Vorteil der Windseite nicht aufzugeben. Solange sie auf der Windseite lagen, waren sie nicht so stark vom Pulverqualm betroffen, den der Wind von ihnen davon- und zum Feinde hintrug. Auch erkannte man Signale so besser. Wenn ein Schiff jedoch die feindliche Linie durchbrach, konnte es beim Durchfahren Breitseiten auf die ungeschützten Buge und Hecks des Gegners abfeuern. Einmal auf der Leeseite, konnten die Stückpforten des unteren Decks länger geöffnet bleiben, ohne dass Wasser eindrang; beschädigte Schiffe konnten zur Reparatur in sichere Zonen gelangen. Kampfunfähige feindliche Schiffe schließlich konnten leewärts getrieben und dort versenkt oder erbeutet werden.

Durchbrechen der Linie

Howe steuerte sein Flaggschiff, die *Queen Charlotte*, in die französischen Linien hinein und gab seinen Kapitänen das Signal, es ihm gleichzutun. Dieser kühne Angriff war möglich, weil die Flotte über ein neues Signalflaggensystem verfügte, das der Admiral selbst entworfen hatte. Insgesamt gelang jedoch nur dem Flaggschiff und sechs britischen Linienschiffen der Durchbruch. Deshalb konnte keine weitere Feuerlinie hinter der französischen Linie gebildet werden, und die Schlacht mündete in ein Chaos aus Einzelgefechten. Einige französische Schiffe mussten sich auf beiden Seiten gleichzeitig verteidigen – ein schwieriges Unterfangen, da eine Geschützbesatzung normalerweise zwei Kanonen bediente, von denen eine nach Backbord und eine nach Steuerbord gerichtet war. Die unerfahrenen französischen Mannschaften gerieten in Panik. Villaret-Joyeuse brach das Gefecht schließlich ab und kehrte nach Brest zurück, was ihm gelang, weil die Briten seinen Fluchtweg auf der Leeseite nicht abgeriegelt hatten. Beide Seiten erlitten schwere Schäden. Die Briten erbeuteten sechs französische Linienschiffe und versenkten ein siebtes, verloren selbst aber nur ein Schiff.

Der Konflikt eskaliert

Im Jahre 1795 eroberte Frankreich Holland und brachte die niederländische Flotte in seine Gewalt. Im Jahr darauf schloss Spanien eine Allianz mit Frankreich. Die britische Flotte war nun zahlenmäßig unterlegen. Das erste greifbare Resultat war im Dezember 1796 ein französischer Invasionsversuch in Irland – Englands rebellischem »Hinterhof«. Der Plan der Franzosen war es, mit 13 000 Soldaten in der Bucht von Bantry zu landen. Auf See sollten die Transporte von 17 Linien- und 19 Kriegsschiffen geschützt werden. Der Plan war jedoch, was den zeitlichen Ablauf betraf, unausgereift. Die französische Flotte wurde durch Dezemberstürme auseinandergetrieben, und das schlechte Wetter verhinderte eine Landung in Südirland. Die Franzosen verloren fünf Schiffe in den Stürmen, und die Royal Navy erbeutete weitere sechs der vom Sturm zerstreuten Kriegsschiffe.

Die gescheiterte Invasion Irlands mag Spanien und Frankreich zum Zusammenschluss ihrer Haupt-flotten bewogen haben, um mit vereinten Kräften eine Invasion planen zu können. Entsprechend brach der spanische Admiral Don José de Córdoba Anfang 1797 mit einer 27 Linienschiffe umfassenden Flotte von Cadiz auf, um sich der französischen Flotte in Brest anzuschließen. Eine britische Flotte unter dem Kommando von Admiral Sir John Jervis fing sie jedoch am 14. Februar vor dem Kap von St. Vincent mit nur 15 Linienschiffen ab.

Jervis' Schlachtplan war simpel: In Kiellinien-formation durchbrachen die Briten die Linie der Spa-nier, um die beiden Geschwader einzeln in Gefechte zu verwickeln. Jervis führte den Angriff auf das Geschwader an der Leeseite. Anstatt ihren Kameraden zu helfen, versuchten die Schiffe des auf der Luvseite befindlichen spanischen Geschwaders, hinter den angreifenden britischen Schiffen zu entkommen. Vielleicht wäre es ihnen sogar geglückt, hätte nicht Jervis' Protegé, Commodore Horatio Nelson, die Initiative ergriffen und der herannahenden spanischen Linie mit seinem Schiff *Captain* den Weg abgeschnitten.

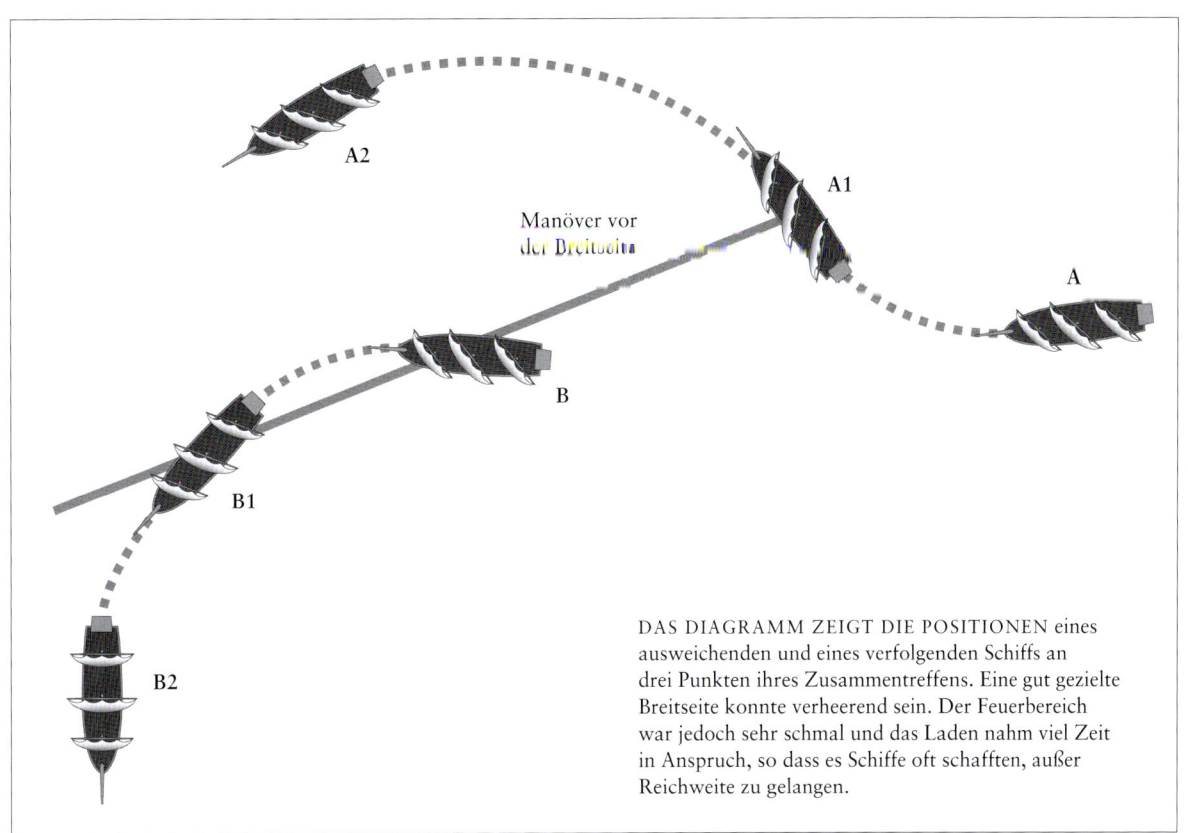

Manöver vor der Breitseite

DAS DIAGRAMM ZEIGT DIE POSITIONEN eines ausweichenden und eines verfolgenden Schiffs an drei Punkten ihres Zusammentreffens. Eine gut gezielte Breitseite konnte verheerend sein. Der Feuerbereich war jedoch sehr schmal und das Laden nahm viel Zeit in Anspruch, so dass es Schiffe oft schafften, außer Reichweite zu gelangen.

FRANZÖSISCHER ARTILLE-
RIEOFFIZIER (1805)

*Er war wie der Schiffsmeister, der Wund-
arzt und der Bootsmann ein Offizier mit
eigenem Patent. Üblicherweise waren es
besonders gute Seeleute, die zum Kanonier
und Bootsmann aufstiegen. Der Kanonier
absolvierte für seine verantwortungsvolle
Aufgabe eine Lehre als Kanoniersgehilfe.
Dazu gehörte neben der Instandhaltung
der Kanonen und der Ausbildung der Kanonenbesatzung, dass er das Pulver gut
verwahrte und trocken hielt. Die See-
fahrtstradition gestattete es dem Kanonier
sogar, seine Frau mit an Bord zu nehmen.
Der hier abgebildete Offizier trägt den typischen Zweispitz und die Kokarde der
Revolution. Er trägt einen Stock, an dessen Ende eine glimmende Lunte befestigt
ist. Diese wurde in einer Salpeterlösung
getränkt, was die getrocknete Lunte am
Glimmen hielt. Um die Kanone abzufeuern, blies der Offizier das glimmende Ende an und steckte es in das Zündloch am
Rohr. Wenn man sich vor Augen führt,
mit wie viel Schießpulver in den Batterien
hantiert wurde, war dies eine höchst gefährliche Angelegenheit. In der britischen
Royal Navy wurden deshalb die Geschütze wie Musketen durch ein Steinschloss
auf dem Rohr gezündet, was weniger gefährlich war als die offene Lunte.*

Der mit Nelson befreundete Kapitän Collingwood folgte dicht hinter ihm auf der *Excellent*. Da Jervis seinen Kapitänen eigenmächtiges Handeln nicht gestattet hatte, war Nelsons Tun ein schweres Disziplinarvergehen. Glücklicherweise ging seine Rechnung aber auf. Die Spanier mussten ihren Kurs ändern, was dem Rest der britischen Flotte ausreichend Zeit verschaffte, ihre Kontrahenten auf breiter Front angreifen zu können.

Abermals bewiesen die britischen Kanoniere, dass sie schneller und genauer feuern konnten als ihre Gegner. Die spanischen Schiffe waren schwer bewaffnet – allein die *Santissima Trinidad* brachte es auf über 130 Geschütze – doch die Wendigkeit der britischen Schiffe glich die überlegene Feuerkraft mehr als aus. Entscheidend war am Kap von St. Vincent, dass Nelson die Initiative ergriff. Dieser übertraf seine Glanzleistung allerdings noch, als er zwei spanische Linienschiffe aufbrachte. Seine Mannschaft enterte zuerst die mit 74 Geschützen bestückte *San Nicolas,* dann überquerte sie deren Deck und enterte von dort die mit 112 Geschützen bestückte *San Josef.* Dieser Coup erlangte zwar unter der Bezeichnung »Nelsons Brücke« große Berühmtheit, er ist in der Geschichte des Seekriegs jedoch nie wiederholt worden.

Die Schlacht am Kap von St. Vincent endete damit, dass die spanische Flotte mit schweren Verlusten zurück nach Cadiz getrieben wurde. Darüber hinaus hatten die Briten vier gegnerische Schiffe erbeutet. Jervis wurde mit der Adelung zum Grafen belohnt und wählte St. Vincent als Titel. Der erste Graf von St. Vincent erwies sich auch künftig als herausragende Führungsgestalt der britischen Admiralität. Sein ungebrochenes Streben nach einer effizienten Flotte hielt ihn nicht davon ab, stets mit großer Menschlichkeit zu handeln. Er trat für eine bessere Behandlung der Seeleute ein und führte die regelmäßige Verabreichung von Zitronensaft zur Vorbeugung gegen Skorbut ein.

> *»Erstens muss man alle Befehle unverzüglich befolgen, ohne zu versuchen, sich eine eigene Meinung über ihren Sinn und Zweck zu bilden. Zweitens muss man jeden Mann, der schlecht über unseren König spricht, als Feind betrachten; und drittens muss man die Franzosen hassen wie den Teufel.«*
>
> *Horatio Nelson*

Die Blockade

In den Kriegen mit Frankreich war die wichtigste Maßnahme der britischen Flotte die Blockade französischer, holländischer und spanischer Häfen. Der Versuch, damit das französische Kaiserreich wirtschaftlich in den Würgegriff zu nehmen und die alliierten Kräfte daran zu hindern, in See zu stechen, war erfolgreich.

Die dritte große Seeschlacht jener Zeit entstand aus dieser Blockadesituation heraus. Die Niederlande waren 1795 gezwungenermaßen eine Allianz mit Frankreich eingegangen. Die Briten reagierten auf diese neue Bedrohung mit einer Blockade. Admiral Sir Adam Duncan sorgte dafür, dass zwei Jahre lang kein holländisches Schiff den Hafen verließ und verhinderte so eine zweite geplante Invasion Irlands. Allerdings versäumten die Holländer während der großen Meutereien in Nore und Spithead 1797 eine Gelegenheit zum Ausbruch. Über 50 000 Männer an Bord von 113 Schiffen der britischen Kanalflotte verweigerten den Gehorsam und forderten höheren Sold und bessere Bedingungen an Bord. Die Zustände auf den Schiffen der Blockadegeschwader waren tatsächlich untragbar. Das Essen war schlecht und oft verdorben, Sold wurde verspätet ausbezahlt. Hinzu kam, dass viele Matrosen von Presskommandos zum Dienst gezwungen worden und entsprechend unwillig waren.

Zum Glück für Großbritannien war den Holländern nicht bekannt, dass während der Meuterei einige Wochen nur vier Schiffe die britische Blockade aufrechterhielten. Im September nahmen die britischen Matrosen ihren Dienst wieder auf, doch musste Admiral Duncan die Blockadeflotte bald darauf verlassen, um seine Schiffe neu ausrüsten zu lassen. Diesmal nutzten die Holländer die Gelegenheit und versuchten den Ausbruch. Sobald die Nachricht jedoch England erreichte, setzte Duncan Segel und brach in Richtung Niederlande auf.

DIE SEESCHLACHT AM 1. JUNI 1794

Der britische Admiral Howe holte die französischen Schiffe am Morgen des 1. Juni ein. Sein Plan war kühn: Er wollte mit seinen Schiffen die französische Linie an mehreren Punkten durchbrechen, auf ihre Leeseite vorstoßen und den Franzosen den Rückzug abschneiden. Dies sollte es ihm ermöglichen, die französischen Schiffe zu zerstreuen oder nacheinander zu zerstören. Der Plan war jedoch nur teilweise erfolgreich, da die meisten seiner Kapitäne seine Signale missverstanden oder ignorierten. Howes Flaggschiff, die Queen Charlotte, und fünf weitere britische Schiffe durchbrachen in einem stümperhaften Angriff die französische Linie und wurden nur wegen der schlechten Leistung der französischen Kanoniere nicht zusammengeschossen. Als sich einzelne Schiffe Zweikämpfe lieferten, wurde die Schlacht zu einem verwirrenden Nahgefecht. Nach einigen erbitterten Schusswechseln brachen die Franzosen schließlich aus, wobei sie sieben versenkte oder erbeutete Schiffe zurückließen. Die britischen Schiffe hatten jedoch zu große Schäden erlitten, um die Verfolgung aufzunehmen.

Admiral Howe verfolgte die Brester Flotte bis auf den offenen Atlantik, wohin sie beordert worden war, um einen Getreidekonvoi aus Amerika zu schützen.

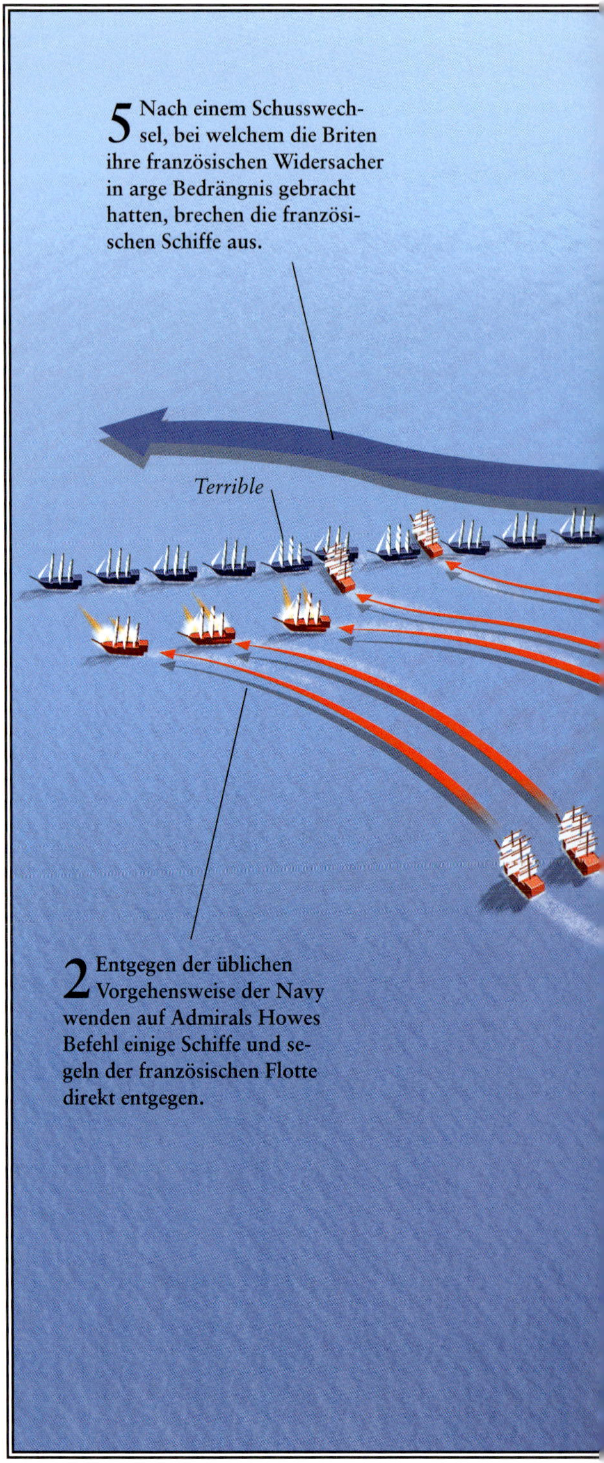

5 Nach einem Schusswechsel, bei welchem die Briten ihre französischen Widersacher in arge Bedrängnis gebracht hatten, brechen die französischen Schiffe aus.

Terrible

2 Entgegen der üblichen Vorgehensweise der Navy wenden auf Admirals Howes Befehl einige Schiffe und segeln der französischen Flotte direkt entgegen.

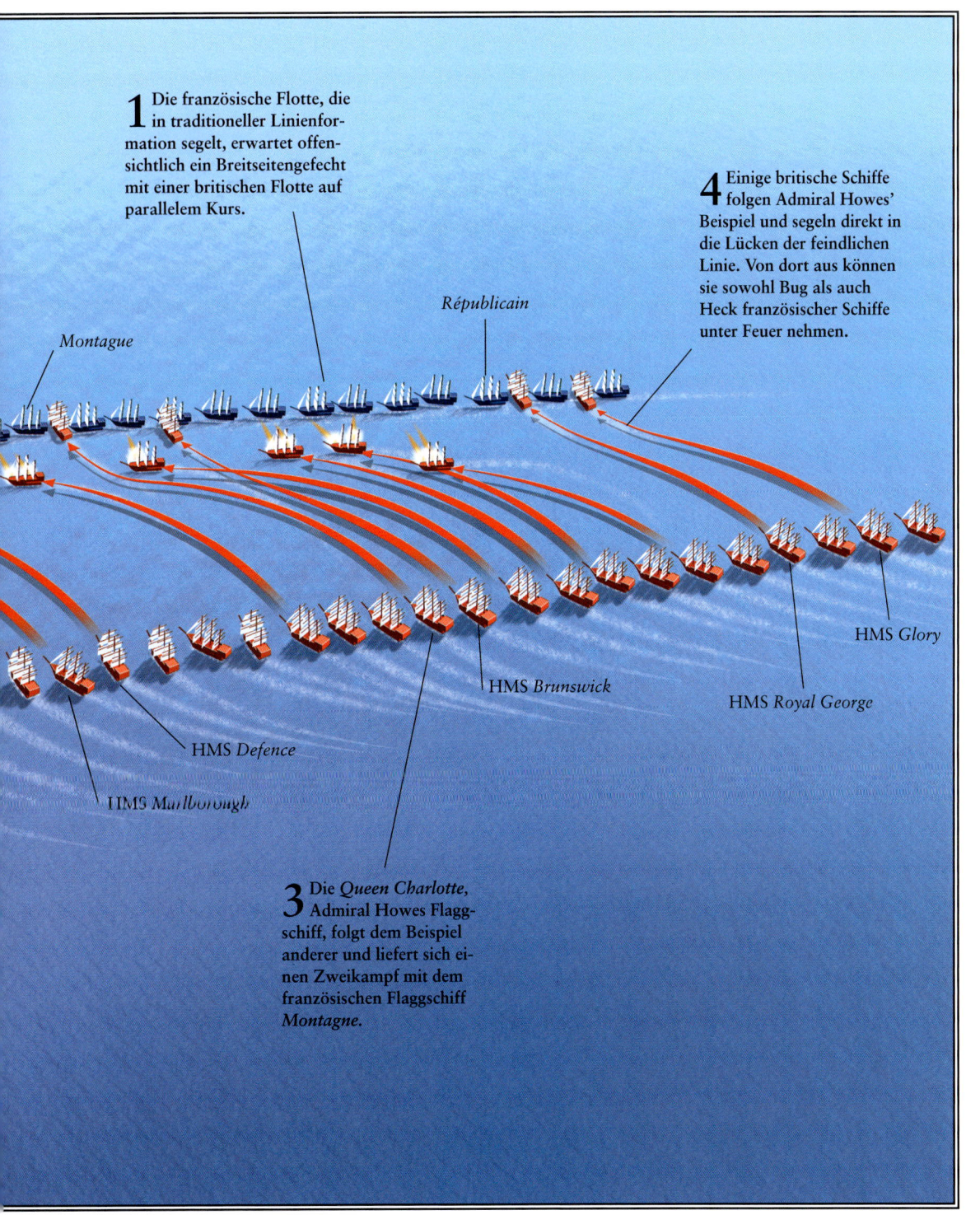

1 Die französische Flotte, die in traditioneller Linienformation segelt, erwartet offensichtlich ein Breitseitengefecht mit einer britischen Flotte auf parallelem Kurs.

4 Einige britische Schiffe folgen Admiral Howes' Beispiel und segeln direkt in die Lücken der feindlichen Linie. Von dort aus können sie sowohl Bug als auch Heck französischer Schiffe unter Feuer nehmen.

Républicain

Montague

HMS *Glory*

HMS *Brunswick*

HMS *Royal George*

HMS *Defence*

HMS *Marlborough*

3 Die *Queen Charlotte*, Admiral Howes Flaggschiff, folgt dem Beispiel anderer und liefert sich einen Zweikampf mit dem französischen Flaggschiff *Montagne*.

Kurz vor Sonnenuntergang am 11. Oktober 1797 sichteten die beiden Flotten einander vor der holländischen Küste bei Camperdown. Duncan befahl den sofortigen Angriff. Statt eine Kiellinie zu bilden, führte er die Schiffe unter seinem Kommando in zwei losen Kolonnen dem Feind entgegen. Beide durchbrachen die holländische Linie, und abermals verrichtete die britische Feuerkraft ihr zerstörisches Werk, diesmal aus nächster Nähe. Beide Seiten waren etwa gleich stark. Die britische Flotte verfügte über 14 Linienschiffe, die holländische über 11, dafür hatten die Holländer mehr Fregatten. Trotzdem erbeutete Duncan neun Schiffe, darunter auch das Flaggschiff von Admiral De Winter.

Zwei Tatsachen machten diese Schlacht zu einem herausragenden Ereignis. Zum einen führten die britischen Kommandeure den Befehl ihres Admirals äußerst schnell und effizient aus. Dies lag nicht nur daran, dass sich die Signaltechniken innerhalb der britischen Flotte deutlich verbessert hatten, sondern auch an der klaren Befehlsstruktur und Disziplin bis

hinunter zu den Mannschaften. Nur so konnte dieses riskante Manöver erfolgreich durchgeführt werden. Zum anderen beweis der Erfolg die stetig zunehmende Überlegenheit der britischen Geschütze. Je mehr Zeit die britischen Besatzungen auf See verbrachten, desto rasanter verbesserte sich auch ihre Handhabung von Schiffen und Kanonen. Spanische, holländische und französische Mannschaften verbrachten die meiste Zeit im Hafen und blieben so immer weiter hinter den Briten zurück.

In dieser Zeit taten die Briten alles in ihrer Macht Stehende, um die französischen Schiffe in den Häfen zu zerstören. Zu den kühnsten Aktionen zählten die »Schnittexpeditionen«: Britische Seeleute und Seesoldaten ruderten bei Nacht still und leise in französische Häfen, enterten ein Schiff und stahlen es. Beispielhaft war 1801 die Kaperung der französischen Korvette *La Chevrette* in der Bucht von Camaret, die den spanischen und französischen Flotten praktisch unter der Nase gestohlen wurde. Gegen die Schiffe in Boulogne setzte die britische Admiralität sogar erstmals neu entwickelte Waffen ein, etwa die Treibminen von Robert Fulton oder die Furcht erregenden, aber ungenauen Raketen von William Congreve.

Nelson, der Sieger von Abukir

Horatio Nelson, Sohn eines Geistlichen, begann seine Karriere in der Flotte wie die meisten Seeoffiziere im Alter von 12 Jahren als Fähnrich zur See. Nelson jedoch war eine Ausnahme, da er es vermochte, die

EIN DÄNISCHES KANONENBOOT, 1801. Kanonenboote waren kleine Schiffe mit Riemen, die am Bug oder Heck mit einer oder zwei großen Kanonen bestückt waren. Sie wurden vor allem zum Schutz von Häfen eingesetzt.

Sympathien seiner Untergebenen, Gleichgestellten und Vorgesetzten – und, vielleicht am wichtigsten, der britischen Öffentlichkeit – gleichermaßen zu gewinnen. Nelsons Beförderung zum Konteradmiral erfolgte kurz nach der Schlacht von St. Vincent, bei der ihm seine kühne und innovative Taktik große Bewunderung eingebracht hatte.

Im Jahre 1797 versuchte Nelson einen Amphibienangriff auf Teneriffa. Die Operation schlug nicht nur fehl, sondern kostete ihn auch seinen rechten Arm. Die britische Öffentlichkeit weigerte sich jedoch, ihm ein Versagen anzulasten, und sobald Nelson wieder genesen war, stach er erneut in See. Er war nun Kommandant eines Geschwaders, das die französische Flotte in Toulon beobachtete. Die Franzosen planten eine Invasion in Ägypten, um dem britischen Imperium wirtschaftlichen Schaden zuzufügen. Nachdem Nelson durch einen Sturm von seiner Position abgetrieben worden war, stach die französische Flotte in See. Nelson setzte ihr nach. Es gelang ihm zwar nicht, die Invasionsflotte auf offener See aufzuhalten, doch fand er die ankernden französischen Schiffe am Nachmittag des 1. August 1798 in der Bucht von Abukir an der Nilmündung.

Der französische Admiral François Brueys hatte seine 13 Linienschiffe an einer Stelle vor Anker gehen lassen, wo sie vor Angriffen sicher schienen. Sie lagen in einer Linie parallel zu einer Reihe von Sandbänken und wurden zusätzlich von Kanonenbooten und Artillerie an Land geschützt. Aus dieser Position heraus waren die Franzosen in der Lage, ein vernichtendes Artillerie-Sperrfeuer abzugeben, wenn sich Nelson mit seinen 14 Schiffen näherte.

Der Kapitän der HMS *Goliath* bemerkte, dass die Franzosen nur je einen Anker geworfen hatten und folgerte, dass zwischen ihnen und den Sandbänken noch ein wenig offenes Wasser sein müsste. Er ging das enorme Risiko ein und steuerte die *Goliath* um das vordere Ende der französischen Linie herum und in die seichten Gewässer in Strandnähe hinein, und einige Schiffe folgten ihm. Eines lief auf den Sandbänken auf Grund, die anderen aber eröffneten das Feuer. Die französische Flotte war nun von zwei Seiten unter Beschuss und damit vollkommen manövrierunfähig. Die doppelte britische Linie bewegte sich langsam von einem Schiff zum nächsten, mit verheerenden Folgen für die Franzosen. Die ersten drei französischen Schiffe wurden komplett zerstört. Die

mit 120 Geschützen bestückte *Orient* war zwar stark genug, um ihre Angreifer abzuwehren, doch einige Farbeimer an Deck fingen Feuer. Die brennende Farbe lief ins Pulvermagazin, und das Schiff flog in die Luft.

Um Mitternacht kam das Gefecht aufgrund schierer Erschöpfung zum Erliegen. Bis auf drei hatten alle französischen Schiffe kapituliert. Am nächsten Morgen gelang zweien dieser drei Schiffe die Flucht, eines lief auf Grund. Insgesamt neun französische Schiffe wurden erbeutet und zwei weitere zerstört. Napoleon saß in Ägypten fest. Nelson schrieb seinen Erfolg in der Bucht von Abukir seinen Kapitänen zu, die er als »Bruderschaft« bezeichnete.

Die Schlacht von Kopenhagen, 1801

Im Jahre 1801 bildeten einige nordeuropäische Staaten, darunter Russland und Dänemark, eine Koalition gegen Großbritannien, die so genannte »bewaffnete Neutralität«. Die britische Regierung entsandte Admiral Sir Hyde Parker mit Nelson als stellvertretendem Kommandeur, um am 2. April 1801 die dänische Flotte im Hafen von Kopenhagen anzugreifen. Dieser Artillerie-Waffengang zeigte ein anderes Gesicht der Seekriegsführung. Obwohl Linienschiffe und Fregatten schwer bewaffnet waren, griffen Schiffe normalerweise nicht dort an, wo sie sich in Reichweite von Küstenbatterien befanden. Das Sperrfeuer und die schweren Geschosse dieser Batterien konnten selbst das stärkste Schiff durchlöchern. Viele Festungen waren zudem mit Essen ausgestattet, in denen die Geschosse rotglühend gemacht wurden, um feindliche Schiffe in Brand zu setzen. Bei der Schlacht von Kopenhagen jedoch führte Nelson einen Angriff gegen Schiffe, Küstenbatterien und treibende Geschützbatterien gleichzeitig.

Nelson verfügte über 10 Linien- und 31 kleinere Schiffe. Er wollte an einem schwachen Punkt angreifen, den er in der dänischen Verteidigung ausgemacht hatte, einem wichtigen Kanal, der nicht durch eine Bastion geschützt war. Dort brachte Nelson Mörserboote so nahe heran, dass er Kopenhagen bombardieren konnten. Die britischen Schiffe gerieten bald unter heftiges Feuer der dänischen Flotte. Angesichts der erbitterten Verteidigung gab Admiral Parker Nelson das Signal, den Angriff abzubrechen. Nelson überging diesen Befehl einfach und verfolgte weiter seinen eigenen Plan. Angeblich soll er sein Fernrohr an sein blindes Auge gehalten und gesagt haben: »Ich sehe wirklich kein Signal.«

Nelsons kühner Zug war am Ende erfolgreich. In einem dreistündigen Gefecht eroberte Nelson 17 dänische Schiffe, woraufhin der dänische König einem Waffenstillstand zustimmte. Die Schlacht kam die Briten jedoch teuer zu stehen. Über 2000 Mann starben bei dem Angriff, wobei die Verluste auf beiden Seiten etwa gleich hoch waren. Dänemark zog sich aus der Koalition zurück, doch verübelte man den Briten ihre Aggression bitter, und dänische Werften bauten weiterhin Schiffe für Frankreich. Obwohl Dänemark ein neutraler Staat war, segelte 1807 abermals eine britische Flotte nach Kopenhagen und bombardierte die Stadt so lange, bis sie kapitulierte. Die Briten verbrannten alle dänischen Schiffe, die sie nicht erbeuten konnten. Die erzürnten Dänen führten danach von 1807 bis 1814 einen Kaperkrieg gegen die Briten in der Ostsee.

DIE SCHLACHT VON KOPENHAGEN. Am 2. April 1801 vernichtete ein britisches Geschwader unter dem Kommando von Admiral Horatio Nelson die dänische Flotte.

GEGENÜBER: Porträt des Admirals Horatio Nelson (1758–1805), Großbritanniens erfolgreichstem Seehelden in den Napoleonischen Kriegen. Trotz seiner privaten Affären erfreute er sich immenser Popularität.

Die Schlacht von Trafalgar: Nelsons letzter Sieg

Im Jahre 1805 bereitete Napoleon erneut eine Invasion in Großbritannien vor. Die spanischen und französischen Flotten lagen immer noch in ihren Häfen fest. Also wurde der französische Admiral Pierre-Charles Villeneuve mit der Aufgabe betraut, die britischen Blockadeschiffe so abzulenken, dass die Transporter der Invasionsflotte in See stechen konnten. Nelson wiederum hielt in einiger Entfernung seine Blockade aufrecht und hoffte, die Franzosen zum Kampf herauslocken zu können.

Die französische Flotte lief am 30. März 1805 in Toulon aus und konnte Nelsons Blockadeflotte ausweichen. Nachdem die Franzosen in Cadiz ein spanisches Geschwader befreit hatte, brachen sie zu den Westindischen Inseln auf. Nelson war ihnen dicht auf den Fersen. Die alliierte Invasionsflotte stach jedoch

DIESE DARSTELLUNG DER SCHLACHT VON TRAFAL-
GAR (1805) zeigt ganz deutlich die ungeheuer zerstörerische
Kraft dar Schiffskanonen. Die Takelage des französischen
Schiffs (links) ist zerstört.

nicht in See, weil andere Geschwader der Navy im Ärmelkanal patrouillierten. Im Juli kehrte die alliierte
Flotte nach Europa zurück und kämpfte vor dem Kap
Finisterre gegen eine britische Flotte unter dem Kommando von Admiral Sir Robert Calder. Das spanische
Geschwader erlitt zwar gewaltige Schäden, doch der
Rest der alliierten Flotte konnte entkommen. Villeneuve erreichte Cadiz am 13. August 1805, und erneut stellte Nelson eine lose Blockade auf. An der
Gesamtsituation auf See hatte sich also kaum etwas
geändert.

Mitte September beorderte Napoleon seine vereinigte Flotte nach Italien. Viele spanische Matrosen waren schlecht ausgebildet, die Flotte wurde von

Krankheiten heimgesucht und von schlechtem Wetter
behindert. Villeneuve war sich dieser Gefahren sehr
wohl bewusst und gab den Befehl zum Aufbruch nur
deshalb, weil ihn Napoleon nach seiner Niederlage
bei Abukir der Feigheit bezichtigt hatte. Als die vereinigte Flotte aus Cadiz ausbrach, war Nelson bereit.
Die beiden Flotten trafen am 21. Oktober 1805 vor
dem Kap von Trafalgar aufeinander. Es sollte eine
der letzten großen Schlachten des Zeitalters der Segelschiffe werden.

Die verstreute britische Flotte hatte von seinem
Ausbruch erfahren, weil Nelson über drei Schiffe
eine direkte Verbindung zwischen Cadiz und seinem
65 Kilometer entfernten Flaggschiff aufrechterhielt.
Er verwendete ein System von »Fernsignalen« – Kugeln, Kegel und andere geometrische Formen, die aus
weit größerer Entfernung ausgemacht werden konnten als Flaggen. Dadurch erreichte ihn die Nachricht
vom Ablegen der Flotte in weniger als zehn Minuten.

Abgesehen von dem Kommando, das Nelson seiner Flotte vor dem Kampf gab (»England erwartet, dass jeder Mann seine Pflicht tut«), spielten Befehle während der Schlacht kaum eine Rolle. Der Admiral hatte am Abend vor den Kampfhandlungen seine Kapitäne zum Abendessen eingeladen und seinen Plan mit ihnen durchgesprochen, anstatt sich in Rauch und Schlachtgetümmel auf Signale zu verlassen.

Villeneuve wollte einer Entscheidungsschlacht ausweichen. Als der Konflikt unausweichlich wurde, nahm die französische Flotte – wie üblich in den französisch-britischen Kriegen – die leeseitige Position ein. Ihr Ziel war es, zu entkommen und nicht, die Briten zur Schlacht zu stellen.

Die Schlacht beginnt

Am Morgen des 21. Oktober trafen Nelsons 27 Linienschiffe auf 33 Linienschiffe der französisch-spanischen Flotte. Villeneuve positionierte seine Linienschiffe ganz vorn, um die gesamte Kraft seiner

Breitseiten zu nutzen. Nelson hingegen hatte nicht die Absicht, an einem herkömmlichen Artilleriegefecht teilzunehmen, bei dem man Breitseiten aufeinander abfeuerte. Er teilte die Schiffe unter seinem Kommando in zwei Kolonnen auf, nutzte den günstigen Wind und segelte dem Feind entgegen. Die erste Kolonne, angeführt von Admiral Collingwood auf der *Royal Sovereign*, sollte das hintere Ende der alliierten Linie vernichten. Nelson Flaggschiff *Victory*, das die zweite Kolonne anführte, sollte die alliierte Vorhut in Schach halten. Abermals sollte die britische Flotte direkt in das dichte Feuer der feindlichen Linie segeln, wodurch zumindest die Anführer der Kolonnen schwer getroffen oder sogar manövrierunfähig geschossen werden konnten. Doch Nelson vertraute darauf, dass die schlecht ausgebildeten spanischen und französischen Kanoniere zusammen mit dem schweren Seegang die Verluste auf ein akzeptables Maß begrenzen würden.

Aus nächster Nähe lieferte sich Nelsons *Victory* ein Gefecht mit dem französischen Flaggschiff *Bucentaure*. Man beschoss die Franzosen mit doppelt geladenen Kanonen und fegte die feindlichen Ka-

EIN SPANISCHER 24-PFÜNDER (11-Kilo-Geschosse) mit Gerät: Ein Stopfer und ein mit Wolle umwickelter Mopp, der in einem Eimer feucht gehalten wurde. Damit wurden nach dem Schuss glimmende Reste aus dem Rohr gewischt.

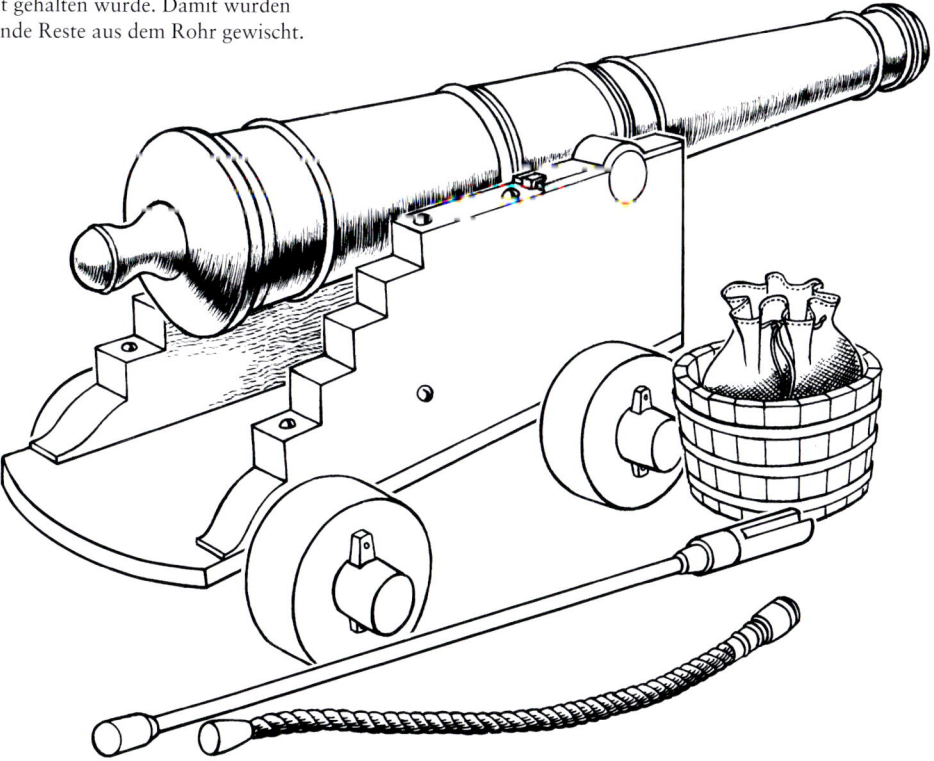

DIE SCHLACHT VON KOPENHAGEN

Admiral Sir Hyde Parker schickte seinen stellvertreten-
den Kommandeur Horatio Nelson mit zwölf Linienschiffen, die relativ flach im Wasser lagen, sowie den
kleineren Schiffen der Flotte in den Hafen von Kopenhagen. Drei britische Schiffe liefen bei der Einfahrt in
den Hafen auf Grund, doch die verbleibenden Schiffe
ankerten etwa 180 Meter vor den dänischen Schiffen
und Batterien. Beide Seiten feuerten Breitseiten ab, bis
alle Schiffe gefechtsunfähig waren. Angesichts des heftigen dänischen Widerstands gab Parker das Signal zum
Rückzug, doch Nelson ignorierte es. Als die dänischen
Schiffe dank der überlegenen britischen Kanonierskunst
außer Gefecht gesetzt waren, konnten sich die britischen Mörserketschen der Stadt nähern. Die Schlacht
endete damit, dass die Dänen einen angebotenen Waffenstillstand akzeptierten. Kopenhagen gilt als Nelsons
härteste Schlacht, bei der sogar die intensiven Kampfhandlungen vor Trafalgar übertroffen wurden.

Die Schlacht von Kopenhagen war das Ergebnis fruchtlo-
ser britischer Diplomatie, um das französisch-freundliche
Handelsbündnis der »Liga bewaffneter Neutralität« auf-
zubrechen.

KOPENHAGEN

1 Die dänisch-norwegische
Flotte ankert in Linien-
formation, um die Zufahrt
zum Hafen von Kopenhagen
zu versperren.

**KÜSTEN-
BATTERIEN**

SANDBANK

5 Britische Mörserketschen
und Briggs stehen für ei-
nen Vorstoß bereit, nachdem
die dänische Flotte durch
die britische Artillerie außer
Gefecht gesetzt worden ist.

3 Mehrere herannahende bri-
tische Schiffe, darunter die
Agamemnon, laufen auf den
Untiefen im Hafen auf Grund.

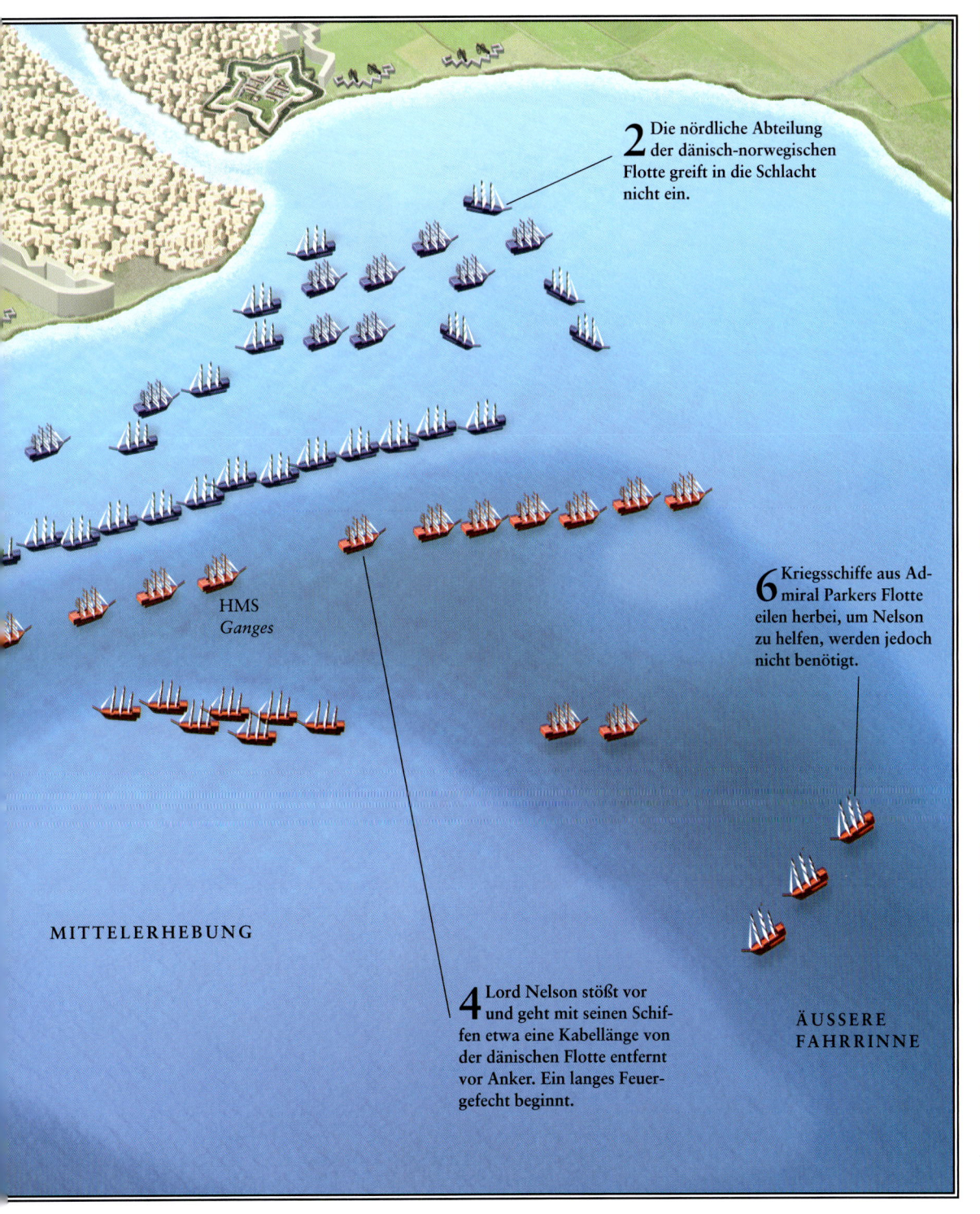

2 Die nördliche Abteilung der dänisch-norwegischen Flotte greift in die Schlacht nicht ein.

HMS
Ganges

6 Kriegsschiffe aus Admiral Parkers Flotte eilen herbei, um Nelson zu helfen, werden jedoch nicht benötigt.

MITTELERHEBUNG

4 Lord Nelson stößt vor und geht mit seinen Schiffen etwa eine Kabellänge von der dänischen Flotte entfernt vor Anker. Ein langes Feuergefecht beginnt.

ÄUSSERE FAHRRINNE

nonendecks leer. Als die *Victory* auf die französische Linie vordrang, versperrte ihr die mit 74 Geschützen bestückte *Redoutable* den Weg. Die *Victory* rammte die *Redoutable,* und durch die Wucht des Zusammenstoßes entstand in der alliierten Linie eine Lücke für Nelsons nachfolgende Schiffe. Die *Victory* wurde dabei schwer beschädigt. Die Scharfschützen der *Redoutable,* die auf den Salings (Mastplattformen) positioniert waren, um das feindliche Deck zu beschießen, trafen auf diese geringe Distanz mit tödlicher Sicherheit. Unter den Gefallenen war auch Admiral Nelson. Eine Kugel durchbohrte seine Lunge und blieb im Rückgrat stecken. Die Besatzung der *Redoutable* wäre vielleicht sogar in der Lage gewesen, die *Victory* in dem Durcheinander zu entern, wäre nicht die HMS *Temeraire* (ein einst von den Franzosen erbeutetes Schiff) längsseits gekommen und hätte mit einer Breitseite viele Männer auf der *Redoutable* getötet.

Während Nelson im Sterben lag, setzte seine Flotte den Nahkampf fort, der noch fünf Stunden andauerte. Die britischen Seeleute konnten ihre Schiffe schneller in Reichweite des Feindes bringen, als dessen Schiffe zu entkommen vermochten. Die britischen Kanonen feuerten etwa doppelt so oft wie ihre französischen und spanischen Gegenstücke. Als Nelson starb, wusste er, dass er einen großen Sieg errungen hatte. Am Ende der Schlacht waren 19 französische und spanische Schiffe erbeutet worden und eines in

die Luft geflogen. Die Briten hingegen hatten kein einziges Schiff verloren. Ein weiterer Beweis der britischen Artillerieüberlegenheit waren die Verluste: 5000 Mann der alliierten Flotte hatten ihr Leben gelassen, auf den britischen Schiffen beklagte man lediglich 250 Tote und 1200 Verwundete.

Obwohl die Engländer die meisten Beuteschiffe noch am selben Abend in einem Sturm verloren, besiegelte Trafalgar doch das Ende der Seemacht Frankreich. Napoleon baute zwar 1807–12 weiterhin Schiffe in großer Zahl, aber das Programm war schlecht durchdacht. Die Franzosen hatten nicht genug Matrosen, und so verrotteten viele Schiffe, noch bevor sie vom Stapel liefen. Trafalgar war das letzte große Seegefecht dieses Krieges.

Fregatten im Krieg von 1812

Gegen Ende der Napoleonischen Kriege waren die Briten in einen unglücklichen Konflikt mit den Vereinigten Staaten verwickelt. Dieser war vor allem durch die britische Flottenpolitik provoziert worden. Die britische Regierung untersagte den amerikanischen Handel mit Frankreich und verschlimmerte den öko-

DIESER QUERSCHNITT des mächtigen Dreideckers *HMS Victory* vermittelt einen Eindruck vom komplexen Aufbau eines Linienschiffs, dessen drei Kanonendecks vor der Schlacht komplett gefechtsbereit gemacht wurden.

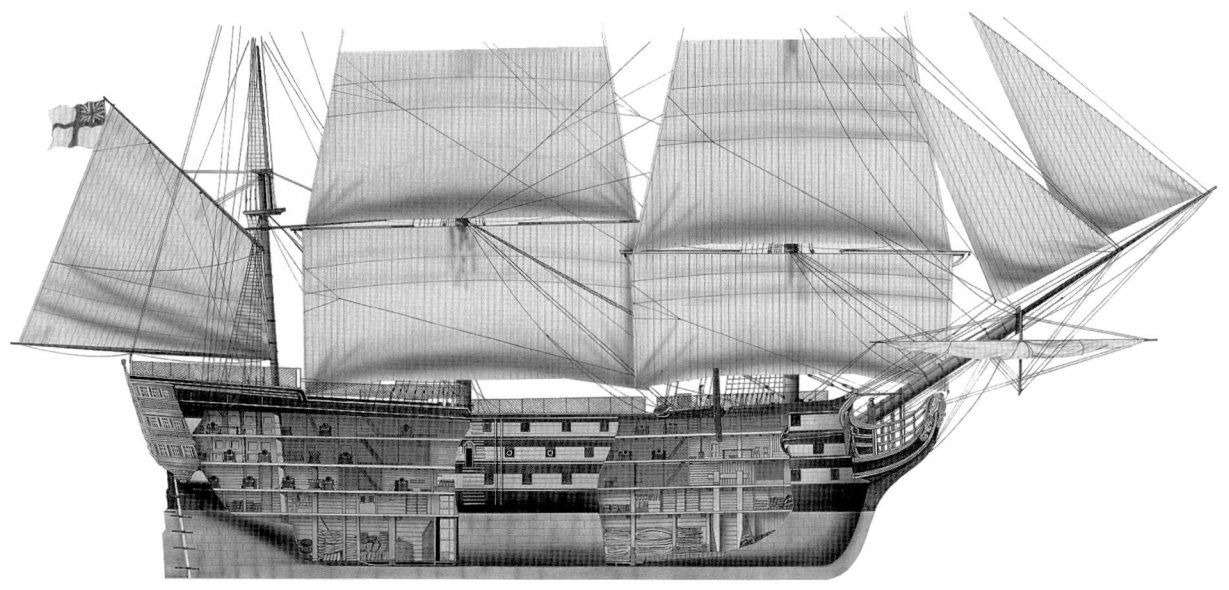

nomischen Schaden noch durch einen nationalen Affront. Sie ließ Schiffe aus den USA anhalten, um nach Deserteuren aus der Royal Navy zu suchen und angeblich englischstämmige Matrosen auszuheben. Bis 1812 hatte Großbritannien etwa 400 amerikanische Handelsschiffe aufgebracht. Besonderen Unmut rief die berüchtigte »Chesapeake Affaire« von 1807 hervor, als die britische Fregatte *Leopard* die USS *Chesapeake* stoppte und die Herausgabe von Deserteuren verlangte. Als sich der Kapitän weigerte, eröffnete die *Leopard* das Feuer auf das nicht gefechtsbereite Schiff. Im Krieg von 1812–15 wäre Großbritannien den USA haushoch überlegen gewesen, wenn der Krieg mit Frankreich nicht gewesen wäre. Im Jahre 1812 verfügte die britische Flotte über 100 Linienschiffe, 700 andere Schiffe und 145 000 Mann. Die USA standen dieser Streitmacht mit sechs Fregatten gegenüber, deren Bau der Kongress erst 1794 genehmigt hatte, nachdem Algerien einige amerikanische Schiffe aufgebracht hatte.

Die Fregatte, entwickelt Mitte des 18. Jahrhunderts, war ein Kriegsschiff mit einem Deck und drei Masten, vergleichbar etwa mit den späteren Kreuzern. Bestückt war sie mit 24 bis 44 Geschützen. Sie war schnell und stabil, konzipiert zur Erkundung und für den Kampf gegen feindliche Handelsschiffe. Genau das war es, was die Amerikaner vorhatten – britische Schiffe aufzubringen. Großbritannien reagierte, indem es zum Schutz seiner Interessen in den nordamerikanischen Gewässern ein paar Fregatten auf Patrouille schickte. Eines der interessantesten Seegefechte des frühen 19. Jahrhunderts war die Folge.

Britische Fregatten hatten sich bereits einige Scharmützel mit ihren europäischen Feinden geliefert. Am 20. Oktober 1793 geriet der Kapitän der HMS *Crescent*, James Saumarez, in einen Zweikampf mit der französischen Fregatte *Réunion*. Am Ende des Gefechts waren 81 Franzosen tot oder verwundet, wohingegen der einzige Engländer von seinem eigenen Geschütz verwundet worden war. In der Ersten Schlacht von Lissa, einem Fregattengefecht am 13. März 1811, besiegten vier britische Fregatten ein beinahe doppelt so starkes französisch-italienisches Fregattengeschwader.

Nach amerikanischen Maßstäben war die britische Artillerie jedoch weniger beeindruckend. Die Ausbildung der Besatzungen wurde den jeweiligen Kapitänen überlassen, die ihr eigenes Geld für zu-

Nachfolgend sind die Schlachtlinien bei Trafalgar aufgeführt. Die Schiffe sind entsprechend ihrer Segelformation am Tag der Schlacht aufgelistet:

Nelsons luvseitige Kolonne (links):

Victory (100 Geschütze)	*Temeraire* (98)
Neptune (98)	*Leviathan* (74)
Britannia (100)	*Conqueror* (74)
Africa (64)	*Agamemnon* (64)
Ajax (74)	*Orion* (74)
Minotaur (74)	*Spartiate* (74)

Vizeadmiral Collingwoods leeseitige Kolonne:

Royal Sovereign (100)	*Belleisle* (74)
Mars (74)	*Tonnant* (80)
Bellerophon (74)	*Colossus* (74)
Achilles (74)	*Dreadnought* (98)
Polyphemus (64)	*Revenge* (74)
Swiftsure (74)	*Defiance* (74)
Thunderer (74)	*Defence* (74)
Prince (98)	

sowie vier Fregatten und zwei kleinere Boote.

Villeneuves Flotte:

Neptuno (80 Geschütze)	*Scipion* (74)
Rayo (100)	*Formidable* (80)
Duguay Trouin (74)	*San Francisco de Asis* (74)
Mont Blanc (74)	*San Agustin* (74)
Héros (74)	*Santisima Trinidad* (136)
Bucentaure (80)	*Neptune* (84)
San Leandro (64)	*Redoutable* (74)
Intrépide (74)	*San Justo* (74)
Indomptable (80)	*Santa Ana* (112)
Fougueux (74)	*Monarca* (74)
Pluton (74)	*Algesiras* (74)
Bahama (74)	*Aigle* (74)
Swiftsure (74)	*Argonaute* (74)
Montanez (74)	*Argonauta* (80)
Berwick (74)	*Achille* (74)
San Ildefonso (74)	
Principe de Asturias (112)	
San Juan Nepomuceno (74)	

sowie fünf Fregatten und zwei kleinere Boote.

DIE SCHLACHT VON TRAFALGAR, 1805

Die vereinigte französisch-spanische Flotte mit 33 Linienschiffen bildete eine Schlachtlinie, um den Vorstoß der Briten mit vollen Breitseiten zu stoppen. Lord Horatio Nelson reagierte mit einem kühnen Plan: Er teilte seine Streitkräfte in zwei Kolonnen auf, die von ihm selbst und seinem Vizeadmiral Cuthbert Collingwood angeführt wurden, und durchbrach mit ihnen an zwei Stellen die feindlichen Linien. Das Ergebnis war ein großes Durcheinander, da sich nun britische und französische Schiffe einzeln Nahgefechte lieferten. Nach einer Weile jedoch gelang es weiteren britischen Schiffen, die Feindeslinie zu durchbrechen und sich leeseits zu formieren, so dass die Briten nun mehrere französische und spanische Schiffe von zwei Seiten gleichzeitig angreifen konnten. Dies erklärt auch, warum die Briten 22 feindliche Schiffe erobern oder versenken konnten, ohne selbst ein einziges Schiff zu verlieren. Elf französische und spanische Schiffe schafften es zurück nach Cadiz, doch als Seestreitmacht hatte die französische Flotte keine Bedeutung mehr.

Die Schlacht von Trafalgar wurde vor Kap Trafalgar im Südwesten Spaniens auf dem offenen Atlantik unweit der Hafenstadt Cadiz ausgetragen.

2 Nelson schickt der französisch-spanischen Vorhut mehrere seiner Schiffe entgegen, um mit dieser Finte von seinem eigentlichen Schlachtplan abzulenken.

4 Die britische leeseitige Kolonne unter dem Kommando von Cuthbert Collingwood auf der *Royal Sovereign* trennt die Nachhut der französisch-spanischen Flotte von der Hauptflotte ab.

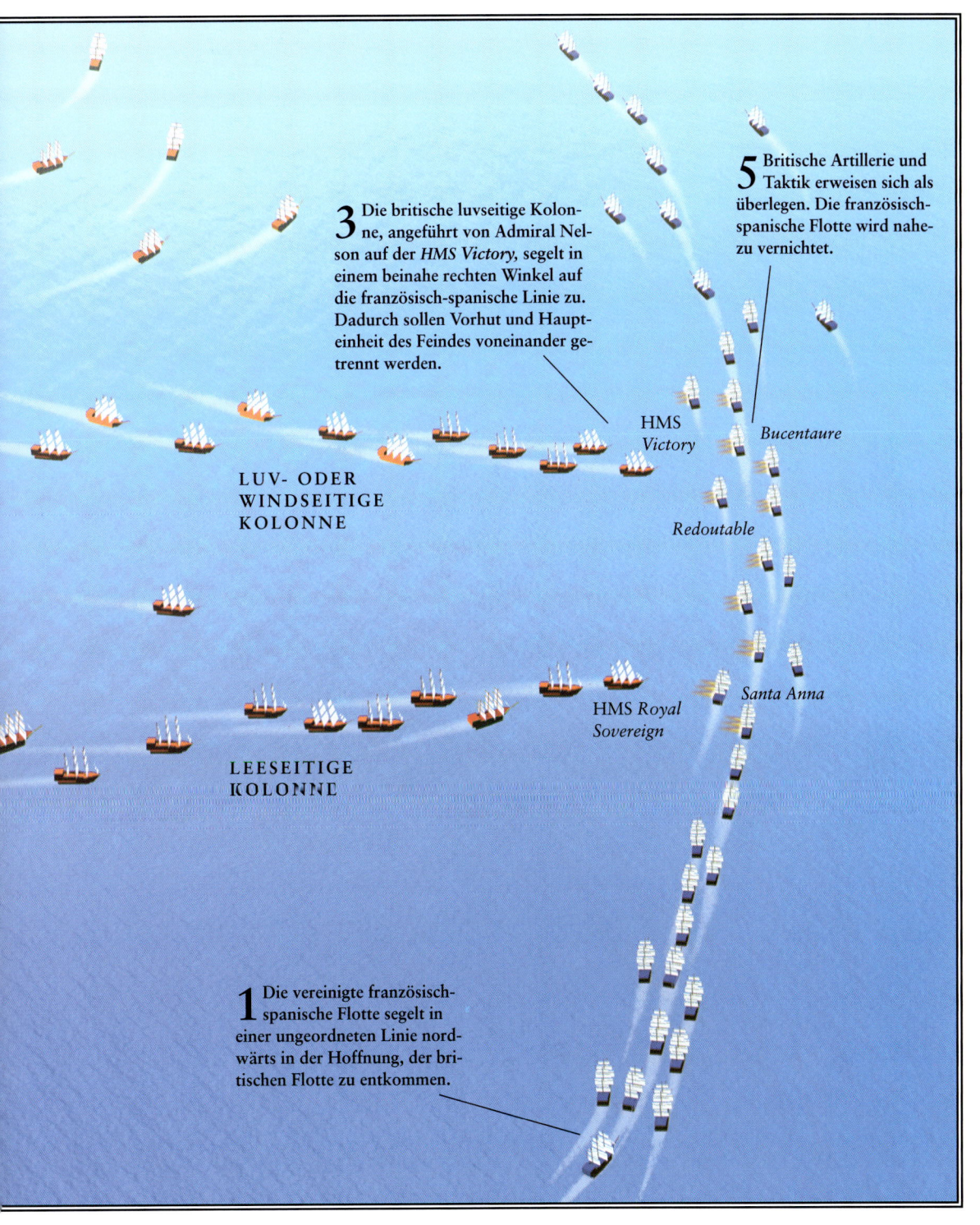

3 Die britische luvseitige Kolonne, angeführt von Admiral Nelson auf der *HMS Victory,* segelt in einem beinahe rechten Winkel auf die französisch-spanische Linie zu. Dadurch sollen Vorhut und Haupteinheit des Feindes voneinander getrennt werden.

5 Britische Artillerie und Taktik erweisen sich als überlegen. Die französisch-spanische Flotte wird nahezu vernichtet.

HMS *Victory*

Bucentaure

Redoutable

LUV- ODER WINDSEITIGE KOLONNE

Santa Anna

HMS *Royal Sovereign*

LEESEITIGE KOLONNE

1 Die vereinigte französisch-spanische Flotte segelt in einer ungeordneten Linie nordwärts in der Hoffnung, der britischen Flotte zu entkommen.

sätzliches Pulver und Munition ausgaben. Viele Kapitäne bevorzugten daher den Nahkampf, bei dem jeder Schuss zählte, egal wie schlecht man zielte. Zudem war die Royal Navy Gegner gewohnt, die mit Gefechten auf offenem Meer wenig Erfahrung hatten. Auf den amerikanischen Fregatten hingegen standen ihnen Seeleute gegenüber, die sich freiwillig gemeldet hatten, gut ausgebildet und gut bezahlt waren und über reiche Erfahrung auf See verfügten. Die Fregatten der USA waren die stärksten und schwersten ihrer Klasse. Am meisten beeindruckte die USS *Constitution* mit 62 Metern Länge und einem Verdrängungsgewicht von 2200 Tonnen. Sie war mit 44 Geschützen ausgestattet, darunter auch den 24-Pfündern, die für die meisten britischen Fregatten zu schwer waren.

Die USS *Constitution* gewann ihr erstes Gefecht gegen die HMS *Guerrière*. Die britische Fregatte war – im Gegensatz zu den 24-Pfündern der *Constitution* – nur mit 18-Pfündern ausgestattet, und die amerikanische Fregatte war stärker bemannt. Der britische Beschuss konnte dem Rumpf der *Constitution* wenig anhaben, was ihr den Spitznamen »Old Ironsides« einbrachte. Noch beeindruckender war der Sieg der *Constitution* über die HMS *Java* im Dezember 1812, ein erbitterter Zweikampf, in welchem sich die stärkeren Breitseiten und die Zielgenauigkeit der *Constitution* als überlegen erwiesen. Trotzdem ergab sich die *Java* erst, nachdem 122 Mann ihrer Besatzung gefallen waren. In der Zwischenzeit hatte die USS *United States* nach einem langen Gefecht die HMS *Macedonian* erbeutet. Diese Verluste riefen in Großbri-

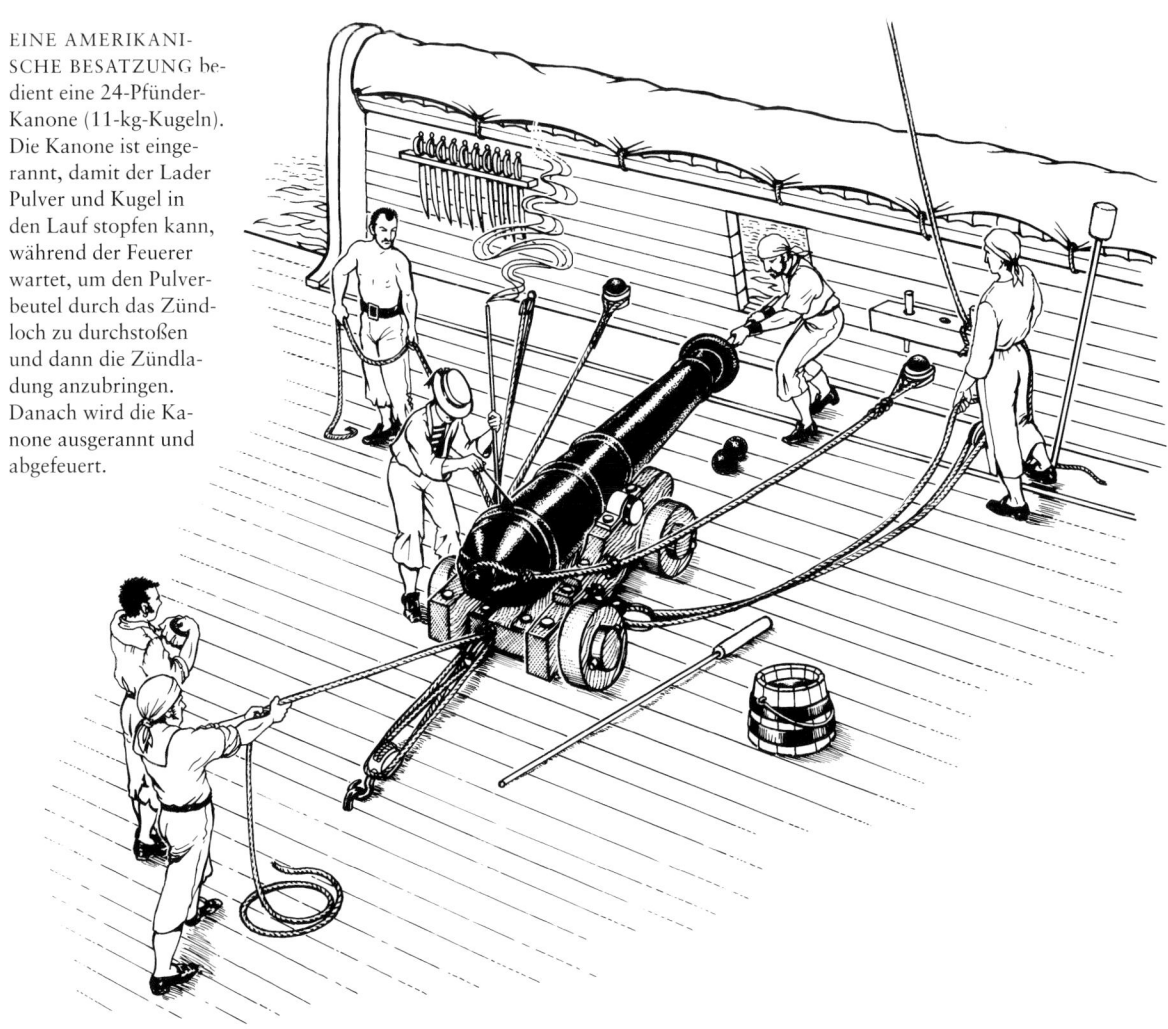

EINE AMERIKANISCHE BESATZUNG bedient eine 24-Pfünder-Kanone (11-kg-Kugeln). Die Kanone ist eingerannt, damit der Lader Pulver und Kugel in den Lauf stopfen kann, während der Feuerer wartet, um den Pulverbeutel durch das Zündloch zu durchstoßen und dann die Zündladung anzubringen. Danach wird die Kanone ausgerannt und abgefeuert.

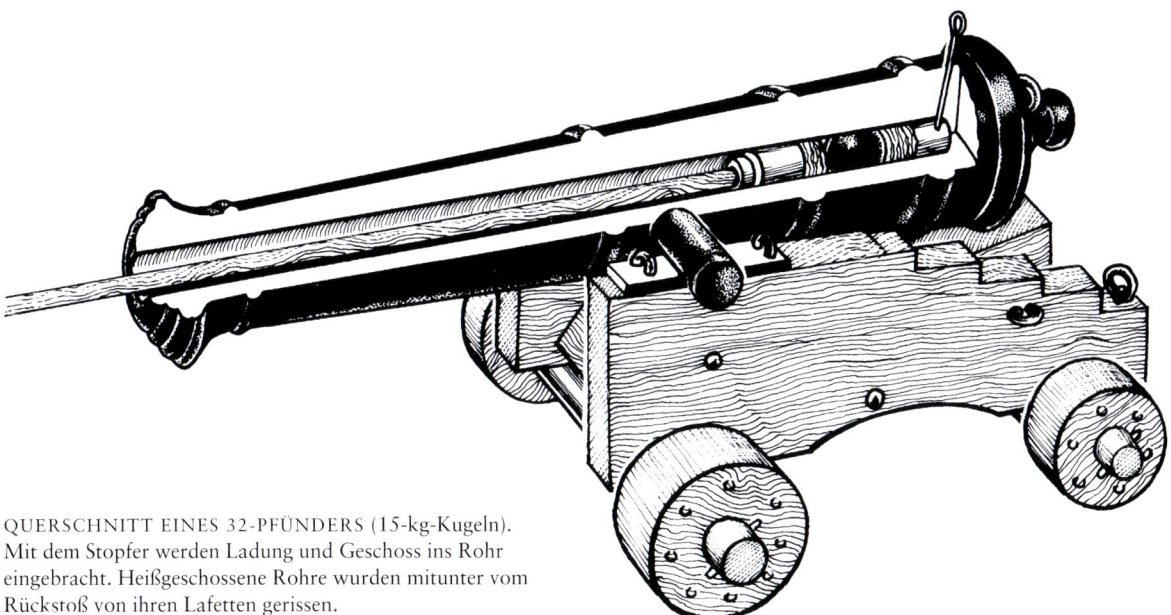

QUERSCHNITT EINES 32-PFÜNDERS (15-kg-Kugeln).
Mit dem Stopfer werden Ladung und Geschoss ins Rohr
eingebracht. Heißgeschossene Rohre wurden mitunter vom
Rückstoß von ihren Lafetten gerissen.

tannien Bestürzung hervor. Obwohl sich ein Großteil
der stärksten Fregatten im Mittelmeer oder im Ärmelkanal befand, so bedeutete diese Lektion doch,
dass sich die Royal Navy ihrer Rolle als Herrscherin
der Meere nicht allzu gewiss sein durfte.

Das Gleichgewicht wurde wieder hergestellt, als
die Fregatte HMS *Shannon* im Juni 1813 auf die USS
Chesapeake traf. Der britische Kapitän Philip Broke
hatte die *Shannon* während einer langen Liegezeit zu
einem äußerst effizienten Schiff gemacht und dabei
besonderes Augenmerk auf die Ausbildung der Kanoniere gerichtet. Die *Chesapeake* hingegen segelte mit
einer unerfahrenen Mannschaft. In einem Kampf, der
nur elf Minuten dauerte, fegte die *Shannon* das Deck
der *Chesapeake* mit zwei wohlgezielten Breitseiten
leer und enterte dann das Schiff. Bei dem blutigen
Kampf wurden 95 Seeleute getötet und 128 verwundet. Das Gefecht bewies so eindeutig den Wert gut
ausgebildeter Kanoniere, dass die britische Admiralität begann, die Maßnahmen von Kapitän Broke in ein
reguläres Ausbildungssystem zu integrieren. Darüber
hinaus wurden Sichthilfen eingeführt, mit denen die
Kanoniere in den dicken Qualmwolken die Position
des Feindes bestimmen konnten.

Die Flotten der Vereinigten Staaten und Großbritanniens nahmen daneben auch an amphibischen
Kampfhandlungen teil, die einen anderen Schwerpunkt der Seekriegsführung jener Zeit darstellten.

Beide Seiten bauten Schiffe für den Einsatz auf den
großen Seen entlang der Grenze zwischen Britisch
Kanada und den Vereinigten Staaten. Im September
1813 ging das US-Geschwader auf dem Eriesee siegreich aus einem harten Gefecht hervor. Ganz ähnlich verlief die Schlacht auf dem Champlain-See am
11. September 1814, wo es einem britischen Geschwader nicht gelang, die amerikanischen Schiffe zu
vertreiben und die britischen Landtruppen sich wieder zurückziehen mussten. Die Briten bombardierten
außerdem auch eine Reihe von Häfen. Das Bombardement von Baltimore wurde später in der amerikanischen Nationalhymne unsterblich. Am berüchtigs-
ten ist die Operation des britischen Admirals Sir
George Cockburn, der mit Truppen und Seeleuten an
Land ging, um die militärischen Nachschublager in
Washington zu zerstören. Dabei brannte ein Teil jenes Gebäudes ab, das später als das »Weiße Haus«
bekannt wurde – so benannt, weil man es weiß tünch-
te, um die Brandflecken zu überdecken.

Die Seeherrschaft Großbritanniens

Nach dem Ende der Napoleonischen Kriege und dem
Krieg von 1812 war die britische Vorherrschaft zur
See wieder gesichert. In über 22 Kriegsjahren hatte
Großbritannien nur 5 Linienschiffe und 16 Fregatten
verloren, wohingegen seine Feinde den Verlust von

92 Linienschiffen und 172 Fregatten zu beklagen hatten. Es gab freilich noch andere bedeutende Flotten. Zum Beispiel vernichtete eine russische Flotte unter dem Kommando von Admiral Senjawin 1807 die türkische Flotte vor Limnos. Nach 1817 hielt Großbritannien ein Jahrhundert lang am so genannten »Zwei-Mächte-Standard« fest, der besagte, dass die Royal Navy die Stärke der beiden nächstkleineren Seemächte zusammen besitzen solle. Von 1815 bis 1830 baute Großbritannien eine neue Schlachtflotte, deren Gesamtstärke auf einem Verdrängungsgewicht von 250 000 Tonnen gehalten wurde. Frankreich war mit 84 000 Tonnen im Jahre 1840 die zweitstärkste Seemacht. Die russische Flotte brachte es im selben Jahr auf beinahe 160 000 Tonnen, aber die Schiffe waren schlecht gebaut und veraltet.

Beim Aufbau der Flotte setzte Großbritannien neue Erkenntnisse um. Die Ära nach dem Ende der Napoleonischen Kriege war gekennzeichnet von einer Hinwendung zu weniger und schwereren Geschützen, was durch ein neues Diagonalstrebensystem der Schiffe ermöglicht wurde. Diese von Robert Seppings entworfene Konstruktionsweise war ein großer Fortschritt, da nun ein höheres Gewicht getragen werden konnte. Anfang des 19. Jahrhunderts fand zudem eine weitgehende Standardisierung der Bewaffnung statt. So waren sämtliche Kanonen auf den unteren Decks nun 32-Pfünder, und auf den oberen Decks standen nur 12-Pfünder. Dadurch wurden die verschiedenen Geschosse in der Schlacht nicht mehr so häufig verwechselt. Der Krieg von 1812 ließ die Fachwelt auch wieder von den Karronaden abkommen, jenen schweren Geschützen mit geringer Reichweite. In einem Fregattengefecht im Jahre 1814 hatten die HMS *Phoebe* und die *Cherub* die USS *Essex* mit vereinten Kräften besiegt. Mit ihren Langrohrgeschützen nahmen sie die *Essex* unter Beschuss und blieben dabei in einer Entfernung, auf welche die Karronaden der Amerikaner nichts ausrichten konnten. Auch in der Schlacht auf dem Eriesee hatten sich die Karronaden für die Briten als nachteilig erwiesen. Schlachten wurden mit Feuerkraft gewonnen, wie in der Schlacht von Navarino im Oktober 1827 eindrucks-

DIE ZWEITE SCHLACHT VON NAVARINO, wie sie der Russe Iwan Aiwasowski 1846 malte. Dramatische Schlachtengemälde waren im gesamten 19. Jahrhundert beliebt.

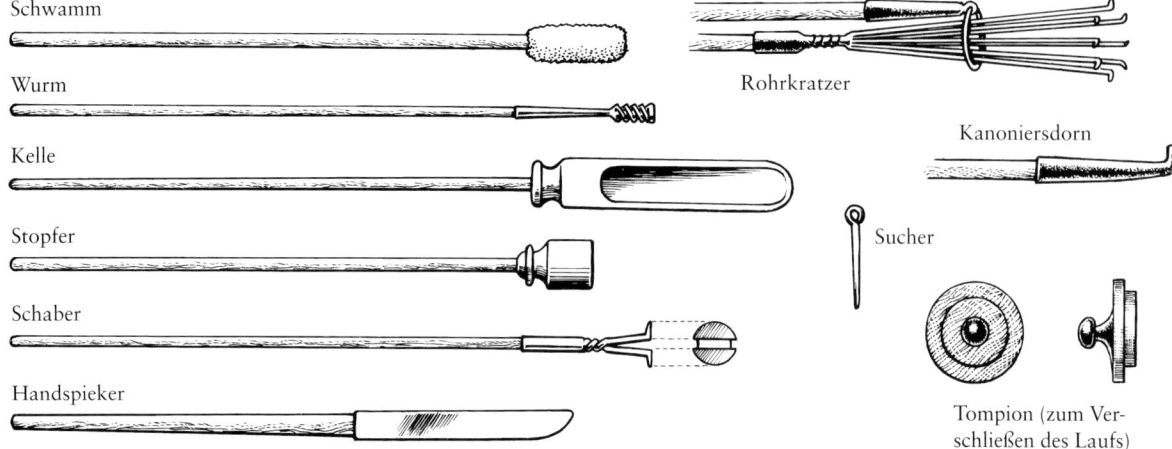

Schwamm

Wurm

Kelle

Stopfer

Schaber

Handspieker

Rohrkratzer

Kanoniersdorn

Sucher

Tompion (zum Ver-
schließen des Laufs)

DAS WERKZEUG FÜR EINE SCHIFFSKANONE. Der Wurm wurde benutzt, um eine Ladung aus dem Geschütz zu entfernen; die Kanonenbesatzung zielte, indem sie die Kanone mit dem Handspieker richtete.

voll bewiesen wurde, als eine vereinigte britisch-französisch-russische Flotte unter dem Kommando von Admiral Sir Edward Codrington eine türkisch-ägyptische Flotte vernichtete.

Die Dampfrevolution

Mit dem Beginn der industriellen Revolution wurde das technische Wunderwerk der Zeit auch für die Schifffahrt genutzt: die Dampfmaschine. James Watt ließ sich bereits 1769 eine Dampfmaschine patentieren, und im Jahre 1807 konstruierte Robert Fulton das erste erfolgreiche Dampfboot, die *Clermont*. Bis 1815 baute er für die US-Flotte ein 38 Tonnen schweres Dampfschiff mit einem mittigen Schaufelrad, das nach seinem Tode den Namen *Fulton* erhielt. Doch die meisten Flotten zögerten mit der Einführung von Dampfkriegsschiffen. Aus gutem Grunde: Ein Schiff wie die *Fulton* ließ sich bei der Verteidigung eines Hafens gut einsetzen, da es mit seiner 120 PS starken Maschine gegen Wind und Gezeiten manövrieren konnte und dabei immerhin eine Spitzengeschwindigkeit von 5,5 Knoten erreichte. Doch ein Dampfschiff war abhängig von Kohle, und die frühen Dampfmaschinen verbrauchten Unmengen davon. Bei einem Angriff wäre das Schaufelrad die Achillesferse des Kriegsschiffs: ein Treffer, und es war manövrierun-

fähig. Tatsächlich war kein einziges Kriegsschiff mit Schaufelradantrieb jemals an einer größeren Schlacht beteiligt, obwohl schließlich doch ein paar gebaut wurden. Dampfmaschinen waren schwer und erforderten ein besonders stabiles Schiff. Außerdem fielen die frühen Dampfmaschinen regelmäßig aus. Am schlimmsten jedoch war die Brandgefahr, die von ihnen ausging, insbesondere an Bord eines Kriegsschiffes mit einem großen Pulvermagazin. Die ersten Dampfkessel explodierten häufig auch ohne feindlichen Beschuss.

Dennoch wurde erkannt, dass Dampfkraft ihren Nutzen hatte. Segelschiffe konnten nicht mehr als sechs Kompasspunkte (67,5 Grad) gegen den Wind segeln, und die letzten tausend Jahre war es stets sehr frustrierend gewesen, wenn der Wind auf See in die falsche Richtung wehte. Dampfkraft konnte Schiffe zudem näher an den Strand bringen, wodurch es leichter wurde, einen Krieg flussaufwärts und in die Häfen zu tragen. Als die europäischen Flotten die kolonialen Bestrebungen ihrer Nationen in alle Welt trugen, war dies ein wichtiger Aspekt. Trotzdem wurden die meisten Dampfer bis 1840 hauptsächlich als Depeschenboote oder Schleppkähne eingesetzt. Die Royal Navy bestellte ihr erstes Dampfschiff, die *Comet*, im Jahre 1821. Es diente als Tender und Schlepper, mit dem Kriegsschiffe bei Flaute aus dem Hafen gezogen wurden. Ihr folgten Schaufelradkriegsschiffe, mit denen man afrikanische Flüsse erforschte. Dampfschlepper kamen zuweilen sogar in der Schlacht zum Einsatz. Im November 1838 bombardierte ein französisches Geschwader Vera Cruz in Mexiko, was nur gelang, weil Dampfer die Kriegsschiffe im Hafen in Position brachten. Auch im ersten Opiumkrieg (1839–43) setzte der Admiral Sir William Parker Dampfschiffe der indischen Flotte ein, um britische Schlachtschiffe chinesische Flüsse hinaufzuschleppen. So gelang es, einige wichtige Festungen zu zerstören und britische Truppen an Land zu setzen, die den Kaiserkanal abschnitten.

Mit der Zeit wurden die Dampfmaschinen immer leistungsfähiger und zuverlässiger. Im Jahre 1836 meldeten die Erfinder Francis Smith und John Ericsson unabhängig voneinander den ersten Schraubenantrieb zum Patent an. Ericsson konstruierte zudem die Dampfschaluppe USS *Princeton*, das erste schraubengetriebene Kriegsschiff der Welt, das 1843 vom Stapel lief. Der Schraubenantrieb war sowohl sicherer als auch effizienter, wie die britische Admiralität 1845 unter Beweis stellte, als sie zwei Fregatten für ein Rennen mit Dampfmaschinen ausstattete, eine mit doppeltem Schaufelrad-, die andere mit Schraubenantrieb. Letzterer erwies sich als effizienter. In der Ära nach 1815 war ein typisches Muster technischer Neuerung zu beobachten: So war es zunächst die aufstrebende Seemacht USA, die Innovationen einführte, da sie hoffte, dadurch die britische Vormachtstellung zu brechen. Sobald die Britische Admiralität jedoch Kenntnis von der Neuerung erlangte, übernahm sie sie ebenfalls. Im Jahre 1843 gab die Royal Navy ihr erstes schraubengetriebenes Kriegsschiff in Auftrag. Danach wagte Großbritannien einen technischen Vorstoß und schuf 1846 das erste dampfgetriebene Schlachtschiff (wie die Linienschiffe zunehmend genannt wurden), indem sie das Segelschiff HMS *Ajax* mit Dampfkraft ausstattete. Nun stieg auch Frankreich in das Wettrüsten ein und ließ 1851 die *Napoléon*, das erste Schlachtschiff mit Dampfantrieb, mit 90 Geschützen vom Stapel. Großbritannien zog 1852 mit der *Agamemnon* nach. Bis in die 1880er-Jahre wurden weitere Verbesserungen gemacht, bis schließlich die Turbine in Gebrauch kam, die letzte große Entwicklung des Dampfzeitalters.

> »Herzen aus Eiche haben unsere Schiffe, Herzen aus Eiche haben unsere Männer: Wir sind stets bereit; Frischauf, Jungs, frischauf; Wir wollen kämpfen, und wir werden siegen, Immer und immer wieder.«
>
> *Der britische Dramatiker David Garrick*

Die Dampfkraft schuf für die Flotten der Welt eine neue strategische Situation. Obwohl auch für Segelschiffe stets spezielle Materialien benötigt wurden, so erschöpfte sich ihre Abhängigkeit vom Land doch größtenteils in der Aufnahme von Wasser und Proviant, die in jedem Hafen zur Verfügung standen. Ein Dampfschiff hingegen, das von der Kohle abhängig war, benötigte sichere Stützpunkte mit enormen Brennstoffvorräten. Die ersten Dampfschiffe hatten einen haarsträubenden Verbrauch. So verbrannte die HMS *Warrior* bei einer Geschwindigkeit von 11 Knoten pro Stunde 3,5 Tonnen Kohle. Sie konnte kaum genug Kohle laden, um den Atlantik zu überqueren.

Zu Beginn des Dampfzeitalters wurden daher aus Kosten- und Verfügbarkeitsgründen Hybridschiffe zur Norm. Mit Masten, Segeln und mit einer Dampfmaschine ausgestattet, konnten sie sich einer Vielzahl verschiedener Bedingungen anpassen. Kleinere Kriegsschiffe, die ausschließlich mit Dampf fuhren, tauchten um 1860 auf, doch das erste mastlose Schlachtschiff, die HMS *Devastation*, wurde erst 1871 vom Stapel gelassen. Kreuzer und Kanonenboote verließen sich weiterhin auf Segel, auch dann noch, als die Schlachtschiffe längst von der neuen Technologie eingeholt worden waren. Einige fuhren bis zur Jahrhundertwende unter Segeln.

Die Sprenggranate

Die Entwicklungen, die während der französisch-britischen Kriege und des Krieges von 1812 im Bereich der Artillerie stattgefunden hatten, beschränkten sich hauptsächlich auf eine bessere Ausbildung der Kanoniere. Bei den Geschützen blieb auch nach 1815 die einzige signifikante Innovation die Einführung des Zündhütchens als Ersatz für Lunte und Steinschloss. 1829 wurde dann eine britische Artillerieschule eröffnet. Experimente mit gezogenen Läufen bei Bordgeschützen und mit Hinterlader-Kanonen verliefen entmutigend. Die meisten Geschütze bestanden aus Gusseisen, das beim Guss nicht homogen erkaltete und häufig Schwachstellen hatte, weshalb Kanonen

DIE SCHRECKLICHE EXPLOSION des »*Peacemakers*« an
Bord der USS-Dampffregatte *Princeton*. Kolorierte Lithogra-
fie aus dem Jahre 1844 von N. Currier. Die Explosion kostete
acht Honoratioren das Leben.

mitunter explodierten. Besonders berüchtigt war das
Experiment mit dem Geschütz »Peacemaker« (Frie-
densstifter) an Bord der USS-Dampffregatte *Princeton*
im Februar 1844. Die Kanone wurde einige Male abgefeuert, dann aber zerbarst sie und riss acht Perso-
nen in den Tod, darunter den Staatssekretär der Flotte. Nach der Explosion des Peacemakers erhielt die
US-Flotte den Befehl, dass Kanonen künftig nur noch
mit halber Ladung abzufeuern seien.

Man behielt zwar im Großen und Ganzen diesel-
ben Geschützkonstruktionen bei, doch hatte die Einführung von Sprenggranaten weitreichende Auswirkungen auf den Seekrieg. Anfang des 19. Jahrhunderts kam es selten vor, dass ein Schiff in der Schlacht
versenkt wurde. Es wurden hauptsächlich massive Kugeln verwendet, die mehr für Menschen als für Schif-

fe gefährlich waren. Selbst wenn ein Geschoss den
Rumpf eines Schiffes durchschlug, entstand dabei nur
ein sauberes Loch, das wieder verstopft werden konnte. Solange von Segeln und Takelage genug übrig
blieb, um manövrieren zu können, und genügend Seeleute, um das Schiff zu bedienen, die Geschütze zu bemannen und Enterer abzuwehren, konnte ein großes
Kriegsschiff auch schwerstem Beschuss lange standhalten. Ein Extrembeispiel ist das britische Schiff
Impregnable, das seinem Namen (»Uneinnehmbar«)
bei einem Angriff auf Algier im August 1816 mehr als
gerecht wurde. Am Ende des Tages zählte man insgesamt 233 große Treffer im Rumpf, doch das Schiff
war immer noch seetüchtig genug, um Gibraltar zu
erreichen, wo es repariert wurde.

Das änderte sich mit der Sprenggranate. An Land
waren Granaten schon lange in Gebrauch, auf See
hingegen waren sie bislang nur spärlich zum Einsatz
gekommen und normalerweise nur an Bord von Mörserketschen, die Landziele beschossen. Nach 1820
wurden immer mehr Granaten verwendet – trotz der

unter Seesoldaten verbreiteten Meinung, dass deren Einsatz barbarisch und feige sei. Die Sprenggranate des frühen 19. Jahrhunderts wurde mit geringer Mündungsgeschwindigkeit verschossen, weil man wollte, dass sie in der Schiffswand stecken blieb, statt diese zu durchschlagen. Wenn die Granate dort explodierte, riss sie ein großes, unregelmäßiges Loch in die Bordwand, das nur schwer zu stopfen war.

Frankreich war führend in dieser neuen Technik. Henri Paixhans entwickelte ein wirkungsvolles Granatengeschütz, das den zusätzlichen Vorteil hatte, sehr leicht zu sein, weil die Granaten mit geringer Ladung verschossen wurden. Diese Granatengeschütze wurden 1824 zum festen Bestandteil der regulären französischen Bewaffnung. Großbritannien reagierte mit verschiedenen Experimenten und führte 1838 ein Geschütz für Granaten mit einem Kaliber von circa 20 Zentimetern ein. Diese neuen Waffen waren ungenau und unzuverlässig, doch konnten sie ein Holzschiff binnen Minuten zerstören.

Die Lehren aus dem Krimkrieg

Der Krimkrieg, in dem von 1854–56 Russland und eine britisch-französisch-türkische Allianz gegeneinander kämpften, zeigte, was die neue Technik bewirken konnte. Durch sie wurden Segelschiffe langsam

aber sicher überflüssig. Die Vielseitigkeit des Dampfantriebs und die Schrecken der Sprenggranate fanden durch den Krimkrieg internationale Beachtung. Es folgten weitere Erfindungen, darunter die ersten gepanzerten Schiffe. Doch schon vor dem Ausbruch des Krimkrieges demonstrierte die russische Flotte in der Schlacht von Sinope im November 1853 das militärische Potenzial von Sprenggranaten. Die Flotten Europas waren den ottomanisch-türkischen Flotten eine Zeit lang haushoch überlegen gewesen, was vor allem im seemännischen Können und der Disziplin der Kanoniere begründet gewesen war. In Sinope zeigte sich diese Überlegenheit deutlich. Das Gefecht fand während eines Sturmes statt, der den türkischen Vizeadmiral Pascha Osman zwang, mit einem Geschwader aus sieben Fregatten, zwei Korvetten und einigen Transportern im Schwarzmeerhafen Sinope Schutz zu suchen. Der russische Admiral Pawel Nachimow traf dort mit drei Linienschiffen und mehreren kleineren Schiffen ein. Obwohl die Türken durch Küstenbatterien geschützt waren, drangen die Russen bei dichtem Nebel in den Hafen ein, ein Manöver, das nur mög-

DAS ALLIIERTE BOMBARDEMENT VON SEWASTOPOL im Krimkrieg war ein unglückliches Unterfangen, das die Schwächen von Holzschiffen unter dem Beschuss von Küstenbatterien zeigte.

lich war, weil einige Schiffe über Dampfantrieb verfügten. Einmal im Hafen, eröffneten sie das Feuer auf Pascha Osmans Geschwader. Ein sechsstündiger erbitterter Kampf entbrannte, in welchem die Russen mehr auf Granaten als auf herkömmliche Geschosse setzten. Am Ende des Tages war nur ein einziger türkischer Dampfer entkommen. Der Rest des türkischen Geschwaders war größtenteils versenkt worden.

Obwohl es im Krimkrieg keine Seegefechte gab, spielte die alliierte Flotte nicht nur bei den Truppentransporten eine Schlüsselrolle, sondern auch durch ihre Angriffe auf verschiedene Häfen. Im Jahre 1854 wurde bei der Belagerung von Sewastopol deutlich, dass die Ära der Segelschiffe zu Ende war. Der britische Admiral, der dort ein großes Geschwader kommandierte, war nicht gewillt, seine Schiffe dem starken Artilleriefeuer von Land auszusetzen. Nur die Drohung des französischen Admirals, es dann eben alleine zu wagen, bewirkte, dass die Briten wider

strebend ins Gefecht zogen. Mit dampfgetriebenen Schleppkähnen brachten die Franzosen ihre schwer bewaffneten Kriegsschiffe in eine Position, von der aus sie das Ufer beschießen konnten. Doch selbst, als die alliierte Flotte ihr Bombardement begann, richtete dieses kaum Schaden an, weil die Kommandanten das Granatensperrfeuer der Geschützbatterien fürchteten und in äußerster Reichweite ihrer eigenen Kanonen blieben. Am ersten Tag verfeuerten die alliierten Schiffe 700 Tonnen Geschosse ohne nennenswerte sichtbare Wirkung. Am nächsten Tag versuchten sie es noch einmal, und scheiterten abermals.

Auch in der Ostsee sah es nicht anders aus. Eine englisch-französische Flotte bombardierte den russischen Flottenstützpunkt in Kronstadt, der dem Beschuss jedoch standhielt. Wie schon seit Jahrhunderten waren hölzerne Schiffe kaum geschützt gegen die schweren, oft erhitzten Geschosse der Küstenbatterien, ganz zu schweigen von den Granaten. Die russischen Festungen in Kinburn an der Mündung des Dnjepr mussten sich jedoch nach einem alliierten Angriff im Oktober 1855 dem Feind ergeben. Den entscheidenden Wendepunkt hatten die drei französischen »schwimmenden Batterien« *Dévastation, Lave*

DAS SCHIFF *STONEWALL* der Konföderierten, ein frühes Panzerschiff, das unter seinem späteren Namen *Kotetsu* auch in der japanischen Marine zum Einsatz kam mit der Kombination von Schornstein und Takelage.

und *Tonnante* herbeigeführt. Diese rechteckigen Batterien, auf deren Schutzwände aus 43 Zentimetern Holz 10 Zentimeter starke Eisenplatten montiert waren, wurden in Reichweite der Küstenbatterien gezogen. Von dort aus zerstörten sie die Festungen und wurden dabei selbst kaum beschädigt. Diese drei plumpen Wasserfahrzeuge waren die ersten Panzerschiffe.

Panzerschiffe und Eisenschiffe

Die Verwendung von Eisenplatten im Schiffsbau war 1855 längst nichts Neues mehr. Bereits 1822 lief ein kommerzielles Dampfschiff mit einem Rumpf aus Eisenplatten vom Stapel, die *Aaron Manby*. Im Jahre 1832 absolvierte ein britisches Handelsschiff mit eisernem Rumpf, die *Alburkah*, erfolgreich einen Einsatz im Atlantik. In Großbritannien wurde 1838 der Transatlantikliner *Great Britain* in Betrieb genommen. *Die Nemesis*, das erste eiserne Kriegsschiff, wurde 1839 in den Dienst der britischen Ostindienkompanie gestellt. Die *Nemesis* wurde im ersten Chinakrieg

DIE USS *CASCO*, ein Panzerschiff der Monitor-Klasse aus dem amerikanischen Bürgerkrieg. Die radikal neue Konstruktionsweise erwies sich als nicht seetüchtig. Die Schiffe wurden für küstennahe Aufgaben eingesetzt.

(1841–43) erfolgreich auf dem Kanton-Fluss eingesetzt, wo sie an der Bombardierung von Huangpu beteiligt war. Im Jahre 1840 orderte die Royal Navy für den Dienst auf dem Fluss Niger drei eiserne Schiffe mit geringem Tiefgang.

Doch die Eisenkonstruktion hatte einen entscheidenden Nachteil: Im Gegensatz zu Holz ist Eisen spröde und neigt dazu, schnell zu brechen, wenn es von einem Geschoss getroffen wird. Folglich taten sich die Flotten schwer mit der Einführung eiserner oder selbst gepanzerter Schiffe (bei Letzteren versuchte man, die Vorteile von Eisen und Holz miteinander zu verbinden und panzerte einen dicken hölzernen Rumpf mit Eisenplatten). Die Zerstörung der türkischen Flotte durch russische Granaten in Sinope 1853 erweckte ein neues Interesse daran, Kriegsschiffe mit einer Panzerung auszustatten. Als bekannt wurde, was die Bombardements der Festungen in Kinburn durch die Eisenschiffe *Dévastation, Lave* und *Tonnante* angerichtet hatten, versuchte die französische Flotte erneut, die zahlenmäßig überlegenen Briten technisch zu überholen. Sofort wurde damit begonnen, die französischen Schiffe in Panzerschiffe umzuwandeln, indem man sie mit einem schmiedeeisernen Mantel umgab.

Das erste neu gebaute Panzerschiff war die französische *Gloire,* die 1859 vom Stapel lief. Sie war eine schraubengetriebene Dampffregatte mit Sekundärsegeln und 30 Hinterladergeschützen. Was die *Gloire* jedoch wirklich gefährlich machte, war ihr 11 Zentimeter dicker Eisenpanzer, der das Schiff horizontal in gesamter Länge umgab und vertikal vom Oberdeck bis weit unter die Wasserlinie reichte. Großbritannien setzte dem 1860 die HMS *Warrior* entgegen. Die *Warrior* stellte eine deutliche Verbesserung gegenüber der *Gloire* dar, welche bei Seegang so instabil war, dass genaues Zielen fast unmöglich war.

Die *Warrior,* die zunächst trotz ihres Verdrängungsgewichts von 9210 Tonnen als Fregatte klassifiziert wurde (die Klassifikation basierte auf der

Anzahl der Geschütze), besaß einen eisernen Rumpf und eine eiserne Panzerung sowie zusätzliche Panzerungen für Geschütze und Maschinen. Anders als die *Gloire* war die *Warrior* ein hochseetaugliches Schiff, das mit seiner 1250 PS starken Maschine unter Volldampf eine Geschwindigkeit von 14 Knoten erreichte. Zum Zeitpunkt ihres Stapellaufes hätte sie jedes Schiff auf den Weltmeeren versenken können, doch sie gab keinen einzigen Schuss bei Kampfhandlungen ab. Die technische Entwicklung schritt so rasch voran, dass sie bereits 1883 vollkommen überholt war. Im Jahre 1861 brachten es England und Frankreich zusammen auf insgesamt 28 Panzerschiffe, die entweder bereits im Einsatz oder im Bau waren. Gleichzeitig wurde fieberhaft an Taktiken gegen die Panzerschiffe des Feindes gearbeitet. Die französischen Schiffe *Magenta* und *Solferino,* die beide 1861 vom Stapel liefen, verfügten über einen Rammsporn im Bug – ein Rückschritt zur antiken griechischen Triere.

Schlacht der Panzerschiffe: Der Sezessionskrieg

Auch andere Flotten verfügten bald über Panzerschiffe. Spanien ließ 1863 die Fregatte *Numancia* vom Stapel. Den Beweis für die Bedeutung der neuen Technologie lieferte jedoch der amerikanische Bür-

LÄNGSSCHNITT DURCH DIE CSS *ALABAMA*, ein erfolgreiches Handelsstörschiff der Konföderierten mit der Dampfmaschine mittschiffs und Takelage für die Segel.

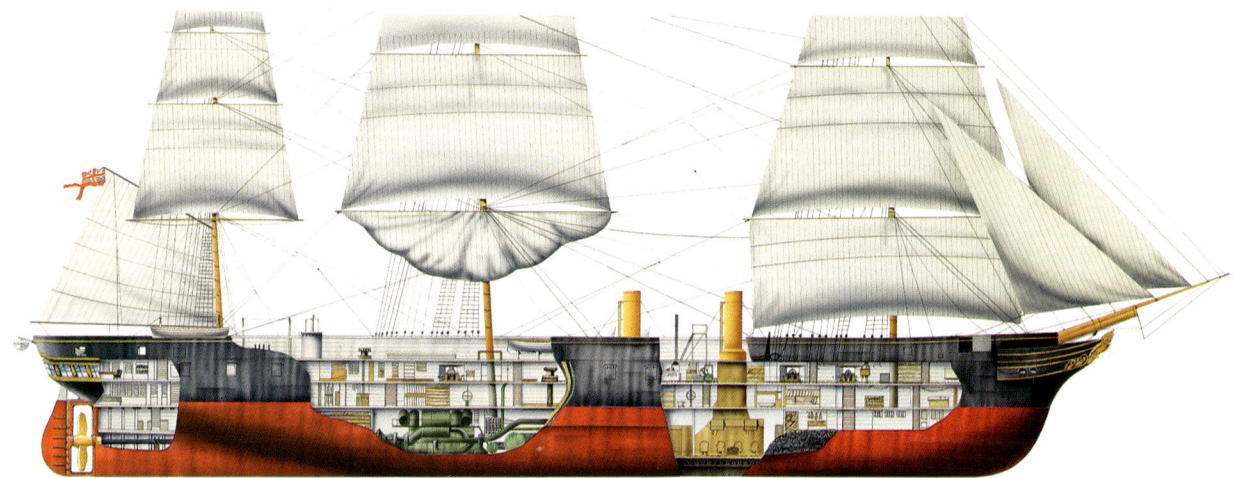

gerkrieg von 1861–65. Beim Ausbruch war die Union zur See der Konföderation haushoch überlegen. Sie verfügte über die gesamte Flotte der Vereinigten Staaten (90 Schiffe) und die meisten Offiziere. Die Konföderierten hatten überhaupt keine Flotte, obgleich viele Offiziere aus dem Süden ihren Heimatstaaten gegenüber loyal blieben. Auch wirtschaftlich war der Norden weit überlegen. Die Konföderation besaß nur eine einzige Fabrik für große Bordgeschütze und hatte darüber hinaus Schwierigkeiten mit dem Bau von Dampfmaschinen, so dass man häufig auf Maschinen aus der zivilen Schifffahrt zurückgriff. Wie Frankreich nach den Napoleonischen Kriegen versuchte nun auch die Konföderation, die Seeüberlegenheit durch technische Innovation auszugleichen. Besonderes Augenmerk galt dabei den neuen Panzerschiffen.

Der erste Versuch der Konföderierten Flotte war die CSS *Manassas*, ein zum gepanzerten Rammschiff umgebauter Schleppdampfer. Die *Manassas* verfügte nur über ein einziges Geschütz, eine 64-Pfünder-Glattrohrkanone, die durch ein Guckloch im Bug feuerte. Ihre Hauptwaffe war ihr sechs Meter langer Rammsporn, der an einem Bug aus massivem Holz angebracht war. Zusammen mit zwei bewaffneten Dampfern wurde die *Manassas* in der Nacht vom 12. Oktober 1861 zu einem Überraschungsangriff auf ein Blockadegeschwader der Union auf dem Mississippi geschickt. Der Angriff verfehlte seine Schockwirkung nicht. Als sich die *Manassas* näherte, eröffneten die Schiffe der Union das Feuer auf sie, doch Kugeln und Granaten prallten von ihren gepanzerten Seiten-

DIE HMS *WARRIOR* war 1860 das erste seetüchtige gepanzerte Kriegsschiff. Sie wurde von zwei leistungsstarken Dampfmaschinen angetrieben, verfügte zudem jedoch auch über Segel, um Kohle zu sparen.

wänden ab. Es gelang der *Manassas*, die schraubengetriebene Schaluppe *Richmond* zu rammen und unter der Wasserlinie ein Loch in ihren Rumpf zu bohren. Dabei wurde jedoch auch der Rammsporn beschädigt, weil diese Technik nicht ausgereift war. Danach schickte das konföderierte Geschwader den Unionsschiffen *Brander* entgegen, so dass diese gezwungen waren, die Anker zu kappen und aufs offene Meer zu fahren. Zwei Unionsschiffe liefen auf Grund. Am nächsten Morgen wurden sie bombardiert und entkamen mit schweren Verlusten.

Die Konföderation war den gesamten Krieg hindurch hauptsächlich damit beschäftigt, ihre Häfen vor Angriffen zu schützen und Blockaden der *Union* zu durchbrechen. Zu letzterem Zwecke wurde die gepanzerte Fregatte *Virginia* gebaut. Das Schiff war eine Konstruktion auf dem Rumpf der hölzernen Unionsfregatte *Merrimack*, die bis zur Wasserlinie verbrannt war, als Unionstruppen die Werft in Gosport, *Virginia* evakuiert hatten. Die *Virginia* war das erste Kriegsschiff ohne Takelage und mit einem Kasemattenaufbau in der Schiffsmitte. Sie war mit zehn Granatengeschützen, sechs 15-Zentimeter-Dahlgren-Glattrohrgeschützen und vier Brooke-Geschützen mit gezogenem Lauf bestückt. Bei der Konföderation war Schießpulver jedoch Mangelware, also setzte man alle Hoffnung auf den schweren Rammsporn der *Vir-*

183

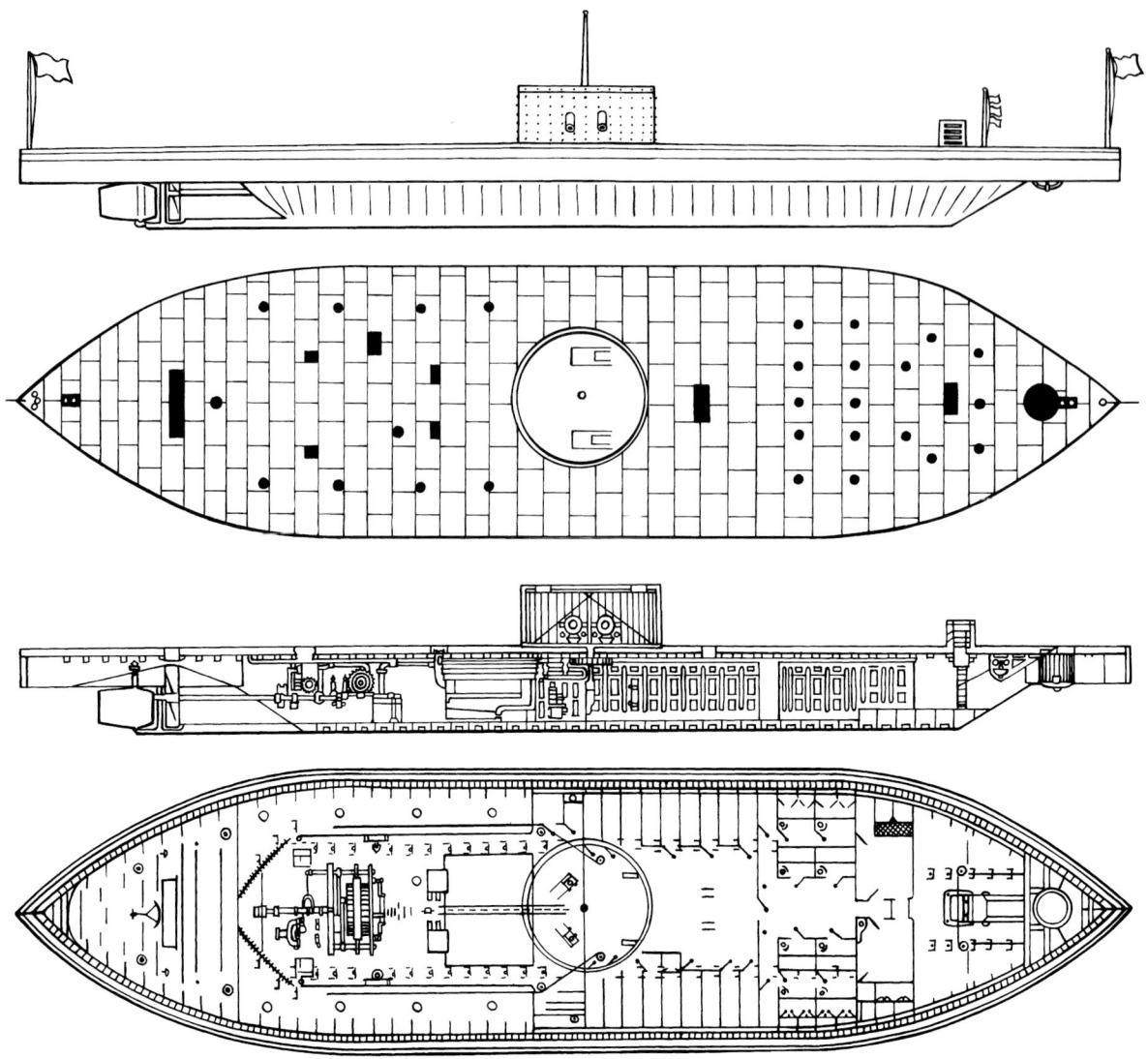

ginia. Sie ließ sich schwer steuern, und die Maschinen waren ebenso schwach wie unzuverlässig, aber ihre fünf Zentimeter dicke Eisenpanzerung machte sie gegenüber Geschossen und Granaten nahezu unverwundbar.

Als die Union im August 1861 vom Bau der *Virginia* erfuhr, wurde ein eigener Panzerschiff-Ausschuss einberufen, der den Entwurf und die Konstruktion leichter Panzerschiffe für küstennahe Operationen überwachen sollte. Der Ausschuss orderte drei experimentelle Prototypen. Das erste Schiff war die *Monitor* nach den Plänen des schwedischen Ingenieurs John Ericsson. Sein Entwurf, der als »Floß mit Käse-

DIE PLÄNE DER USS *MONITOR* des schwedisch-amerikanischen Erfinders John Ericsson. Der innovative Entwurf machte das Schiff für feindliche Kanonen nahezu unzerstörbar, doch es war nicht seetüchtig.

schachtel« bespöttelt wurde, war so außergewöhnlich, dass er versprechen musste, das Geld der Regierung zurückzuzahlen, sollte sein Schiff nicht in Dienst gestellt werden. Nach zeitgenössischen Maßstäben war die *Monitor* mit einem Verdrängungsgewicht von nur 987 Tonnen und einer Besatzung von gerade 49 Mann ein kleines Schiff. Sie besaß keinerlei Segel, was die Verwendung ihres innovativsten

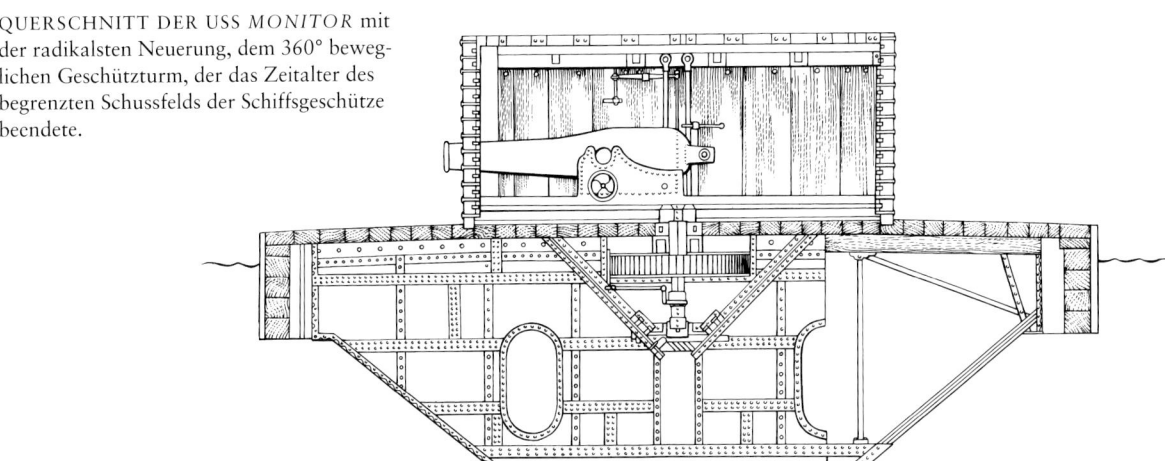

QUERSCHNITT DER USS *MONITOR* mit der radikalsten Neuerung, dem 360° beweglichen Geschützturm, der das Zeitalter des begrenzten Schussfelds der Schiffsgeschütze beendete.

Ausstattungsmerkmales ermöglichte: eines Geschützturms mit zwei 28-Zentimeter-Dahlgren-Glattrohrgeschützen, der in alle Richtungen drehbar war. Das Schiff bestand ausschließlich aus Eisen.

Das erste Seegefecht der Panzerschiffe

Im März 1862 wurde die *Virginia* ausgesandt, um die Blockade der Union auf dem James River zu brechen. Die *Monitor* sollte dies verhindern. Die *Virginia* traf als Erste in Hampton Roads ein, begleitet von zwei kleinen Dampftendern und drei Kanonenbooten, und startete einen Überraschungsangriff auf das dortige Unionsgeschwader. Die *Virginia* demonstrierte dabei recht anschaulich die Vorzüge eines Panzerschiffs. Die Kugeln der USS *Cumberland* und der *Congress* prallten vom Rumpf der *Virginia* ab, die sich ungehindert der *Cumberland* nähern konnte und unterhalb der Wasserlinie ein Loch in deren Rumpf rammte. Als die *Cumberland* sank, riss sie die *Virginia* beinahe mit sich, doch konnte diese ihren Rammsporn rechtzeitig zurückziehen. Das Panzerschiff zerstörte danach die *Congress*, schaltete mehrere Küstenbatterien aus und versenkte eine Reihe kleinerer Schiffe. Obwohl die *Virginia* über 100-mal getroffen wurde, entstand geringer Schaden an Bord. Nur zwei Tote und acht Verwundete waren zu beklagen.

Später am Abend traf die USS *Monitor* ein, obwohl sie unterwegs zweimal fast gesunken wäre. Was am nächsten Morgen folgte, erinnerte an ein mittelalterliches Duell zweier Ritter, die beide zu stark gepanzert waren. Die Kampfhandlungen blieben ohne

nennenswerte Wirkung. Fast vier Stunden lang umkreisten sich die *Monitor* und die *Virginia* und feuerten aus nächster Nähe aufeinander. Die Schlacht ging unentschieden aus. Die *Virginia* zog sich flussaufwärts auf dem Elizabeth River zurück, nachdem ein Treffer mit einer 80-kg-Granate das Holz unter ihrer Panzerung zum Bersten gebracht hatte. Eingerissene Panzerplatten und kleinere Lecks waren jedoch der gesamte Schaden. Auf keiner Seite gab es Verluste. Die neuen Panzerschiffe waren in einer Sackgasse, hatten jedoch bereits ihre tödliche Wirkung im Einsatz gegen Segelschiffe unter Beweis gestellt. Die London Times brachte es auf den Punkt, als sie schrieb, die Royal Navy sei von 149 Schiffen der ersten Klasse auf ganze zwei geschrumpft – die Panzerschiffe.

Sowohl die Union als auch die Konföderation bauten rasch weitere Panzerschiffe. Der Süden stellte während des Krieges 21 Schiffe in Dienst und begann mit dem Bau von 29 weiteren. Die Union baute oder begann mit dem Bau von insgesamt 84 Panzerschiffen, von welchen 64 der *Monitor* nachempfunden waren (obwohl ein anderer Prototyp, die *New Ironsides*, der bessere Entwurf war). Als die Union versuchte, 6000 Kilometer Küstenlinie zu blockieren, kamen sie großflächig zum Einsatz.

Schmutzige Tricks: Torpedos und U-Boote

Heute stellen wir uns einen Torpedo als schwimmende Waffe mit Eigenantrieb vor, doch die ersten Torpedos waren Unterwasserminen, die nach einem Rochen benannt waren, der seine Beute mit einem

Elektroschock lähmt. Erste Experimente mit Anti-Schiffs-Minen fanden Anfang des 19. Jahrhunderts statt. Im Jahre 1801 versuchte der geniale Robert Fulton, Napoleon einen Plan für Seeminen zu verkaufen. Als die Franzosen kein Interesse zeigten, wandte er sich an die Royal Navy. Im Jahre 1805 demonstrierte Fulton seine neue Mine mit der spektakulären Sprengung der erbeuteten dänischen Brigg *Dorothea*, doch der Einsatz der neuen Waffe in der Schlacht erwies sich als schwierig. Im Krieg von 1812 unternahmen die Vereinigten Staaten mehrere erfolglose Versuche mit Fulton-Minen, doch erst im Krimkrieg kam die Waffe wirklich zum Einsatz. Russland verwendete Minen, um seine Festungen in Kronstadt zu schützen. Es waren einfache Explosionskörper, die etwa einen Meter unter der Wasseroberfläche abgesetzt wurden und bei Kontakt explodieren sollten. Die russischen Minen richteten zwar beachtlichen Schaden an, doch erreichte auch die alliierten Streitkräfte bald die Nachricht von der neuen Waffe. Sie durchkämmten das Gebiet und hoben mehrere Minen. Viele waren bereits durch eingedrungenes Wasser unbrauchbar geworden oder korrodiert.

Da die Konföderation nicht über ausreichend Schiffe und Geschütze verfügte, versuchte sie während des Bürgerkrieges ebenfalls, ihre Häfen mit solchen stationären Minen zu schützen. Sie waren sehr einfach konstruierte Tonnen, die von einer Trosse mit einem Gewicht in Position gehalten wurden. Zwei Zünder wurden verwendet. 1. Wenn ein Schiff die Mine berührte, wurde mechanisch Säure freigesetzt, die das das Pulver zündete. 2. Die Zündung erfolgte elektrisch über eine Leitung zur Küste. Die Minen, die 1862 in Fort Henry am Tennessee-Fluss verwendet wurden, waren rund 170 Zentimeter lang und enthielten 35 Kilo Schießpulver. Die größte fasste bis zu einer Tonne Pulver. Obgleich die meisten stationären Minen nicht explodierten oder vorher abtrieben, wurden durch sie immerhin 32 Schiffe der Union versenkt.

Die erfinderischen Konföderierten suchten zudem nach Möglichkeiten, die Mine an den Rumpf eines feindlichen Schiffes zu transportieren. Dazu diente

DIE SCHLACHT VON HAMPTON ROADS zwischen der CSS *Virginia* (links) und der USS *Monitor*. Die beiden Schiffe lieferten sich ein erbittertes Feuergefecht, ohne nennenswerte Schäden davonzutragen.

das simple Prinzip des Spierentorpedos, einer Mine, die an einer langen Stange am Bug eines Schiffes befestigt war. Die Schiffe, die man als »Botenjungen« auserkor, waren flach und schwer auszumachen. Alle Hoffnung ruhte darauf, dass man sich dem Feind leise und bei Nacht nähern könnte. Das Ziel, einen Spierentorpedo unbemerkt bis zum Feind zu bringen, ohne dabei selbst versenkt zu werden, führte zu Experimenten mit U-Booten. Bereits während der amerikanischen Revolution hatte der Erfinder David Bushnell ein U-Boot entworfen, mit dem an der Unterseite eines feindlichen Schiffs eine Sprengladung angebracht werden sollte. Weder Bushnells »Turtle« noch das von Robert Fulton entworfene und für die französische Flotte 1800–01 erprobte Minen-U-Boot *Nautilus* waren sonderlich erfolgreich. Einige Versuche mit U-Booten im Krieg von 1812 und ein deutscher Versuch im Jahre 1850 schlugen ebenfalls fehl. Das 1862 erbaute französische U-Boot *Plongeur*, ein Fahrzeug mit Druckluftschraubenwelle, das an einer 4,5 Meter langen Stange einen Torpedo trug, erwies sich ebenfalls als unbrauchbar.

Die Flotte der Konföderation konstruierte mehrere kleine Tauchboote, die so genannten »Davids«. Diese Fahrzeuge waren keine echten Unterseeboote. Statt ganz unterzutauchen, blieben sie knapp unterhalb der Wasseroberfläche und konnten sich so unbemerkt an den Feind heranpirschen und ihn mit dem Spierentorpedo rammen, den sie vor ihrem Bug trugen. Den Offizieren eines Freiwilligenregiments aus Alabama gelang jedoch im Frühjahr 1863 tatsächlich der Bau eines U-Bootes, der HL *Hunley*. Der Rumpf bestand aus einem zylindrischen eisernen Dampfkessel. Angetrieben wurde es durch Muskelkraft: Acht Mann trieben die Schraubenwelle an, ein neunter steuerte. Das U-Boot wurde zur Verteidigung des Hafens von Charleston entwickelt. Ein kühner Plan sah vor, unter den feindlichen Schiffen hindurchzufahren und an deren Rümpfen Minen anzubringen. Am 17. Februar 1864 griff die *Hunley* erfolgreich eine Schaluppe der Union an: Bis die Besatzung der

Housatonic begriffen hatte, dass die *Hunley* kein treibender Baumstamm war, war sie schon zu nahe und konnte von den Geschützen nicht mehr beschossen werden. Der an der *Hunley* angebrachte Spierentorpedo kam in Kontakt mit dem Schiff und versenkte es. Die *Hunley* kehrte nicht zurück. Man nimmt an, dass sie durch den Druck der Explosion tiefer unter Wasser gedrückt wurde und die Besatzung mit ihr versank.

Insgesamt hatten solche Experimente vor dem 1880 einsetzenden Wettrüsten wenig Bedeutung. Nach einem kurzen Flirt mit Schlepptorpedos entwarf der Engländer Robert Whitehead einen beweglichen Torpedo mit eigenem Antrieb, den er 1872 sowohl an Großbritannien als auch an Frankreich verkaufte. Die neue Waffe war mit einer Reichweite von über 500 Metern und einer Spitzengeschwindigkeit von 17,5 Knoten nach damaligen Maßstäben beeindruckend. Im Jahre 1876 lief das erste britische Schlachtschiff mit selbstgetriebenen Torpedos, die HMS *Lightning*, vom Stapel. Das Schiff funktionierte so gut, dass die britische Admiralität gleich ein Dutzend weitere bestellte. Die ersten brauchbaren U-Boote kamen in der britischen, französischen und US-amerikanischen Flotte erst gegen Ende der Achtzigerjahre in Einsatz.

> » *Vertrautheit mit der Gefahr macht einen mutigen Mann mutiger, aber weniger kühn. So ist es auch mit Seeleuten: Wer Kap Horn am häufigsten umrundet, lässt dabei die meiste Vorsicht walten.* «
>
> Herman Melville

Der Krieg um die Häfen

Die Häfen der Konföderation zu besetzen, war ein wichtiger Teil des Kriegsplans der Union. Die Techniken und Risiken einer solchen Strategie werden an der Belagerung von Charleston, der Eroberung von New Orleans und der Schlacht in der Bucht von Mobile besonders deutlich. Die Belagerung Charlestons durch die Union wurde zur längsten Kampfhandlung des gesamten Krieges. Mehrere ergebnislose Seeschlachten fanden statt, die gleichermaßen den Erfindungsreichtum und die Unerfahrenheit der Unionsflotte offenbarten. Die Unionstruppen versuchten, den Hafen dadurch zu blockieren, dass sie Wracks mit Gesteinsbrocken füllten und sie in der Hauptfahrrinne versenkten. Bald jedoch musste man feststellen, dass die sorgfältig platzierten Hindernisse weggeschwemmt wurden. Angriffe vom Wasser aus schlugen fehl, und einige Unionsschiffe liefen sogar auf Minen auf und sanken binnen Minuten. Die einzige Torpedoabwehr der Zeit war der »Stiefelknecht« – ein Floß mit Hakenkrallen am Bug eines Panzerschiffs der *Monitor*-Klasse, das die Torpedos einsammelte.

Während die Belagerung Charlestons andauerte, wagte David Farragut, ein Kommandeur der Union, einen kühnen Angriff auf New Orleans. Um die Stadt zu erreichen, musste Farraguts Geschwader die Festungen an der Mündung des Mississippi passieren. Er präparierte seine Schiffe für dieses gefährliche Unternehmen, indem er alle überflüssigen Spieren, Takelagen und Beiboote – also alles, was Feuer fangen konnte – an Land zurückließ und stattdessen

DIE ERSTE *MONITOR* NACH IHREM KAMPF gegen die *Virginia*. Neben dem Bullauge sind die Beulen zu sehen, die die schweren Geschosse der *Virginia* geschlagen haben. Hampton Roads, Virginia, im Juli 1862.

DIE SCHLACHT IN DER MOBILE BAY, 1864

Der US-Admiral David Farragut erhielt den Befehl, die Mobile Bay, einen der drei verbleibenden Häfen der Konföderation, für Blockadebrecher zu schließen. Er positionierte sein Geschwader in der schmalen Fahrrinne, die für Blockadebrecher geöffnet geblieben war. Diese war jedoch durch Minen, zwei Forts und vier konföderierte Schiffe geschützt. Nachdem die USS *Tecumseh* bei dem Vorstoß auf eine Mine lief und rasch sank, führte Farragut die Operation auf seinem Flaggschiff selbst an und besiegte das kleine konföderierte Geschwader unter dem Kommando von Admiral Franklin Buchanan. In einer gemeinsamen Operation von Armee und Flotte wurden wenige Wochen darauf beide Festungen eingenommen. Die Stadt Mobile blieb zwar in der Hand der Konföderation, doch hatte die Union nun den letzten Blockadebrecherhafen am Golf östlich des Mississippi geschlossen.

Memphis
Atlanta
New Orleans
Mobile Bay
Golf von Mexiko

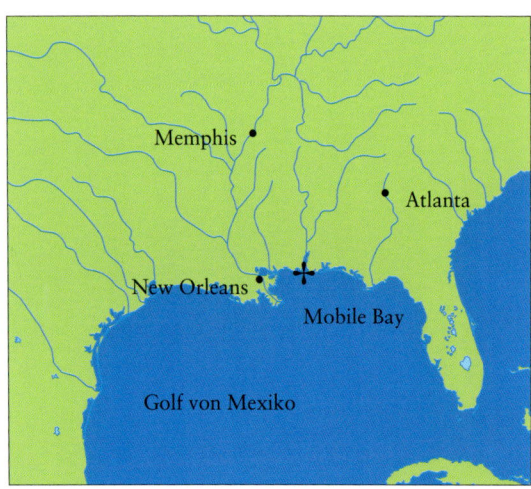

Mobile Bay im Bundesstaat Alabama ist einer der größten Seehäfen Nordamerikas. Es war ein wichtiger Stützpunkt der Konföderierten.

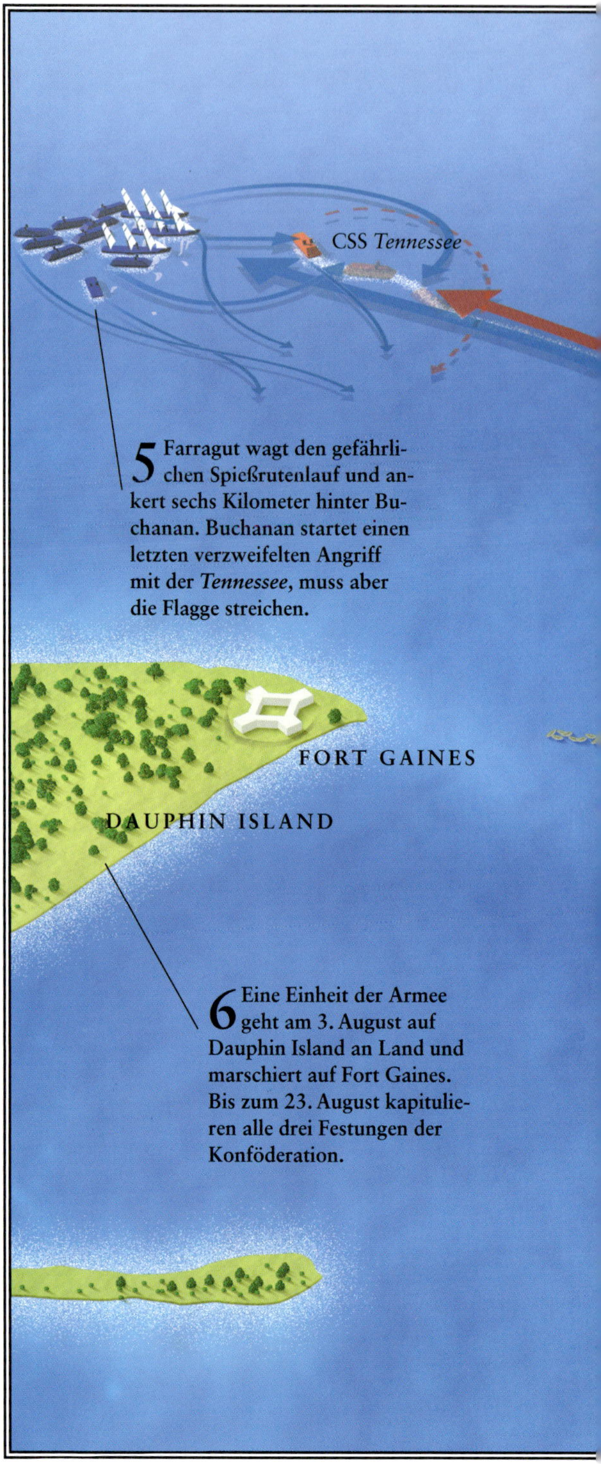
CSS *Tennessee*
5 Farragut wagt den gefährlichen Spießrutenlauf und ankert sechs Kilometer hinter Buchanan. Buchanan startet einen letzten verzweifelten Angriff mit der *Tennessee*, muss aber die Flagge streichen.
FORT GAINES
DAUPHIN ISLAND
6 Eine Einheit der Armee geht am 3. August auf Dauphin Island an Land und marschiert auf Fort Gaines. Bis zum 23. August kapitulieren alle drei Festungen der Konföderation.

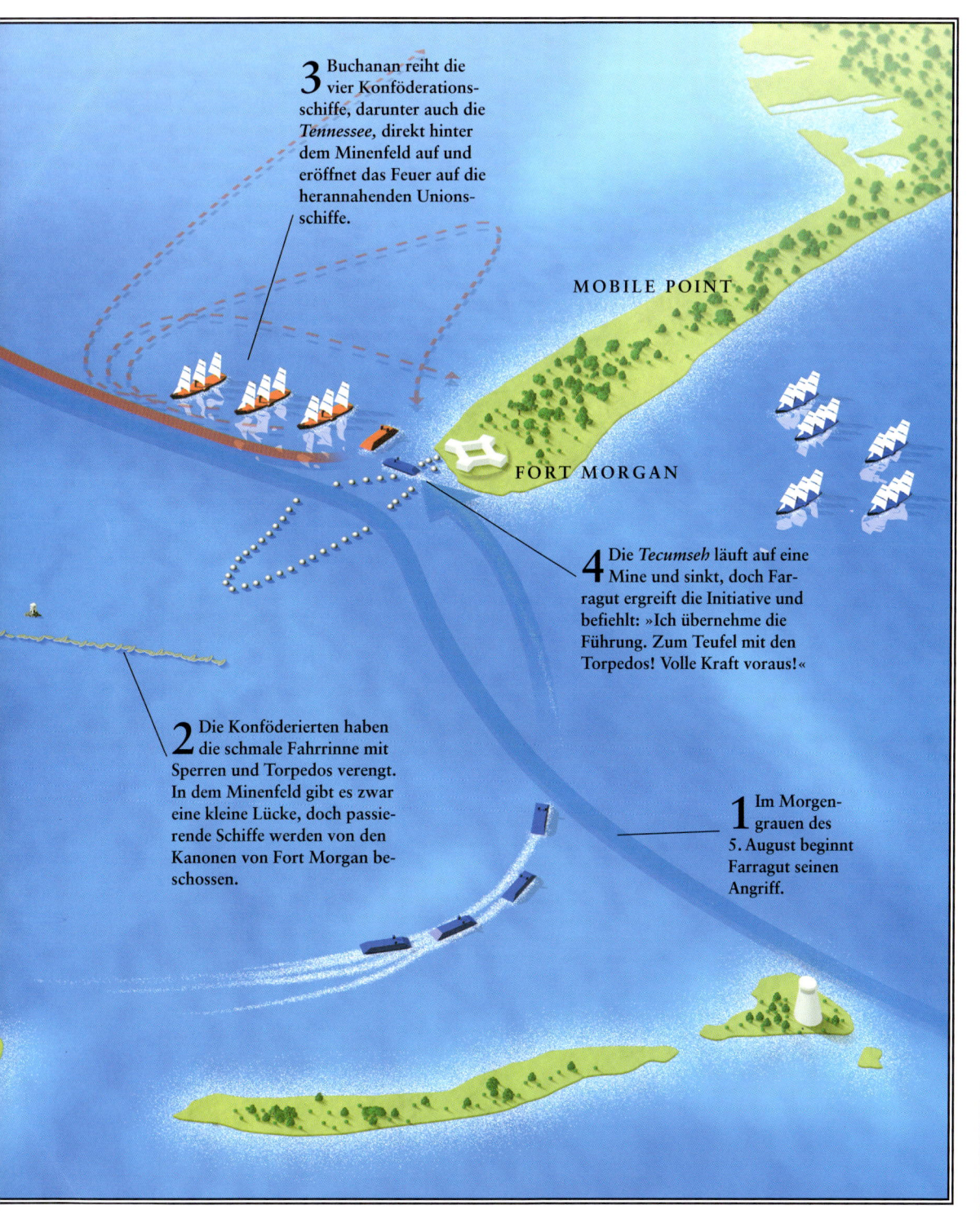

3 Buchanan reiht die vier Konföderationsschiffe, darunter auch die *Tennessee,* direkt hinter dem Minenfeld auf und eröffnet das Feuer auf die herannahenden Unionsschiffe.

MOBILE POINT

FORT MORGAN

4 Die *Tecumseh* läuft auf eine Mine und sinkt, doch Farragut ergreift die Initiative und befiehlt: »Ich übernehme die Führung. Zum Teufel mit den Torpedos! Volle Kraft voraus!«

2 Die Konföderierten haben die schmale Fahrrinne mit Sperren und Torpedos verengt. In dem Minenfeld gibt es zwar eine kleine Lücke, doch passierende Schiffe werden von den Kanonen von Fort Morgan beschossen.

1 Im Morgengrauen des 5. August beginnt Farragut seinen Angriff.

eine provisorische Panzerung in Form von über die Reling hängenden Eisenketten anbrachte. Die Heizkessel wurden mit Sandsäcken geschützt. Sein Geschwader mit 17 Schiffen brach am 24 April 1862 kurz nach Mitternacht auf und überraschte die Verteidiger der Festung (die mit einem Angriff vom Mississippi und nicht vom Golf von Mexiko gerechnet hatten). Die zwei Festungen wurden ebenso passiert wie das noch unfertige Panzerschiff *Louisiana*, das als Batterie vor Anker lag. Anschließend kämpfte Farraguts Geschwader gegen die bewaffneten Dampfschiffe oberhalb der Forts. New Orleans selbst war nicht gut verteidigt und ergab sich zwei Tage später den Unionstruppen.

Die Schlacht in der Bucht von Mobile: »Zum Teufel mit den Torpedos«

Als Admiral David Farraguts größter Triumph gilt die Schlacht in der Bucht von Mobile am 5. August 1864. Die Stadt Mobile in Alabama war für die Konföderation kriegswichtig, ein Zentrum der Eisenindustrie und einer ihrer wenigen Tiefwasserhäfen. Im Jahre

1864 wurde ein gemeinsamer Angriff von Armee und Flotte auf die Stadt befohlen. Die Armee sollte die Festungen Gaines und Morgan am Hafeneingang angreifen. Danach sollte das Geschwader unter Farragut Fort Powell einnehmen. Sie sahen sich starken Verteidigungsanlagen gegenüber: Die Fahrrinne war mit Pfählen und Unterwassertorpedos versperrt, und ein kleines Geschwader lag in der Bucht. Farragut verfügte über fünf Panzerschiffe und 13 andere Kriegsschiffe.

Im folgenden Gefecht bewies Farragut ausgezeichnete Kenntnisse der neuen Technologien. Die seinem Kommando unterstehenden Panzerschiffe positionierte er sorgsam am Zugang zur Bucht, um so die hölzernen Unionsschiffe vor den Kanonen von Fort Morgan zu schützen. Wie bereits in New Orleans ließ er schwere Ketten über die Seitenwände der hölzernen Schiffe hängen und sorgte damit für eine zumindest provisorische Panzerung. Die Notwendigkeit

EINE 86-MM-SCHIFFSKANONE AUF LAFETTE. Fortschritte waren die Spindel mit Gewinde zum Einstellen der Überhöhung oder der fest mit dem Deck verbundene Kanonenschlitten zur Aufnahme des Rückstoßes. Vor dem Bürgerkrieg erfand John A. Dahlgren (1809–70) das Dahlgren-Geschütz mit gezogenem Lauf. Dahlgrens Haubitzen waren die besten der Welt und wurden im Bürgerkrieg von der Konföderation und von der Union benutzt.

FÄHNRICH ZUR SEE DER US-MARINE (1865)

*Die Uniform bestand aus einem dunkelblau-
en wollenen Oberhemd, das häufig über einem roten Flanellunterhemd getragen und
stets in die dunkelblauen Wollhosen ge-
stopft wurde. Manchmal waren Kragen
und Manschetten des Hemds mit weißem
Band oder Stickereien verziert. Zum Hemd
trug der Fähnrich ein großes schwarzes
Halstuch, Dieser Seemann trägt außerdem
die große schildlose Mütze, die bei der
US-Navy Standard war. Üblicherweise
war der Name des Schiffs, auf welchem der
Matrose diente, in goldenen oder gelben
Buchstaben auf das Mützenband gestickt.
In den Sommermonaten trug man eine
weiße Mütze, bei kaltem Wetter oft eine
zweireihig geknöpfte Jacke.
Dieser Fähnrich zur See der Union ist mit
einem Colt Navy M 1851 bewaffnet, der
in der US-Marine die Standardwaffe der
Offiziere und Unteroffiziere war. Offiziere
und Mannschaften waren außerdem mit
einem M 1841 Entermesser ausgerüstet,
und manche Ränge trugen beim Entern
oder bei Küstenoperationen das M 1861
Whitney Gewehr.*

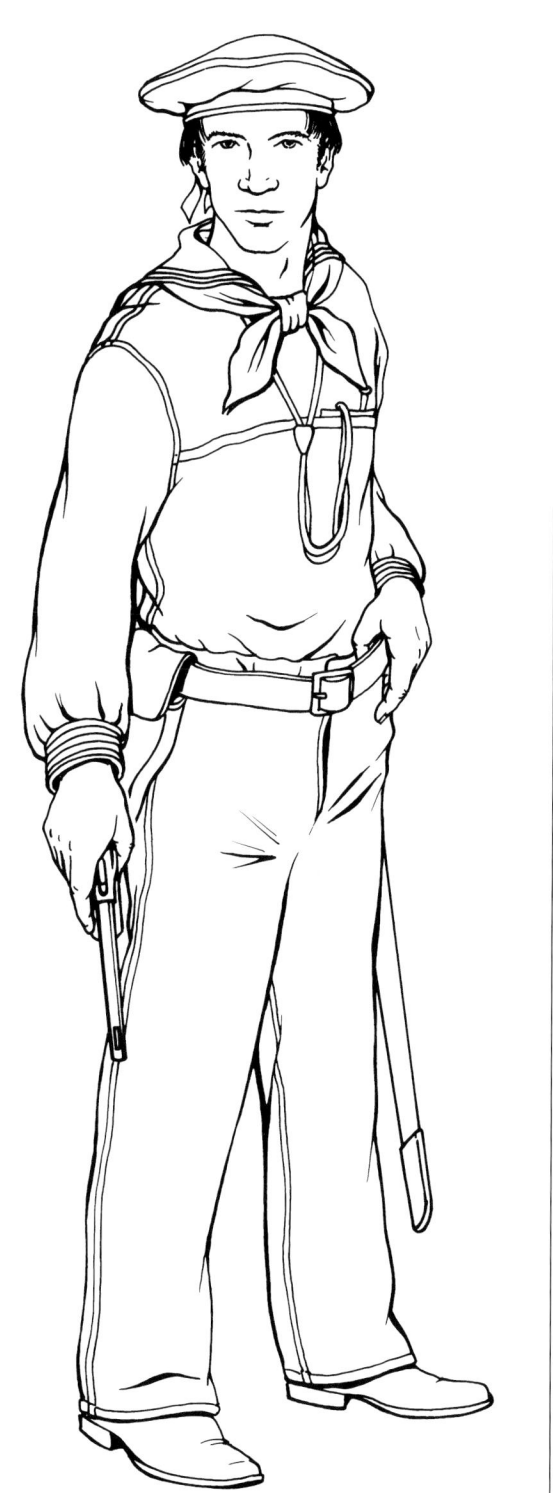

eines solchen Schutzes war inzwischen allgemein an-
erkannt, und die Konföderation testete sogar Schiffe,
die mit Baumwollballen geschützt waren. Die sieben
kleinsten Unionsschiffe wurden backbords an größeren Schiffen vertäut, um sie vor den Granaten der
Festung zu schützen. Farragut plante, in Kiellinie in
den Hafen einzufahren und gleichzeitig die Festun-

gen von zwei zuvor positionierten Kanonenboot-
geschwadern unter Beschuss zu nehmen. Der Angriff
begann um 6.00 Uhr, als das erste Unionsschiff unter
Ausnutzung einer südwestlichen Brise und der Flut
die Hafengrenze passierte.

Die USS *Tecumseh*, ein Schiff des *Monitor*-Typs,
wurde zum Kampf gegen das konföderierte Panzer-

schiff *Tennessee* vorgeschickt. Bevor es jedoch zum Gefecht kam, lief die *Tecumseh* auf eine Mine und sank binnen Minuten. 93 Mann starben. Die aus Furcht vor weiteren Minen nervös gewordenen Unionsschiffe drängten sich in der Fahrrinne zusammen und wurden von Fort Morgan unter schweren Beschuss genommen. Farragut gab den Befehl, die

Brooklyn solle in den Kanal vorstoßen, doch sie reagierte selbst dann nicht, als der Befehl zum dritten Mal übermittelt wurde. Mit dem Ruf »Zum Teufel mit den Torpedos! Volle Kraft voraus!« führte Farragut nun sein Flaggschiff, die *Hartford*, in die Schlacht. Keine einzige Mine, auf welche die *Hartford* lief, explodierte. Farragut vermied im Anschluss jedoch die Konfrontation mit der *Tennessee*. Trotz heftigen Beschusses vertrieb die *Hartford* die Kanonenboote der Konföderierten und bahnte den anderen Unionsschiffen den Weg.

Um 8.30 Uhr waren alle Schiffe der Union in der Bucht. Das mit sechs Geschützen ausgestattete konföderierte Panzerschiff *Tennessee* griff die gesamte Unionsflotte an (die über insgesamt 157 Geschütze verfügte). Zwei Unionsschiffe rammten die *Tennessee* von gegenüberliegenden Seiten, konnten sie jedoch nicht aufhalten. Das Rammmanöver der *Hartford* blieb ebenfalls so gut wie ohne Wirkung. Danach wurde die *Tennessee* von Unionsschiffen eingekreist und von allen Seiten aus nächster Nähe unter Feuer genommen. Trotzdem saß nur ein einziger Schuss. In dem Sperrfeuer wurde jedoch die Steuerung der *Tennessee* zerstört und der Schornstein heruntergeschossen. Die Besatzung ergab sich erst, als die Munition ausging.

Die Lehren aus dem Sezessionskrieg

Die europäischen Flotten lernten schnell aus den oft chaotischen Seegefechten des amerikanischen Bürgerkriegs. Alle beschleunigten die Umrüstung auf Panzer- und Eisenschiffe. Ebenso schnell übernahmen sie die gepanzerten Geschütztürme zum Schutz der Kanonen und deren Besatzungen, eine Idee, die ursprünglich im Krimkrieg für die britische Flotte entwickelt worden war. Schon 1864 verfügte die dänische Flotte, die der preußischen Invasion in Dänemark Einhalt gebieten sollte, über ein Schiff mit Geschützturm, die in Großbritannien gebaute *Rolf Krake*. Der Turm, ein Entwurf des Engländers Cowper Coles, war auf einer im Deck darunter montierten kreisrun-

DIE SCHLACHT VON MOBILE BAY von William H. Overend (1851–98). Im entscheidenden Augenblick der Schlacht tat Admiral Farragut intuitiv das Richtige und rief: »Ich übernehme die Führung! Zum Teufel mit den Torpedos! Volle Kraft voraus!«

den Drehvorrichtung gelagert. Später konstruierte Coles den Prototypen HMS *Captain,* ein hochseetaugliches Schiff mit Geschützturm. Die *Captain* erwies sich jedoch als zu kopflastig und sank nur vier Monate nach dem Stapellauf. 473 Mann starben, darunter auch Coles. Das erste richtige Kriegsschiff mit einem zentralen Geschützturm war 1865 die HMS *Bellerophon.* Ihr gepanzerter Turm war mit zehn 23-Zentimeter-Vorderladergeschützen mit gezogenem Lauf und fünf 18-Zentimeter-Geschützen bestückt. Außerdem verfügte sie in Form einer doppelten Schiffswand über einen gewissen Schutz vor Torpedos und war mit wasserdichten Schotten ausgestattet.

Diese Schiffe wurden jedoch nur selten eingesetzt. Das erste und beinahe einzige wichtige Seegefecht mit Panzerschiffen war die Zweite Schlacht von Lissa am 20. Juli 1866, bei der sich eine österreichische und eine italienische Flotte gegenüberstanden. Diese reichlich groteske Begegnung demonstrierte, dass eine wirksame Abwehr gegen die Panzerschiffe erst noch erfunden werden musste. Das Vorspiel zur Schlacht begann, als eine italienische Flotte unter dem Kommando von Graf Carlo di Persano mit 12 Panzerschiffen, 14 hölzernen Kriegsschiffen und mehreren kleineren Schiffen entsandt wurde, um die von Österreich besetzte Adriainsel Lissa anzugreifen. Bald traf unter dem Kommando von Admiral Wilhelm von Tegetthof eine österreichische Flotte mit sieben Panzerschiffen, sieben hölzernen Kriegsschiffen und vier kleineren Schiffen ein, um die Italiener zu stoppen.

Keine der beiden Flotten verfügte über gut ausgebildete Besatzungen, doch die Italiener vertrauten auf ihre zahlenmäßige Überlegenheit und den Besitz des einzigen Schiffs mit Geschützturm, der *Affondatore,* die darüber hinaus mit einer schweren Bugramme ausgestattet war. Doch die Italiener hatten mit Persano einen inkompetenten Admiral, der in letzter Minute beschloss, von seinem Flaggschiff auf die *Affondatore* zu wechseln. Da er es versäumte, seine Kapitäne darüber in Kenntnis zu setzen, ignorierten diese während der Schlacht seine Signale. Als er die Schiffe wechselte, öffnete Persano außerdem eine Lücke in der italienischen Linie. Tegetthof nutzte dies aus und fuhr mit seinem eigenen Flaggschiff, der *Ferdinand Max,* direkt hinein, worauf ein erbitterter Nahkampf folgte.

Die österreichischen Kanoniere hatten zwar moderne Hinterlader, mit denen sie jedoch kaum eine

Beule in die italienischen Panzerungen schossen. Also befahl Tegetthof seinen Schiffen, die italienischen Panzerschiffe zu rammen. Die hölzerne *Kaiser* rammte die *Re di Portogallo,* wurde dabei jedoch stärker beschädigt als ihr Gegner. Erst als das Panzerschiff *Ferdinand Max* die *Re d'Italia* rammte, sank das italienische Schiff; 400 der 600 Mann starken Besatzung starben. Als die Italiener ein zweites gepanzertes Schiff verloren, traten sie den Rückzug an.

Kanonenboot-Diplomatie

Statt großer Flottengefechte waren die unmittelbarsten Vorzüge der technischen Neuerungen des 19. Jahrhunderts in einer großen Anzahl kolonialer Abenteuer zu sehen, bei denen es häufig zu Küstenbombardements oder Amphibienaktionen kam. Schon 1816 griff eine englisch-holländische Flotte die Verteidigungsanlagen im Hafen von Algier an und vernichtete die algerische Piratenflotte. Die Franzosen eroberten Algier 1830. Für solche Einsätze benötigte man keine herkömmlichen Kriegsschiffe. Vielmehr legte man größten Wert auf gute Manövrierfähigkeit im Hafen, die Möglichkeit, flussaufwärts zu fahren, und auf hohe Feuerkraft.

Im Zweiten Seminolenkrieg in Florida in den 1830er-Jahren positionierte die US-Flotte daher auf größeren Flüssen Dampfschiffe, mit denen der Feind besser erreicht werden konnte. Im Ersten Opiumkrieg (1839–42) gelang es chinesischen Dschunken nicht, britische Dampfschiffe von Angriffen auf ihre Küstenbastionen abzuhalten. Ebenso wenig konnten sie verhindern, dass der Kaiserkanal mit einer Flotte aus Panzerschiffen und Dampfern abgeriegelt wurde.

Im Jahr 1840 vertrieb die britische Flotte eine ägyptische Armee aus Palästina, nahm nach einem Bombardement die Stadt Akko ein und zerstörte 74 chinesische Dschunken auf dem Perlenfluss. Ab 1850 setzten die Franzosen Flussflottillen ein, um den westafrikanischen Senegal-Fluss hinaufzufahren, wobei ihnen vor allem Flussdampfer sehr gute Dienste leisteten. Die Flotten des 19. Jahrhunderts verliehen den westlichen Mächten eine »strategische Reichweite«. Dank leicht zu verteidigender Küstenenklaven, die einfach zu versorgen waren, und der Möglichkeit, Truppen rasch von einem Ort zum anderen zu transportieren, konnten die Kolonialmächte ihre Imperien halten.

EIN WHITEHEAD TORPEDO, eine Erfindung des englischen Ingenieurs Robert Whitehead aus dem Jahre 1866. Bei einer Geschwindigkeit von etwa sechs Knoten hatte er eine berechnete Reichweite von knapp 1000 Metern.

Um 1860 war es bei europäischen Flotten üblich, Truppen mit einigen Bordgeschützen an Land abzusetzen, um feindliche Landstreitkräfte zu zerschlagen. So spielten britische Schiffe beispielsweise während des Indischen Aufstandes von 1857–58 eine herausragende Rolle, obwohl sie zu viel Tiefgang besaßen, um flussaufwärts zu fahren. Die Besatzungen gingen an Land oder ließen sich mit etlichen Bordkanonen auf Flößen flussaufwärts ziehen.

Eine weitere Entwicklung des Kolonialzeitalters war der Einsatz gepanzerter Schiffe bei der Bombardierung von Zielen an Land. So brachte im Jahre 1864 eine alliierte Flotte die Straße von Shimonoseki in Japan in ihre Gewalt, indem sie zunächst die Küstenforts sturmreif schoss und dann Truppenteile an

Land brachte, die die Geschütze entweder vernagelten oder abtransportierten. Ebenso erfolgreich bombardierte die britische Mittelmeerflotte am 11. Juli 1882 den Hafen und die Bastionen von Alexandria in Ägypten.

Der Bau besserer Geschütze

Ein Schlüsselfaktor der Seeherrschaft westlicher Flotten waren die revolutionären Entwicklungen in der Geschütztechnik, ein Prozess, der um 1850 einsetzte und in den 1880er-Jahren seinen Höhepunkt erreichte. Den Konstrukteuren von Bordgeschützen war seit langem klar, dass bei der Artillerie deutliche Verbesserungen möglich waren, etwa, wenn die Geschütze nicht bei jedem Ladevorgang eingerannt werden mussten. Außerdem gaben gezogene Läufe den Projektilen eine Rotation um die Längsachse, wodurch sich höhere Mündungsgeschwindigkeiten und bessere Präzision erreichen ließen.

GEGENÜBER: Ein Schiffsjunge an Bord der USS *New Hampshire*. Die Flotten stellten viele Jungen ein, welche dadurch eine lange Ausbildung als Matrosen erhielten.

Von 1850 an war wachsendes Interesse an gezogenen Geschützläufen zu beobachten, doch es war kompliziert, diese Technik bei den großen Kanonen eines Kriegsschiffes umzusetzen. Erhöhter Druck, verursacht durch das Einpressen der Geschosse in die Züge und Felder des Laufs, hatte den Nebeneffekt, dass die Geschütze häufig explodierten. Schweden und Sardinien führten in den 1840er-Jahren Geschütze mit gezogenem Lauf ein – ein weiteres Beispiel für die Versuche kleinerer Flotten, Großbritannien gegenüber einen strategischen Vorteil zu erlangen. Andere Flotten übernahmen die Geschütze mit gezogenem Lauf ebenfalls, doch sie kamen oft gemeinsam mit Glattrohrgeschützen zum Einsatz. In den Vereinigten Staaten entwickelte John Dahlgren ein Bordgeschütz mit gezogenem Lauf, erfand aber auch einen Geschütz mit glattem Lauf zum Verschießen von Granaten, das höherem Druck standhielt. Darüber hinaus führte die US-Navy ein zweites Geschütz mit gezogenem Lauf ein, die so genannte »Parrott Gun« (Papageienkanone), die Geschosse von 60 bis 80 Kilogramm verschießen konnte.

Eine noch größere Herausforderung war die Entwicklung einer großkalibrigen Hinterladerkanone, denn es war extrem schwierig, die Kammer nach dem Ladevorgang vollkommen dicht zu verschließen. Die französische Flotte führte 1858 Hinterlader ein. Wie immer reagierte die britische Flotte mit der Entwicklung ihrer eigenen Version. Eine

Reihe von Unfällen mit Hinterladergeschützen bei der Bombardierung von Kagoshima im Jahre 1863 bewog die Admiralität jedoch, zu den Vorderladern zurückzukehren. Erst in den späten 1870er-Jahren wurden verbesserte Hinterlader entwickelt. Im Jahre 1884 konnten die größten Hinterladerkanonen Granaten mit einem Kaliber von bis zu 41,25 Zentimetern und einem Gewicht von 800 Kilogramm abfeuern.

Das Wettrüsten mit neuen Waffen

Zwischen den europäischen Flotten herrschte im Kampf um technischen Vorsprung und gegen die britische Vorherrschaft auf See ein erbittertes Wettrüsten. Offener Seekrieg hingegen blieb die Ausnahme. Ab 1880 jedoch führten die kolonialen Bestrebungen zu wachsenden Spannungen zwischen den europäischen Mächten, insbesondere, als das junge Deutsche Reich versuchte, seinen Anteil an den Kolonien in Afrika und Asien zu beanspruchen. Viele technische Probleme waren zu diesem Zeitpunkt gelöst worden. Im Jahre 1873 lief in Großbritannien das erste mastlose Kriegsschiff, die *Devastation,* vom Stapel, und Frankreich stellte 1878 das erste Kriegsschiff mit einem stählernen Rumpf, die *Redoubtable,* in Dienst. Der technische Fortschritt wurde von Veränderungen in der herrschenden Doktrin begleitet. Allen voran die französische Jeune École entwickelte eine Flottenstrategie, die auf modernster Technik basierte. Das Ergebnis war gegen Ende des 19. Jahrhunderts ein neu entfachtes Wettrüsten, das die Flotten Europas in den Ersten Weltkrieg führen sollte.

DIE HMS *DEVASTATION*, das erste Kriegsschiff ohne Masten. Die vorhandene Takelage auf dieser Illustration diente nur zum Setzen von Signalen und zum Wassern der Boote.

KAPITEL 5

DER MODERNE SEEKRIEG

Die ersten gepanzerten Kriegsschiffe demonstrierten eindrucksvoll, dass hölzerne Schiffe in einer Schlacht gegen sie chancenlos waren. Problematisch blieb allerdings, wie lange sie auf See bleiben konnten. Viele Konstruktionen waren nach wie vor kaum hochseetauglich und daher auf den Dienst vor den Küsten beschränkt. Einige waren eher schwimmende Festungen als Kriegsschiffe. Doch bald wurde das hochseetaugliche, gepanzerte Kriegsschiff die Norm. Die Ära der modernen Seekriegsführung hatte begonnen.

EINE WASSERBOMBE DETONIERT 1943 direkt hinter dem US-Zerstörer im Nordatlantik. Experimente, bei denen ausgemusterte U-Boote als Ziele dienten, zeigten, dass die 136-kg-Wasserbombe untauglich war. Als der Krieg im Pazifik ausbrach, war bereits eine 272-kg-Wasserbombe verfügbar.

Die ersten gepanzerten Schiffe waren mit viel zu schwachen Maschinen ausgestattet und hatten zusätzlich zu ihrem Dampfantrieb noch eine Segeltakelage. Dies vergrößerte jedoch das Gesamtgewicht der ohnehin viel zu schweren Schiffe und machte den Einsatz auf hoher See riskant. Nach und nach aber wurden ausschließlich mit Dampfkraft getriebene Kriegsschiffe entwickelt, die mit ausreichend Kohle auch lange Ozeanreisen unternehmen konnten. Dies führte dazu, dass zumindest Mächte mit überseeischen Gebieten weltweit Kohlespeicher anlegten.

Vom gepanzerten Schiff zum modernen Schlachtschiff

Anfang des 20. Jahrhunderts nahm das gepanzerte Kriegsschiff langsam seine moderne Form an. Einige Waffen waren – mit entsprechend eingeschränktem Gefechtsbereich – entlang der Schiffswände untergebracht, andere in voll beweglichen Geschütztürmen. Auf vielen Schiffen waren die Bordgeschütze an Deck auf ungeschützte Lafetten montiert, wo sie ganz ähnlich eingesetzt wurden wie die Artillerie an Land. Es verwundert kaum, dass diese Panzerschiffe nun »Schlachtschiffe« genannt wurden. Viele Nationen konnten sich diese teuren Schiffe jedoch nicht leisten, und Flotten, die sich Schlachtschiffe leisten konnten, benötigten zusätzlich leichtere Schiffe, die lange Patrouillenfahrten unternehmen konnten. Die Kolonialmächte der damaligen Zeit investierten zu diesem Zweck verstärkt in Panzerkreuzer, wohingegen kleinere Flotten den Kreuzer als Ersatz für Großkampfschiffe einführten.

Obwohl der Funk nach und nach gebräuchlich wurde, kommunizierten Schiffe untereinander immer noch mit visuellen Mitteln, etwa Flaggen und Lampen. Schiffe auf weit entferntem Posten waren nicht in der Lage, Kontakt mit ihrem Heimatland aufzunehmen. Das Problem wurde teilweise dadurch überwunden, dass auf abgelegenen Inseln Telegrafenstationen eingerichtet wurden, die untereinander mit auf dem Meeresgrund verlegten Kabeln verbunden waren.

DER TORPEDO HATTE ENORMEN EINFLUSS auf die Seestrategie im 20. Jahrhundert. Admiral »Jackie« Fisher befürwortete eine Flotte, die ausschließlich aus U-Booten und Torpedobooten in der Art dieser kleinen britischen Schiffe bestand.

Veränderungen in den Waffensystemen der Flotte

Im Jahre 1886 stellte Robert Whitehead erstmals einen »Automobilen Torpedo« vor. Mit ihm konnten auch kleinere Schiffe Großkampfschiffe und Schlachtschiffe versenken. Er war so wichtig, dass man bald die gesamte Waffengattung als »Torpedos« bezeichnete. Statische oder schwimmende Explosivkörper, die bislang ebenfalls unter den Begriff Torpedos gefallen waren, wurden nun Minen genannt.

Der erste erfolgreiche Torpedoangriff fand 1891 im Chilenischen Bürgerkrieg statt, wenn auch nur aus der relativ kurzen Distanz von 100 Metern. Bald wurden Spezialschiffe entwickelt, die mit Torpedos in die Schlacht zogen. Die meisten Schiffe hatten nur eine geringe Reichweite und dienten der Verteidigung der Küsten, doch bald folgten auch seetüchtige Torpedoboote. Noch vor Ende des 19. Jahrhunderts hatten Torpedoboote viele Schiffe, die größer waren als sie selbst, versenkt.

Die Antwort auf das Torpedoboot war ein Spezialschiff mit Namen Torpedobootzerstörer, das Torpedoboote abfangen und mit Geschützfeuer versenken sollte. Nach und nach entwickelte sich daraus der Zerstörer als vielseitiges, leichtes Kriegsschiff, dessen Einsatzbereich sowohl Schutzeskorten als auch eigene Torpedoangriffe umfasste. Das leichte Torpedoboot existierte daneben weiter und wurde zur Überwachung der Küste und für Verteidigungsaufgaben eingesetzt.

Ende des 19. Jahrhunderts wurden viele Schiffe immer noch mit einem Rammsporn versehen, doch war nun zweifellos das Geschütz die wichtigste Waffe. Die Bewaffnung eines Kreuzers oder Schlachtschiffes bestand normalerweise aus zwei oder drei schweren Kanonen an jedem Ende des Schiffs, manchmal in gepanzerten Geschütztürmen, manchmal auch auf offenen Lafetten. Diese wurden durch eine Vielzahl leichterer Waffen unterstützt. Man wollte ein

DIE LANGE REISE der russischen Baltischen Flotte nach Tsushima beeinträchtigte die Kampfkraft. Auf der Doggerbank beschossen die russischen Schiffe britische Trawler, weil sie die Fangschiffe für japanische Torpedoboote hielten.

feindliches Schiff mit einem Hagel leichter Granaten eindecken. Wenn man bedenkt, dass viele Schiffe offene Geschützlafetten an Deck hatten, war dies naheliegend.

Die Schlacht von Tsushima

Nach Jahrhunderten der Isolation gelang Japan mit einem straffen Industrialisierungsprogramm der Sprung in die moderne Zeit. Dazu gehörte auch die Anschaffung modernster Kriegsschiffe aus den besten Werften Deutschlands und Großbritanniens. Die Besatzungen dieser neuen Schiffe wurden zur Ausbildung in die Royal Navy geschickt.

Als im Jahre 1894 der Krieg mit China ausbrach, war die japanische Flotte noch recht klein. Der Konflikt war seitens der Japaner geprägt durch einen aggressiven Umgang mit guten Schiffen, die chinesischen Feinde wiederum legten bisweilen mangelnde Kompetenz und geringen Kampfgeist an den Tag.

Aufbau der Flotte

Nach dem Krieg gegen China, bei welchem es um den politischen Status Koreas gegangen war, baute Japan seine Flotte weiter aus, da man besorgt war angesichts des wachsenden russischen Einflusses in der Region. Sechs exzellente Schlachtschiffe britischer Bauweise wurden gekauft. Diese repräsentierten den modernsten Entwicklungsstand des Schlachtschiffes vor der *Dreadnought* mit zwei Geschütztürmen längsschiffs, die jeweils über zwei Geschütze mit einem Kaliber von 30,5 Zentimetern hinter einer 35 Zentimeter dicken Panzerung verfügten. Die Schiffe liefen 18 Knoten. Die sekundäre Bewaffnung bestand aus weiteren vierzehn 15-cm-Geschützen auf einzelnen Lafetten, davon sieben auf jeder Seite des Schiffs. Die japanische Kriegsflotte hatte außerdem einige Kreuzer und Zerstörer, die damals auch mit Torpedos ausgestattet, aber noch recht kleine Schiffe waren.

Mit diesem »großen Stock« in der Hand nahm Japan 1902 Verhandlungen mit Russland auf. Streitpunkte waren vor allem die Eigentumsrechte an der Halbinsel Liaodong und am Flottenstützpunkt Port Arthur. Die Verhandlungen verliefen jedoch ergebnislos.

Vernichtung der russischen Pazifikflotte

Bei einem Angriff am 8. Februar 1904 fügte die japanische Flotte den russischen Streitkräften in Port Arthur erheblichen Schaden zu. Die geschwächte russische Flotte wurde im Hafen festgesetzt. Obwohl der Minenkrieg und einige kleinere Gefechte auf beiden Seiten Verluste verursachten, wagten sich die Russen erst im August »Seeschlacht im Gelben Meer« hinaus. Die Russen verfügten andernorts noch über Reserven. Vizeadmiral Togo Heihachiro, der die japanische Flotte kommandierte, wusste, dass er nicht allzu

»Es ist absurd zu glauben, siegreich in Wladiwostok einzulaufen. Oder gar die Seeherrschaft zu erlangen! Die einzige reelle Chance ist ein Durchbruch, und wenn uns dieser gelungen ist, werden wir uns nach zwei, drei oder höchstens vier Ausfällen auf eine Belagerung vorbereiten und unsere Geschütze an Land bringen müssen ...«

Der Navigationsoffizier der *Knias Suworow,* Leutnant Filippowski

viele Schiffe verlieren durfte. Trotzdem nutzte er die erste Gelegenheit zum Angriff. Die hervorragenden japanischen Schlachtschiffe wurden von den russischen Geschützen zwar unter heftigen Beschuss genommen, konnten sich jedoch in der Schlacht halten. Das russische Flaggschiff hingegen geriet durch wiederholte Treffer außer Kontrolle, und die russische Schlachtordnung versank im Chaos. Togo nutzte diesen Vorteil aus und nahm die russische Flotte weiter unter schweren Beschuss. Erst bei Einbruch der Dunkelheit konnten die Überlebenden entkommen.

Obgleich wichtige Teile der russischen Flotte intakt blieben, war die Moral am Boden. Die Flotte blieb in Port Arthur, wo sie im Januar 1905 von Landstreitkräften vernichtet wurde. Doch während die Japaner nur eine einzige Seestreitmacht besaßen, verfügten die Russen noch über eine zweite, die bereits unterwegs war.

Die Baltische Flotte kommt ins Spiel

Die russische Ostseeflotte lief im Oktober 1904 aus und begab sich auf die lange und beschwerliche Passage um Afrika herum. In der Straße von Tsushima zwischen Japan und Korea wollten die Japaner die russische Flotte stellen. Den Kern der russischen Flotte unter dem Kommando von Admiral Roschestwenski bildeten vier ausgezeichnete moderne Schlachtschiffe und drei ältere Großkampfschiffe. Große Teile der Flotte waren jedoch in erbärmlichem Zustand oder völlig veraltet. Obendrein hatte die Baltische Flotte eine sehr lange Fahrt hinter sich. Die Besatzungen waren ebenfalls nicht in einem guten Zustand. Daher hoffte Roschestwenski darauf, unbemerkt durch die Meerenge von Tsushima zu schlüpfen und den Hafen von Wladiwostok zu erreichen. Dort wollte er Wartungsarbeiten und Truppenübungen durchführen, doch die Flotte wurde von einem Hilfskreuzer erspäht, der sofort die japanische Admiralität von seiner Beobachtung informierte. Bald befand sich die gesamte japanische Kriegsflotte auf See.

Am frühen Nachmittag des 27. Mai 1905 trafen die beiden Flotten aufeinander. Der russische Kommandant versuchte, eine Nebelbank zu nutzen, um sich heimlich zu nähern. Aufgrund der mangelhaften Ausbildung seiner Männer führte dies jedoch zur Auflösung der Schlachtordnung. Togo erkannte seinen Vorteil und griff an. Es war klar, dass dies die entscheidende Schlacht des Krieges darstellte. Eine weitere russische Flotte existierte nicht, so dass es To-

go riskieren konnte, einige seiner Schiffe zu verlieren, um einen Sieg zu erringen. In seiner Haupteinheit verfügte er über vier Schlachtschiffe und acht Panzerkreuzer. Während er auf das Eintreffen der russischen Flotte wartete, hatte Togo die Zeit zu Wartungsarbeiten und militärischen Übungen genutzt, wovon Schiffe und Mannschaften nun profitierten. Seine Einheit erreichte eine Schlachtgeschwindigkeit von 15 Knoten. Die russische Flotte hingegen war durch ihre veralteten Schiffe auf 9 Knoten beschränkt, obwohl ihre Kampfkraft auf vier Schlachtschiffen beruhte, die es mit Togos Schiffen durchaus aufnehmen konnten.

Admiral Togo wollte um jeden Preis einen totalen Sieg erringen. Er gab das historische Kommando »Die Zukunft des Reiches hängt von dieser Schlacht ab« und führte seine Flotte in einem Abstand von 6000 Metern auf parallelen Kurs. Sein Plan war, seine überlegene Geschwindigkeit dazu zu nutzen, die russische Flotte weiträumig zu überholen und ihre

DIE RUSSISCHE *KNIAS SUWOROW* (oben) und die japanische *Fuji* (unten) waren beides neue Schiffe in moderner Bauweise mit beinahe identischer Haupt- und Sekundärbewaffnung. Letztere war bei der *Suworow* schwächer als bei der *Fuji*, ihre Geschütztürme hingegen waren besser bewaffnet. Doch ihre wichtigsten Geschütze wurden durch feindlichen Beschuss zerstört. Die *Suworow* sank bei Tsushima; die *Fuji* wurde elfmal getroffen, ohne zu sinken.

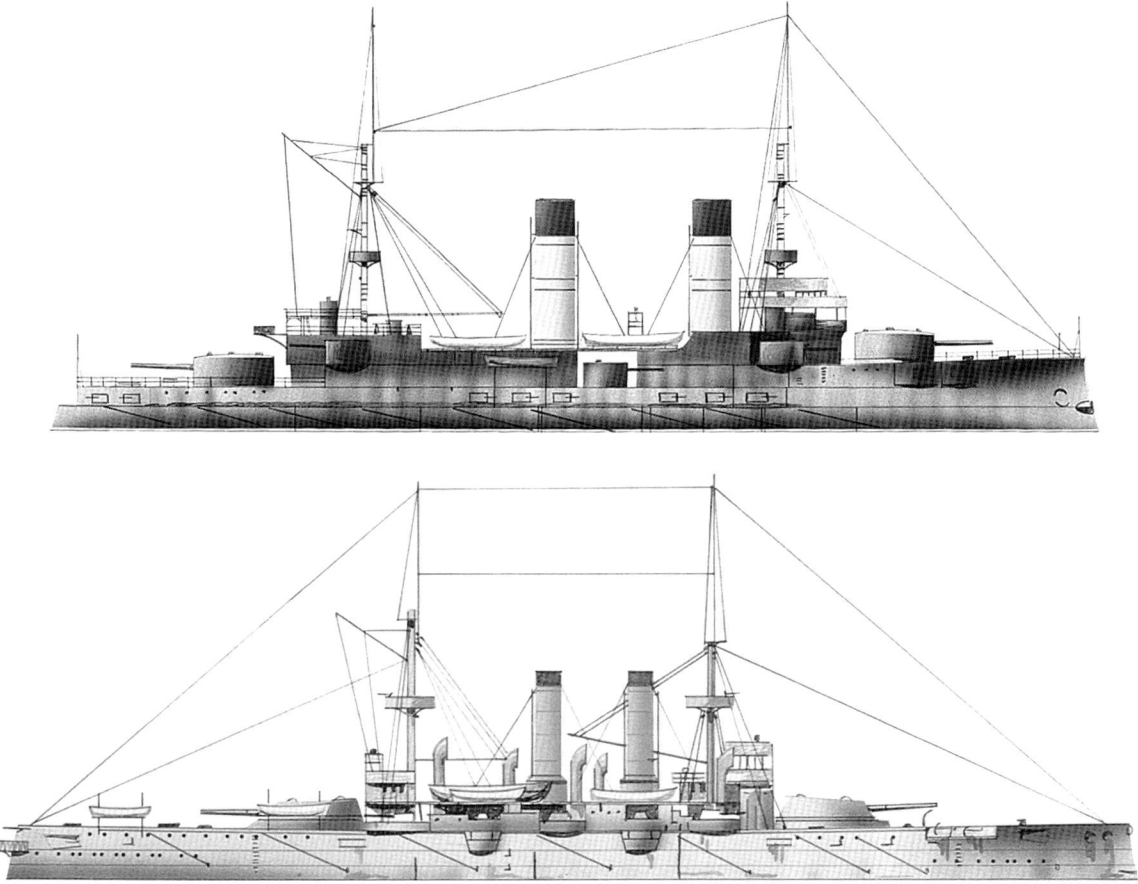

DIE SEESCHLACHT BEI TSUSHIMA, 1905

Der russische Admiral Roschestwenski wollte durch die Meerenge von Tsushima schlüpfen und seine Schiffe in den Werften von Wladiwostok überholen. Die Besatzungen der japanischen Flotte waren im Gegensatz zu den Russen gut ausgeruht und ihre Schiffe waren in ihren Heimathäfen bestens gewartet worden. Admiral Togo konnte es sich darüber hinaus leisten, hohe Verluste in Kauf zu nehmen, um sein strategisches Ziel zu erreichen, weil dies das letzte Aufgebot der russischen Flotte war. Er wollte die Russen um jeden Preis aus den Gewässern um Japan vertreiben. Die russische Flotte war nicht bereit für eine Seeschlacht. Sie verfügte neben vielen veralteten Schiffen über nur vier neue Schlachtschiffe der Borodino-Klasse. Durch die lange Reise und die mangelnde Wartung waren die Schiffsrümpfe unter Wasser stark bewachsen, was die Geschwindigkeit enorm verringerte. Die japanischen Schiffe waren fast doppelt so schnell. Zudem nutzte Togo die überlegene Manövrierfähigkeit seiner Flotte zu seinem Vorteil und positionierte seine Schiffe zweimal im rechten Winkel zur Schlachtordnung der Russen (das »T«), was maximale Feuerkraft bei minimaler Gegenwehr bedeutete.

Russland
Korea
Japan
Straße von Tsushima
Pazifik

Die Straße von Tsushima ist für die Schifffahrt der Region von strategischer Bedeutung. Durch sie gelangen Kriegs- und Handelsschifffahrt in ein eng begrenztes Seegebiet.

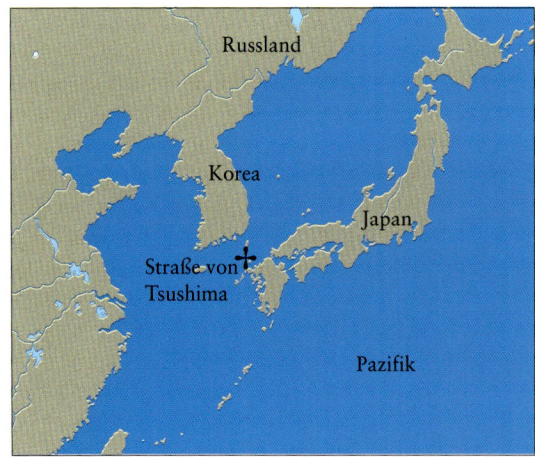

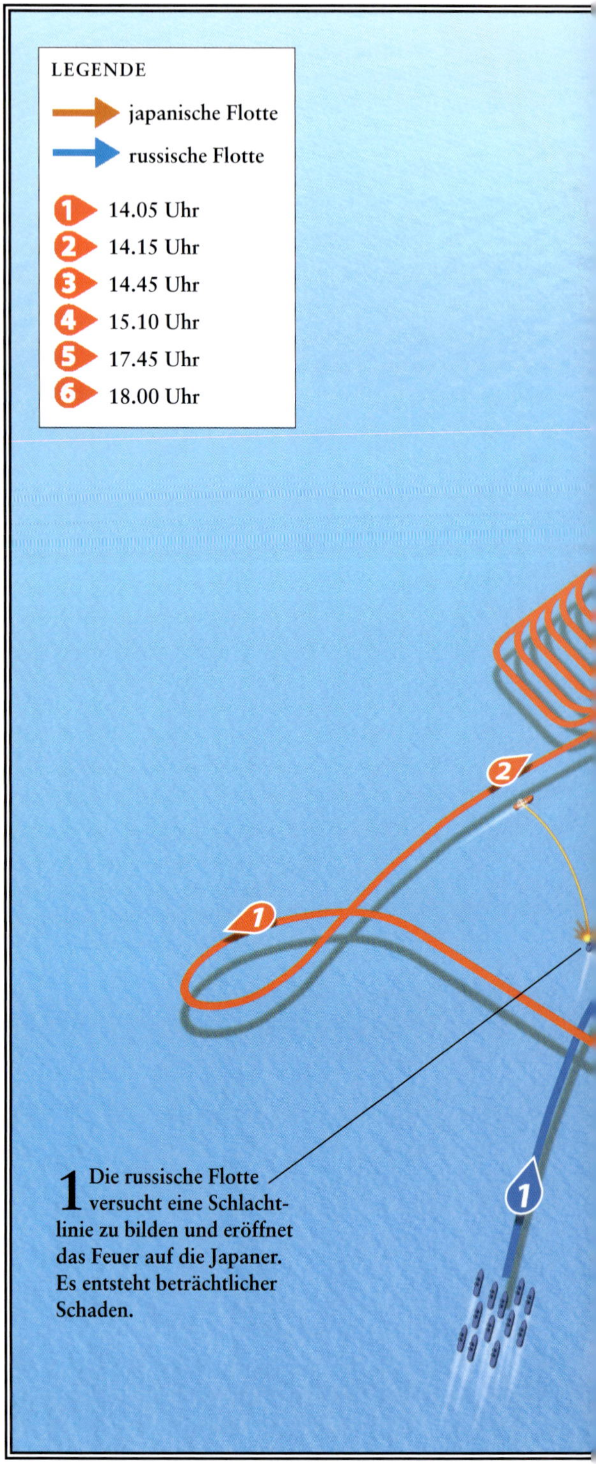
LEGENDE
japanische Flotte
russische Flotte
1 14.05 Uhr
2 14.15 Uhr
3 14.45 Uhr
4 15.10 Uhr
5 17.45 Uhr
6 18.00 Uhr
1
2
1
1 Die russische Flotte versucht eine Schlachtlinie zu bilden und eröffnet das Feuer auf die Japaner. Es entsteht beträchtlicher Schaden.

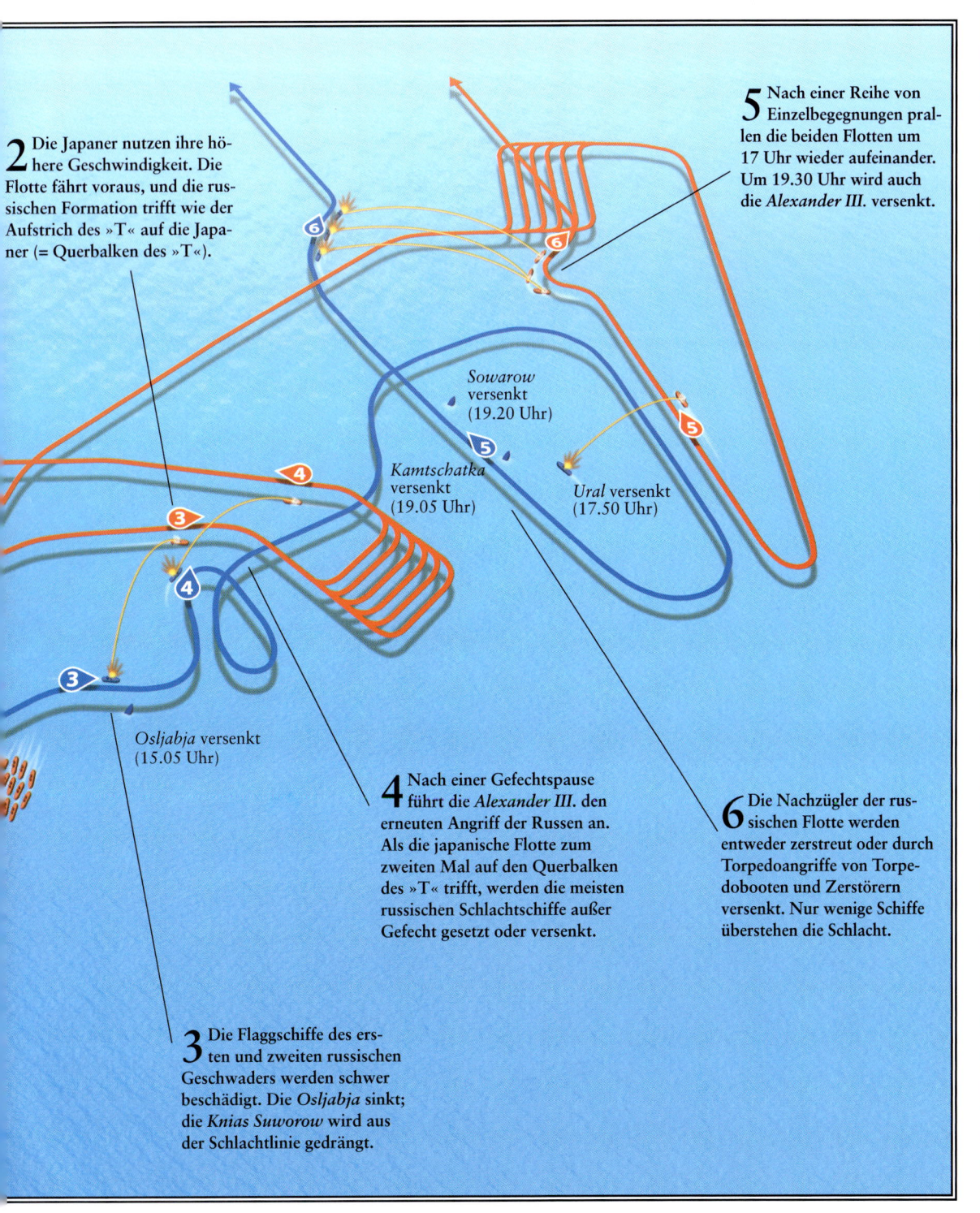

2 Die Japaner nutzen ihre höhere Geschwindigkeit. Die Flotte fährt voraus, und die russischen Formation trifft wie der Aufstrich des »T« auf die Japaner (= Querbalken des »T«).

5 Nach einer Reihe von Einzelbegegnungen prallen die beiden Flotten um 17 Uhr wieder aufeinander. Um 19.30 Uhr wird auch die *Alexander III.* versenkt.

Sowarow
versenkt
(19.20 Uhr)

Kamtschatka
versenkt
(19.05 Uhr)

Ural versenkt
(17.50 Uhr)

Osljabja versenkt
(15.05 Uhr)

4 Nach einer Gefechtspause führt die *Alexander III.* den erneuten Angriff der Russen an. Als die japanische Flotte zum zweiten Mal auf den Querbalken des »T« trifft, werden die meisten russischen Schlachtschiffe außer Gefecht gesetzt oder versenkt.

6 Die Nachzügler der russischen Flotte werden entweder zerstreut oder durch Torpedoangriffe von Torpedobooten und Zerstörern versenkt. Nur wenige Schiffe überstehen die Schlacht.

3 Die Flaggschiffe des ersten und zweiten russischen Geschwaders werden schwer beschädigt. Die *Osljabja* sinkt; die *Knias Suworow* wird aus der Schlachtlinie gedrängt.

DIE JAPANISCHE FLOTTE setzte massiv Torpedoboote ein, die bis zu sechs Rohre hatten. Das große Torpedoboot *Kotaka* war sogar hochseetauglich und wird oft als erster Zerstörer der Welt bezeichnet.

Fahrtrichtung zu kreuzen. So könnten seine Schiffe ihre gesamte Artillerie einsetzen, während die Russen den Angriff lediglich mit ihren Geschütztürmen im Vorderschiff erwidern könnten.

Die Flotten treffen aufeinander

Kurz nach 14 Uhr eröffneten die beiden Flotten das Feuer. Auf so geringe Distanz gab es regelmäßige Treffer. Auch Togos Flaggschiff *Mikasa* wurde mehrfach getroffen, wobei es zu schweren Verlusten kam. Zudem wurde eine der beiden Kanonen im vorderen Geschützturm zerstört. Trotz der hohen Zielgenauigkeit der russischen Kanoniere verließ jedoch keines der japanischen Schiffe die Schlachtformation. Auch die Russen wurden schwer getroffen. Die Schlachtschiffe *Knias Suworow* und die ältere *Osljabja* wurden in Brand geschossen. Letztere wurde um 14.50 Uhr aus der Schlachtlinie gedrängt und sank kurz darauf. Dies beraubte das zweite russische Geschwader ihres Flaggschiffs. Wenig später war auch die *Suworow* kampfunfähig. Ein Flottenkommando gab es zu diesem Zeitpunkt nicht mehr, da der Admiral und die Mitglieder seines Stabes alle tot oder verwundet waren.

Japanische Zerstörer drangen nun auf die *Suworow* ein, doch das Flaggschiff war solide gebaut und hielt einiges aus. Obwohl sie kampf- und manövrierunfähig war, gelang es ihr doch, mit der verbleibenden Bewaffnung noch etliche Zerstörerangriffe abzuwehren. Die *Suworow* sank erst mehrere Stunden später, als der Rest der Flotte bereits versenkt war. Auch andere russische Schiffe wehrten sich erbittert. Als die *Suworow* aus der Schlachtlinie driftete, führte das Schlachtschiff *Alexander III.* die verbleibenden Kräfte an. Sie näherte sich den Japanern bis auf eine Distanz von 3000 Metern und geriet unter heftiges Feuer, bis auch sie gezwungen war, auszuscheren. Durch schwere Brände kampfunfähig, musste sich die *Alexander III.* aus der Schlacht zurückziehen.

Die Endrunde

Die beiden Flotten verloren den Kontakt, so dass die Hoffnung aufkam, einige russische Schiffe könnten bis nach Wladiwostok durchkommen. Doch als die beiden Flotten einander wieder sichteten, führte die *Alexander III.* ihre Schwesternschiffe *Borodino* und *Orel* zurück in die Schlacht. Der Ausgang war inzwischen jedoch längst besiegelt. Die Russen waren endgültig in der Defensive. Die Frage war nur noch, ob einige ihrer Schiffe die Schlacht überstehen würden. Gegen 18 Uhr wurde das Gefecht von neuem eröffnet. Abermals erwies sich die höhere Geschwindigkeit der japanischen Schiffe als ausschlaggebend, weil Togo durch sie den Verlauf der Schlacht diktieren konnte. Die *Borodino* und die *Alexander III.* wurden regelrecht in Stücke geschossen und sanken gegen 19.20 Uhr. Das ältere Schlachtschiff *Sissoi Weliki*, durch mehrere schwere Treffer angeschlagen, wurde von einem Zerstörer torpediert und manövrierunfähig geschossen. Sie wurde aufgegeben und versenkt.

Bei Einbruch der Nacht zogen sich die wichtigsten Einheiten der Japaner zurück, doch der Kampf, wenn man ihn denn noch so nennen konnte, ging weiter. Die *Suworow* und die *Weliki* waren bereits von Zerstörern versenkt worden. Im Laufe der Nacht fielen ihnen auch das Schlachtschiff *Nawarin* und die Kreuzer *Wladimir Monomach* und *Machimoff* zum Opfer. Als sich die *Orel* und zwei ältere Schlachtschiffe am nächsten Morgen Togos gesamter Streitmacht gegenübersahen, strichen sie die Flaggen. Nur wenige russische Schiffe überstanden die Schlacht. Ein leichter Kreuzer und zwei Zerstörer erreichten Wladiwostok. Drei ältere Kreuzer dampften nach Manila, wo sie interniert wurden.

Nachwehen

Die Niederlage von Tsushima war für Russland eine schwere Demütigung und trug wesentlich dazu bei, dass 1905 die Revolution ausbrach. Für Japan hingegen hatte der Krieg eher positive Auswirkungen. Da man zwei Schlachtflotten einer Weltmacht zerschlagen hatte, schien ein Platz im Kreis der Weltmächte gesichert. Als Teil eines Friedensabkommens mit Russland erhielten die Japaner die Halbinsel Liaodong und die Hoheit über Korea sowie die Besitzrechte an den russischen Gebieten in der Mandschurei.

Dreadnoughts und Schlachtkreuzer

Die Schlacht von Tsushima hatte gezeigt, dass Großkampfschiffe Treffern aus mittelkalibrigen Waffen standhielten. Hinzu kam, dass die Kombination verschiedener Geschütztypen die Koordination des Beschusses erschwerte. Eine Reduzierung der Sekundärbewaffnung zugunsten weiterer großer Geschütze würde sowohl die Gefechtskoordination vereinfachen als auch die Chancen erhöhen, ein feindliches Schiff zu versenken. Einige Nationen entwickelten nun Kriegsschiffe mit ausschließlich großkalibrigen

Geschützen. Als Erste wurde die HMS *Dreadnought* (»Fürchte nichts«) fertiggestellt, die einem neuen Typus von Schlachtschiff den Namen gab.

Statt der bisher üblichen zwei Großgeschütztürme und einer großen Anzahl mittelkalibriger Waffen verfügte die HMS *Dreadnought* über zehn 30-Zentimeter-Geschütze in Zweiertürmen. Angetrieben wurde sie von modernen Dampfturbinen, und sie erreichte eine beachtliche Spitzengeschwindigkeit von 21 Knoten. Eine Einheit aus *Dreadnoughts* war somit in der Lage, den Gefechtsradius zu bestimmen und je nach Bedarf Feinden entweder nachzusetzen oder zu entkommen. Die Entwicklung der HMS *Dreadnought* machte alle anderen Typen von Großkampfschiffen obsolet. Flotten mit Dutzenden von Vorläufern fielen nun im Wettrüsten zurück.

Doch dies waren nicht die einzigen Veränderungen. Der britische Erste Seelord, Admiral »Jackie« Fisher, vertrat seit langem die Ansicht, dass »Geschwindigkeit eine Waffe« sei. Nun trieb er die Entwicklung einer neuen Klasse schneller Schiffe voran, bestückt mit Geschützen, die auch gegen Großkampfschiffe eingesetzt werden konnten. Diese neuen »Schlachtkreuzer« sollten überlegenen Schiffen einfach davonfahren. Die Verbindung von hoher Feuerkraft und hoher Geschwindigkeit versetzte sie damit theoretisch in die Lage, ihre Feinde zu vernichten, bevor sie selbst beschädigt werden konnten.

Die britische Invincible-Klasse war mit zwölf 30-Zentimeter-Geschützen ausgerüstet (ein *Dreadnought* hatte nur zehn), war jedoch nicht stärker gepanzert als die ältere Klasse von Panzerkreuzern. Durch ein geringeres Gewicht und stärkere Maschinen war die Invincible-Klasse mit 25 Knoten schneller als die *Dreadnoughts*. Diese neuen Schiffe waren jedoch sehr anfällig für Schäden.

Mit einer Bewaffnung, die einem großen Schlachtschiff entsprach, waren die Schlachtkreuzer in der Lage, die meisten Großkampfschiffe und sämtliche Kreuzer ihrer Zeit zu versenken. Das machte sie zu idealen Kaperschiffen und zu idealen Schiffen für die Jagd auf feindliche Kaperschiffe. Außerdem waren sie hervorragend geeignet als Flottenaufklärer, da sie einen Schild feindlicher Kreuzer durchbrechen und die Lage erkunden konnten, ohne aufgehalten oder in ein Gefecht verwickelt zu werden. Die Bauweisen variierten beträchtlich. Während die Briten die Priorität auf die Geschwindigkeit legten, wählten deutsche

Konstrukteure einen Kompromiss und bauten stärker gepanzerte Schiffe. So hatte die HMS *Lion* (erbaut 1908) acht 34-Zentimeter-Geschütze, wohingegen ihr deutsches Gegenstück, die *Derfflinger* (erbaut 1912), mit acht 30-Zentimeter-Geschützen bestückt war.

Wichtige Seeschlachten des Ersten Weltkriegs

Auf See begann der Erste Weltkrieg am 5. August 1914 mit einem Scharmützel. Der Zerstörer HMS *Lance* war vor dem Thames Estuary auf Patrouillenfahrt. Er sichtete ein deutsches Schiff beim Minenlegen und eröffnete das Feuer. Das Schiff war ein eilig zum Minenboot umgerüstetes Passagierschiff und hatte keine Geschütze. Es wurde unter Beschuss genommen und versenkt. Eine seiner Minen jedoch versenkte am folgenden Tag den Kreuzer *Amphion*. Die Royal Navy hatte gehofft, dass der Krieg mit einem dramatischen Gefecht eröffnet würde. Großbritannien hatte 20 *Dreadnoughts*, das Deutsche Reich im Gegensatz dazu nur 13. In anderen Schiffsklassen war England weit überlegen. Die deutsche Flotte war also gut beraten, sich hinter ihren Minenfeldern und Küstenbatterien zu verschanzen. Dies kam den britischen Kriegszielen gelegen, weil die Royal Navy deutsche Häfen blockieren und der deutschen Industrie den Hahn zudrehen konnte. In der britischen Admiralität sehnte sich jedoch mancher nach einem glanzvollen Sieg, also schmiedete man einen Plan, wie man die deutsche Flotte auf See locken und vernichten könnte.

DIE HMS *DREADNOUGHT* revolutionierte mit ihrer Geschwindigkeit und Bewaffnung die Seekriegführung. Sie war nicht das erste Schiff mit ausschließlich schweren Geschützen. Die amerikanische South-Carolina-Klasse mit der Hauptbewaffnung auf der Mittellinie wurde früher entworfen, aber zwei Jahre später in Dienst gestellt.

Die Briten wollten mit einer Flotte aus Kreuzern, Zerstörern und U-Booten in die Bucht von Helgoland einfallen und die dort operierenden Patrouillen angreifen. Dadurch hoffte man, ein paar »dicke Fische« aus dem Hafen zu locken. Wenn diese in den Kampf eingriffen, wollte man sie in einen U-Boot-Hinterhalt locken. Der Plan schlug jedoch fehl, weil die Admiralität verschiedene Elemente hinzufügte, ohne die bereits auf See befindlichen Kommandeure zu informieren. Obwohl eine schlagkräftige Einheit aus vier Schlachtkreuzern bereitgestellt wurde, waren keine klaren Befehle erteilt worden, welche Rolle die Schlachtkreuzer spielen sollten. Die leichteren britischen Kräfte wiederum hatten keine Ahnung davon, dass sie überhaupt auslaufen sollten.

In der Zwischenzeit war der Angriff entdeckt worden. Leichte deutsche Seekräfte, darunter einige Kreuzer, warteten darauf, die Angreifer unter Beschuss zu nehmen. Beim ersten Gefecht gelang es den Briten, ein Geschwader deutscher Zerstörer und Torpedoboote in die Flucht zu schlagen und in Richtung Land zurückzutreiben. Als die deutschen Kreuzer herbeieilten, um in die Schlacht einzugreifen, führte dies zu einem großen Durcheinander. Das Eintreffen der britischen Schlachtkreuzer wiederum stiftete immense Verwirrung unter den leichten britischen Streitkräften. Da man vom Einsatz der Schiffe nichts wusste, hielt man sie zunächst für deutsche Kreuzer.

Oberflächlich erschien die Schlacht in der Bucht von Helgoland wie ein Erfolg für die Royal Navy, doch tatsächlich war es eine chaotische Aktion, bei der britische Schiffe sich gegenseitig beschossen und britische Kreuzer von ihren eigenen U-Booten angegriffen wurden. Feuerkraft, Aggression und Elan machten die mangelnde Koordination zwar wieder wett, doch zeigte die Schlacht, dass die Briten noch so manche wichtige Lektion zu lernen hatten.

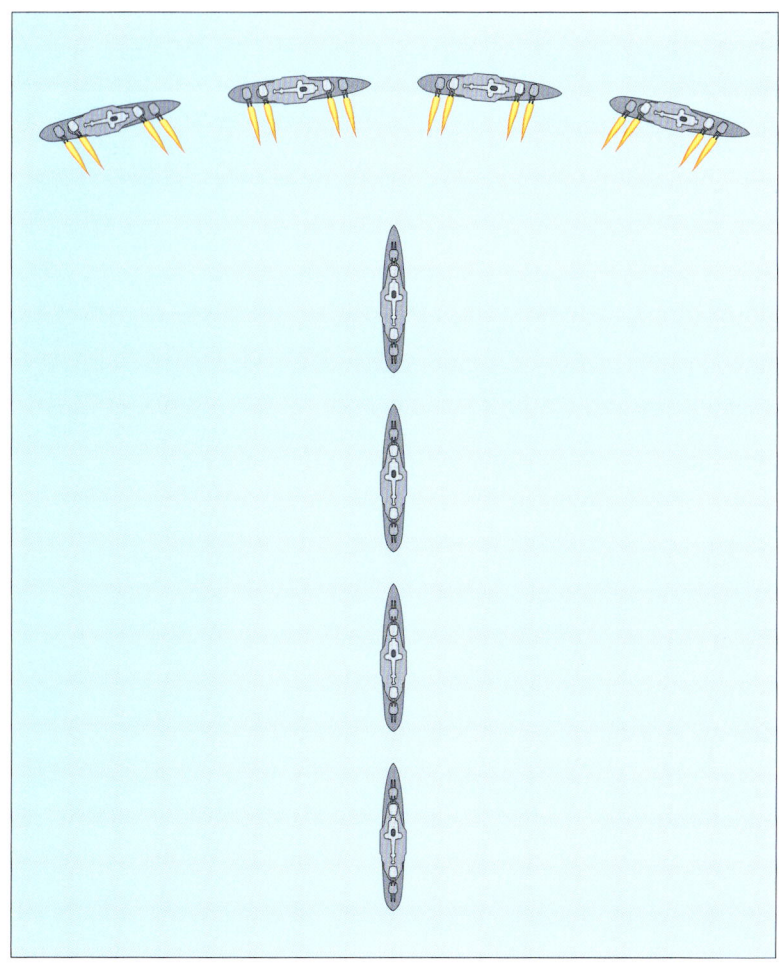

DAS »T« WAR EINE TAKTIK, mit der eine Flotte aus allen Rohren feuerte, während dem Gegner nur seine nach vorn gerichteten Geschütze blieben. Die schnellere Flotte hatte eine gute Chance, in diese vorteilhafte Position zu gelangen. Geschwindigkeit bedeutete also indirekt eine höhere Feuerkraft.

Derweil brannte es auch an anderen Ecken. Das deutsche Ostasiengeschwader unter dem Kommando von Vizeadmiral Maximilian von Spee machte den Pazifik unsicher. Eines der Schiffe, der leichte Kreuzer *Emden*, befand sich auf einem spektakulär erfolgreichen Beutezug im Indischen Ozean. Der Rest des Geschwaders, darunter die Panzerkreuzer *Scharnhorst* und *Gneisenau* sowie einige leichte Kreuzer zur Unterstützung, stellte für die Handelswege im Pazifik ebenfalls eine massive Bedrohung dar. Die Briten entsandten ihr Westindiengeschwader, um Spees Einheit

zu vernichten. Das Geschwader sollte noch durch die *Canopus*, ein Schlachtschiff der Prä-Dreadnought-Klasse, verstärkt werden. Die *Canopus* war jedoch sehr langsam und hatte die britische Einheit – zwei Panzerkreuzer, ein leichter Kreuzer und ein gepanzertes Schlachtschiff – noch nicht erreicht, als diese vor der Insel Coronel auf Spees Geschwader traf. Ein weiteres zur Verstärkung entsandtes Schiff, der Panzerkreuzer *Defence,* war ebenfalls noch unterwegs.

Trotz starker Artillerieunterlegenheit beschloss der britische Kommandeur Konteradmiral Cradock, die Schlacht zu wagen. Für die schnellen deutschen Schiffe war es ein Leichtes, sich vor die britische Kampflinie zu setzen und sich so ein weites Gefechtsfeld offenzuhalten. Dies war zu ihrem Vorteil, da Cradock nur mit zwei 23-Zentimeter-Geschützen schießen konnte, wohingegen Spees Geschwader über 16 Geschütze verfügte. Diese hatten allerdings ein etwas kleineres Kaliber. Das Resultat stand von vornherein fest. Als ein britischer Panzerkreuzer gesunken und der andere manövrierunfähig war, gaben die leichteren britischen Schiffe auf und entkamen in der Dunkelheit. Doch Spee hatte in der Schlacht etwa die Hälfte seiner Munition verbraucht und bekam keinen Nachschub.

Die Falkland-Inseln

Die Katastrophe von Coronel beutelte die britische Moral schwer. Unverzüglich entsandte die Royal Navy Konteradmiral Sturdee mit einem mächtigen Geschwader zu den Falkland-Inseln, wo er Proviant und Kohle bunkern sollte, bevor er auf die Suche nach dem deutschen Geschwader ging. Doch die Suche erübrigte sich, weil Spee die Falkland-Inseln überfallen wollte, um die Funkstation der Briten zu zerstören und sich mit Kohle zu versorgen. Als dieser Überfall geplant wurde, waren die Falkland-Inseln vollkommen schutzlos, doch bis sich Spee mit seinem Geschwader näherte, hatte sich die Situation grundlegend geändert. Spee befahl, einen Probeschuss auf die Funkstation abzugeben. Zu seinem Entsetzen wurde dies mit schwerem Granatbeschuss erwidert. Eine Granate sprang vom Wasser ab und durchschlug den Schornstein der *Gneisenau*, ohne dabei zu explodieren. Nun erkannte Spee, dass er es mit einem großen Kriegsschiff zu tun hatte. Er versuchte zu fliehen, doch es war zu spät.

Man hatte die alt gediente *Canopus* zu den Falkland-Inseln geschickt, wo sie nun als Küstenbatterie diente. Größere Gefahr für Spee ging jedoch von Sturdees Geschwader aus. Es umfasste die Schlachtkreuzer *Inflexible* und *Invincible* sowie drei Panzerkreuzer und zwei leichte Kreuzer. Die britischen Schiffe wurden bei der Kohleaufnahme überrascht und standen daher nicht unter Dampf. Eilig wurden die Kessel geheizt und die Verfolgung von Spees Schiffen aufgenommen.

Sturdee stellte einig leichtere Schiffe zur Verfolgung der feindlichen Versorgungsschiffe ab und nahm selbst die Verfolgung des deutschen Geschwaders auf. Drei Stunden nach Verlassen des Hafens konnte er das Feuer eröffnen, und die eigentliche Schlacht begann. Spee befahl dreien seiner leichten Kreuzer, sich zu verteilen und die Flucht zu ergreifen, und ihre britischen Gegenstücke folgten ihnen. Die leichteren britischen Schiffe spielten in der Hauptschlacht keine Rolle mehr, obwohl sie zwei leichte Kreuzer der Deutschen versenkten. Nur einer entkam.

Sturdee blieben somit für die Verfolgung von zwei Panzerkreuzern mit 21-Zentimeter-Geschützen zwei Schlachtkreuzer mit 30-Zentimeter-Geschützen. Die Kreuzer hatten eine Spitzengeschwindigkeit von etwa drei Knoten weniger als die Schlachtkreuzer, dazu eine dünnere Panzerung, und die Hälfte ihrer Munition war verbraucht. Als Spee bemerkte, dass man ihn überholte, stellte er sich zum Kampf. Er ließ seine

»Nie wurde ein wichtigerer Schritt zur Steigerung der Effizienz getan als die Einführung der Turbine. Zuvor bedeutete jeder Tag, an dem unter Volldampf gefahren wurde, dass die Maschinen danach mehrere Tage lang im Hafen überholt werden mussten.«

Admiral Sir Reginald Bacon

Schiffe wenden und eine ziemlich kleine Schlachtlinie bilden, dann eröffnete er aus allen Rohren das Feuer. Die britischen Schlachtkreuzer fuhren parallel zu Spees Schiffen heran und erwiderten den feindlichen Beschuss.

Die deutschen Geschütze waren zwar leichter, doch ihre Zielgenauigkeit war wesentlich höher. Salve um Salve ging auf die britischen Kriegsschiffe nieder, während das Feuer der Schlachtkreuzer bestenfalls unberechenbar war. Doch selbst die relativ leichte Panzerung eines Schlachtkreuzers war als Schutz gegen die 21-Zentimeter-Geschütze der deutschen Schiffe ausreichend. Ein Entkommen war für die Deutschen unmöglich. Bevor sie aus sicherer Entfernung in Stücke geschossen wurden, ergaben sich die *Scharnhorst* und die *Gneisenau* in ihr Schicksal und hielten stattdessen direkt auf ihre Gegner zu. Es entbrannte ein erbittertes Nahgefecht. Nach einer Stunde stand die *Scharnhorst* in Flammen und hatte die meisten ihrer Geschütze verloren. Doch blieb ihre Kampfflagge immer noch gehisst, und sie wendete zu einem letzten verzweifelten Angriff auf die HMS *Invincible*. Wie viele andere große Schiffe ihrer Ära hatte auch die *Scharnhorst* Torpedos an Bord und machte einen letzten tapferen Versuch, sie noch zum Einsatz zu bringen. Bei diesem Angriff kenterte der Panzerkreuzer jedoch und sank mit Mann und Maus.

Danach begann Sturdee mit der systematischen Zerstörung der *Gneisenau*. Sie hielt dem Beschuss noch eine Stunde lang stand und hörte erst auf zu feuern, als ihre Munition aufgebraucht war. Schließlich kenterte sie und sank, zum Glück langsam genug, dass Teile der Besatzung das Schiff rechtzeitig verlassen konnten. Die Scharte von Coronel war ausgewetzt, und der Schlachtkreuzer erschien als Schiffstyp der Zukunft. Mit der Kombination aus schweren Geschützen und hoher Geschwindigkeit war es den großen Schiffen tatsächlich gelungen, ihre Angreifer einzuholen und zu versenken.

Nebenschauplätze im Seekrieg

Traditionell neigen schwächere Flotten zu Einzeloperationen und vermeiden große Seeschlachten. Obwohl die deutsche Hochseeflotte 1914 eine wirksame Streitmacht darstellte, war sie doch nicht stark genug, um es mit der britischen Flotte aufzunehmen. Die deutsche Flotte unternahm daher hauptsächlich Angriffe auf Handelsschiffe, was als »Kreuzerkrieg« bezeichnet wird. Die Operationen von Kreuzern und U-Booten konzentrierten sich bald ganz auf Handelsschiffe, die entweder zum britischen Empire gehörten oder Güter nach Großbritannien transportierten. Auch die britische Flotte operierte hauptsächliche gegen die deutsche Handelsschifffahrt, allerdings auf völlig andere Weise. Bedingt durch die Geografie konnte die britische Flotte die deutsche Küste blockieren und den Transport von Nahrungsmitteln und kriegswichtigen Gütern damit empfindlich einschränken. Wenn man die Blockade aufrechterhielt, konnte man Deutschland dadurch langsam die Kehle zuschnüren. Die Flottenoperationen des Ersten Weltkrieges erschöpften sich daher großteils in ziemlich begrenzten Seegefechten. Meist handelte es sich um überfallartige Angriffe von Schiffen und U-Booten sowie um Maßnahmen gegen diese Bedrohungen.

Das klassische Beispiel für den Kreuzerkrieg ist die Fahrt des leichten Kreuzers *Emden*, der getrennt vom Ostasiengeschwader selbstständig operierte. Mit einem Kohlenschiff im Gefolge drang die *Emden* in den Indischen Ozean vor und richtete auf den dortigen Schifffahrtswegen verheerenden Schaden an. Im Verlauf mehrerer Monate versenkte die *Emden* Handelsschiffe mit einem Gesamtgewicht von über 100 000 Tonnen, 23 britische Schiffe sowie einen russischen Kreuzer und einen französischen Zerstörer. Daneben zerstörte sie Einrichtungen an der Küste wie die Öllager in Madras.

Die letzte Operation der *Emden* war ebenfalls ein Angriff auf ein an der Küste gelegenes Ziel. Der Kapitän wollte die Funk- und Telegrafenstation auf den Kokosinseln zerstören, um die feindliche Kommuni-

ADMIRAL ALFRED VON TIRPITZ wollte eine Flotte schaffen, die zumindest so stark war, dass die Royal Navy bei einem Angriff inakzeptable Verluste riskierte. Das darauffolgende Wettrüsten trug zum Ausbruch des Ersten Weltkriegs bei.

kation in dieser Region zu unterbrechen. Ein australischer leichter Kreuzer, die HMAS *Sydney*, hielt sie jedoch auf. Die *Sydney* war moderner, größer und besser bewaffnet als die *Emden* und verfügte über 15,3-Zentimeter-Geschütze – im Gegensatz zu den 10,4-Zentimeter-Geschützen des deutschen Schiffs. Trotz dieser ungleichen Feuerkraft ging die *Emden* entschlossen in den Kampf und versuchte, nahe genug

KAPITÄNLEUTNANT DER DEUTSCHEN FLOTTE (1916)

Die hier abgebildete Uniform wurde zu Beginn des 20. Jahrhunderts in der deutschen Flotte eingeführt. Der ursprüngliche Frack wich bald der zweireihigen Uniformjacke, die hier zu sehen ist. Der typische Anzug eines deutschen Seeoffiziers im Ersten Weltkrieg war die blaue Uniformjacke mit passender Hose, ein weißes Hemd mit Flügelkragen und schwarzem Schlips, schwarze Schuhe und die Schirmmütze. Die Mütze war blau, hatte eine schwarze Mohaireinfassung und einen Rand aus Leder. Sie zierte die kaiserliche Kokarde mit Eichenlaub und Krone. Der Rang dieses Offiziers wird durch die Streifen an den Ärmeln angezeigt, über denen die Krone des Kaiserreichs aufgenäht ist.

für einen Torpedoangriff heranzukommen, doch sie wurde manövrierunfähig geschossen.

Die Leistung der *Emden* im Ersten Weltkrieg ging jedoch weit über die von ihr versenkten Handelsschiffe hinaus. Während ihrer Kreuzfahrt brachte sie die Schifffahrt im Indischen Ozean beinahe zum Erliegen und versenkte nicht weniger als 78 Verfolgerschiffe. Außerdem bleibt anzumerken, dass sich Kapitän und Mannschaft gegenüber den Besatzungen der aufgebrachten Handelsschiffe stets ehrenvoll und ritterlich verhielten.

Ein anderer leichter Kreuzer, die *Königsberg*, war als Handelsstörschiff weniger erfolgreich, obwohl sie einen britischen Kreuzer im Hafen überraschte und versenkte, bevor man ihr auf dem ostafrikanischen Fluss Rufiji den Rückweg abschnitt. Selbst dann noch versenkte sie mehrere Schiffe, die andernorts zum Einsatz hätten kommen können. Um sie unschädlich zu machen, wurden beträchtliche Mittel aufgewendet. Die Mannschaft der *Königsberg* schloss sich daraufhin Landstreitkräften an, die in der Region kämpften. Andere Handelsstörschiffe waren ursprünglich gar keine Kriegsschiffe. Viele Schiffe wurden zu Handelsstörschiffen umgerüstet, indem man sie mit

TORPEDOBOOTE waren zwar für Operationen in der Nordsee geeignet, blieben jedoch meistens in Küstennähe. Im Laufe des Krieges verlor Deutschland 67 Boote, die meisten wurden durch Minen versenkt.

ein paar ausgedienten Geschützen bestückte. Um ein Handelsschiff aufzubringen, reichte dies freilich vollkommen aus, denn es gab nicht genug Kriegsschiffe, um alle Handelsrouten zu schützen.

Zum Schutz gegen Handelsstörschiffe wurden britische Passagier- und Handelsschiffe ebenfalls als »Hilfskreuzer« bewaffnet. In Wahrheit erwiesen sich Passagierschiffe nicht als die beste Wahl, da sie sehr hoch waren, was sie zu leichten Zielen machte. Aber sie waren meist sehr schnell. Diese umfunktionierten zivilen Schiffe begleiteten unbewaffnete Handelsschiffe und bewachten entlegene Stützpunkte, so dass für die gefährlicheren Einsätze mehr Kriegsschiffe zur Verfügung standen. Trotzdem mussten auch sie manchmal kämpfen.

Vorspiel zur Skagerrakschlacht: Das Gefecht auf der Doggerbank

Die deutsche Flotte versuchte die Briten so lange zu schwächen, bis ein entscheidendes Gefecht vorstellbar werden würde. Die Strategie war, in Blitzaktionen jeweils einzelne Schiffe anzugreifen und zu versenken. Im Januar 1915 stach ein Teil der britischen Hochseeflotte in See, um auf der Doggerbank Fischerboote und Seepatrouillen anzugreifen und so »einen Köder zu legen«. Die Deutschen planten, Teile der Royal Navy aus der Reserve zu locken und zu versenken, um dadurch die Flotte zu schwächen. Die Geheimcodes

der deutschen Flotte waren jedoch geknackt worden. So befand sich die britische Flotte bereits auf See und hoffte, die Falle zu sprengen. Das Kernstück dieses Geschwaders war eine Einheit aus fünf Schlachtkreuzern, der Rest umfasste sieben leichte Kreuzer und 35 Zerstörer.

Die Stärke der Deutschen beruhte in der Hauptsache auf drei mächtigen Schlachtkreuzern – der *Seydlitz*, der *Moltke* und der *Derfflinger*. Ein viertes Schiff, die *Blücher,* war zwar ebenfalls als Schlachtkreuzer ausgelegt, war aber tatsächlich ein Panzerkreuzer. Sie war nur mit 21-Zentimeter-Geschützen ausgerüstet,

statt, wie die anderen Schiffe des Geschwaders, mit 28- und 30,5-Zentimeter-Geschützen. Darüber hinaus war sie viel langsamer und brachte es gerade auf 23 Knoten, wohingegen die anderen Schiffe 28 Knoten liefen. Zu dem deutschen Geschwader gehörten außerdem vier leichte Kreuzer und 22 Zerstörer.

Als sich die beiden Flotten begegneten, erkannte der deutsche Admiral Hipper seine Unterlegenheit und suchte das Weite. Die *Blücher* fiel dabei hinter die Schiffe ihres Geschwaders zurück. Die britischen Schlachtkreuzer unter Konteradmiral Beatty holten auf und eröffnete das Feuer. Das britische Flaggschiff, die HMS *Lion*, landete aus einer Entfernung von 20 km einen direkten Treffer auf die *Blücher* – damals der weiteste Schuss alle Zeiten.

Als der Abstand immer geringer wurde, entspann sich ein Artilleriegefecht, bei welchem beide Seiten schwere Verluste hinnehmen mussten. Aus Angst vor

DIE GROSSE FLOTTE DER ROYAL NAVY in der Nordsee. Sie fuhr in Kolonnen, um die Verständigung durch Signale zu erleichtern. Es konnte lange dauern, bis Signale das letzte Schiff einer Linie erreicht hatten.

einem U-Boot-Angriff befahl Beatty seinen Schiffen, abzudrehen. Hipper nutzte die Gelegenheit zur Flucht. Die unglückliche *Blücher* musste ihrem Schicksal überlassen werden, doch sie wehrte sich erbittert. Der erste Zerstörer, der den Versuch unternahm, einen Torpedo auf sie abzufeuern, wurde von einer 21-Zentimeter-Granate in den Heizraum getroffen. Ein besser kalkulierter Angriff brachte danach die gewünschten Resultate: Drei Zerstörer setzten zu koordinierten Torpedoangriffen an, ein leichter Kreuzer gelangte auf geringe Schussweite heran, und die fernen Schlachtkreuzer feuerten Salven ab. Schließlich wurde der dem Untergang geweihte Kreuzer von sämtlichen Schiffen in Reichweite unter Beschuss genommen. Als das letzte Geschütz der *Blücher* verstummt war, neigte sie sich langsam zur Seite und sank.

Die anderen Schlachtkreuzer waren zwar schwer beschädigt, der Heimat jedoch inzwischen so nahe,

dass sie nicht mehr einzuholen waren. Die britische Einheit kehrte in ihren Hafen zurück. Die schwer beschädigte HMS *Lion* musste nach Hause geschleppt werden.

Die Schlacht auf der Doggerbank bot die Gelegenheit, einen entscheidenden Sieg über die deutsche Hochseeflotte zu erringen. Die Verwirrung auf britischer Seite in Verbindung mit der überlegenen deutschen Artillerie verhinderte dies jedoch. Unter strategischen Aspekten jedoch hatten die Engländer gewonnen. Da die Blockade der deutschen Küste zunehmend zu ernsthaften Verknappungen führte, brauchte Deutschland einen Sieg auf See, um die Häfen frei zu bekommen. Die Royal Navy brauchte also nur eine Niederlage zu vermeiden.

Die Skagerrakschlacht vor Jütland

Am 30. Mai 1916 sandte Admiral Reinhard Scheer, Kommandant der deutschen Hochseeflotte, ein Geschwader unter Admiral Hipper in die norwegischen Küstengewässer, wo es als Köder dienen sollte. Er hoffte, mit einem fingierten Angriff eine Reaktion seitens der Engländer auszulösen, um dann mit seiner Hauptflotte anzugreifen. Am wahrscheinlichsten war es, dass England seine schnellen Schlachtkreuzer den Angreifern entgegensenden würde, begleitet von leichten Kreuzern und Zerstörern. Wenn es gelänge, diese in eine Falle zu locken, würde das die Royal Navy nicht nur ihre schweren Aufklärer kosten, sondern auch eine beachtliche Anzahl von schweren Geschützen.

Hätten die Briten nicht gewusst, dass etwas im Busch war, wäre das Ganze vielleicht so verlaufen, wie Scheer es sich gedacht hatte. Die britische Admiralität hatte jedoch Funksignale abgefangen und war über die bevorstehende Großoffensive informiert. Der Kommandant der britischen Flotte, Admiral John Jellicoe, legte einen Plan vor, der dem Scheers auf bemerkenswerte Weise glich. Während Hipper versuchte, einen Teil der britischen Flotte aus der Reserve zu locken, tat sein Gegenspieler mehr oder weniger dasselbe – es war Vizeadmiral David Beatty, der eine Flotte aus vier Schlachtschiffen und fünf Schlachtkreuzern befehligte. Beide Kommandeure glaubten, die Hauptstreitmacht des Gegners liege noch im Hafen, obwohl beide Einheiten vor der Halbinsel Jütland einander bereits ziemlich nahegekommen waren.

DIE SKAGERRAGSCHLACHT, 1916

Die Skagerragschlacht war die einzige große Seeschlacht des Ersten Weltkriegs und zugleich die letzte der Geschichte. Beide Seiten hatten dasselbe Ziel: einen Teil der feindlichen Flotte zu isolieren und zu zerstören, bevor die Hauptstreitmacht eingreifen konnte. Beide Seiten setzten zur Erreichung dieses Ziel leichte Einheiten als Köder ein. Schlachtkreuzer spielten eine Schlüsselrolle in dem Gefecht, was die Stärken und Schwächen der Schiffe auf beiden Seiten anschaulich demonstrierte. Britische Schlachtkreuzer hatten größere Kanonen, explodierten und sanken bei einem Treffer jedoch schneller. Die deutschen Schiffe waren weniger stark bewaffnet, aber sehr robust. Eines schaffte es mit eigener Kraft nach Hause, obwohl es nach schweren Treffern mit 5000 Tonnen Wasser voll gelaufen war. Insgesamt wurden 14 britische und 11 deutsche Schiffe versenkt. Die Verluste waren auf beiden Seiten sehr hoch.

Scapa Flow
Jütland
Vereinigtes Königreich
Deutschland

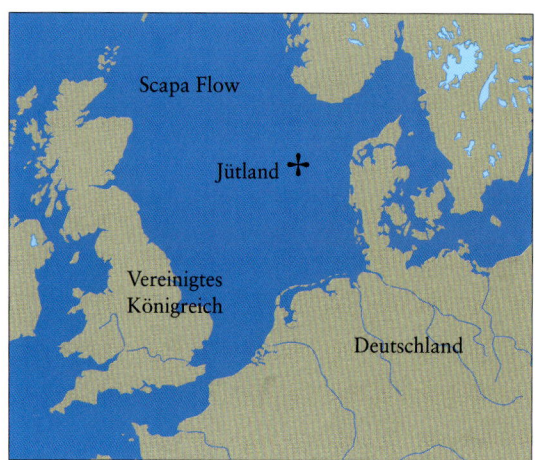

Wenige Seeschlachten fanden in großer Entfernung vom Land statt, und ihr Ausgang sollte stets den Kriegsverlauf an Land beeinflussen. Die Skagerragschlacht war Teil der Strategie zur Blockade der deutschen Seehäfen und damit ein begrenzter Erfolg.

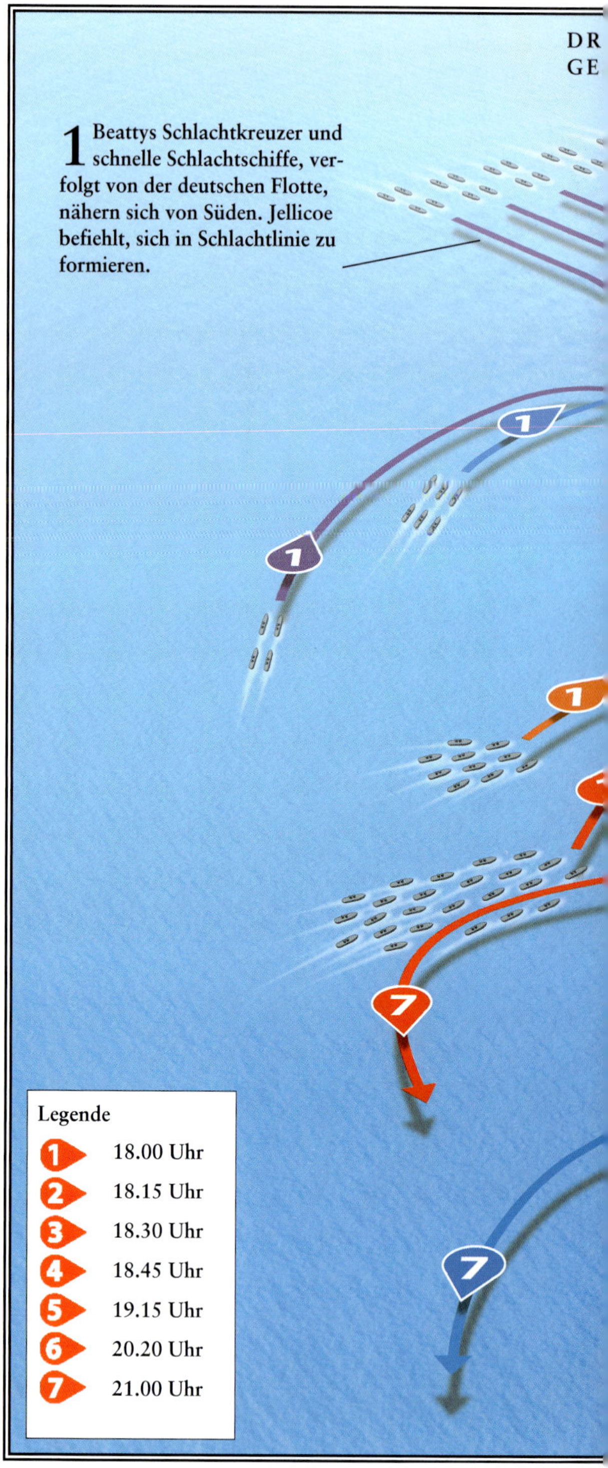
DR
GE
1 Beattys Schlachtkreuzer und schnelle Schlachtschiffe, verfolgt von der deutschen Flotte, nähern sich von Süden. Jellicoe befiehlt, sich in Schlachtlinie zu formieren.
Legende
1 18.00 Uhr
2 18.15 Uhr
3 18.30 Uhr
4 18.45 Uhr
5 19.15 Uhr
6 20.20 Uhr
7 21.00 Uhr

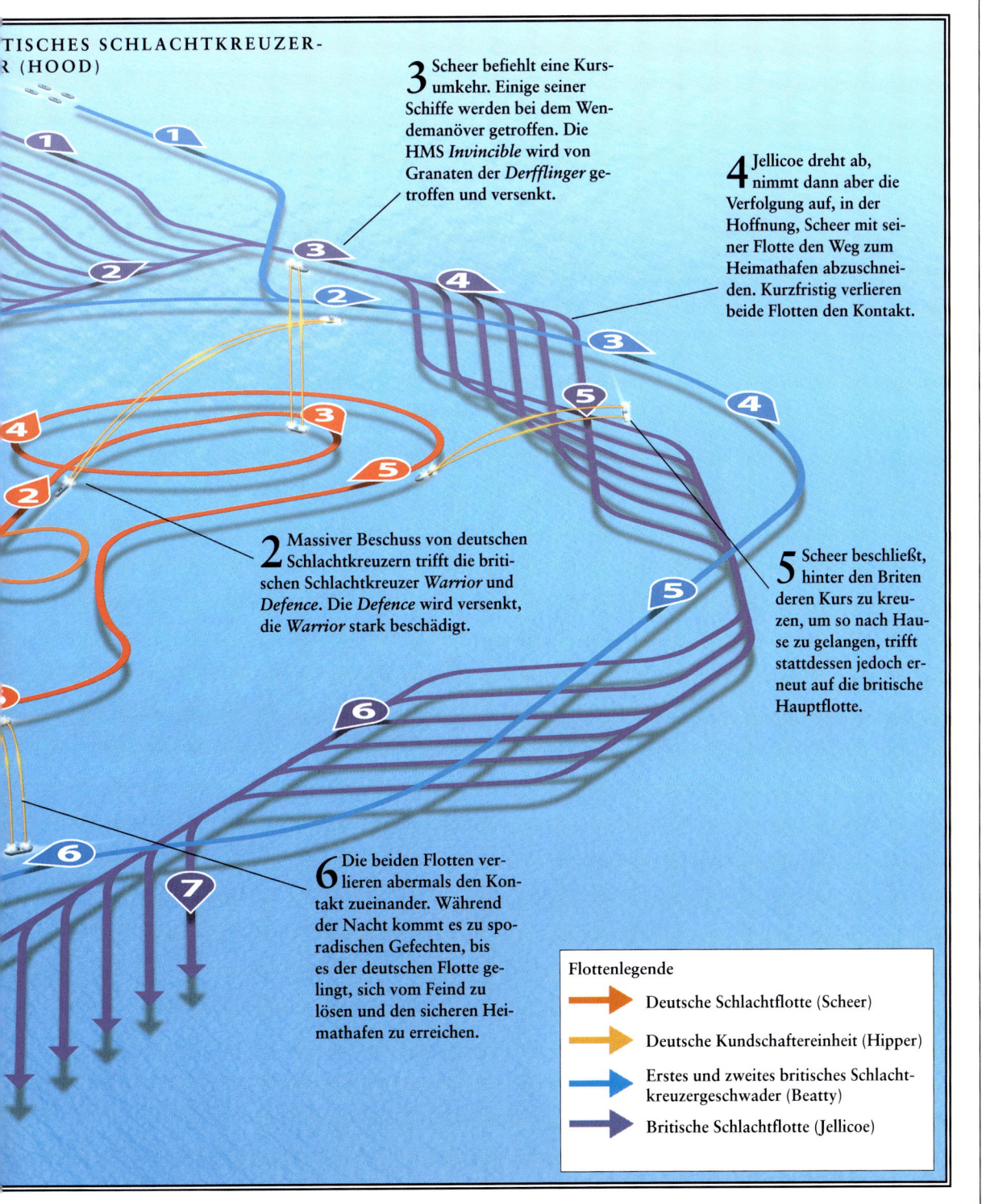

TISCHES SCHLACHTKREUZER-
R (HOOD)

3 Scheer befiehlt eine Kurs-
umkehr. Einige seiner
Schiffe werden bei dem Wendemanöver getroffen. Die
HMS *Invincible* wird von
Granaten der *Derfflinger* getroffen und versenkt.

4 Jellicoe dreht ab,
nimmt dann aber die
Verfolgung auf, in der
Hoffnung, Scheer mit sei-
ner Flotte den Weg zum
Heimathafen abzuschnei-
den. Kurzfristig verlieren
beide Flotten den Kontakt.

2 Massiver Beschuss von deutschen
Schlachtkreuzern trifft die britischen Schlachtkreuzer *Warrior* und
Defence. Die *Defence* wird versenkt,
die *Warrior* stark beschädigt.

5 Scheer beschließt,
hinter den Briten
deren Kurs zu kreu-
zen, um so nach Hau-
se zu gelangen, trifft
stattdessen jedoch er-
neut auf die britische
Hauptflotte.

6 Die beiden Flotten verlieren abermals den Kon-
takt zueinander. Während
der Nacht kommt es zu spo-
radischen Gefechten, bis
es der deutschen Flotte gelingt, sich vom Feind zu
lösen und den sicheren Heimathafen zu erreichen.

Flottenlegende

→ Deutsche Schlachtflotte (Scheer)

→ Deutsche Kundschaftereinheit (Hipper)

→ Erstes und zweites britisches Schlacht-
kreuzergeschwader (Beatty)

→ Britische Schlachtflotte (Jellicoe)

Das erste Aufeinandertreffen

Zum ersten Kontakt kam es am 31. Mai um 14.20 Uhr, als leichte britische Kreuzer und deutsche Zerstörer, die einen neutralen Dampfer inspizieren sollten, einander sichteten. Sofort wurde den Flotten Meldung gemacht, und beide Seiten schickten immer mehr leichte Kreuzer ins Gefecht. Die britischen Kräfte begannen sich zurückzuziehen, und die Deutschen nahmen die Verfolgung auf. Admiral Hipper, der die deutsche Schlachtkreuzereinheit kommandierte, setzte ihnen ebenfalls nach. Dies war exakt, was die Engländer wollten. Hipper machte eben den Fehler, zu dem er Beatty hatte verleiten wollen.

Beatty beschloss, den Deutschen mit seinen Schlachtkreuzern und Schlachtschiffen den Weg abzuschneiden, doch die britischen Schlachtschiffe wurden durch einen Signalirrtum von den Schlachtkreuzern getrennt und fielen ein wenig zurück. Als Resultat der Kursänderungen auf beiden Seiten gelangten die beiden Schlachtkreuzerformationen nun um 15.20 Uhr in Sichtweite voneinander. Es war offensichtlich, dass es sich um Schlachtschiffe handelte. Beatty begriff nun, dass er sich zu weit nördlich befand, um den deutschen Rückzug abzuschneiden, und griff Hippers Geschwader an. Auf beiden Seiten beschleunigten die Zerstörer nun auf volle Kraft, um in Position vor den Schlachtkreuzern zu gelangen.

Als die britischen Kräfte Schlachtformation einnahmen, drehte Hipper bei, um Beatty in Reichweite der deutschen Hauptflotte zu bringen. Die Briten hatten die deutsche Flotte noch nicht gesichtet. Beatty glaubte, sie liege immer noch im Hafen.

Der Wettlauf nach Süden

Die eigentliche Schlacht begann, als Beatty Hippers Geschwader nach Süden verfolgte, das sich 14 Kilometer weiter östlich auf Parallelkurs befand. Hipper verringerte den Abstand, um den Vorteil der Briten durch ihre größeren Geschütze zu schmälern, und eröffnete das Feuer. Beattys Kräfte erwiderten dies unverzüglich. Die Zielgenauigkeit erwies sich als Problem für die Briten, bedingt durch den Rauch aus ihren eigenen Geschützen und Schornsteinen. Den Deutschen wiederum kamen die Windverhältnisse sehr gelegen, da der Rauch weg von ihren Entfernungsmessern geblasen wurde. Vermutlich aus diesem Grunde war die deutsche Artillerie der britischen überlegen. Aufgrund eines Fehlers beim Lesen der Flaggsignale an Bord von Beattys Flaggschiff, der HMS *Lion*, blieb einer der deutschen Schlachtkreuzer unbehelligt. Schlimmer noch war, dass die Entfernungsmesser die Distanzen dramatisch überschätzten. Während die britischen Granaten noch weit über ihre Ziele hinwegpfiffen, hatten Hippers Kanoniere die richtige Reichweite gefunden und feuerten so schnell sie nur konnten.

Beattys Schiffe wurden wiederholt getroffen. Die meisten Treffer richteten nur relativ geringen Schaden an, aber einige Geschütze fielen aus. Die HMS *Lion* wurde schwer getroffen, einer ihrer Gefechtstürme wurde zerstört. Vor der vollkommenen Vernichtung bewahrte sie nur das sofortige Fluten ihres Magazins, wodurch eine Explosion verhindert werden konnte. An Bord der *Indefatigable* schlugen Granaten achtern in den Magazinen ein und führten zu einer Explosion, die das Schiff kampfunfähig machte. Kurz darauf traf eine Breitseite die vorderen Magazine, die ebenfalls detonierten, wodurch das Schiff vollends zerstört wurde. Die *Queen Mary* explodierte ebenfalls durch Granateinschläge in ihren Magazinen. Man hatte wohl zugunsten von Geschwindigkeit und Geschützen auf zu viel Panzerung verzichtet.

Die deutschen Schlachtkreuzer erwiesen sich als widerstandsfähiger. Als Beattys schnelle Schlachtschiffe endlich eintrafen, um in das Gefecht einzugreifen, fanden sie ihre Schussweite schneller als die Schlachtkreuzer. Die *Seydlitz* wurde von einer 38-Zentimeter-Granate getroffen, aber dadurch längst nicht kampfunfähig, obwohl sie bereits von den Schlachtkreuzern schwer beschädigt worden war. Die Entfernung zwischen den beiden Flotten hatte sich inzwischen weit genug verringert, damit einige Schlachtkreuzer Torpedos abschießen konnten. Die *Lion* entkam nur knapp einem Fächer von der *Moltke*. Die Torpedospuren schürten die U-Boot-Paranoia der Briten. Mehrere Schiffe meldeten, Periskope ausgemacht zu haben, obwohl sich keine U-Boote in dem Gebiet befanden. Derweil entbrannte zwischen den Geschwadern der Schlachtkreuzer ein erbitterter Kampf. Die leichteren Schiffe beider Seiten beschossen sich gegenseitig mit Kanonen und Torpedos, in der Hoffung, so einen Durchbruch für eine Torpedofahrt auf die schwereren Schiffe zu erzielen. Einem Zerstörer gelang ein Torpedotreffer auf der *Seydlitz*,

DIE BRITISCHEN KOMMANDEURE Jellicoe und Beatty (links) wurden wegen ihrer angeblich zu großen Vorsicht in der Skagerragschlacht scharf kritisiert, doch die Royal Navy musste nur eine Niederlage vermeiden.

doch trotz schwerer Schäden blieb der Schlachtkreuzer kampffähig. Diese Phase der Schlacht näherte sich nun ihrem Ende. Obwohl seine eigenen Schiffe unter schwerem Beschuss standen, hatte Hipper zwei feindliche Schiffe versenkt und mehrere weitere beschädigt. Wichtiger aber war, dass er seine Hauptaufgabe erfüllt hatte: Beattys Kräfte kamen nun in Reichweite der gesamten deutschen Hochseeflotte.

Der Wettlauf nach Norden

Als Beatty erkannte, dass er drauf und dran war, in eine Falle zu tappen, befahl er ein 180-Grad-Wendemanöver, wodurch seine Schlachtkreuzer gerade noch außerhalb der Reichweite der deutschen Hauptflot-

te blieben. Er hatte gleichfalls erkannt, dass sich die Deutschen in voller Kampfstärke auf See befanden, und ging auf nördlichen Kurs. So hoffte er, außer Reichweite zu bleiben und den Feind vor die Kanonen der *Grand Fleet* zu locken. Beattys Schlachtschiffe indes setzten ihre Fahrt nach Süden fort, da sie der Befehl zum Wenden nicht erreicht hatte. Als das Kommando per Flaggensignal erging und die Schiffe mit ihrem Wendemanöver begannen, war es bereits unvermeidlich, dass sie in Schussweite der deutschen Schlachtschiffe geraten würden.

Obwohl sie bereits beschädigt waren, wendeten die deutschen Schlachtkreuzer ebenfalls und gingen auf Kurs nach Norden. Dies brachte sie in Schussweite der britischen Zerstörer, die sich noch nicht zurückgezogen hatten. Die *Seydlitz* wurde von einem weiteren Torpedo getroffen, blieb jedoch in der Schlachtformation, wenn auch mit einer leichten Schlagseite. Zwei britische Zerstörer griffen erfolglos die deutsche Schlachtlinie an. Kurz darauf versuchte

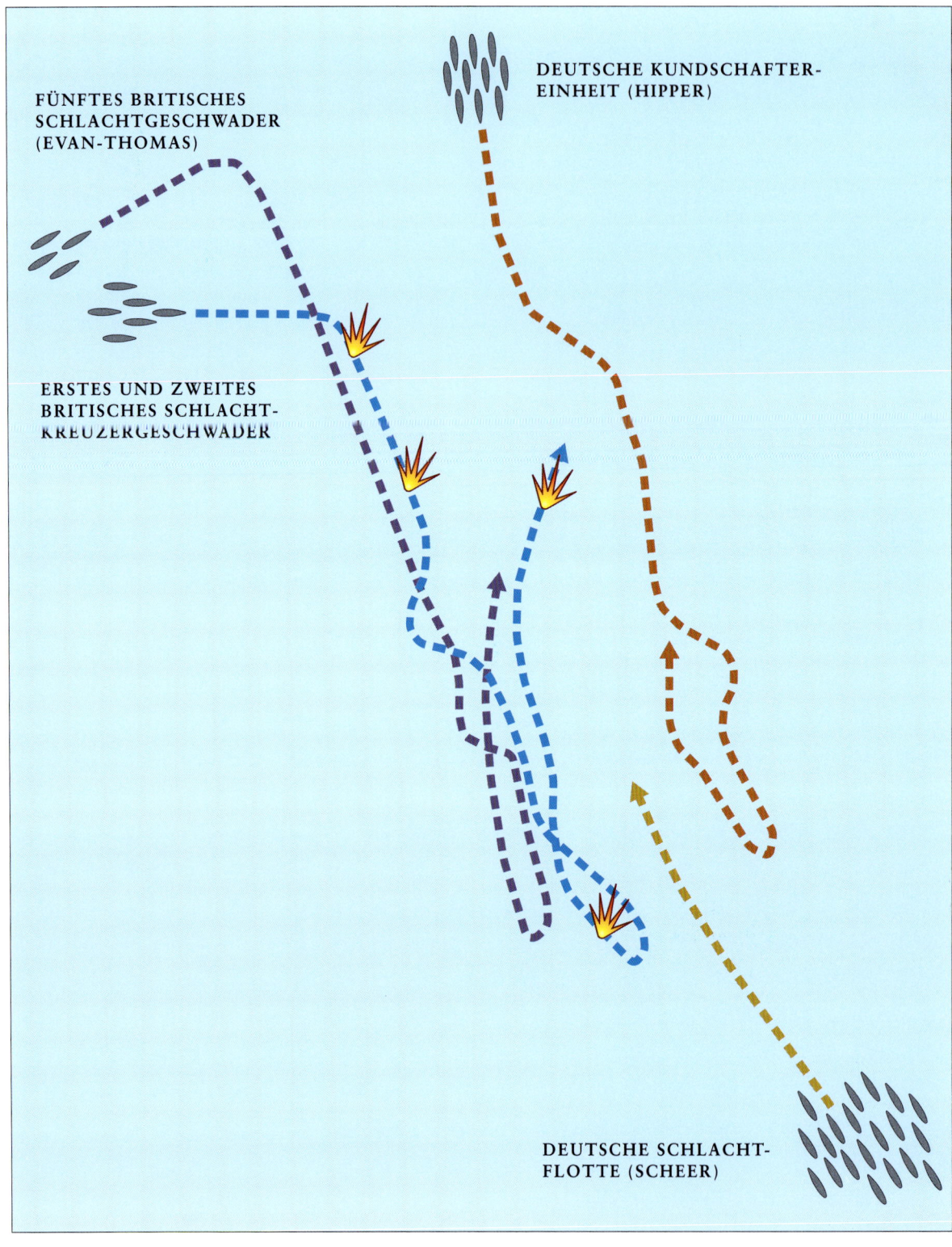

FÜNFTES BRITISCHES
SCHLACHTGESCHWADER
(EVAN-THOMAS)

DEUTSCHE KUNDSCHAFTER-
EINHEIT (HIPPER)

ERSTES UND ZWEITES
BRITISCHES SCHLACHT-
KREUZERGESCHWADER

DEUTSCHE SCHLACHT-
FLOTTE (SCHEER)

WÄHREND DES »WETTLAUFS NACH SÜDEN« versuchte Hipper, Beattys Geschwader vor die Kanonen der Hochseeflotte zu locken. Beinahe hätte er Erfolg gehabt: Beatty konnte gerade noch rechtzeitig den Kurs ändern.

ein zweites Paar sein Glück, was ebenfalls ohne Wirkung blieb. Die deutsche Seite wagte nicht weniger kühne Torpedoangriffe auf Beattys Flotte, doch auch ihnen gelangen keine Treffer.

Als Beattys Einheit der Grand Fleet zu Hilfe eilte, entwickelte sich ein ungeordneter Nahkampf. Rauch aus den Schornsteinen und von den Feuern an Bord der *Lion* und der *Tiger* nahmen den Briten die Sicht auf die Schlachtkreuzer. Nach und nach gelangten sie außer Schussweite, so dass nun die schnellen Schlachtschiffe aus Beattys Einheit zum Hauptziel des Feindes wurden. Am hinteren Ende der Schlachtlinie wurde das Schlachtschiff *Malaya* schwer beschädigt. Die britischen Schlachtschiffe schossen freilich zurück und richteten auf den deutschen Schlachtkreuzern schwere Schäden an. Die großen Kanonen der *Von der Tann*

waren sämtlich unbrauchbar, doch ihr Kapitän blieb bei seinem Geschwader, um das Feuer von den anderen Schiffen abzulenken. Als sich das Gefechtsfeld öffnete, änderte Beatty seinen Kurs, um auf die Grand Fleet zu treffen. Dadurch verringerte sich die Entfernung jedoch wieder, und die Schlachtkreuzer begannen erneut, aufeinander zu schießen. In der Zwischenzeit hatte Scheer seinen Kräften den Befehl gegeben, die Geschwindigkeit ein wenig zu drosseln, um die Lücken zu schließen, die sich zwischen seinen Schiffen aufgetan hatten. Mittlerweile waren die britischen Schiffe am dunkler werdenden Horizont nur noch schwer erkennbar. Davon waren vorrangig Hippers Schlachtkreuzer betroffen, die zwar in Reichweite des Feindes waren, aber ihre Ziele häufig nicht sehen konnten.

Als Hippers Schlachtkreuzer Beatty beharrlich nach Norden folgten, gerieten sie abermals unter Beschuss. Überlastete Maschinen und erschöpfte Heizer erschwerten es zunehmend, eine hohe Geschwindigkeit zu halten. Zwischenzeitlich erreichten Jellicoe Meldungen von seinen Spähkreuzern, dass sich der Feind von Süden näherte. Vieles war jedoch immer noch im Unklaren. Jellicoe konnte den Kanonendonner zwar hören, aber rätselhaft blieb, von wem und auf wen geschossen wurde.

DIE *DERFFLINGER* (OBEN) UND DIE HMS *LION* (UNTEN). Die *Derfflinger* und die *Lion* waren annähernd gleich groß, unterschieden sich jedoch in Bewaffnung und Panzerung. Die *Lion* hatte acht 34-cm-Kanonen und eine 23 cm starke Panzerung. Die *Derfflinger* hatte acht 30-cm-Geschütze und war mit 30 cm stärker gepanzert. Die *Derfflinger* und ihr Schwesterschiff *Seydlitz* verkrafteten Treffer von 38-cm-Geschützen, die sogar die Panzerung durchschlugen. Die *Lion* wurde durch einen Treffer aus einer 30-cm-Kanone außer Gefecht gesetzt und sank vor Jütland fast durch Treffer auf einen Gefechtsturm.

Das Flottengefecht

Jellicoes Schiffe bildeten immer noch zwei parallele Kolonnen. Wenn man einem kampfbereiten Feind begegnete, konnte dies gefährlich werden.

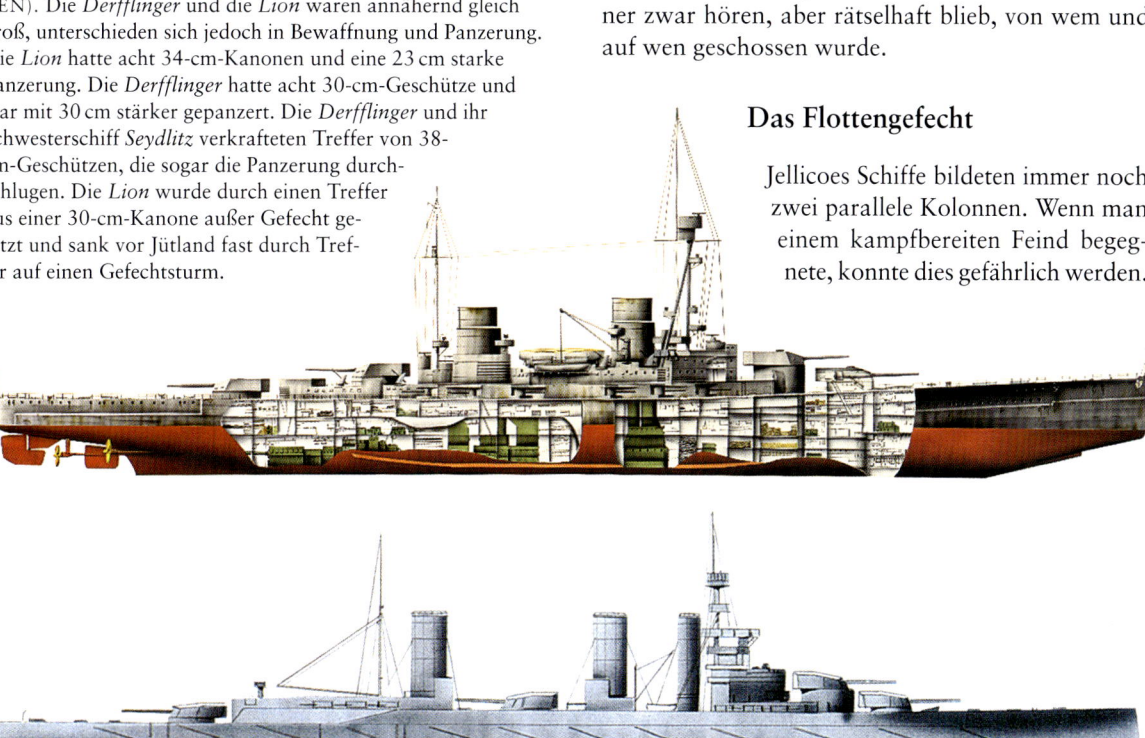

Als Beattys Schiffe in Sicht kamen, wollte Jellicoe daher wissen, wo der Feind stand. Beatty hatte jedoch den Kontakt verloren. Aber er wusste, dass sich Scheer südöstlich von ihm befand und sich rasch näherte. Schließlich fand Beatty heraus, wo der Feind war. Um 18.10 Uhr befahl Jellicoe eine Schlachtformation aus zwei parallelen Kolonnen. Dadurch bildete Jellicoes Linie den Querbalken eines großen »T« zur Stoßrichtung der herannahenden deutschen Flotte. Seine Schiffe konnten mit allen Geschützen auf ihre Gegner feuern, während die Deutschen nur mit ihren nach vorn gerichteten Rohren zurückschießen konnten. Außerdem waren seine Schiffe vor dem dunklen Himmel hinter ihnen und durch den Rauch der deutschen Schiffe schwer auszumachen.

Scheer befahl ein 180-Grad-Wendemanöver. Die Schiffe wendeten und liefen in umgekehrter Schlachtordnung nach Süden. Einige Schiffe wurden schwer getroffen, doch eine Salve von der Derfflinger drang tief ins Innere der HMS *Invincible* ein. Die Magazine explodierten, und der Schlachtkreuzer brach in der Mitte auseinander. Jellicoe, der Minen und Zerstörerangriffe fürchtete, befahl ebenfalls eine Wende, wodurch die beiden Flotten getrennt wurden. Danach formierten sich die Briten zu Kolonnen und nahmen die Verfolgung auf, um zwischen die deutsche Flotte und deren Heimathafen zu gelangen. Als die

Dämmerung hereinbrach und Nebel aufkam, versuchte Scheer, den hinteren Teil der britischen Linie zu umfahren und nach Hause zu gelangen, kreuzte stattdessen jedoch sein eigenes »T«, wobei sich seine Schiffe gegen den helleren westlichen Himmel abzeichneten. Um 19.15 Uhr geriet die deutsche Flotte unter schweren Beschuss der gesamten britischen Artillerie. Scheer befahl nun seinen Schlachtkreuzern, gegen die feindliche Linie vorzugehen. Derweil legten Zerstörer Rauch und griffen dann mit Torpedos an, was den deutschen Schlachtkreuzern die Gelegenheit zum Ausbruch und schließlich zur Flucht verschaffte.

Die deutsche Flotte entkommt

Bei Einbruch der Dunkelheit verloren die Flotten den Kontakt, obwohl sie eine Zeit lang in nur 10 Kilometern Entfernung parallel fuhren. Scheer ging auf Heimatkurs. Kurz vor Mitternacht des 31. Mai trafen seine Schlachtschiffe auf eine Nachhut von Zerstörern, die Jellicos Einheit folgte. Das folgende Gefecht war chaotisch, da die Schiffe auf Umrisse feuerten, die

DER LEICHTE KREUZER HMS *CHESTER* war zum Zeitpunkt der Skagerragschlacht erst drei Wochen in Dienst gestellt. Beim Einsatz zur Unterstützung des 3. Schlachtkreuzergeschwaders wurde er schwer beschädigt.

sie in der Dunkelheit kaum sahen und die nur vom Granatfeuer erhellt wurden. Ein britischer Zerstörer rammte das Schlachtschiff *Nassau;* ein anderer torpedierte und versenkte die veraltete *Pommern.* Auch Kreuzer wurden zerstört. Die Deutsche *Elbing* wurde von dem Schlachtschiff *Posen* gerammt; die britische *Black Prince* wurde versenkt, als sie vermeintlich auf britische Schiffe traf: Sie wurde von vier deutschen Schlachtschiffen in Stücke geschossen. Der verwirrende Kampf dauerte noch vier Stunden an, bis Scheer seine Flotte ordnen konnte und auf Heimatkurs ging.

Folgen

Beide Seiten beanspruchten den Sieg für sich. Die Verluste der Deutschen an Schiffen und Männern waren relativ gering. Die Briten hingegen hatten drei Schlachtkreuzer, drei leichte Kreuzer und acht Zerstörer verloren, sechs weitere Schiffe waren schwer beschädigt. Die Deutschen hingegen hatten nur das veraltete Schlachtschiff *Pommern* verloren, dazu einen Schlachtkreuzer, vier leichte Kreuzer und fünf Zerstörer. Vier weitere Schiffe wurden schwer beschädigt. Die deutsche Artillerie war generell besser als die britische. Ihre Panzer durchschlagenden Granaten waren hoch wirksam, während die britischen Äquivalente viel zu häufig Blindgänger waren. Außerdem waren die deutschen Schiffe stärker gepanzert. Britische Schlachtkreuzer explodierten meist, wenn sie von 30-Zentimeter-Granaten getroffen wurden, wohingegen deutsche Schiffe Treffer von 38-cm-Geschützen überstanden.

Die deutsche Hochseeflotte hatte sich trotz widriger Umstände gut geschlagen und dem Feind schwere Verluste beigebracht. Doch die Deutschen hatten die Grand Fleet noch so stark schwächen können, dass sie die Blockade hätten durchbrechen können.

»*Die* Invincible *fiel derselben entsetzlichen Katastrophe zum Opfer wie die* Indefatigable, *die* Queen Mary *und die* Defence. *Um 7.33 Uhr traf die dritte volle Salve der* Lutzow *den Schlachtkreuzer mittschiffs zwischen den Gefechtstürmen, durchdrang die Panzerung und explodierte im Inneren des Schiffs. Das Dach eines Geschützturms wurde in die Luft geschleudert, und die Treibladungen darunter gezündet.*«

Offizielle deutsche Geschichtsschreibung zur Skagerragschlacht

Obgleich Jellicoe keinen spektakulären Sieg errungen hatte, hatte er doch verhindert, dass Scheer sein strategisches Ziel erreichte. Die deutsche Hochseeflotte blieb ungeschlagen. Ihre Schiffe stachen noch drei weitere Male in See, um die britische Schifffahrt anzugreifen. Ihre Anwesenheit nahe der Ostseemündung verhinderte, dass die Briten im Jahre 1917 der in Bedrängnis geratenen russischen Regierung zu Hilfe kamen.

Der U-Bootkrieg

U-Boote waren eine Gefahr für die mächtige britische Flotte. Großbritannien war vom Seehandel abhängig und daher sehr anfällig für Blockaden. Als deutsche U-Boote im Handelskrieg eingesetzt wurden, stiegen die Verluste bei der alliierten Handelsschifffahrt in untragbare Höhen. Die U-Boote der damaligen Zeit erreichten nur eine geringe Geschwindigkeit und hatten kurze Tauchzeiten. Ein getauchtes U-Boot konnte von seinem Zielobjekt leicht abgehängt werden. Für einen Angriff war es daher notwendig, entweder aufzutauchen oder sich auf die Lauer zu legen. Die gängigste Praxis war es, an der Oberfläche anzugreifen, entweder mit Torpedos oder Deckgeschützen. Unterwasserangriffe waren eher selten. Das U-Boot wurde zwar Ziel für Geschützfeuer oder Rammmanöver, doch es war durch seine tiefe Lage im Wasser schwer zu treffen.

Damals gab es noch keine Spezialwaffen oder Ortungsgeräte zur U-Bootabwehr. Außerdem war es unmöglich, ein U-Boot unter Wasser anzugreifen. Rasch wurden jedoch U-Bootabwehrwaffen entwickelt und eingeführt. Vom Heck eines Kriegsschiffs konnten Wasserbomben abgeworfen werden, die so justiert waren, dass sie in verschiedenen Tiefen detonierten. Mit etwas Glück trafen sie beim Sinken das U-Boot und beschädigten den Druckkörper. Geortet wurden

U-BOOTE WAREN EHER ZUM ANGRIFF auf Handelsschiffe als auf Kriegsschiffe geeignet, doch die »U-Boot-Gefahr« wurde ernst genommen. Als es einem U-Boot gelang, den Ankerplatz der Grand Fleet bei Scapa Flow anzugreifen, wurde die Flotte an die schottische Westküste verlegt.

U-Boote mit einem »Hydrophon« (einem ins Wasser gelassenen Mikrofon). Weder die gebräuchlichen Sensoren noch die Waffen, die man gegen U-Boote einsetzte, waren besonders wirksam. Doch wenn es gelang, ein U-Boot unter die Wasseroberfläche zu zwingen, konnten die schnelleren Handelsschiffe entkommen. Oft führte stundenlanger Beschuss eines U-Bootes mit Wasserbomben zu keinem Ergebnis.

Da nie genug Kriegsschiffe als Eskorten zur Verfügung standen, wurden bewaffnete Handelsschiffe zum Schutz anderer Handelsschiffe eingesetzt. Nicht alle bewaffneten Handelsschiffe fuhren mit offen sichtbaren Geschützen. »Q-Schiffe« trugen getarnte Waffen. Um die feindlichen U-Boote in Schussweite zu locken, ließen viele Q-Schiffe eine »Paniktruppe« auftreten, die in großer Hektik in die Rettungsboote

kletterte, um den U-Boot-Kommandanten in Reichweite der getarnten Geschütze zu locken und den Angreifer zu versenken, bevor er seine Waffen einsetzen konnte.

Anfangs respektierten deutsche U-Boot-Kommandanten das internationale Seerecht und forderten Handelsschiffen zur Kapitulation auf, was jedoch zu inakzeptablen Verlusten durch »Q-Schiffe« führte. Der unbeschränkte U-Bootkrieg wurde erklärt, jedoch nach amerikanischem Protest wieder aufgehoben. Es wurde jedoch bald offensichtlich, dass eine wirksame Blockade Großbritanniens nur dann möglich war, wenn die U-Boote unter Missachtung des internationalen Rechts operierten. 1917 wurde der unbeschränkte U-Bootkrieg wieder aufgenommen. Die U-Boot-Blockade war hochwirksam und hätte Großbritannien beinahe in die Knie gezwungen. Die Angriffe auf alliierte und neutrale Schiffe waren zugleich ein wichtiger Faktor für den Kriegseintritt der USA. U-Boot-Operationen gegen Kriegsschiffe waren weniger effektiv, obwohl es vereinzelte Erfolge gab. U-9 versenkte in der Nordsee drei britische Kreuzer.

Entwicklungen zwischen den Kriegen

Nach dem Ersten Weltkrieg wurde der Ausbau der Flotten weiter fortgesetzt, was zu einem ruinösen Wettrüsten führte. Die Schlachtschiffe wurden immer größer, und die Nationen wetteiferten in Gigantomanie. Das Flottenwettrüsten kam durch den Washingtoner Flottenvertrag 1922 zum Stillstand. Diese Vertrag legte die maximale Gesamttonnage sowie die maximale Größe und Bewaffnung von Kriegsschiffen für Großbritannien, die USA, Japan, Frankreich und Italien fest. Deutschland war durch den Versailler Vertrag der Aufbau einer Kriegsflotte verboten. Obwohl Italien und Japan die Bestimmungen dieses Vertrags missachteten, erfüllte er doch seinen Zweck, weil er das aberwitzige Wettrüsten bremste.

Es gab jedoch auch unbeabsichtigte Effekte. Ältere Schiffe wurden zu früh abgewrackt, um mehr Tonnage für modernere Schiffe zur Verfügung zu haben, und Schiffe wurden umgerüstet. Kreuzer und Schlachtkreuzer wurden zu Flugzeugträgern umgebaut. Obwohl man die Bedeutung der seegestützten Luftwaffe noch nicht erkannt hatte, verfügten die Flotten nun statt dünn gepanzerter Schlachtkreuzer über strategisch wichtige Flugzeugträger, was sich als guter Tausch erweisen sollte.

Im Jahre 1936 wurde der Vertrag von London, der die strikten Tonnagegrenzen aufhob, die Schlachtschiffgrößen jedoch weiterhin vorschrieb, von den Japanern nicht unterzeichnet. Nun wurden immer größere Schiffe mit schwereren Geschützen gebaut.

Durch verbesserte Konstruktionen konnte Gewicht eingespart werden, und bessere Maschinen erhöhten die Geschwindigkeit. Die Aufgaben des Schlachtschiffes und des Schlachtkreuzers wurden im schnellen Großkampfschiff verbunden. Auch Deutschland brach den Vertrag von Versailles und baute gewaltige Schlachtkreuzer.

Deutsche Kriegsschiffe im Zweiten Weltkrieg

Bei Ausbruch des Zweiten Weltkrieges war die deutsche Flotte noch relativ klein. Doch sie unterstützte die Invasion in Norwegen und brachte der Royal Navy Verluste bei. Im Juni 1940 wurde der britische Flugzeugträger Glorious bei der Rückkehr von Norwegen nach Scapa Flow durch das Geschützfeuer der Schlachtkreuzer *Scharnhorst* und *Gneisenau* versenkt. Überwiegend versuchte die deutsche Flotte jedoch, durch Angriffe auf die Handelsschifffahrt strategischen Schaden anzurichten. Ihre Schiffe waren zu diesem Zweck hervorragend geeignet. Die drei Kreuzer der Deutschland-Klasse etwa, auch »Westentaschenschlachtschiffe« genannt, waren statt mit 20-cm-Geschützen mit sechs 28-cm-Geschützen in

CMB 121, EIN 12 METER LANGES KÜSTENMOTOR-BOOT aus dem Jahre 1916. Kleine, schnelle Boote wurden von den Küsteneinheiten der Royal Navy in beiden Weltkriegen eingesetzt. Im Zweiten Weltkrieg waren die Boote größer und besser bewaffnet.

zwei Gefechtstürmen bestückt. Der berühmteste dieser Kreuzer, die *Graf Spee*, war zu Beginn des Krieges auf Kaperfahrt im Südatlantik, bis er im Dezember 1939 vor dem Río de la Plata von zwei leichten und einem schweren britischen Kreuzer in ein Gefecht verwickelt wurde. Dabei wurde *die Graf Spee* schwer beschädigt und suchte Zuflucht in Montevideo. Der Kapitän nahm an, auf See liege eine riesige britische Flotte, und versenkte sein Schiff lieber.

Ein anderes Westentaschenschlachtschiff, *die Admiral Scheer,* unternahm ausgedehnte Kaperfahrten und fügte der alliierten Schifffahrt beträchtlichen Schaden zu. Ende 1940 griff sie einen Konvoi von 37 alliierten Handelsschiffen an, die nur von dem umgebauten Passagierschiff *Jervis Bay* eskortiert wurde. Obgleich die *Jervis Bay* mit veralteten 15-Zentimeter-Geschützen ausgestattet war und über keinerlei Panzerung verfügte, hielt sie die Admiral Scheer doch so lange auf, dass 32 Schiffe des Konvois entkommen konnten. Die Alliierten ließen bald Konvois von älteren Großkampfschiffen begleiten, wodurch selbst für die schwersten Kaperschiffe der Angriff zu einem Risiko wurde. Die meisten Handelsstörschiffe waren umgemodelte Handelsschiffe und konnten gegen ein Kriegsschiff nicht antreten. Doch die großen Kaperschiffe blieben eine Bedrohung für die Konvois. Im

ZWEI KANADISCHE ZERSTÖRER zwingen U-744 zum Auftauchen im Nordatlantik, 6. März 1944. Eskorten entwickelten im Zweiten Weltkrieg immer effektivere Methoden zur U-Bootabwehr.

riesigen Ozean die Position eines Schiffes festzustellen, war schwierig, und hatte man es erst einmal gefunden, brauchte man genug kampfkräftige Schiffe, um es zu versenken. Daher banden die großen Kaperschiffe erhebliche alliierte Kräfte, die anderswo dringend benötigt wurden.

Die Feindfahrt des Schlachtschiffs *Bismarck* und des schweren Kreuzers *Prinz Eugen* im Mai 1941 führte zu einem verzweifelten Wettlauf mit der Zeit. Man wollte die Schiffe aufspüren, bevor sie die Atlantikkonvois erreichten. Die Schiffe wurden von britischen Kreuzern entdeckt, wehrten den ersten Versuch, sie zu stoppen, jedoch ab und versenkten den Schlachtkreuzer HMS *Hood*. Schließlich wurde die Ruderanlage der *Bismarck* von einem Flugzeugtorpedo getroffen und manövrierunfähig von einem überlegenen Geschwader unter Beschuss genommen. Die *Prinz Eugen*, die zuvor entkommen war, musste mit einem Maschinenschaden in den Hafen zurückkehren.

Der größte von einem Handelsstörschiff je verursachte Schaden entstand jedoch, ohne dass das Schiff überhaupt den Hafen verließ. Die *Tirpitz*, das Schwesternschiff der *Bismarck,* lag einen großen Teil des Krieges über in Norwegen. Sie sollte Hilfskonvois nach Murmansk für Russland angreifen und band beachtliche Kräfte, die dies verhindern sollten. Gleich welchen Schaden die *Tirpitz* womöglich angerichtet hätte, die Bedrohung durch sie reichte aus, um viele andernorts benötigte Schiffe zu binden.

Im Juli 1942 war der Konvoi PQ17 unterwegs von Großbritannien nach Nordrussland, als die Nach-

U-320 VOM TYP VIIC lief 1943 vom Stapel. Bei seiner zweiten Feindfahrt wurde es durch von einem Catalina-Flugboot abgeworfene Wasserbomben vor der norwegischen Küste versenkt.

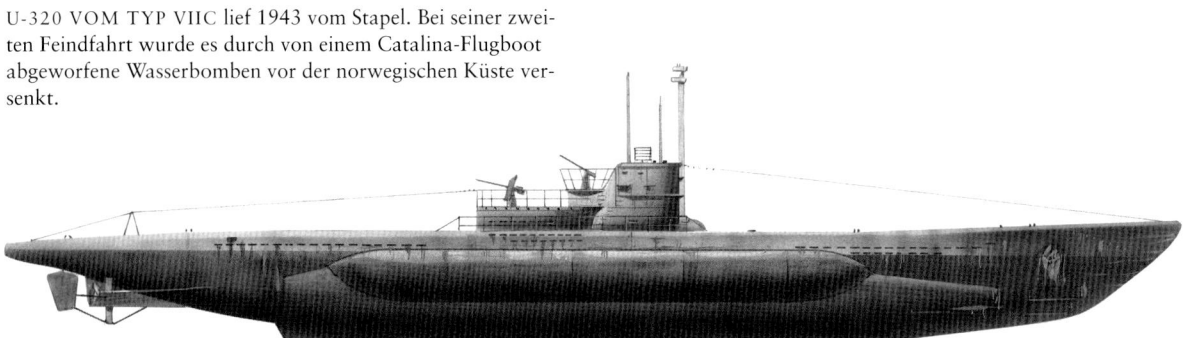

richt einging, die *Tirpitz* sei mit anderen großen Schiffen ausgelaufen. Die leichte Eskorte konnte den Konvoi nicht verteidigen, also erging der Befehl, sich zu verteilen. Die Nachricht erwies sich als falscher Alarm, doch Handelsschiffe und Eskorte waren bereits getrennt, was feindlichen U-Booten und Flugzeugen die Arbeit wesentlich erleichterte. PQ17 erlitt schwere Verluste.

Die deutsche Kriegsflotte wurde im Laufe des Krieges aufgerieben, doch einige Schiffe überdauerten das Kriegsende. Brennstoffknappheit und die hohe Wahrscheinlichkeit ihrer Versenkung hielt die meisten Schiffe im Hafen, wo sie trotzdem einen begrenzten Einfluss auf den Kriegsverlauf hatte. Einige Schiffe wie etwa die *Prinz Eugen* dienten als schwimmende Geschützbatterien, die herannahende russische Kräfte entlang der Ostseeküste unter Beschuss nahmen.

Schutz des Seehandels

Die Deutschen wollten Großbritannien aushungern, um es zur Kapitulation zu zwingen. Deshalb wurde von Beginn des Zweiten Weltkrieges ein unbeschränkter U-Bootkrieg geführt. Die Methoden zur U-Boot-Abwehr waren nun höher entwickelt, und obwohl auch die U-Boote leistungsfähiger waren, hatte sich die Balance doch ein wenig verschoben. Eine effektive Anti-U-Boot-Waffe war der Hedgehog, ein nach vorn gerichteter Mehrfachmörser, der bis zu 24 Granaten mit Aufschlagzünder gleichzeitig verschießen konnte, anstatt Wasserbomben übers Heck zu werfen. Hinzu kam das ASDIC-Echolot zur Ortung der U-Boote. Die Alliierten ließen anfangs nicht alle Konvois eskortieren, sondern machten Jagd auf U-Boote und setzten in Gewässern, die von U-Booten durchquert werden mussten, Patrouillen ein. Diese

Strategie scheiterte, und ein neues Konvoisystem wurde eingeführt. Durch den Mangel an Begleitschiffen waren in den ersten Kriegsjahren die Verluste durch U-Boote sehr hoch.

Die »Atlantikschlacht« war für die Alliierten zwar von großer Bedeutung, doch gab es daneben auch noch andere wichtige Konvoirouten. Nachschub, Truppen und Material vom oder für den Pazifikraum mussten um das Kap der guten Hoffung transportiert werden. Dies stellte einen »Engpass« dar, an dem Schiffe gefährdet waren. Auch die arktischen Routen nach Russland und die Meerenge von Gibraltar waren von großer Bedeutung, und im Mittelmeer waren die Zerstörer und Torpedoboote der italienischen Flotte eine konstante Bedrohung.

Doch die Konvois waren unverzichtbar. Ebenso wie Großbritannien Nachschub benötigte, so musste auch Kriegsmaterial nach Russland verschifft werden, um der Sowjetunion zu helfen. Die strategisch wichtige Insel Malta, von welcher aus die Versorgungswege der Achsenmächte nach Nordafrika unterbrochen werden konnten, war dauerhaft im Belagerungszustand. Die alliierten Konvois mussten sich durchkämpfen, um die Insel mit Nachschub zu versorgen.

Die Korvetten zum Gleitschutz verteidigten die Konvois gegen Luftangriffe und U-Boote. Wenn sie ein U-Boot nicht versenken konnten, versuchten sie, es außer Schussweite zu halten. Alle möglichen Schiffe dienten als Eskorten, von eigens gebauten Geleitzerstörern und Fregatten bis hin zu leicht bewaffneten Trawlern. Trotzdem waren nie genug Begleitschiffe vorhanden, und man griff zu Notlösungen. Wieder wurden Handelsschiffe mit Geschützen bestückt und einige wurden mit einem Katapult versehen, mit dem man ein Kampfflugzeug vom Deck aus

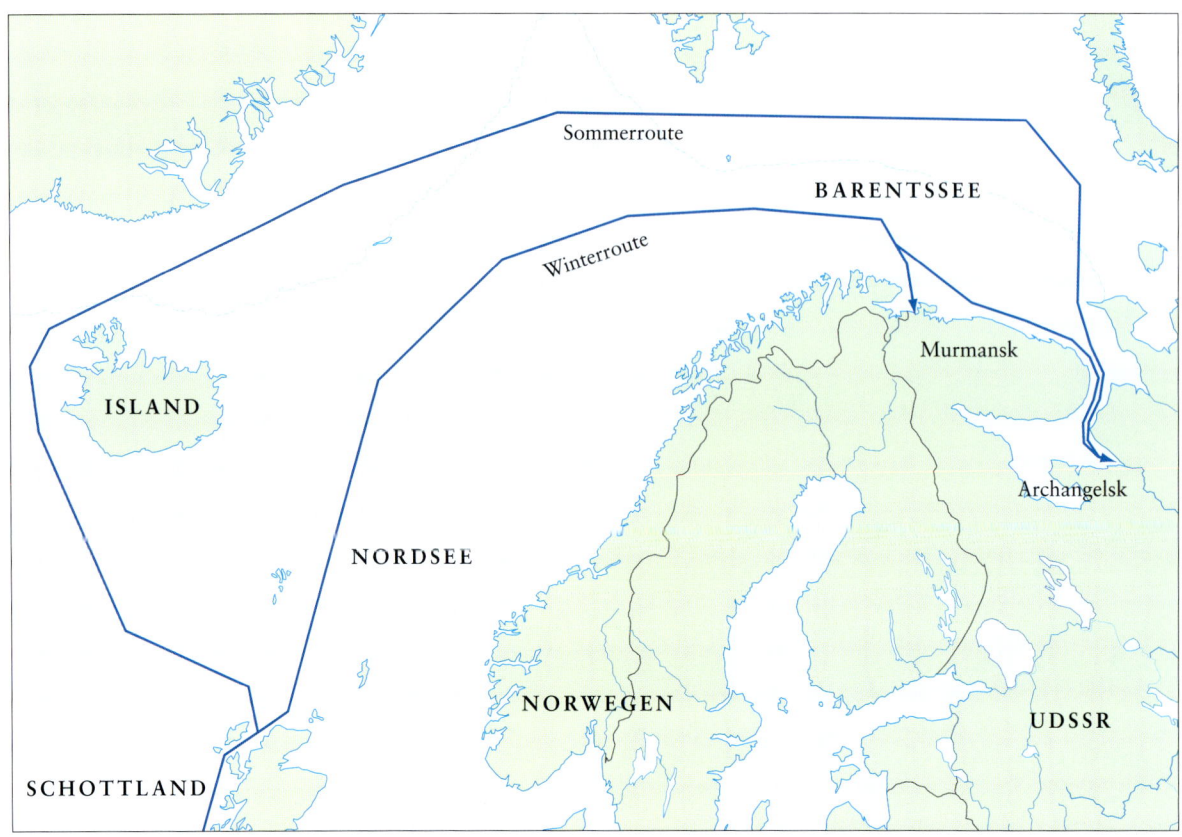

starten konnte. Das Flugzeug konnte nicht wieder landen, also musste der Pilot in der Nähe des Schiffes abspringen, und das Flugzeug war verloren. Sie leisteten gute Dienste beim Abschuss feindlicher Aufklärungsflugzeuge, die U-Boote hätten herbeirufen können.

Vor allem die Flugzeugträger veränderten das Kräfteverhältnis in den Konvoischlachten zugunsten der Alliierten. Anfänglich handelte es sich um Merchant Aircraft Carriers (MAC-Schiffe; Handels-Flugzeugträger), von denen aus nur ein paar Flugzeuge starten konnten, doch bald stellten die Alliierten zahlreiche Begleitflugzeugträger in Dienst. Diese waren zwar klein und konnten nur wenige Flugzeuge mitführen, doch sie ermöglichten Aufklärungsflüge, Luftverteidigung und U-Boot-Abwehr aus der Luft.

Die Schlacht bei Kap Matapan

Das Mittelmeer war sowohl für die Alliierten als auch für die Achsenmächte von großer Bedeutung. Es bot

DA DER WEG IM NORDEN durch Packeis blockiert war, waren die Murmansk-Konvois durch U-Boote und Luftangriffen aus dem besetzten Norwegen gefährdet. Im arktischen Sommer ging die Sonne nicht unter, und die Konvois waren mit Flugzeugen leicht aufzuspüren.

über den Suezkanal eine kurze Route in den fernen Osten, und Nachschub und Truppen konnten zu den Kriegsschauplätzen in Nordafrika transportiert werden. Die Alliierten hielten mit Flottenstützpunkten in Gibraltar und Alexandria beide Enden des Mittelmeers besetzt, der mittlere Teil hingegen lag nahe bei Italien und wurde zumindest theoretisch von der mächtigen italienischen Flotte beherrscht. Die Insel Malta lag an der Nachschubroute zu den kämpfenden Truppen in Nordafrika und wurde von den Achsenmächten unablässig angegriffen. Solange Malta sich nur verteidigte, war der Nachschub der Achsenmächte kaum behindert. Doch als die alliierten Streitkräfte auf Malta in die Kämpfe auf See eingreifen konnten, brach die Logistik des Afrikakorps und der italienischen Hilfstruppen zusammen, was schließlich zu ihrer Niederlage beitrug.

Die italienische Flotte besaß gute, moderne Schlachtschiffe und Kreuzer. Diese Schiffe operierten hauptsächlich mit Luftunterstützung und profitierten von der Luftaufklärung. Leichtere Schiffe wie Torpedoboote konnten zugleich die Routen der alliierten Konvois angreifen. Trotzdem wirkte die Führung der italienischen Flotte seltsam unentschlossen. Flottenoperationen im Mittelmeer erschöpften sich in der Regel in Angriffen auf Konvois oder kleineren Gefechten. Letztere ereigneten sich entweder, weil sich eine Seite unterlegen fühlte und deshalb mit hoher Geschwindigkeit den Rückzug antrat, oder sie sollten den Feind in eine U-Boot-Falle locken.

Im März 1941 jedoch trafen italienische und britische Seestreitkräfte vor Kap Matapan aufeinander. Nachdem die Alliierten den Achsenmächten in Nordafrika eine empfindliche Niederlage beigebracht hatten, wurden alliierte Truppen nach Griechenland verlegt. Die italienische Flotte, welche die Verluste der britischen Seestreitkräfte in der Region überschätzte,

lief aus, um die Truppenkonvois anzugreifen. Tatsächlich verfügten die Alliierten jedoch über drei modernisierte Schlachtschiffe aus dem Ersten Weltkrieg, sieben leichte Kreuzer, ein großes Zerstörergeschwader und den Flugzeugträger *Formidable*. Die italienische Flotte wurde von Admiral Angelo Iachino auf seinem Flaggschiff *Vittorio Veneto* kommandiert. Dieses war mit neun 38-Zentimeter-Geschützen bestückt. Iachino hatte noch sechs schwere Kreuzer, zwei leichten Kreuzer und einige Zerstörer.

DIE HMS *HOOD* (oben) war ein Schlachtkreuzer des frühen 20. Jahrhunderts. Das Schiff war riesig und hatte acht 38-cm-Geschütze, war jedoch trotz der Erfahrungen des Ersten Weltkrieges nur relativ dünn gepanzert. Die *Hood* lief 31 Knoten bei Testfahrten 1920 und 29 Knoten 1941, weil die Maschinen über 20 Jahre alt waren. Die *Bismarck* (Mitte) war der neue Typ »schneller Schlachtschiffe«, mit dem das Schlachtschiff und der Schlachtkreuzer kombiniert wurden. Der Kreuzer *Zara* (unten) war ebenfalls ein neuer, schnellerer Typ der italienischen Flotte. Er wurde in der Schlacht von Matapan versenkt.

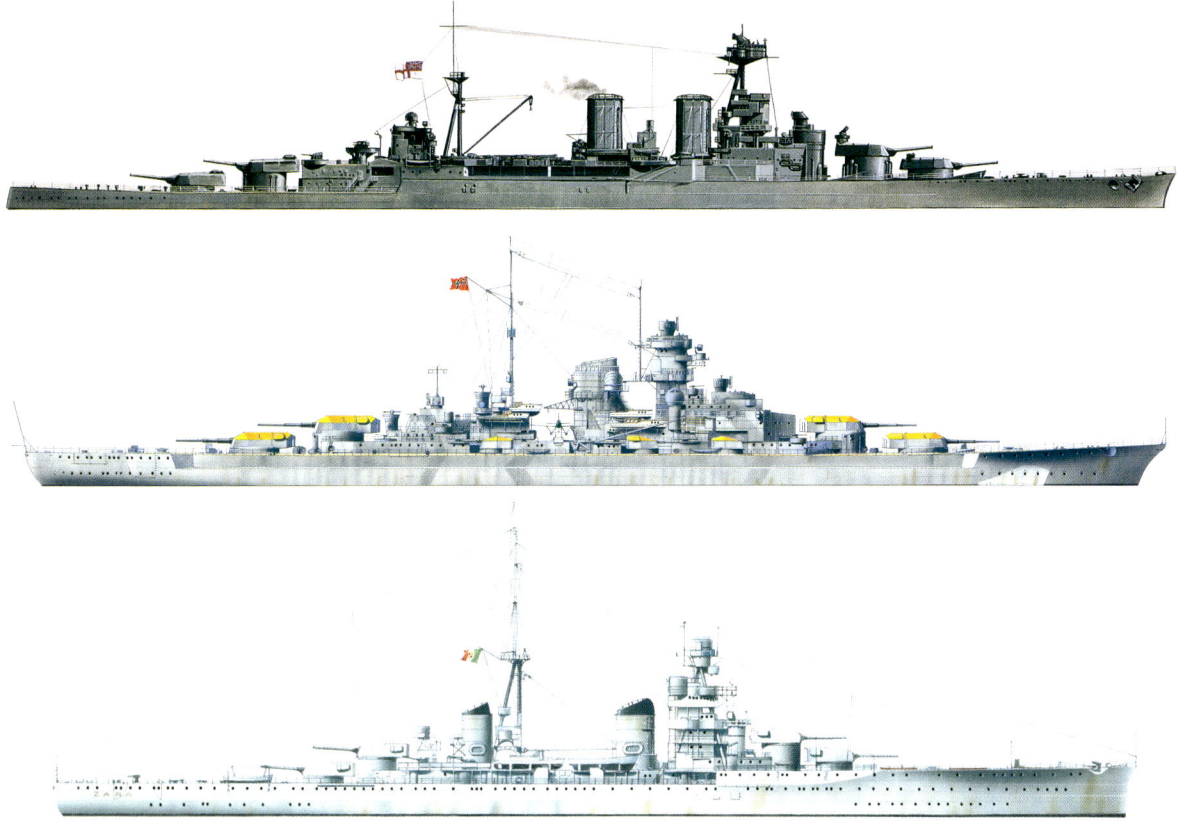

DIE HMS *ILLUSTRIOUS* führte den Angriff auf Taranto.
Ihre Swordfish-Torpedobomber beschädigten die italienische
Flotte bis zur Gefechtsuntüchtigkeit. Später versuchte die
Achse, die *Illustrious* an ihrem Liegeplatz in Malta zu zerstö-
ren, doch ohne Erfolg.

Der erste Zusammenstoß

Am 28. März 1941 gegen 8.00 Uhr traf ein Geschwader aus vier britischen und australischen Kreuzern
sowie einigen Zerstörern unter Vizeadmiral Pridham-Wippell auf Iachinos Flotte. Die unterlegenen
Kreuzer flohen und wurden von den italienischen
Kreuzern verfolgt. Nach einer einstündigen Verfol-
gungsjagd, gaben die Italiener auf, weil sie nicht in
Reichweite kamen. Pridham-Wippells Kreuzer dreh-

ten sofort bei und nahmen nunmehr die Verfolgung der Italiener auf. Dies brachte die
Kreuzer in Reichweite der gewaltigen Kanonen der *Vittorio Veneto*. Es gab zwar keine
direkten Treffer, aber die Kreuzer nahmen einigen Schaden, als sie abermals wendeten und
die Italiener ihnen wieder folgten. Zu diesem
Zeitpunkt war die alliierte Hauptflotte unter
Admiral Andrew Cunningham immer noch
zu weit entfernt, um in die Kampfhandlungen einzugreifen. Die britischen Kreuzer lock-
ten den Feind jedoch in die Nähe von drei
Schlachtschiffen, und Cunningham hatte eine
Waffe, die auf eine solche Distanz eingesetzt
werden konnte: die Albacore-Torpedobomber seines Flugzeugträgers.

Angriff aus der Luft

Der erste erfolglose Angriff galt der *Vittorio
Veneto*. Allerdings senkten die Ausweichma-
növer vor dem Torpedoangriff die Geschwindigkeit der italienischen Flotte. Kurz nach
Mittag kehrte Iachino zurück in sicherere Gewässer, da er den Kontakt zu den fliehenden
Kreuzern verloren hatte und fürchtete, seine
eigene Flugabwehr könnte ihn nicht mehr erreichen. Dies war zweifellos die richtige Entscheidung, denn kurz nach 15 Uhr wurde bei
einem zweiten Luftangriff auf die *Vittorio Veneto* ein Treffer erzielt, der sie außer Gefecht
setzte. Anderthalb Stunden lag die *Vittorio
Veneto* manövrierunfähig im Wasser, während der
Schaden repariert und das Wasser aus dem Rumpf ge-
pumpt wurde.

Das italienische Schiff konnte rechtzeitig wieder
flott gemacht werden, bevor Cunninghams Schiffe
es erreichten, wurde jedoch um 19.30 Uhr ein drittes
Mal aus der Luft angegriffen. Neben den Torpedobombern der *Formidable* griffen auch einige Flugzeuge aus Kreta an. Das Schlachtschiff konnte wei-
terem Schaden zwar entgehen, doch ein Treffer auf
dem schweren Kreuzer *Pola* zwang Iachino zum Halten. Er beschloss, sein beschädigtes Flaggschiff heim
nach Taranto zu bringen, doch er stellte der *Pola* ein
Geschwader aus Kreuzern und Zerstörern zur Seite.
Zu diesem Zeitpunkt wusste er nicht, dass ihm Cunningham dicht auf den Fersen war.

LEUTNANT DER ITALIENISCHEN FLOTTE (1941)

Bei Ausbruch des Zweiten Weltkriegs verfügte die italienische Flotte über 300 Kriegsschiffe (darunter 6 Schlachtschiffe). Im August 1943 betrug die Truppenstärke 259 000 Mann. Ihr Beitrag zu den Kriegshandlungen der Achsenmächte indes war eher minimal. Der größte Verdienst der Italiener bestand in der gefährlichen Versorgung des Afrika-Korps über das von der Royal Navy beherrschte Mittelmeer. Dieser Offizier des Taranto-Kommandos trägt eine blaue Jacke mit passender Hose und eine Schirmmütze, die Standarduniform italienischer Seeoffiziere. Das Abzeichen auf der Mütze ist das Zeichen der italienischen Flotte: ein ovaler Schild mit Krone, eingefasst von Lorbeerblättern, alles in Goldstickerei. Den Rang erkennt man an den marineblauen Schulterstücken (höhere Offiziere ließen ihre Abzeichen mit Goldstickerei einfassen) und an den Manschetten. Die silbernen Sterne am Kragen waren für alle Ränge gleich.

DIE SCHLACHT BEI KAP MATAPAN, 28. UND 29. MÄRZ 1941

Bei Kap Matapan wurde erstmals ein Flugzeugträger bei einer Seeschlacht eingesetzt, und erstmals fand das Hauptgefecht bei Nacht statt. Nach einem fehlgeschlagenen Angriff auf britische Truppenkonvois mit Kurs auf Griechenland wurde die italienische Flotte von einem britischen Geschwader angegriffen und trat den Rückzug an. Der Versuch, die Italiener mit einem von einem Flugzeugträger aus geführten Luftangriff aufzuhalten, war teilweise erfolgreich und versetzte die Briten in die Lage, gestoppte Kreuzer und Zerstörer anzugreifen. Die Italiener hatten keinen Radar und waren völlig überrascht, als die Briten das Feuer eröffneten. Die nachfolgenden Kampfhandlungen ähnelten eher einer Exekution als einer Schlacht. Innerhalb weniger Minuten wurden zwei italienische Kreuzer, die *Fiume* und die *Zara,* sowie zwei italienische Zerstörer, die *Vittorio Alfieri* und die *Giosué Carducci,* versenkt. Zwei weitere Zerstörer, die *Gioberti* und die *Oriani,* konnten beschädigt entkommen.

Italien
Griechenland
Kap Matapan
Kreta
Ägypten

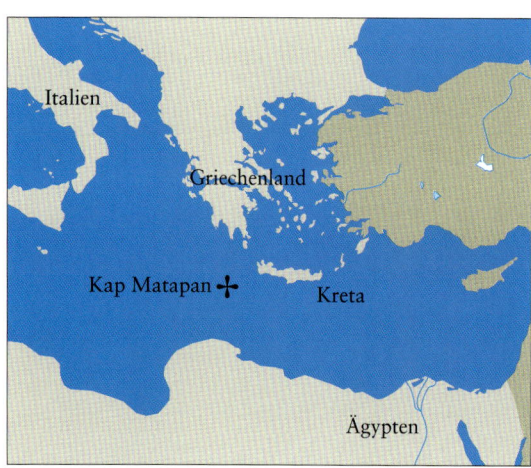

Aus Geheimdienstmeldungen ging hervor, dass eine italienische Schlachtflotte die Truppenkonvois von Afrika nach Griechenland angreifen sollte. Am 28. März stellten britische Kreuzer und ein Flugzeugträger westlich von Kreta die italienische Flotte zum Kampf.

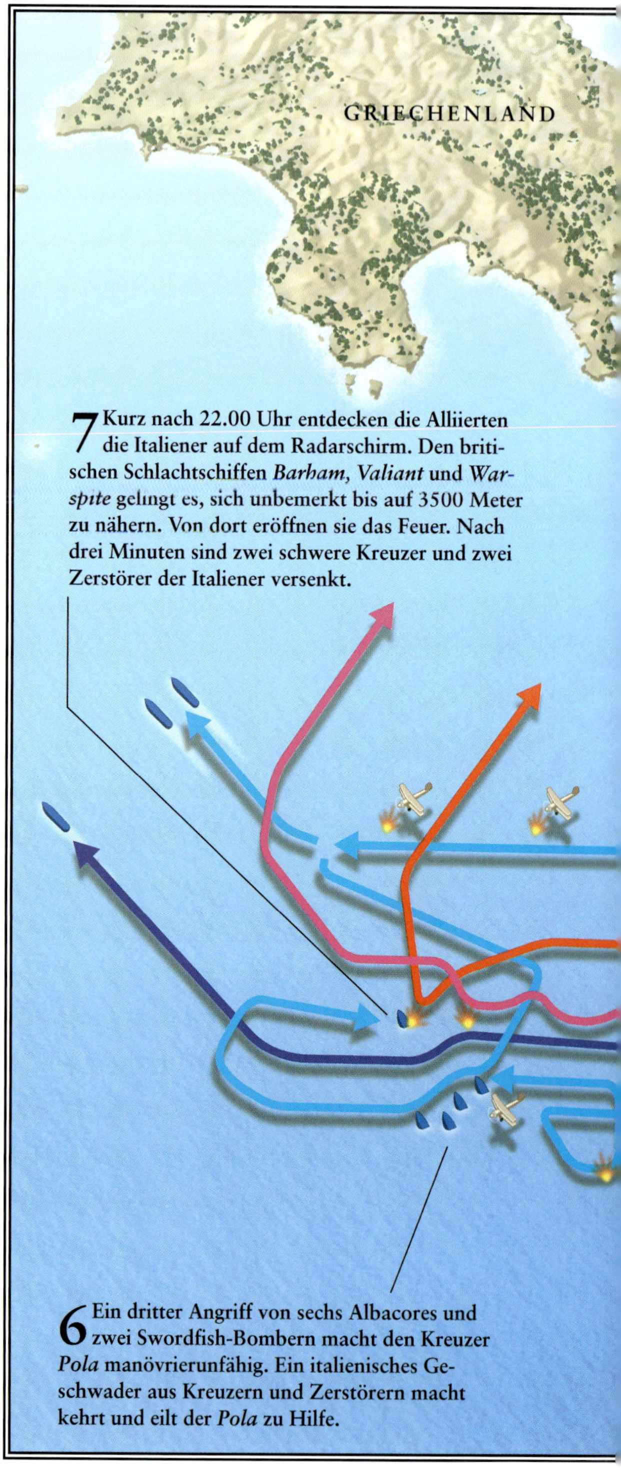
GRIECHENLAND
7 Kurz nach 22.00 Uhr entdecken die Alliierten die Italiener auf dem Radarschirm. Den britischen Schlachtschiffen *Barham, Valiant* und *Warspite* gelingt es, sich unbemerkt bis auf 3500 Meter zu nähern. Von dort eröffnen sie das Feuer. Nach drei Minuten sind zwei schwere Kreuzer und zwei Zerstörer der Italiener versenkt.
6 Ein dritter Angriff von sechs Albacores und zwei Swordfish-Bombern macht den Kreuzer *Pola* manövrierunfähig. Ein italienisches Geschwader aus Kreuzern und Zerstörern macht kehrt und eilt der *Pola* zu Hilfe.

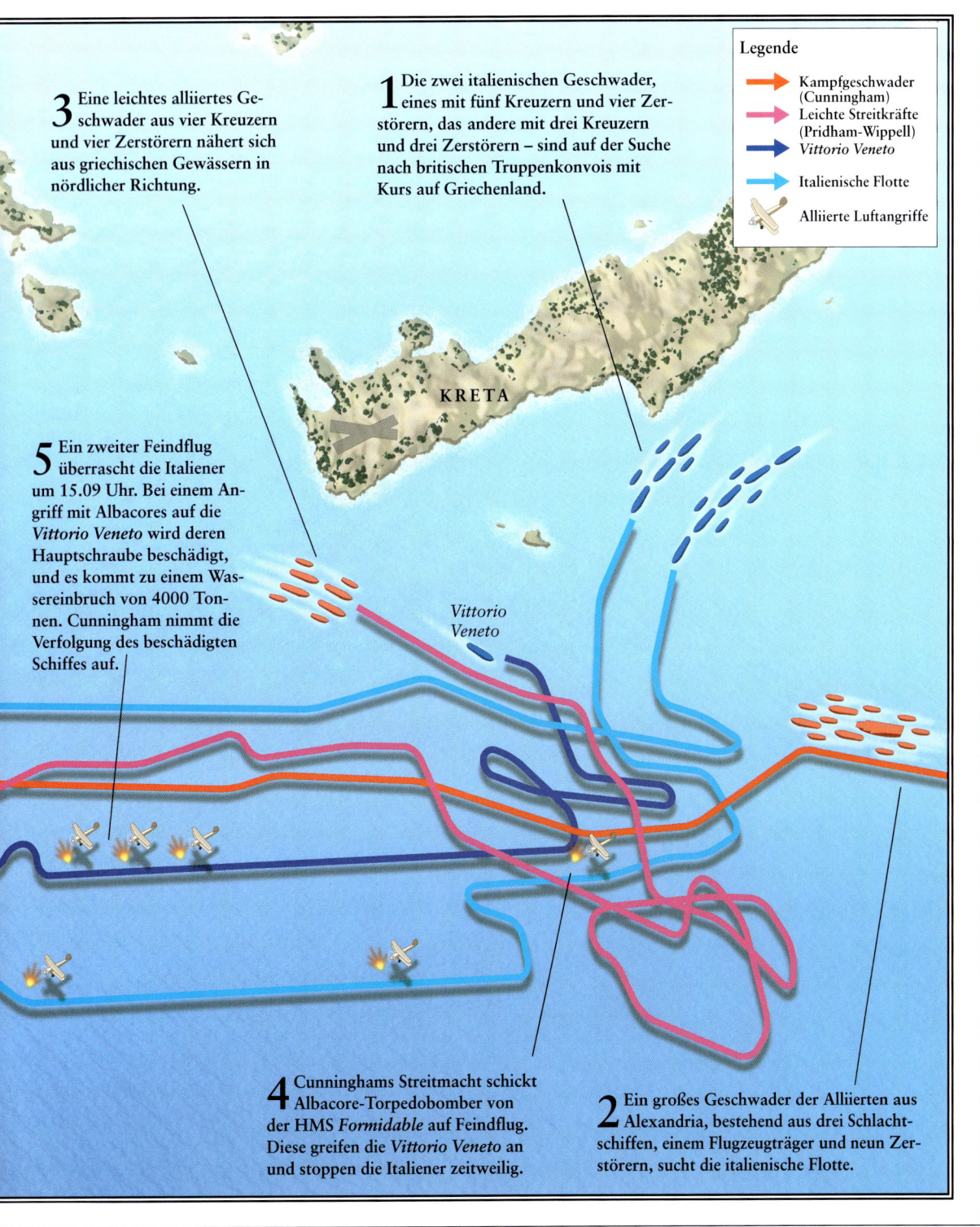

Legende

Kampfgeschwader (Cunningham)

Leichte Streitkräfte (Pridham-Wippell)

Vittorio Veneto

Italienische Flotte

Alliierte Luftangriffe

3 Eine leichtes alliiertes Geschwader aus vier Kreuzern und vier Zerstörern nähert sich aus griechischen Gewässern in nördlicher Richtung.

1 Die zwei italienischen Geschwader, eines mit fünf Kreuzern und vier Zerstörern, das andere mit drei Kreuzern und drei Zerstörern – sind auf der Suche nach britischen Truppenkonvois mit Kurs auf Griechenland.

KRETA

5 Ein zweiter Feindflug überrascht die Italiener um 15.09 Uhr. Bei einem Angriff mit Albacores auf die *Vittorio Veneto* wird deren Hauptschraube beschädigt, und es kommt zu einem Wassereinbruch von 4000 Tonnen. Cunningham nimmt die Verfolgung des beschädigten Schiffes auf.

Vittorio Veneto

4 Cunninghams Streitmacht schickt Albacore-Torpedobomber von der HMS *Formidable* auf Feindflug. Diese greifen die *Vittorio Veneto* an und stoppen die Italiener zeitweilig.

2 Ein großes Geschwader der Alliierten aus Alexandria, bestehend aus drei Schlachtschiffen, einem Flugzeugträger und neun Zerstörern, sucht die italienische Flotte.

235

Das Seegefecht

Im Gegensatz zu den italienischen Schiffen waren mehrere der britischen Kriegsschiffe mit Radar ausgestattet. Um 22 Uhr orteten die führenden britischen Schiffe einige Objekte, die unbeweglich im Wasser lagen. Unsicher, ob er nun die beschädigte *Vittorio Veneto* oder ein anderes Schiff ausgemacht hatte, ergriff Cunningham die Gelegenheit. Seine verdunkelten Schlachtschiffe *Warspite*, *Valiant* und *Barham* fuhren bis auf 3500 Meter an die italienischen Kreuzer heran und eröffneten das Feuer. Was folgte, war mehr eine Hinrichtung als eine Schlacht. Suchscheinwerfer der britischen Schiffe erhellten die feindlichen Schiffe aus nächster Nähe. Die Geschütze waren bereits auf ihr Ziel gerichtet. Das Grauen der italienischen Besatzungen kann man nur erahnen, vor allem, weil sie nicht für den Kampf bei Nacht ausgebildet waren. Die Kreuzer *Zara* und *Fiume*, Schwesternschiffe der manövrierunfähigen *Pola*, wurden zuerst getroffen. Ihre Geschütze waren ungeladen und längsschiffs ausgerichtet und die Besatzungen waren nicht auf Gefechtsstation. Beide Kreuzer wurden versenkt. Die Besatzungen der restlichen italienischen Schiffe bemannten nun eilig ihre Geschütze.

Die manövrierunfähige *Pola* feuerte mit ihren kleinen Waffen trotzig zurück, während zwei Zerstörer ihrer Eskorte versenkt wurden. Andere Zerstörer wagten einen vergeblichen Torpedoangriff auf die britischen Schiffe und suchten anschließend das Weite. Die treibende *Pola* kapitulierte, doch Cunningham ließ das Schiff mit einem gezielten Torpedoschuss versenken. Nachdem er die Überlebenden aufgefischt hatte, trat er den Rückzug an. Er wollte, dass sein Geschwader bei Tageslicht außer Reichweite der in Italien stationierten Flugzeuge war.

Nachwirkungen

Die italienische Flotte war der britischen meist ausgewichen. Sogar Schlachtschiffe waren von aggressiv eingesetzten Zerstörern und leichten Kreuzern in die Flucht geschlagen worden. Nach der Katastrophe bei Kap Matapan sank die Moral auf einen Tiefpunkt. Obwohl einige Operationen unternommen wurden, blieb die italienische Kriegsflotte ohne Bedeutung für den Mittelmeerkrieg. Die Schlacht bei Kap Matapan hatte demonstriert, dass Flugzeuge wirksam ge-

gen Schiffe eingesetzt werden konnten, wenngleich nur in unterstützender Funktion. Ohne Zweifel wurde auch der Nutzen des Radars bewiesen. Ohne Radar hätte Cunningham den Gegner in der Dunkelheit nicht aufspüren und nicht unbemerkt die Position für den tödlichen Angriff einnehmen können.

Die italienische Flotte war auf ein Gefecht bei Nacht nicht vorbereitet, und die Entscheidung, mehrere schwere Kreuzer zurückzulassen, anstatt die *Pola* ins Schlepptau zu nehmen, erwies sich als fatal. Doch diese Entscheidung Admiral Iachinos ließ sich dadurch erklären, dass er vom Radar nichts wusste. Ein Angriff bei Nacht galt als undenkbar, und im Morgengrauen hätte er Luftunterstützung aus Italien gehabt. Kap Matapan war ein unwichtiges Gefecht, das nur durch seine Auswirkungen auf die italienische Moral und Haltung gegenüber der Flotte an Bedeutung gewann. Italien hatte immer noch mächtige Schlachtschiffe, doch nach Kap Matapan kamen sie nicht mehr zum Einsatz.

Wachsende Bedeutung der Flugzeuge

Zu Beginn des Zweiten Weltkriegs betrachtete man Flugzeuge als nützliche Unterstützung konventioneller Operationen auf See. Größere Schiffe führten Aufklärungsflugzeuge mit, und in Schlachtgeschwadern dienten auch Flugzeugträger. Es stellte sich jedoch rasch heraus, dass Flugzeugträger zu weit mehr taugten als nur zur Unterstützung. Im November 1940 griffen veraltete Swordfish-Torpedoflugzeuge von einem britischen Flugzeugträger aus die italienische Flotte in ihrem Stützpunkt in Taranto an. Dabei wurden ein italienisches Schlachtschiff und ein schwerer Kreuzer versenkt, zwei weitere Schlachtschiffe beschädigt, aber nur zwei Flugzeuge wurden abgeschossen. Die italienische Flotte war in der Folge gezwungen, sich weiter nördlich nach Neapel zu verlegen, was ihre strategischen Möglichkeiten einengte.

Auch bei anderen Seegefechten spielten Flugzeuge eine herausragende Rolle. Im Mai 1941 wurde das hervorragende deutsche Schlachtschiff *Bismarck* durch einen Torpedo aus der Luft manövrierunfähig und damit zu einem wehrlosen Ziel für britische Schiffe. Im Dezember desselben Jahres wurden die HMS *Repulse* und die HMS *Prince of Wales* vor Singapur bei einem Luftangriff versenkt. Der Verlust zweier Großkampfschiffe durch japanische Torpedo-

DAS BORDFLUGZEUG SWORDFISH wurde »Einkaufsnetz« genannt, weil es universell einsetzbar war. Trotz seines eher schwachen Motors war die Swordfish ein zuverlässiges und robustes Flugzeug, das auch bei der U-Boot-Abwehr gute Dienste leistete.

flugzeuge und Bomber – ohne die Beteiligung feindlicher Seestreitkräfte – gab einen Ausblick auf die Zukunft des Seekriegs. Die Ära des Schlachtschiffs mit gewaltigen Geschützen ging zu Ende. Im späteren Verlauf des Krieges dienten die Kriegsschiffe hauptsächlich als Eskorten der Flugzeugträger, oft als gigantische Luftabwehrbatterien. Außerdem bombardierten sie Küstenstellungen, um amphibische Operationen zu unterstützen.

Zum Teil erfolgte die Verlagerung vom Bordgeschütz zum Kampfflugzeug aus purer Not. Der Luftangriff auf Taranto wurde mit großem Interesse von der kaiserlichen japanischen Flotte studiert, die in Erwartung des bevorstehenden Kampfes gegen die überlegene US-Navy nach neuen Waffen suchte. Der Überraschungsangriff auf die in Pearl Harbour stationierte Flotte der USA mit Bombern und Torpedobombern von Flugzeugträgern aus sollte dieses hochgesteckte Ziel erreichen, und es dauerte eine ganze Weile, bis die die US-Navy wieder einsatzbereit war. Inzwischen waren ihre strategisch wichtigsten Schiffe die Flugzeugträger, die beim Angriff auf Pearl Harbour nicht im Hafen gelegen hatten.

Als die japanischen Streitkräfte Südostasien überrannten und weiter nach Süden in Richtung Australien vorstießen, stoppten sie die Alliierten mit vereinten Kräften. Die entscheidende Schlacht fand im Mai 1942 im Korallenmeer nordöstlich von Australien statt. Es war das erste große Gefecht, bei dem die feindlichen Flotten einander weder sahen noch direkt auf den Gegner feuerten. Die Schlacht wurde ausschließlich mit Flugzeugen geschlagen, die von Flugzeugträgern auf beiden Seiten starteten. Die US-Navy verlor im Korallenmeer einen schweren Flugzeugträger, die Japaner hingegen nur einen leichten. Der japanische Vorstoß wurde trotzdem zum Stillstand gebracht, was nach den Niederlagen der vergangenen Monate die Moral der Alliierten gewaltig hob. Erfahrungen aus der Schlacht im Korallenmeer halfen anderen Flugzeugträgern der USA, Schäden im Kampf zu vermeiden. Besonders wichtig war jedoch, dass die japanische Flotte einen Monat später bei der Schlacht um Midway noch geschwächt war.

Die Schlacht um Midway

In der Schlacht im Korallenmeer war der US-Flugzeugträger *Lexington* versenkt und die *Yorktown* beschädigt worden, und die *Saratoga* lag nach einem Torpedotreffer zu Reparaturarbeiten im Hafen. Die

Japaner hatten die kleinere und weniger schlagkräftige *Shoho* verloren, und nur die Flugzeugträger *Shokaku* und *Zuikaku* wurden beschädigt. Der japanische Admiral Isoroku Yamamoto sah für die nun vermeintlich überlegene japanische Flotte eine günstige Gelegenheit gekommen. Er plante einen Zangenangriff auf die Aleuten und den US-Stützpunkt auf den Midwayinseln. Die US-Navy war jedoch weniger geschwächt als vermutet. Die *Yorktown* wurde innerhalb von nur drei Tagen notdürftig zusammengeflickt und kampfbereit gemacht. Rechtzeitig für Midway stand das Schiff wieder zur Verfügung. Die beschädigten japanischen Flugzeugträger *Shokaku* und *Zuikaku* hingegen waren zu diesem Zeitpunkt noch nicht wieder einsatzbereit.

Der Aufmarsch

Admiral Yamamoto hisste seine Flagge über dem riesigen Schlachtschiff *Yamato* und übernahm die Führung des Geschwaders, zu dem auch der Flugzeugträger *Hosho* gehörte. Die restliche Flotte verteilte sich auf drei Gruppen: 1. eine Hauptkampfeinheit aus vier Flugzeugträgern, zwei Schlachtschiffen und drei Kreuzern, 2. die Midway-Invasionsstreitmacht aus zwei Schlachtschiffen, einem Flugzeugträger und fünf Kreuzern, und 3. eine Einheit aus vier schweren Kreuzern zur Nahunterstützung. Zusätzlich nahmen zwei Wasserflugzeugträger, ein Minensuchgeschwader und zehn U-Boote Kurs auf die Midwayinseln. Gleichzeitig lief eine flankierende Operation gegen die Aleuten mit zwei Flugzeugträgern, vier Schlachtschiffen und mehrere Kreuzern an. Die japanischen Kräfte waren zwar sehr stark, doch mangelte es an der Koordination. Zudem standen die für die Operation auf den Aleuten abkommandierten Einheiten für den Einsatz vor den Midwayinseln nicht zur Verfügung. Und es war unklug, die Schlachtschiffe von den Flugzeugträgern zu trennen, da ihre großen Flugabwehrbatterien ihnen wertvollen Feuerschutz hätten bieten können.

Außerdem konnte die US-Navy kein einziges Schlachtschiff entsenden und hatte nur drei Flugzeugträger. Die 13 zur Verfügung stehenden Kreuzer dienten vornehmlich der Flugabwehr; Schlachtschiffe hätten sie leicht versenken können. Die US-Streitkräfte konnten jedoch auch von den Midwayinseln aus Luftstreitkräfte entsenden, wodurch das Kräfteverhältnis wieder einigermaßen ausgeglichen wurde. Durch abgefangene Funksprüche und eine gute Aufklärung gelangte Admiral Chester Nimitz zu einer recht präzisen Einschätzung von Stärke und Position des Feindes. Yamamoto hingegen war auf Vermutungen angewiesen.

DIE USS *YORKTOWN* (oben) war der erste moderne amerikanische Flugzeugträger mit insgesamt 90 Kampfflugzeugen, Torpedobombern und Sturzkampfflugzeugen. Bei der Schlacht im Korallenmeer wich sie acht Torpedos aus, wurde jedoch von einer Bombe getroffen, die das ungepanzerte Flugdeck durchschlug. In der Schlacht von Midway wurde sie durch einen Luftangriff versenkt. Die USS *Intrepid* (unten) der Essex-Klasse, die 1943 aus der *Yorktown* und ihren Schwesterschiffen entwickelt wurde. Sie war größer und hatte eine bessere Luftabwehr.

UNTEROFFIZIER DER US-NAVY (1942)

*Die US-Navy verwendete im Zweiten Welt-
krieg ein ähnliches Dienstgradesystem wie
andere Flotten. Der Begriff »Rang« fand
dabei nur bei Offizieren Anwendung, andere Soldaten waren in »Dienstgrade« ein-
geteilt. Dieser Unteroffizier zur See erster
Klasse (PO1, für Petty Officer First Class)
hat den höchsten Dienstgrad erreicht. Unter ihm gibt es Unteroffiziere zweiter und
dritter Klasse, dann folgen drei Matrosen-
dienstgrade – Seemannsrekrut, Seemann
in Ausbildung und Seemann. Mit Geduld
und Eifer kann dieser PO1 darauf hoffen,
später Chief Petty Officer, Senior Chief
Petty Officer und vielleicht sogar Master
Chief Petty Officer zu werden.
Er trägt die marineblaue Standarduniform,
bestehend aus einem blauen Pullover mit
weiß gestreiftem Schlagkragen, schwarzem,
geknotetem Halstuch, passender blauer Hose, schwarzen Schuhen und weißer Mütze.
Sein Dienstgrad ist an den roten Chevrons
am linken Ärmel erkennbar, über welchen
er das Zeichen eines Funkers trägt. Die
Manschetten lassen keinen Rang, wohl aber
Seemannsdienstgrade erkennen: Die drei
120 mm langen und 5 mm breiten Streifen,
die an den Enden durch vertikale Streifen
verbunden sind, entsprechen einem Seemann dritter Klasse. Der Rest der Uniform
ist schmucklos.*

Die Eröffnung

Die Schlacht begann am 3. Juni 1942. Aufklärungs-flieger von den Midwayinseln entdeckten die japani-sche Invasionsmacht. Eine Staffel B-17-Bomber hob ab, um einen Angriff zu fliegen. Das Bombardement aus großer Höhe auf fahrende Schiffe war jedoch wenig effektiv, und die B-17-Bomber richteten kei-nen Schaden an. In der Nacht wurde ein japanischer Transporter durch einen Torpedo von PBY-Flugboo-ten beschädigt. Bei Tagesanbruch griffen japanische Flugzeuge die Midwayinseln an. Das Geschwader, bestehend aus 36 »Kate« Horizontalbombern und 36 »Val« Sturzkampfflugzeugen, wurde bald auf dem Radar sichtbar. Die japanischen A6M »Zero« Kampf-flugzeuge waren den veralteten US-Kampfbombern überlegen. Die Bodenflugabwehr indes war effektiver. Viele japanische Flugzeuge wurden abgeschossen, und trotz schwerer Schäden blieb der Luftwaffen-stützpunkt einsatzbereit.

Die Kampfflugzeuge von den Midways hatten nur wenige Minuten vor dem japanischen Angriff ab-gehoben und waren bereits in der Luft, als ihr Stütz-punkt unter Beschuss geriet. Das Geschwader be-stand aus alten Vindicator-Sturzkampfflugzeugen, die demnächst ausgemustert werden sollten, sowie sechs Avenger-Torpedobombern. Das Debüt der Avengers war schlichtweg ein Debakel: Fünf von sechs Flug-zeugen wurden abgeschossen. Die Luftangriffe auf die japanischen Flugzeugträger erweisen sich als we-nig wirkungsvoll.

Der Kommandant der japanischen Einheit, Ad-miral Nagumo, musste eine harte Entscheidung tref-fen. Gemäß der damaligen japanischen Praxis hatte er die Hälfte seiner Flugzeuge in Reserve gehalten. Diese waren zum Einsatz gegen Schiffe, die eventuell in die Schlacht eingreifen könnten, mit Torpedos und panzerbrechenden Bomben bestückt. Als Nagumo erfuhr, dass ein zweiter Angriff auf Midway geflo-gen werden müsse, um den Flughafen zu zerstören, musste er abwägen, ob er auf die Rückkehr der ers-ten Angriffswelle warten oder seine Reserve einset-zen sollte. Nagumo entschied sich für Letzteres. Nur 15 Minuten, nachdem er den Befehl gegeben hatte, erreichte ihn eine Nachricht vom Aufklärer der Flot-te. Feindliche Schiffe waren gesichtet worden, da-runter mindestens ein Kreuzer. Eine Stunde später wurde auch ein Flugzeugträger gemeldet. Nagumo

hatte jedoch immer noch keine Ahnung davon, dass ihn drei US-Flugzeugträger angriffen. Er befahl, die Aufrüstung abzubrechen. Ein Teil seiner Flugzeuge war nun für einen Angriff auf die Midwayinseln aus-gerüstet, der andere für einen Einsatz zur Schiffsab-wehr. Bomben und Torpedos ließ man an Deck oder in den Hangars herumliegen, anstatt sie wieder in die Magazine zurückzubringen, was fatale Konsequen-zen haben sollte.

Die Staffeln, die den ersten Angriff auf die Mid-ways geflogen hatten, befanden sich zu diesem Zeit-punkt auf dem Rückflug. Der Treibstoff war knapp, und die Maschinen mussten bald landen. Nagumo war in der Zwickmühle: Wenn er seine nicht einheit-lich bewaffnete Reserve entsandte, blieb er ohne nen-nenswerte Flugabwehr zurück. Wenn er sie nicht ent-sandte, musste er sie in die Hangars zurückbringen, damit die zurückkehrende erste Welle landen konn-te. Doch dann konnte er später gut organisierte und besser ausgerüstete Staffeln entsenden. Er wählte die zweite Option.

Angriff der US-Flugzeugträger

Nagumo glaubte, er habe ausreichend Zeit, die zu-rückgekehrten Flugzeuge für neue Angriffe zu bestü-cken. Als um 8.30 Uhr das erste Flugzeug landete, schien alles planmäßig zu laufen. Während der ver-gangenen anderthalb Stunden hatten rund 130 US-Flugzeuge von Midway aus die japanischen Flug-zeugträger angegriffen, ohne einen einzigen Treffer zu landen. Die Japaner ahnten jedoch nicht, dass von den US-Flugzeugträgern *Enterprise* und *Hornet* um 6.30 Uhr ein Kampfgeschwader zu einem Langstre-ckeneinsatz gestartet war. Die *Yorktown* schickte ihr Geschwader erst um 8.40 Uhr los, da sie auf die Rückkehr ihrer Aufklärer warten musste.

Die Aufgabe, ein Geschwader einzuholen und gleichzeitig das nächste vorzubereiten, war kompli-ziert, da eine vollbewaffnete Luftüberwachung (Com-bat Air Patrol – CAP) ständig einsatzbereit bleiben musste. Die Angriffe von den Midwayinseln aus wa-ren nicht bedrohlich, doch die Zeros der Luftüber-wachung verbrauchten eine Menge Treibstoff und Munition. Schließlich war Nagumo bereit, die US-Flugzeugträgereinheit anzugreifen. Um 9.17 Uhr be-fahl er, gegen den Wind zu drehen und die Maschinen startbereit zu machen. Wenige Minuten später erreichte ihn die erste Angriffswelle von den US-Flugzeugträgern.

Die meisten der 98 Flugzeuge auf der *Enterprise* und der *Hornet* waren veraltete Devastator-Torpedobomber. Der Rest waren Dauntless-Sturzkampfflugzeuge. Die Eskorte hatte 20 Wildcat-Kampfflugzeuge. Der Angriff sollte eine gemeinsame Aktion von Torpedobombern und Sturzkampfflugzeugen sein. Erstere sollten auf geringer Höhe fliegen, während die Dauntless-Flugzeuge den Feind im Sturzflug angriffen. Die Wildcats wiederum sollten die Zeros der Luftüberwachung in Schach halten. Doch die lahmen Devastators griffen ohne den Schutz der Kampfflugzeuge an und hatten horrende Verluste. Der Angriff von der *Yorktown* erfolgte etwa 40 Minuten später und endete in einem ähnlichen Massaker. Von den 45 Devastators wurden 31 abgeschossen. Die

Amerikaner hatten keine nennenswerten Erfolge erzielt, aber die japanischen Zeros hatten viel Treibstoff und Munition verbraucht.

Die Dauntless-Sturzkampfflugzeuge hatten sich von den Torpedobombern getrennt und fanden ihr Ziel zunächst nicht. Der Treibstoff ging zur Neige, und sie suchten den leeren Ozean ab, bis sie einen japanischen Zerstörer entdeckten. Die Piloten nahmen an, dass der Zerstörer auf dem Weg zu seiner Flotte war, und folgten ihm. Durch Zufall trafen sie genau im rechten Moment ein. Die Wildcat-Kampf-

DIE USS *YORKTOWN* überstand sowohl im Korallenmeer als auch später bei den Midways mehrere Bombentreffer. Nach der Torpedierung durch ein japanisches U-Boot sank sie so langsam, dass der größte Teil der Mannschaft gerettet wurde.

DIE SCHLACHT UM MIDWAY, 1942

Die Aufstellung der Japaner spielte ihren Feinden den Sieg in die Hände. Statt ihre Flugzeugträger als Kampfeinheit zusammenzuziehen, verteilten sie die Japaner so weiträumig, dass einige nicht in die Schlacht eingreifen konnten. Dadurch verloren die Japaner die zahlenmäßige Überlegenheit. Außerdem behinderten unzureichende Informationen die Japaner. Einige nachvollziehbare Entscheidungen führten deshalb dazu, dass die Flugzeugträger-Haupteinheit angreifbar wurde. Die richtigen Entscheidungen der US-Piloten hingegen waren entscheidend für den Ausgang der Schlacht. Bei Midway konnten die Japaner die verbleibenden US-Flugzeugträger nicht versenken. Stattdessen erlitt ihre eigene Flotte eine schwere Niederlage. Japan verlor vier von seinen sechs Flugzeugträgern sowie viele gut ausgebildete Piloten, die kaum zu ersetzen waren.

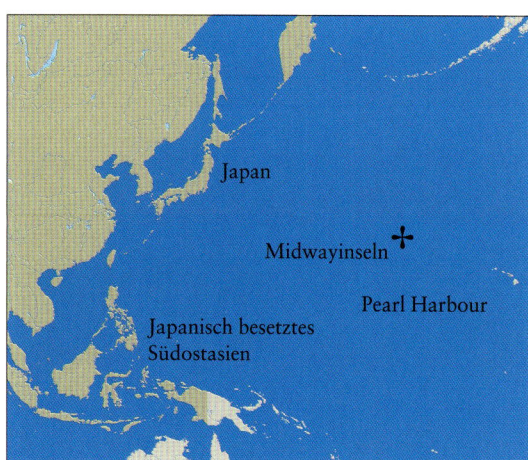

Die Japaner wollten die US-Navy durch den Angriff auf Midway aus der Reserve locken, um sie zu vernichten. Midway wäre ein guter Stützpunkt für einen Angriff auf Pearl Harbour gewesen. Bei erfolgreichem Ausgang hätten sie die US-Navy bis nach San Diego zurückwerfen können.

NAGUMO – ERSTE FLUGZEUGTRÄGEREINHEIT

Hiryu

Kaga

Akagi

Soryu

1 Nagumos erster Angriff erfolgt mit 72 Bombern und 36 Kampffliegern am 4. Juni um 4.30 Uhr. Ziel sind die 380 Kilometer entfernten Midwayinseln. Die Hälfte der verfügbaren Flugzeuge wird als Reserve zurückgehalten, was der gängigen Gefechtspraxis der Japaner entspricht. Sie werden für den Angriff auf Kriegsschiffe ausgerüstet.

Japan

Midwayinseln

Pearl Harbour

Japanisch besetztes Südostasien

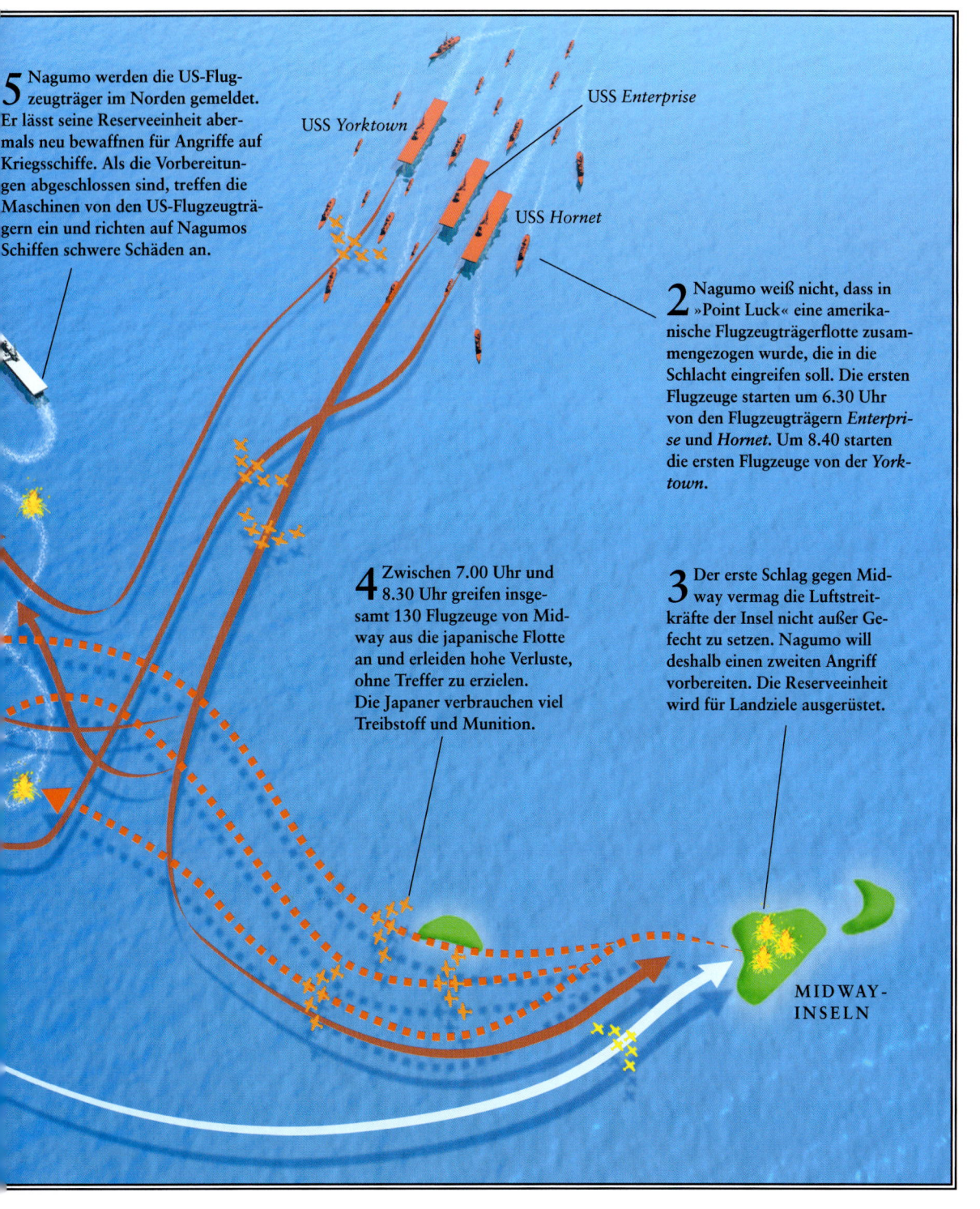

5 Nagumo werden die US-Flugzeugträger im Norden gemeldet. Er lässt seine Reserveeinheit abermals neu bewaffnen für Angriffe auf Kriegsschiffe. Als die Vorbereitungen abgeschlossen sind, treffen die Maschinen von den US-Flugzeugträgern ein und richten auf Nagumos Schiffen schwere Schäden an.

USS *Yorktown*

USS *Enterprise*

USS *Hornet*

2 Nagumo weiß nicht, dass in »Point Luck« eine amerikanische Flugzeugträgerflotte zusammengezogen wurde, die in die Schlacht eingreifen soll. Die ersten Flugzeuge starten um 6.30 Uhr von den Flugzeugträgern *Enterprise* und *Hornet*. Um 8.40 starten die ersten Flugzeuge von der *Yorktown*.

4 Zwischen 7.00 Uhr und 8.30 Uhr greifen insgesamt 130 Flugzeuge von Midway aus die japanische Flotte an und erleiden hohe Verluste, ohne Treffer zu erzielen. Die Japaner verbrauchen viel Treibstoff und Munition.

3 Der erste Schlag gegen Midway vermag die Luftstreitkräfte der Insel nicht außer Gefecht zu setzen. Nagumo will deshalb einen zweiten Angriff vorbereiten. Die Reserveeinheit wird für Landziele ausgerüstet.

MIDWAY-
INSELN

ALS DIE JAPANER IN BEDRÄNGNIS GERIETEN, flogen sie vermehrt Kamikaze-Angriffe. Beliebige Flugzeuge, egal wie veraltet, wurden mit Sprengstoff beladen und sollten von den Piloten auf feindliche Schiffe gestürzt werden.

Schlagabtausch

Nagumo hisste seine Flagge nun auf dem Kreuzer *Nagara* und informierte seinen Admiral über die Verluste. Gleichzeitig befahl er seinem verbleibenden Flugzeugträger, der *Hiryu*, einen Angriff auf die amerikanischen Flugzeugträger. Um die Mittagszeit entdeckte das japanische Geschwader die *Yorktown* und traf sie mit drei Bomben, was das Schiff zeitweise gefechtsunfähig machte. Doch innerhalb von zwei Stunden war die *Yorktown* wieder einsatzbereit. Als um 14.45 Uhr eine zweite Angriffswelle eintraf und die *Yorktown* von zwei Torpedos getroffen wurde, dachten die Piloten, sie hätten einen unbeschädigten Flugzeugträger entdeckt. Dieser zweite Angriff setzte die *Yorktown* abermals außer Gefecht. Die Japaner meinten, sie hätten zwei Flugzeugträger versenkt, doch sie wurden eines Besseren belehrt, als ein Geschwader von der *Enterprise* mit einigen Flugzeugen von der *Yorktown* die *Hiryu* angriff und gegen 17 Uhr versenkte. Ein Angriff von der *Hornet* auf die Eskorte scheiterte wenig später.

flieger, die beim Angriff von der *Yorktown* beteiligt gewesen waren, lieferten sich mittlerweile Luftkämpfe mit den Zeros. Dadurch waren die japanischen Piloten im kritischen Augenblick abgelenkt. Die Luftüberwachung war durchlässig, und die japanische Flotte war durch die Torpedoangriffe desorganisiert. Von 10.22 Uhr an flogen die Sturzkampfflieger Angriffe auf die japanischen Flugzeugträger. Die *Akagi* wurde zweimal getroffen. Das Flugzeugbenzin geriet in Brand, was Explosionen im Inneren des Schiffes zur Folge hatte. Später wurde das Schiff von dem U-Boot *Nautilus* torpediert. Die *Soryu* brannte nach drei Bombentreffern ebenfalls lichterloh. Die *Kaga* wurde viermal getroffen und war komplett manövrierunfähig. Alle drei Flugzeugträger mussten von den Japanern aufgegeben werden.

Endrunde

Die gewaltigen japanischen Schlachtschiffe griffen in die Schlacht Flugzeugträger gegen Flugzeugträger nicht ein. Admiral Yamamoto hatte Befehl gegeben, die Streitkräfte zuerst zu sammeln und dann anzugreifen. Um 17.30 Uhr änderte er seine Meinung und befahl der Aleuten-Flotte, plangemäß weiterzufahren. Um 19.15 Uhr entschloss er sich zu einem »Generalvorstoß« gen Osten in der Hoffnung, die Midwayinseln mit Schlachtschiffen erobern oder wenigstens beschießen zu können. Am Morgen des 5. Juni 1942 blies Yamamoto die Midway-Invasion ab und trat den Rückzug an. Seine Flotte wurde von Aufklärern entdeckt und von luft- und seegestützten Flugzeugen angegriffen. Ein schwerer Kreuzer wurde versenkt, ein anderer beschädigt. Die Amerikaner versuchten, die *Yorktown* zu retten, doch das Schiff wurde von einem japanischen U-Boot torpediert und sank. Die Besatzung wurde größtenteils gerettet, was auf den japanischen Flugzeugträger nicht gelang. Die japanische Flotte sollte sich von dem Verlust vieler erfahrener Piloten und Seeleute nicht mehr erholen.

» Wir können noch sechs Monate oder ein Jahr lang Amok laufen, aber danach habe ich keine Hoffnung mehr. «

Admiral Isoroku Yamamoto

Nachwirkungen

Midway markierte das Ende der japanischen Vorherrschaft im Pazifik und schuf die Voraussetzungen für die Schlacht um Guadalcanal und das »Inselhüpfen« der Amerikaner. Obwohl die japanische Aleuten-Operation ein Erfolg war, blieb sie ohne Wirkung, und die japanische Garnison wurde abgezogen. Schließlich landeten US-Streitkräfte und eroberten die Inseln zurück.

Midway war nicht nur der Wendepunkt im Pazifikkrieg, sondern bedeutete auch das Ende einer Ära der Militärgeschichte. Das Großkampfschiff mit seinen schweren Geschützen beherrschte nicht länger die Weltmeere. Obwohl Japan viele Schlachtschiffe besaß, darunter die größten und besten der Welt, bestimmten nun die Flugzeugträger der US-Navy den Ausgang des Krieges.

Unterstützung amphibischer Operationen

Nach Midway änderte sich die Gesamtsituation im Pazifik. Es gab weitere Schlachten, doch zu keinem Zeitpunkt riskierten die USA und ihre Alliierten eine Niederlage in einem Seegefecht. Die Stärke der japanischen Flugzeugträgerflotte war gebrochen, und obgleich eine beachtliche Anzahl von Schlachtschiffen und Kreuzern übrig blieb, konnten diese den weiteren Verlauf des Krieges nicht mehr beeinflussen. Darüber hinaus verknappte die U-Boot-Offensive der USA gegen die japanische Handelsschifffahrt kriegswichtiges Material und Treibstoff. Die Alliierten waren nun in der Lage, mit dem Vorstoß auf Japan zu beginnen.

Einzelne Inseln und Stützpunkte wurden erobert und so der 1942 gezogene, weite Radius um Japan Stück für Stück verkleinert. Schiffe waren zur Unterstützung und zum Schutz dieser Operationen von essenzieller Bedeutung. Bei den Kämpfen um Guadalcanal wurden z. B. die japanischen Versuche, weitere Truppen auf der Insel zu landen, durch Seestreitkräfte vereitelt.

Doch es gab immer wieder Seegefechte. Im November 1942 lieferte sich die USS *Washington* vor Guadalcanal ein vorbildliches Gefecht mit einem japanischen Geschwader. An der Schlacht um Leyte im Oktober 1944 waren Hunderte von Schiffen, Torpedobooten und Flugzeugen beteiligt. In Wahrheit nahm das Großkampfschiff aber längst eine sekundäre Rolle ein und diente als Eskorte der Flugzeugträger und als Artillerieplattform zur Unterstützung bei amphibischen Operationen.

Es wurde offensichtlich, dass bei schweren Luftangriffen selbst das bestgepanzerte Schlachtschiff nicht einmal in Reichweite des Gegners gelangen konnte. Als die Alliierten im April 1945 auf Okinawa landeten, wurde das Super-Schlachtschiff *Yamato* entsandt. Es wurde mit einem leichten Kreuzer und der Hälfte der Zerstörer aus der Luft versenkt, was die Alliierten nur zehn Flugzeuge kostete. Kreuzer und Schlachtschiffe schützten die alliierte Invasionsflotte ebenso vor konventionellen Angriffen durch Flugzeuge wie vor den selbstmörderischen Angriffen der Kamikaze-Flieger. Daneben waren die Flieger der US-Navy für frühzeitige Abfangmanöver wichtig. Fortan dominierte der Flugzeugträger im Seekrieg.

Das Raketenzeitalter

Nach dem Zweiten Weltkrieg wurden aus den USA und der UdSSR erbitterte Rivalen im Kampf um die Vorherrschaft auf See. Die Flotten der Supermächte entwickelten sich nun nach sehr unterschiedlichen Mustern. Die USA und ihre Verbündeten setzten auf Flugzeugträger, die sich in Korea und Vietnam bewährten, wo sie als unverwundbare Stützpunkte dienten, von denen aus Angriffe auf Landziele geflogen wurden. Flieger der US-Navy waren auch die wichtigste Waffe gegen Kriegsschiffe, die zwar für Seegefechte ausgelegt waren, doch der Kampf Schiff gegen Schiff war unwahrscheinlich geworden. Sie dienten nun vorwiegend zum Schutz und zur Unterstützung der Flugzeugträger.

Die UdSSR hingegen konzentrierte sich auf landgestützte Langstreckenbomber, U-Boote und kampfstarke Kriegsschiffe, von denen Langstreckenraketen abgeschossen werden konnten. Doch auch sie brauchte seegestützte Flugzeuge: Viele Schiffen hatten Hubschrauber zur Aufklärung an Bord. Sowjetische Schiffe waren zusätzlich mit starker Luftabwehr ausgestattet.

Die Flotten der Mächte des Kalten Krieges spezialisierten sich weitreichend. Die britische Royal Navy etwa zeichnete maßgeblich dafür verantwortlich, dass russische U-Boote nicht durch die »GIUK-Lücke« (Grönland, Island, United Kingdom) schlüpften und entwickelte herausragende Fähigkeiten bei der U-Bootabwehr. Die Entwicklung von Raketen-U-Booten mit Nuklearwaffen für Landziele erforderte einen Wandel der Prioritätensetzung im Seekrieg. Auf beiden Seiten des Eisernen Vorhangs wurden »Jagd-U-Boote« konstruiert, um feindliche Raketen-U-Boote und Oberflächenschiffe zu suchen und zu versenken. Spezielle U-Boot-Abwehreskorten wurden zur Regel. Große U-Boot-Abwehrkreuzer, die viele Helikopter mitführten, wurden ebenfalls von einigen Mächten eingeführt. Die Nukleartechnik ermöglichte eine Generation von U-Booten, die lange Strecken zurücklegen konnten, ohne aufzutauchen. Sie waren nicht so leise wie ein konventionelles U-Boot auf Batteriebetrieb, doch sie konnten nahezu überall hinfah-

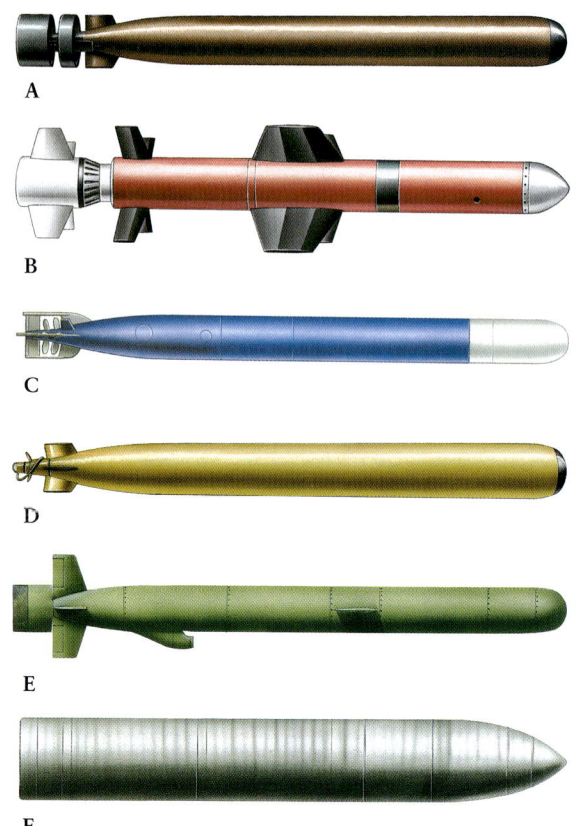

A – DCTN F17; B – HARPOON; C – FFV TYP 61
D – DCTN L5; E – TOMAHAWK; F – SS-N-18

OBEN: MODERNE GESCHÜTZE UND TORPEDOS ermöglichen Kriegsschiffen und U-Booten einen Angriff aus »sicherer« Entfernung. Drahtgelenkte Torpedos haben eine Reichweite von über 20 Kilometern. Flugzielkörper wie die Harpoon erweitern die Reichweite eines Schiffes auf bis zu 100 Kilometer. Marschflugkörper wie die Tomahawk können auf eine Entfernung von etwa 1100 Kilometer gegen Schiffe oder Ziele an Land eingesetzt werden. Von U-Booten abgeschossene ballistische Flugkörper sind Waffen mit einer Reichweite von mehreren Tausend Kilometern.

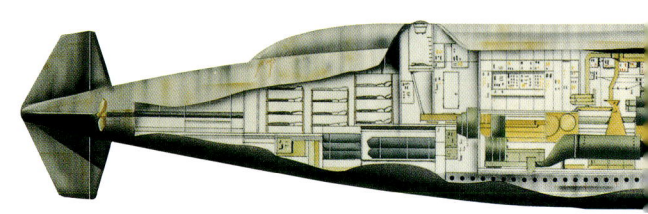

ren. Dies machte sie ideal für Angriffs- und Aufklärungszwecke.

Viele Zerstörer aus der Zeit des Zweiten Weltkriegs und auch einige Kreuzer wurden modernisiert und später an arme Nationen verkauft. Andere Modernisierungsprojekte waren ambitioniert. Die US-Navy brachte vier Schlachtschiffe der Iowa-Klasse auf den neuesten Stand. Neben einer raketengestützten Luftabwehr wurden sie mit Lang- und Mittelstreckenraketen für Seegefechte und Angriffe auf Landziele ausgerüstet. Die großen Geschütze wurden auf den Schiffen belassen und kamen im ersten Golfkrieg 1991 bei Beschuss der Küste zum Einsatz. Dies war der letzte Einsatz von Schlachtschiffen. Nachdem man diese mächtigen Schiffe eine Weile lang eingemottet hatte, wurde 2006 das letzte von der Bestandsliste der US-Navy gestrichen, unter anderem, weil ein Schlachtschiff viermal so viel Besatzung brauchte wie ein Kreuzer.

Die Gefahren der Überspezialisierung wurden im Jahre 1982 im Falklandkrieg deutlich. Der Einsatzverband der Royal Navy, den man in den Südatlantik entsandt hatte, war für einen konventionellen Krieg nur bedingt geeignet. Viele Schiffe waren für die U-Bootabwehr bestens ausgerüstet, doch taugten sie nicht als Allrounder und ihre Luftabwehr war unzureichend. Folglich wurden durch Luftangriffe der Argentinier mehrere Schiffe versenkt, was auch die Unterstützung der kämpfenden Truppen an Land einschränkte.

Die umstrittene Versenkung des Kreuzers *Belgrano* durch das Jagd-U-Boot HMS *Conqueror* veranschaulicht, wie sehr sich die Seekriegführung bis zum Jahre 1982 geändert hatte. Die *Belgrano* war ein ehemaliger US-Kreuzer, dessen Panzerung auf Treffer von 20-Zentimeter-Geschützen ausgelegt war. In dem Geschwader der Royal Navy gab es keine Geschütze, mit denen man das Schiff hätte versenken können. Mit von einem U-Boot abgefeuerten Torpedos hingegen war dies ein Leichtes. Die ungelenkten Mark-8-Torpedos, mit denen die *Belgrano* versenkt wurde, waren letztmals 1945 bei der Versenkung des schweren japanischen Kreuzers *Haguro* eingesetzt worden.

Der moderne Seekrieg

Mit dem Verschwinden gepanzerter Schiffe ging auch der Bedarf an Waffen zurück, die solche Panzerungen durchschlagen konnten. Weltweit sind heute die meisten gepanzerten Schiffe Museumsstücke. Statt durch Stahlplatten werden moderne Kriegsschiffe heute mit anderen Methoden geschützt. Im Idealfall wird die »Tötungskette« durchbrochen, bevor der Feind zum Schuss kommt. »Schlaue« Technologien machen es schwierig, Schiffe auf dem Radar zu orten. Daneben kann eine gute EMCON (»Emissionskontrolle«) den Ausstoß von Funk- und Radaremissionen eines Schiffs reduzieren.

Wenn ein Geschwader angegriffen wird, sind heute seine Flugzeuge die wichtigsten Waffen zur Verteidigung. Flugabwehreskorten können mit Mittel- und Langstreckenraketen auf nahende Flugzeuge oder Raketen schießen, was »Flächenverteidigung« genannt wird. Zielflugkörper, die durch das Netz der Flächenverteidigung schlüpfen, können mit Kurzstreckenraketen abgefangen werden. Die Systeme zur Nahbe-

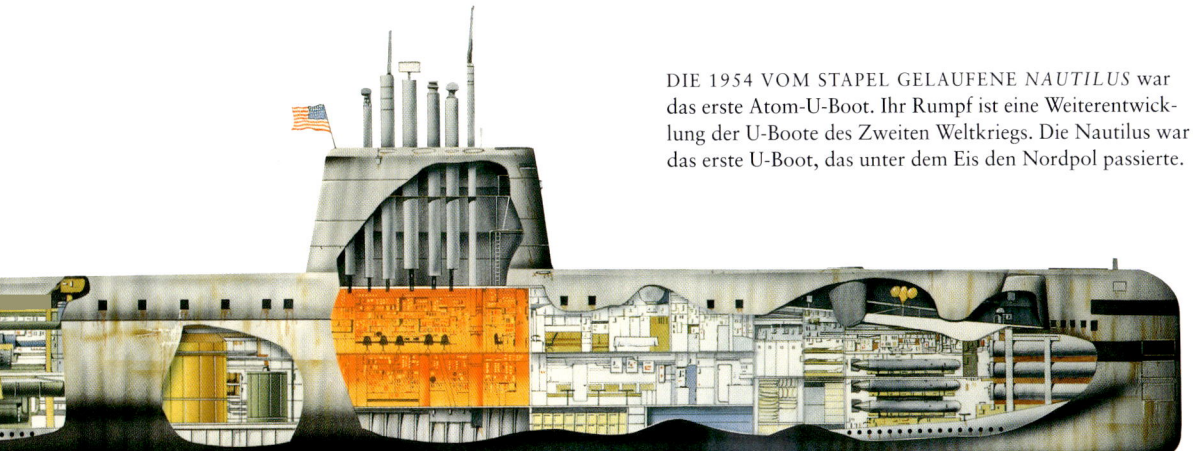

DIE 1954 VOM STAPEL GELAUFENE *NAUTILUS* war das erste Atom-U-Boot. Ihr Rumpf ist eine Weiterentwicklung der U-Boote des Zweiten Weltkriegs. Die Nautilus war das erste U-Boot, das unter dem Eis den Nordpol passierte.

BLICK AUF DEN BUG des Schlachtschiffs USS *New Jersey*, das eine Schlachtlinie der US-Navy anführt. Ihr folgt das Schlachtschiff USS *Missouri* und der atomgetriebene Raketenkreuzer USS *Long Beach*. Achtern hinter dem Kreuzer sind weitere Geleitschiffe zu sehen. In den 1980er-Jahren baute die US-Navy vier Schlachtschiffe zu »Raketenschlachtschiffen« um. Die Geschützbewaffnung wurde durch zahlreiche Marschflugkörper und Mittelstreckenraketen ergänzt. Diese Schiffe kamen zuletzt im Golfkrieg von 1991 zum Einsatz. Die Besatzung eines Schiffes hätte für vier Kreuzer ausgereicht.

reichsverteidigung arbeiten zuletzt wie ein Torwart, indem sie Raketen kurz vor dem Einschlag abschießen. Elektronische Kriegführung, Störsender und Lockvögel dienen ebenfalls der Verteidigung, indem sie Waffen mit Zielsucheinrichtung entweder von ihrem Ziel ablenken, das Ziel tarnen oder die Sucheinrichtung im Gefechtskopf des Geschosses durch eine Flut von Informationen stören.

Diese Techniken sind freilich nichts wirklich Neues – lange Zeit wurden Rauchwände eingesetzt, um Schiffe vor feindlichem Feuer zu verbergen, und Begleitschiffe haben immer schon versucht, herannahende Flugzeuge abzuschießen. Großkampfschiffe haben weiterhin ihre Aufgaben, und die Eskorten sind zu ihrem Schutz da. Trotzdem müssen moderne Seestreitkräfte mit einer Vielzahl unterschiedlicher Bedrohungen rechnen, darunter Torpedos, Minen und Geschütze oder Marschflugkörper und ungelenkte Waffen wie Bomben und Raketen. Viele können aus der Luft, von der Wasseroberfläche oder unter Wasser abgeschossen werden. Darüber hinaus ändern sich die äußeren Bedingungen für den Seekrieg ständig. Im Kalten Krieg waren die Flotten bedroht durch hoch effektive Jagd-U-Boote und Marschflugkörper von Schiffen oder Langstreckenbombern, die die See mit einem Schlag leerfegen konnten. Man ging davon aus, dass die meisten Kampfhandlungen auf hoher See stattfinden würden. Heute müssen Schiffe wieder näher an den Küsten operieren, um Kampfeinsätze zu unterstützen, humanitäre Hilfe zu leisten oder Drogenhandel und Terrorismus zu bekämpfen. Dies hat die Flottenoperationen gleichfalls verändert. In den 1980er-Jahren waren britische Zerstörer nur Zielflugkörpern für Überwassergefechte ausgerüstet, nicht aber mit Geschützen mittleren Kalibers. Ein teurer Flugkörper taugt jedoch nicht dazu, Drogenhändlern oder Piraten einen Warnschuss vor den Bug zu geben.

Auch kleine Schiffe können eine ernste Bedrohung sein. Für die Abwehr von Kampfjets und Seegefechte ausgerüstete Kriegsschiffe können kleine und schnelle Ziele nicht wirksam bekämpfen. Ende der 1980er-Jahre konnten die im Persischen Golf operierenden US-Kriegsschiffe iranische Korvetten mit Raketen und Kanonen gefechtsunfähig schießen, aber sie hatten alle Mühe, die erheblich kleineren Schnellboote der Boghammar-Klasse zu treffen. Deshalb sind viele moderne Kriegsschiffe mit leichten, schnell schwenkbaren Waffen zum Einsatz gegen kleine Ziele bestückt. Daneben ist eine Art Rückbesinnung auf die Panzerung zu beobachten, allerdings in Form leichter Materialien wie Aramidfasergeflechten über empfindlichen Bereichen des Schiffes.

Dieser Wandel der Konstruktionen spiegelt den Wandel der Aufgaben moderner Kriegsschiffe wider. Zu einer Zeit, als die wahrscheinlichste Bedrohung eine große Rakete war, die ein Schiff selbst bei Detonation in der Nähe gefechtsunfähig machen konnte, war die wirksamste Verteidigung, diese Rakete in großer Distanz zu vernichten. Angesichts der Wahrscheinlichkeit von Treffern durch leichtere Waffen ist es hingegen sinnvoll, sich mit einem leichtgewichtigen Schutz zu wappnen. Die Bauweise von Kriegsschiffen veränderte sich stets mit den Aufgaben, und auch die-

se bleiben ständigem Wandel unterworfen, solange Waffenkonstrukteure weiter versuchen, die Abwehr eines Schiffes zu durchbrechen. Was sich nicht verändert hat und sich vermutlich auch nie ändern wird, ist die Rolle des Kriegsschiffes. Es ist immer noch ein Symbol politischer und militärischer Macht sowie ein Mittel, weltweit Stärke zu demonstrieren.

Daher muss auch das Kriegsschiff der Zukunft sowohl einen Feind angreifen als auch freundlich gesinnte Schiffe und Küstenregionen schützen können. Ob mit Nuklearantrieb oder mit Riemen und Segeln, ob mit Bogenschützen oder mit Kanonen, Torpedos und Raketen – Kriegsschiffe müssen Schiffe versenken und sich verteidigen können. Womöglich haben die Kommandeure aller Zeiten ähnliche Befehle gegeben. Die Mittel mögen sich über die Jahrhunderte enorm verändert haben, aber die Aufgabe, den Feind zu lokalisieren und seine Schiffe zu versenken, ist dieselbe geblieben.

EIN F/A-18 HORNET-KAMPFBOMBER landet bei schwerem Seegang auf dem Flugzeugträger USS *Coral Sea* (CV-43). Kampfflugzeuge haben in modernen Flotten eine Schlüsselstellung.

Auswahlbibliografie

Adams, Simon, »*The Battle that Never Was. The Downs and the Armada Campaign*« in: M. J. Rodriguez-Salgado und Simon Adams (Hg.), England, *Spain and the Gran Armada, 1558–1604,* Edinburgh 1991.

Andrews, K.R., »*Elizabethan Privateering*«, in: Joyce Youngs (Hg.), *Raleigh in Exeter X. Privateering and Colonization in the Reign of Elizabeth I.,* London 1985.

Anglim, Simon, u. a., *Fighting Techniques of the Ancient World, 3000BC – AD 500,* London/New York 2002.

Armstrong, Richard, *The Early Mariners,* London 1967.

Banks, Arthur, *A World Atlas of Military History,* London 1973.

Barker, Philip, *The Armies and Enemies of Imperial Rome,* Worthing 1981.

Barraclough, Geoffrey (Hg.), *The Times Atlas of World History,* London 1979.

Bradford, Ernle, *König des Mittelmeers,* Bern 1970.

Bruce, Robert B., u. a., *Fighting Techniques of the Napoleonic Age, 1792–1815,* New York 2008.

Davis, James C. (Hg.), *Pursuit of Power. Venetian Ambassadors' Reports,* New York 1970.

Delgado, James P., *Lost Warships. An Archaeological Tour of War at Sea,* New York 2001.

Fahmy, A. M., *Muslim Sea Power in the Eastern Mediterranean from the Seventh to the Tenth Centuries,* London 1950.

Friel, Ian, *The Good Ship. Ships, Shipbuilding and Technology in England 1200–1520,* Baltimore 1995.

Galuppini, Gino, *Enzyklopädie der Kriegsschiffe. Geschichte, Daten, Technik,* Augsburg 1995.

Gardiner, Robert (Hg.), *The Age of the Galley. Mediterranean Oared Vessels since Pre-classical Times,* London 2004.

Graff, David Andrew (Hg.), *A Military History of China,* Boulder 2002.

Hakluyt, Richard, *Voyages and Discoveries. The Principal Navigations, Voyages, Traffiques and Discoveries of the English Nation, 1600,* Ausgabe Harmondsworth 1987.

Hale, John R. (Hg.), *Renaissance Venice,* Totowa 1973.

Herodot, *Historien,* hrsg. und übers. von Josef Feix, Düsseldorf 2004. (ND).

Holmes, Richard, *World Atlas of Warfare,* London 1988.

Hough, Richard, *Fighting Ships,* New York 1969.

Jörgensen, Christer, u. a., *Fighting Techniques of the Early Modern World, 1500–1763,* New York 2005.

Kelsey, Harry, Sir Francis Drake. *The Queen's Pirate,* New Haven 1998.

Lane, Frederic C., *Seerepublik Venedig,* München 1980.

Lloyd, Christopher, *Schiffe und Schiffsvolk. Eine Bildgeschichte von den Wikingern bis zur Gegenwart,* Hamburg 1962.

Marsden Eric W., *Greek and Roman Artillery. Technical Treatises,* Oxford 1999 (ND).

Martin, Colin, und Geoffrey Parker, *The Spanish Armada,* Manchester 2002.

Martinez-Hidalgo, Jose Maria, *Columbus' Ships,* Barre 1966.

Mattingly, Garrett, *Die Armada. 7 Tage machen Weltgeschichte,* München/Zürich 1988.

McNeil, William H., *The Pursuit of Power. Technology, Armed Force and Society Since A.D. 1000,* Chicago 1984 (ND).

Needham, Joseph, *Science and Civilization In China, Bd. 4: »Physics and Physical Technology«, Teil III: »Civil Engineering and Nautics«,* Cambridge 1971.

Nelson, R.B., *Warfleets of Antiquity,* Worthing 1973.

Nelson, R.B., *Armies of the Greek and Persian Wars,* Worthing 1978.

Nolan, John S., »*English Operations Around Brest*« in: The Mariner's Mirror, 1994.

Oliphant, Margaret, *Atlas der Alten Welt,* München ⁴1998.

Parker, Geoffrey, »*Letters and Gunpowder*«, in: MHQ (The Quarterly Journal of Military History), 1998.

Parker, Philip (Hg.), *Atlas of Military History,* London 2004.

Plutarch, *Große Griechen und Römer, übers. von Konrat Ziegler, 6 Bände,* Zürich 1954–1965, Zahlreiche Nachdrucke.

Pryor, John H., *Commerce, Shipping and Naval Warfare in the Medieval Mediterranean,* London 1987.

Rodger, N.A.M., *The Safeguard of the Sea. A Naval History of Britain, Bd. I, 660–1649,* New York 1997.

Rodgers, William Ledyard, *Naval Warfare Under Oars, 4th to 16th Centuries. A Study of Strategy, Tactics and Ship Design,* Annapolis 1967.

Sawyer, Ralph D., *unter Mitarbeit von Mei-Chun Lee Sawyer, Fire and Water. The Art of Incendiary and Aquatic Warfare in China,* Boulder 2004.

Stillman, Nigel, und Nigel Tallis, *Armies of the Ancient Near East, 3000 BC to 539 BC,* Worthing 1984.

Throckmorton, Peter (Hg.), *The Sea Remembers. Shipwrecks and Archaeology from Homer's Greece to the Rediscovery of the Titanic,* New York 1987.

Turnbull, Stephen, *Fighting Ships of the Far East, Bd. 2, mit Illustrationen von Wayne Reynolds,* Oxford 2003.

Turnbull, Stephen, *Geschichte der Samurai. Japans Kriegerkaste im historischen Rückblick,* Stuttgart 2005.

Turnbull, Stephen, *The Samurai Invasion of Korea, 1592–1598, mit Illustrationen von Peter Dennis,* Oxford 2008.

Unger, Richard W., *The Ship in the Medieval Economy. 600–1600,* London 1980.

Villiers, Alan, *Men, Ships, and the Sea,* Washington 1973.

Wernham, R.B., »*Elizabethan War Aims and Strategy*«, in: Bindhoff, Stanley T. (Hg.), Elizabethan Government and Society. Essays presented to Sir John Neale, London 1961, S. 340–368.

Wingfield, Anthony, »*The Counter Armada of 1589*«, in: Richard B. Wernham (Hg.), The Expedition of Sir John Norris and Sir Francis Drake to Spain and Portugal, 1589, Aldershot 1988.

Register

Bildnachweis

Alle Karten und Schwarz-Weiß-Zeichnungen: Amber Books/JB Illustrations, außer S. 65 (Brian Palmer), 92/93 (Wes Brown), 230 (Mark Franklin)

Akg-images: 6/7, 19
Amber Books: 34/35
Art Archive: 116 (Eileen Tweedy), 148/149

Art-Tech/Aerospace: 214, 228, 233, 237, 239
Art-Tech/John Batchelor: 104, 192
Art-Tech/De Agostini: 18, 90, 113, 114, 126, 168, 182, 183, 199, 205, 210, 223, 229, 231, 246, 246/247
Art-Tech/MARS: 156, 241
Bridgeman Art Library: 22 (Stapleton Collection), 59 (Prado, Madrid), 111

(New Walk Museum, Leicester City Museum Service), 162 (Stapleton Collection), 163 (Château de Versaille/Giraudon), 174/175 (Marine College, St. Petersburg), 179 (Royal Chelsea Hospital)
Cody Images: 202, 213, 215, 216/217, 221, 224, 226, 227, 232
Corbis: 10 (Richard T. Nowitz), 48/49 (Bettmann),

95 (Bohemian Nomad Picturemakers), 186/187 De Agostini: 46, 164, 194/195, 208
Mary Evans Picture Library: 52, 53, 102/1093, 109, 115, 117, 122/123, 132, 133, 136/137, 138
Getty Images: 37 (Hulton Archive), 80/81 (Richard Schlecht/National Geographic), 83 (Richard Schlecht/National Geo-

graphic), 84 (Ricard Schlecht/National Geographic)
Library of Congress: 178, 180, 181, 189, 197, 198
National Museum of Fine Arts, Stockholm: 146/147
Photos.com: 54/55, 75
Statens Maritima Museer: 145
U.S. Department of Defense: 200/201, 244, 248, 249